성경의 말씀을 잘 알 수 있게 하신
귀중한 책이기에 (   )님께
선물로 드리니
보시고 하나님의 복을 함께 받으시기를 바랍니다.
20   년   월   일
(   ) 드림

예수님을 만나는 길

제 7 권
(하나님께 불법 행하는 것들)

신성엽 목사 말씀

신성엽 목사의
　　　말씀과 간증 중에서

저는 진리의 영이라 세상은 능히 저를 받지 못하나니
이는 저를 보지도 못하고 알지도 못함이라 그러나 너희는
저를 아나니 저는 너희와 함께 거하심이요
또 너희 속에 계시겠음이라 (요14:17)

하나님께서 우리 속에 영으로 오신다는 것,
이것이 얼마나 큰 이적이며 얼마나 놀라운 일이며
얼마나 어마어마한 큰 복인지 아시는가요?
하나님의 영이 우리와 함께 계시고
우리 속에 계시겠다는 것 아닙니까!
바로 이 같은 복이 내게 이루어졌습니다.

하나님의 깊은 사정까지 통달하신 성영님께서 내게 오시니
성경의 말씀을 깨닫지 못할 이유도 없고
아버지의 마음을 알지 못할 이유도 없습니다.
기록하신 말씀을 통해서 아버지의 마음과 깊은 사정을 아는
이 큰 복을 받았습니다.

삼위 하나님이 내 안으로 오셨습니다. 이것이 저의 간증입니다!
세상 복으로 잘살게 해주었다. 그런 것이 나의 간증이 아니라
삼위 하나님이 내 안으로 오신 것 이것이 나의 간증입니다!
이것이 나의 영원한 간증입니다 여러분!!

일 러 두 기

이 책을 비롯해 신성엽 목사의 가르쳐 전하신 말씀을 정리하여
책으로 엮은 모든 책에는 '성령'을 **'성영'**으로 '신령'을 **'신영'**으로,
'심령'을 **'심영'**으로 표기하였습니다.

성영님은 본래 영이시며, 하나님이십니다.
그렇기에 영이신 성영님을 '령'이 아닌 '영'으로 부르는 것이 마땅합니다.

한자 문화권인 우리말의 특성상 'ㄴ' 'ㄹ' '음가 없는 ㅇ' 등의 경우
두음법칙이 적용돼 '영'을 '령'으로 표기해 불러왔고 그로 인해 '영'이신
하나님을 '신령하다.' '혼령' '죽은 사람의 혼백(넋)' '죽은 이를 높여
부르는 말' 등과 같은 뜻으로 오해하도록 한 측면이 있습니다.

그래서 예배하여 섬겨야 할 인격의 하나님이신 성영님을, 일종의
기(氣)나 기운, 능력, 신비적 현상 등의 비인격적 존재로 생각하도록
하여 하대하거나 부리는 존재로 여겨 온 경향이 있습니다.

이것은 우리의 믿음을 혼란케 하는, 잘못된 것임에 불과합니다.
아버지의 영이며, 아들 예수님의 영이신, 성영님의 인도를 받는
아들 된(롬8:14) 믿음이면 이 모든 것을 분별할 수 있습니다.

'성령'을 '성영'으로 표기하는 것은 우리말 어법에는 맞지 않는 것이지만, 영이신 하나님을 바로 알고 바로 부르는 것이 마땅한 것이기에, 믿음을 바로 하기 위해서라면 관계가 우선 돼야 하는 것이니 부득이 문법 규정이라도 벗어날 수밖에는 없습니다.

바로 알고, 바로 믿고, 바로 부르는 것은 그 어떤 행위나 제사보다 더 중요합니다. 우리 믿음의 마땅한 도리이자 권리입니다. 아멘

이와 관련한 내용은 예수님의 교회 홈페이지(http://www.jesusrhema.org) 게시판 「간증의 글」에 게시된 '성령인가, 성영인가?'와 「신성엽의 글」에 게시된 '(바르게 알자) 성영님이 금하라 하신 '성부' '성자'의 호칭'을 참고하시기 바랍니다.

발 간 사

수없이 많은 이들의 설교를 듣고 서적을 탐독하고 신학 공부도
해보았지만 참진리의 말씀을 접하지는 못했습니다.

말씀을 바로 깨닫기 원하는 목마름과 갈급함으로
마음이 헤매던 중에 신성엽 목사님의 말씀을 만나게 되었고,
듣는 내내 여태껏 어디서도 들어볼 수 없었던 말씀으로
'어떻게 이런 말씀이 다 있었나?!' '왜 이제야 듣게 되었나?!'하는 놀라움과 아쉬움의 마음을 금할 수가 없었습니다.
그동안 풀리지 않았던 성경의 내용들을 바로 알게 되면서
예수님을 만나는 영광을 얻고 영혼의 큰 기쁨을 얻게 되었습니다.
이것이 많은 이들의 한결같은 고백입니다.

전국 곳곳에서, 멀리 국외에서 말씀을 듣고 말씀이 선포된 곳으로
찾아와 서로 기쁨의 간증을 나누며, 하나님께 영광을 돌리며,
같은 마음으로 소원하게 된 것은, 우리처럼 말씀의 해갈을 얻지 못하여 영혼이 헤매는 이들과 말씀을 깨닫기 원하는 이들에게도
이 말씀이 전해져야 한다는 것이었습니다.
그 방법은 말씀을 책으로 출간하자는 뜻이 되었고 서로 협력하여
여러 수고를 거쳐서 마침내 출간하게 되었습니다.

바른 가르침의 말씀 안에서 돌이켜보니
그저 열심히 전도하고 말씀을 말하여 왔던 것이 얼마나 잘못된
말씀지식으로 행한 것이었는지, 하나님께 얼마나 잘못 행하였는지를
보게 되니 피차 마음에 통회하고 고백하며, 뒤늦게나마 이 책을 전하는
것이 우리의 사명이라 확신하여 기쁨과 감사함으로 행하게 되었습니다.

이 책이 모든 이들에게 읽혀서 예수님을 만나는 참 복을 얻기를
우리 모두가 간절히 소망하며
책을 출간하게 하신 하나님께 감사의 영광을 돌립니다.

심 재 현 장 로

하나님께 불법 행하는 것들 목차

제 1 장   창세기 19편-은혜 입은 삶, 아들들의 타락, 네피림 (창6:1-13) · 13

제 2 장   창세기 20편-네피림, 하나님의 아들들, 사람의 딸들 (창6:1-4) · 29

제 3 장   창세기 21편-네피림과 그 후손 아낙 자손은 누구인가? (민13:25-33) · 49

제 4 장   (1)정죄= 율법(사단의 참소)에 속지 말라 (롬7:18-8:2) · 69

제 5 장   (2)정죄= 정죄하지 않노니 다시는 죄를 범치 말라 (요8:11) · 93

제 6 장   (1) 사람들을 삼가라 · 109

제 7 장   (2) 사람들을 삼가라 · 131

제 8 장   성탄절은 하나님과 무관한 불법의 일 (눅2:1-20) · 161

제 9 장   성영님을 불로 주장하는 자들을 삼가라 (행2:1-4) · 195

제 10 장 교회의 본질 (출12:1-15) · 215

제 11 장 세상과 벗된 것은 하나님과 원수 됨 (약4:4-10) · 239

제 12 장 하나님께 대하여 죽은 인간 양심 (출20:1-17) · 277

제 13 장 처음 사랑이신 예수님의 피가 없으면 (벧전2:22-25, 계2:1-7) · 305

제 14 장 떡과 잔, 피에 대한 믿음과 처신 (레17:10-14) · 331

제 15 장 예수님께서 마귀에게 시험받으신 뜻 (마4:1-11) · 353

제 16 장 믿지 않는 자들을 위한 표적, 방언 (고전14:2-22) · 375

제 17 장 근신하여 경계해야 하는 것들 (살전5:6-8) · 393

제 18 장 종말의 믿음, 창조-종말, 시대구분 (히2:5-8) · 413

창세기 19편, 09. 12. 13
은혜 입은 삶, 아들들의 타락, 네피림

¹사람이 땅 위에 번성하기 시작할 때에 그들에게서 딸들이 나니 ²하나님의 아들들이 사람의 딸들의 아름다움을 보고 자기들의 좋아하는 모든 자로 아내를 삼는지라 ³여호와께서 가라사대 나의 신이 영원히 사람과 함께 하지 아니하리니 이는 그들이 육체가 됨이라 그러나 그들의 날은 일백이십 년이 되리라 하시니라 ⁴당시에 땅에 네피림이 있었고 그 후에도 하나님의 아들들이 사람의 딸들을 취하여 자식을 낳았으니 그들이 용사라 고대에 유명한 사람이었더라 ⁵여호와께서 사람의 죄악이 세상에 관영함과 그 마음의 생각의 모든 계획이 항상 악할 뿐임을 보시고 ⁶땅 위에 사람 지으셨음을 한탄하사 마음에 근심하시고 ⁷가라사대 나의 창조한 사람을 내가 지면에서 쓸어 버리되 사람으로부터 육축과 기는 것과 공중의 새까지 그리하리니 이는 내가 그것을 지었음을 한탄함이니라 하시니라 ⁸그러나 노아는 여호와께 은혜를 입었더라 ⁹노아의 사적은 이러하니라 노아는 의인이요 당세에 완전한 자라 그가 하나님과 동행하였으며 ¹⁰그가 세 아들을 낳았으니 셈과 함과 야벳이라 ¹¹때에 온 땅이 하나님 앞에 패괴하여 강포가 땅에 충만한지라 ¹²하나님이 보신즉 땅이 패괴하였으니 이는 땅에서 모든 혈육 있는 자의 행위가 패괴함이었더라 ¹³하나님이 노아에게 이르시되 모든 혈육 있는 자의 강포가 땅에 가득하므로 그 끝 날이 내 앞에 이르렀으니 내가 그들을 땅과 함께 멸하리라

(창6:1-13)

그동안 창세기 4장을 통해서, 불순종의 죄를 가진 사람이 하나님과 화해가 되어 하나님께 들어가는 것은, 하나님께서 계시하신 대로, 생명의 피를 흘리고 그 제물의 기름을 드리는 것이었음을 보았습니다. 즉 점도 없고 흠도 없는 양의 첫 새끼(예수님 상징)의 피를 흘려 기름을 번제로 드리는 것이었습니다. 그런데 아담의 첫 후손인 가인이 피 흘림이 없는 땅의 소산(곡식)으로 제물을 삼았으므로 화해가 되지 못한 것도 보았습니다. 하나님의 표적에서 빗나간 가인의 제물은 그 자신이 하나님 중심의 삶이 아니었기에, 하나님과 만나지 못할 방향이 되었다는 것도 보았습니다.

그래서 하나님께서는 화살이 과녁에서 빗나갔다고 하는 데서 나온 '하말티아' 즉 '죄'라는 단어를 사용하심으로써(창4:7) 하나님의 표적에서 빗나간 가인의 제물 드림을 죄라고 하셨다는 것을 잘 알게 되었습니다. 죄라고 직접 말씀하신 것은 아담이 범한 선악과의 불순종이 아니라 가인이 하나님의 계시대로 피 흘림의 제물을 드리지 않은 것이었다는 말입니다. 또다시 말해 아담이 선악과 먹은 것을 죄라고 하신 것이 아니라 가인이 피 흘려 죽으시기 위해 오실 예수 그리스도를 예표하는 그 어린 양의 피 흘림에다 맞히지 못하였으므로 그것을 죄라고 하셨다는 말입니다. 알아듣습니까?

가인이 하나님의 표적에 맞히지 못한 죄를 가질 수밖에 없었던 것은 그가 하나님에 대한 영감을 가져야 함을 무심히 하고 땅에서 사는 육체의 것에만 마음을 쏟고 몰두하였기 때문입니다. 그러므로 하나님에 대한 영감을 가질 수가 없게 됐습니다. 마12장에 예수님께서 **선한 사람은 그 쌓은 선에서 선한 것을 내고 악한 사람은 그 쌓은 악**

에서 악한 것을 내느니라고 하셨습니다(마12:35). 이 말씀은 창4:7에 **네가 선을 행하면 어찌 낯을 들지 못하겠느냐** 하신 말씀과 같습니다. '네가 하나님의 낯을 구하는 삶이었으면 하나님과 얼굴을 마주 대하는 것이 되지 않았겠느냐 네가 하나님을 구하여 함께 있지 않으므로 죄가 너를 주장하게 되었다'고 하는 말씀입니다.

아벨은 오직 자기 삶의 뜻을 하나님께 두고 하나님의 낯을 구하며 살았습니다. 하나님에 대한 영감을 위해 부모를 통해서 일하신 하나님을 구하였으므로 양의 첫 새끼와 기름으로 제물을 삼아 드리게 되었습니다. 바로 하나님의 계시대로, 피 흘려 드리는 선을 행한 것입니다. 하나님(신)이 주시는 영감에 의해 하나님의 표적에 맞힌 제물을 드려 하나님과 화해가 되고 얼굴을 마주 대하게 된 것입니다.

가인은 땅에서 삶의 풍요를 이루고 살기 위한 육체의 것에다 마음을 두었습니다. 땅의 것을 이루려는 그 열심을 품었습니다. 그 믿음은 하나님의 뜻에 대한 영감을 절대로 가질 수 없고 하나님의 표적에 맞히지 못한다는 것 분명히 보이셨습니다. 하나님의 표적에서 빗나갈 수밖에는 없는 것이란 말입니다. 지금, 믿는 우리 모두에게 보이신 메시지입니다. 믿음이 가인과 같은 곳에 있다면, 하나님께 자기가 좋은 것, 자기가 옳은 것, 자기의 힘써 노력한 것을 보이려고 할 것입니다. 자기로부터 난 가인의 제물은 자기만족이요, 사단이 받은 제사입니다. 그러므로 사단에게 종속돼버린 전인이 타락한 자가 되었다는 것을 보았습니다.

그러나 하나님께서는 가인에게 아무도 죽이지 못하는 구원의 표를 주셨습니다. 그것은 하나님의 인류를 향하신 계시의 뜻이 담겨 있습니다. 이제 가인의 길에 있는 인류 중에 사단에서 놓여나 살기를 원하는 자는, 사단의 손아귀에서 구원해 내신다는 하나님의 숨은 의지를 보이신 것입니다. 그러므로 사람이 살기를 원하여 돌아오면 살려 주시겠다는 하나님의 의지를 잘 알게 되었습니다. 그래서 오늘날 우리가 구원의 표이신 예수님으로 말미암아 구원을 받게 되었지만, 하나님께서 창조하신 이 같은 뜻을 분명히 알고, 사단의 종으로 살아왔던 우리 속에 모든 악과 세상을 무너뜨려야 한다는 것, 마음엔 오직 예수님만 계셔야 하고, 예수님으로 집중돼야 한다는 것을 알게 되었습니다. 만일에 세상을 품고 바라고 있다면 그것은 여전히 믿음의 표적에서 빗나간 옛 세상이요 옛 사람이요 구원받지 않았음을 보인 것이라고 말씀을 드렸습니다. 그러므로 아벨의 길이냐? 가인의 길이냐? 예수님이냐? 아담이냐? 분명한 선택이 돼야 합니다.

그다음 이미 살펴보았던 대로 창4장 후반부는 가인과 그 후손들의 족보에 대한 기록이고, 5장은 **아담 자손의 계보가 이러하니라**로 시작해서 하나님에 대한 신앙, 여자의 후손에 대한 언약을 영혼에 받아 가진 선의 길에 있는 이들의 족보가 기록된 내용입니다. 창5:2에 **남자와 여자를 창조하셨고 그들이 창조되던 날에 하나님이 그들에게 복을 주시고 그들의 이름을 사람이라 일컬으셨더라**하신 그 복을 가진 자들의 족보입니다. 여기서 **복을 주시고** 한 것은 세상 것으로 잘 먹고 잘살고 하는 것의 말씀이 아닙니다. "복을 주시고 그들의 이름을 사람이라 일컬으셨더라"한 이 말씀은 '하나님께 무릎 꿇고 복종하고 살아야 하는 자로 지으셨다' '하나님께 무릎 꿇는 겸손으로 복종하여 사는 것이 사람에게 주신 복이다.' 라는 뜻의 말씀입니다. 우리를 지으신 하나님께 순복하고 하나님의 말씀을 따라 살도록 하신 것이 우리에게 주신 복이라고, 그 복을 주셨다고 하는 말씀입니다. 그러므로 '복 주셨다' 하는 이 복에 대해서 우리가 잘 알아야 합니다. 하나님께서 말씀하는 복에서 벗어난 것을 복이라 하는 것은 복이 아니라 저주입니다.

창5장이 바로 복이라고 하신 그 복에 들어온 사람들의 족보입니다. 그런데 하나님께서 **가인의 죽인 아벨 대신에 다른 씨**(창4:25) 셋이라는 아들을 주셨습니다. 그것을 5:3에서 **아담이 일백삼십 세에 자기 모양 곧 자기 형상과 같은 아들을 낳아 이름을 셋이라 하였고** 창 5:28, 29에 이 셋의 계통에서 노아가 태어났음을 기록하고 있습니다 (아담에서 노아까지 기간을 천 년으로 봄).

그런데 이 노아의 때에 이르러서는 하나님의 언약 안에 살았던 사람들이 전부 타락해버렸습니다. 저주받은 가인의 길, 육체의 사람들로 다 나가 전적으로 타락한 자들이 돼 버렸습니다. 창6:2에서 **하나님의 아들들이 사람의 딸들의 아름다움을 보고 자기들의 좋아하는 모든 자로 아내를 삼는지라** 이것이 타락의 이유입니다. 하나님의 아들들 즉, 하나님의 신앙을 가진(시73:15, 신32:5) 셋의 계통에서 난 후손들이 가인의 후손, 그 세속 여자들의 아름다움을 보고 자기들의 아내로 삼기 시작한 것입니다. 그러니까 하나님에게서 나가 다른 신에게로 들어갔다는 말입니다. 사단이 끊임없이 하나님의 사람들을 사람의 딸들의 아름다움을 이용하여 타락하도록, 미혹 당하도록 한 것입니다. 여자들의 아름다운 겉모양을 보고 마음과 눈이 미혹 당한 겁니다. 보암직하고 먹음직하고 지혜롭게 할 만큼 탐스러워 보이는 것에 마음도 눈도 다 끌려갔습니다. 4에서 이것을 잘 말해주고 있어요 (4절 말씀은 노아 때와 노아 이후 시대를 조명해주는 것임).

당시에 땅에 네피림이 있었고 하는 이 '네피림'이라는 것은 하나님께 반역하고 하늘에서 쫓겨나 땅으로 내려온 사단과 그의 영들이 있었다는 것을 말합니다. 오늘 본문 내용을 요약하면, 땅으로 내려온 사단과 그 영들이 사람의 딸들과 연합되어 하나님의 아들들을 유혹하여 아내로 삼게 하고 자식을 낳게 했다는 것을 말합니다. 그래서 3에 **여호와께서 가라사대 나의 신이 영원히 사람과 함께 하지 아니하리니 이는 그들이 육체가 됨이라 그러나 그들의 날은 일백이십 년이 되리라** 하셨습니다. 일백이십 년이 되면 땅의 모든 육체를 땅과 함께 멸하리라는 하나님의 의지를 표명하신 것입니다.

그들이 육체가 됨이라가 무슨 뜻인지 더 설명하지 않아도 다 아시잖습니까? 창3:14에서 하나님이 사단에게 **종신토록 흙을 먹을지니라**가 바로 세상을 따라 육을 위해 살겠다고 하는 육체의 사람은 사단의 소유가 되는 것을 말씀하신 것이라는 것 알지 않습니까? 사단이 주인이라는 말이지요. 그래서 **육체가 됨이라** 하나님의 아들들이 사단을 자기 안으로 받아들여 사단에게로 나가버린 자들이 되었다는 것입니다. 이것은 하나님에 대한 대적의 행위이기 때문에 하나님은 이들을 멸하셔야만 했습니다.

하나님의 사람들이, 여자의 후손에 대한 언약을 받아가진 하나님의 아들들이 노아 전에도 노아 후에도 사람의 딸들을 취하여 자식을 낳았으니 그들이 용사라 고대에 유명한 사람들이었더라. 그러니까 노아 전에도 노아 후에도 땅으로 내쫓긴 사단과 그의 영들이 사람의 딸들의 육체 안에 거하면서 육체적인 아름다움으로, 또는 음란한 교태로, 하나님의 아들들을 유혹하여 자기의 사람들로 먹었다고 하는 것입니다. 그래서 육체를 밥으로 삼고 들어와 있는 그들과의 결합 속에서 낳은 자식들이 용사요 유명한 사람들이 나왔다, 시대시대마다 뛰어난 인물들이 나왔다는 말입니다. 그 시대를 이끄는 용사들이 나오고 유명한 자들이 나왔다고 하는 것입니다. 인간이 말하는 그런 영웅들이 많이 나오고 인간 속에 용맹한 자, 유명한 자들이 많이 나왔으므로 세상이 더욱 왕성해져 가는 힘이 되었다는 그 말입니다.

그러므로 하나님을 외면하고 사는 육체가 된 사람들에게 사단이 세상을 지배하고 이끌어갈 기교와 힘과 능력을 타고나게 하여 번성케 하고 발전토록 하였다는 것, 바로 인간 역사가 사단과 함께 동질이 되어 육이 왕성하도록 기여했음을 말합니다. 그렇기에 인간 속에 끝없이 발전하는 문명과 문화와 과학 등이나 예술 등이 절대로 좋은 것이 아니라는 것 여러분이 분명히 아십시오. 그래서 예수님을 믿는다고 하는 사람들이 세상에서 존경받고자, 자기 이름을 내고자, 현세의 영웅이 되기 위해 사는 목적이 된 것이면, 다 사단으로부터 좇아 나온 욕망입니다. 육에서 좇아 나온 육신의 정욕, 안목의 정욕, 이생의 자랑입니다. 세상에서 이름 내고 유명인들이 되고자 하는 목적이 돼 있다면, 그것은 자기에게 맞춘 가인의 믿음입니다. 이해하고 깨달아야 합니다.

여러분이 믿음의 가치를 어디에 둘 것인지 태도를 분명히 해야 합니다. 하나님에게서 나가 육체가 된 그들이 마음의 생각하는 것이나 모든 계획이 항상 악하다고 했습니다. 악하다 하니까 사람이 살인하고 드러나게 못된 짓을 한다는 말이 아닙니다. 그 생각하는 것이 다 육체의 정욕을 위한 것이더라는 말입니다. 11-13에서는 이제 온 땅이 타락으로 충만한 상태가 되었다고 했어요. 여자의 후손에 대한 언약을 가진 하나님의 아들들이라 불린 이 셋의 계통의 사람들에서도 하나님을 거스르고 무시하는 행위들로 그 강포가 땅에 충만하였다는 것입니다. 그러므로 그들을 향해 눈과 마음을 두고 계시던 하나님께서, 즉 그들과 함께 계셨던 하나님의 신이 이제 그들에게서 떠나시고 다 멸해버리겠다는 하나님의 결심을 표명하셨습니다.

나의 신이 영원히 사람과 함께 하지 아니하리니 이는 그들이 육체로 살기를 스스로 원하여 다 사단에게로 나가버렸다는 것입니다. 그래서 하나님은 육신의 정욕, 안목의 정욕, 이생의 자랑을 위해 사는 자는 하나님의 말씀을 버린 육체의 사람이니, 하나님께서도 아껴 보지 않고 멸시하신다는 의지를 다시 한 번 분명히 인류 앞에 보이신 뜻이 되었습니다. 이것은 노아 시대 때의 사건으로 끝난 일이 절대 아니라는 말입니다. 이때의 사람들은 노아에게로 나와야 사는데, 육체를 위해 사는 것에 취해서 노아의 말이 도무지 들리지도 믿어지지도 않은 것입니다. 오늘날도 들리지 않은 이유는 똑같습니다. 마음에서 세상을 붙들고 있으면 하늘의 말이 안 들리는 것입니다. 그래서 이런 영적 원리가 눈에 보이는 것이 아니라서 좀 어떻게 보여줄 수 없다는 것이 참 안타까울 뿐입니다.

그런데 8에 **그러나 노아는 여호와께 은혜를 입었더라** 했습니다. 하나님께서 창3:15에서 여자의 후손에 대한 언약을 하셨잖아요? 여자의 후손이 누구예요? 예수님입니다. 바로 노아가 여자의 후손으로 오실 예수님을 미리 보일 자로 택함을 입었다는 말입니다. 노아로 하여금 방주를 짓게 하시고 멸망을 받을 곳에서 노아와 그 가족을 구원하여 새 세상으로 들이신 것처럼, 여자의 후손이 오시면 그같이 자기에게 나온 자들을 심판에서 구원하신다는 것을 미리 보일 자로 택함을 입었다는 것을 말합니다. 처녀 마리아가 예수님을 낳아줄 여자로 택함을 받은 것도 하나님께 은혜를 입었다고 했습니다(눅1:30). 그와 똑같이 노아도 여자의 후손으로 오실 분을 미리 보이는 자, 예수님을 예표하는 자로 택함을 입었다고 하는 말입니다. 예수님의 그림자 역할입니다.

그러면 노아가 타락한 세상 속에서 어떻게 은혜를 입었을까요? 9에 **노아는 의인이요 당세에 완전한 자라 그가 하나님과 동행하였으며** 했습니다. 말씀대로 노아의 삶이 하나님에 대한 신앙에 흠이 없었기 때문입니다. 그런데 롬3:10에 **의인은 없나니 하나도 없으며** 즉 인간 중에는 의인이 하나도 없다고 했습니다. 죄 없는 자가 인간 중에 하나도 없다는 말입니다. 의인하면 죄가 없는 것을 말하는데, 성경은 노아를 또 의인이라 했습니다. 인간 중에 의인은 없다고 헸는데, 노아는 의인이라고 했으니 성경의 논리가 맞지 않는 것 같습니다. 그래서 이 같은 관계를 깨닫지 못하면 성경이 이랬다, 저랬다, 그때그때 편리한 대로 말했나? 하는 의구심과 성경 말씀이 거짓말 같은 생각이 들기도 하여, 말씀에 대해 어정쩡한 태도를 취할 수도 있는 것입니다.

구약 성경에 등장하는 전 인물 중에서 의인이라고 말한 사람은 노아뿐입니다. 의인이라고 말한 단어는 많지만, 인물에게 직접 의인이라 지명한 것은 노아입니다. 그렇다면 인간 중에 죄 없는 자가 한 명은 있다는 것일까요? 노아도 하나님이 말씀하시는 죄인입니다. 그러면 죄와 상관없는, 하나님의 의가 되시는 분이 누구입니까? 오직 예수님만이 의입니다. 노아를 의인이라 한 것은 노아가 하나님께 맞히는 삶이었기 때문입니다. 예수님이 하나님의 뜻에 자신을 온전히 내드리고 온전히 순종하여 십자가에 달려 죽기까지 하셨던 것처럼 노아도 예수님처럼 자신을 온전히 하나님께 맞히는 삶을 살았다는 것을 말합니다. 그래서 예수님을 비춰주는 그림자 역할이 된 것입니다.

창7:1에 하나님께서 그것을 분명히 말씀하셨습니다. **방주로 들어가라. 네가 이 세대에 내 앞에서 의로움을 내가 보았음이니라** 노아가 세상에 물든 세대를 따라가지 않고 하나님을 경외하며 사는 것이 자기의 본분인 줄 알아 하나님 앞에서 마음에 꼭 들게 살았다는 것입니다. 예수님의 의를 보인 것처럼 살았다는 말입니다. 그러므로 노아가 예수님을 예표하는 자로, 의로움을 보여준 자로 택함을 입은 것입니다. 그래서 **은혜를 입었더라** 했습니다.

사람들의 비난을 받고 비웃음을 사기도 하였지만, 전혀 개의치 않고 하나님에 대한 절대적 신앙으로 하나님께 맞히는 것을 본분으로 알아 살았음을 말합니다. 미쳤다고 비난을 받아도 비웃음을 당해도 그들이 세상 즐거움에 빠져 희희낙락해도 타협이나 용납하지 않으며 오히려 그들을 향하여 죄의 길에서 돌이키라고, 하나님을 두려워하라고 전하며 살았음을 말합니다. 벧후2:5에 말하기를 하나님이 **옛 세상**

을 용서치 아니하시고 오직 의를 전파하는 노아와 그 일곱 식구를 보존하시고 경건치 아니한 자들의 세상에 홍수를 내리셨으며 했습니다. 하나님께서 사람 지으심을 한탄하시며 세상을 홍수로 멸하겠다고 노아에게 방주를 지으라 하셨을 때도 사람들을 구원으로 이끌기 위해 방주 문이 닫힐 때까지 120년 동안을 심판의 경고를 전파했다는 것입니다.

그러면, 죄의 길에서 돌이켜 내게로 나오라고 죄인을 부르신 이가 누구입니까? 심판에 놓인 인간을 건지시려고 오신 그 '의'이신 이가 누구입니까? 예수님입니다. 그래서 노아를 의인이라 하시고, 진짜 의이신, 의의 실체이신 분, 사람들을 죄와 심판 가운데서 구하러 오실 분이 있음을 노아의 등불 같은 의로 비춰준 것입니다.

그러면 노아는 예수님을 예표하였고, 이미 예수님이 오셨으니 우리와 무슨 상관있다고 노아에 관해 이야기해야 할까요? 여러분! 그때 구원받은 사람이 누구라고 했습니까? 누구만 구원받았어요? 노아와 그 가족입니다. 그때 신앙의 계열에 있던 사람들이 다 육체가 되었다, 다 한가지로 죄악에 빠져 그 마음의 생각, 모든 계획이 항상 악할 뿐이라고 하니까 그들이 우리가 생각하는 그런 상대 못 할 악한 자들이 되었다는 것인 줄 아십니까? 마음도 나쁘고 착한 것도 없고 인간적이지 않다는 것을 말하는 것 아닙니다. 그들 양심은 하나님에 대한 신앙을 버리려고 했던 것 아닙니다. 그들 속에는 하나님에 대한 양심의 가책이 있었지만, 그들이 육체를 위한 삶, 육체의 정욕, 안목의 정욕, 이생의 자랑에 빠졌기 때문에 그렇게 육체를 섬기게 되었다는 것을 말하는 것입니다. 그것을 타락이라고 하는 것입니다.

그래서 신앙이 무엇인가? 신앙의 삶은 어떤 것인가를 노아에게서 보이셨습니다. 노아의 신앙과 삶의 모습을 보고 신앙의 변화가 일어나는 때로 삼아야 한다는 것을 말하기 위해서입니다. 왜냐? 노아와 그 가족만 구원받았기 때문입니다. 구약이나 신약이나 구원받는 조건은 똑같습니다. 바로 예수님으로 구원받습니다. 그러나 구원에 이를 수 있는 것은 그의 삶으로 보이는 것입니다. 하나님께서는 노아의 신앙적 삶을 우리에게 보이시고 또 한편 그를 의인이라 칭하시고 의이신 예수님을 비춰주셨습니다. 저는 여러분에게 하나님의 말씀(뜻)을 전하는 입장이기에 신앙의 삶이 무엇인가를 분명히 전해드리는 것이니 명심하기 바랍니다. 여러분이 이후에 하나님 앞에 설 때에 듣지 못했다고 할 수 없다는 말입니다.

그다음 창18장에, 하나님께서 인간 중에는 의인이 없나니 하나도 없다는 것과 오직 믿음으로 말미암아 산다는 것을 아브라함에게 가르치시려고, 조카 롯이 살고 있는 소돔과 고모라 성을 멸하시기 전, 먼저 찾아오셔서 그 성을 멸하겠다고 하셨습니다. 아브라함이 '의인 오십이 있으면요?' 하자 '오십 인이 있으면 멸하지 않겠다.' 하시니 아브라함이 그 의인의 명수가 없을까 하여 45인, 30인, 20인 계속 줄여나갔습니다. '열 명을 찾으면요?' '그래, 멸하지 않겠다!' 하나님이 이같이 아브라함의 청에 응하신 의도는 네가 암만 줄여도 인간 중에는 의인이 없다는 것을 말하고자 하심이었습니다. 다시 말해 아브라함이 하나님 독생자의 믿음을 가진 조상으로 세워져야 하기에 하나님께서 언약하신 독생자만이 유일한 의가 되신다는 그 독생자의 믿음을 아브라함 안에 넣으시고자 그 같이 의도적으로 대화하셨다는 말입니다. 아마도 아브라함이 '한 명만' 했어도 하나님께서 멸하시지 않겠다고 하셨을 것입니다. 그래서 하늘에서 유황불을 비같이 내려 소돔과 고모라 성을 멸하신 것처럼 복음을 무시하는 자, 복음을 외면하는 자 하나님께로 나와 예수님을 믿지 않는 모든 인간은 불 속에 던져진다는 것을 후대의 사람들에게 예로 보이신 사건이었습니다.

그런데 사람들이 의인이 열 명이 없어서 멸망했다는 어리석은 말을 합니다. 아브라함의 조카 롯과 그의 가족의 수를 세면서 의인이 열 명이 되지 않아 멸망 받았다고 거짓을 말하고 있습니다. 그러면 롯의 아내가 하나님을 섬긴 자입니까? 그 두 딸이 하나님을 신앙하는 자들입니까? 어떻게 그들을 세면서 의인이라고 할 수 있습니까? 롯의 가족을 그 성에서 내보내신 것도 창19:29에 아브라함을 생각하사 내보냈다고 말씀하고 있습니다. 세상은 그와 같이 인간 중에는 의인이 없나니 하나도 없다. 소돔과 고모라성과 같이 다 타락하였으므로 그 성에 유황불이 내려 멸망한 것처럼 다 멸망으로 들어가게 되었다는 것을 보이신 것입니다. 오직 의이신 예수님 안으로 들어가야 멸망치 않는다는 것을 예로 보이신 것입니다. 아시겠습니까?

그다음 노아가 **완전한 자**라 하였습니다. 노아가 죄를 짓지 않아서 도덕적으로 흠이 없어서 완전하다 하신 것 아닙니다. 그렇다고 도덕적이지 않는다는 것이 아닙니다. **노아는 의인이요** 한 것은 도덕적으로도 흠 없음을 말합니다. 그래서 그런지 말씀을 말하는 사람들이 전부 다 노아가 '완전한 자'라고 한 것을 도덕적인 것에 전혀 흠이 없다는 것을 말한다고 말하고 있습니다. 하나님께서는 하나님에 대한 우리 신앙을 가르치고자 하시는 데 뜻을 두셨는데, **노아는 의인이요**

당세에 완전한 자라 하는 것을 자꾸 도덕으로만 연결해주고 있는 것입니다. 도덕으로 덮고 도덕으로 위장하여 신앙이 감춰지게 하는 것입니다.

하나님은 인간 도덕을 말하기 위해서 노아를 등장시킨 것이 아닙니다. **노아가 의인이요** 했을 때는 바로 의이신 예수님을 비춰주는 자로 하나님에 대한 절대적인 신앙을 가졌다는 것을 의미하고, **완전한 자라** 한 것은 하나님에 대한 신앙이 절대적이듯 하나님의 말씀에도 절대적 순종이었다는 것을 말하는 것입니다. 하나님께서 말씀하신 것은 자기의 이해와 상관없이 그대로 순종했으므로 그래서 완전한 자라고 하셨습니다. 그러므로 예수님을 미리 비추어주는 자로 택함을 입은 것입니다.

그러면 하나님께 절대 순종하신 이가 누구입니까? 예수님입니다. 그래서 예수님이 어떤 분인지 예수님을 비추어준 것이요, 또한 예수님을 믿는 믿음, 예수 그리스도의 은혜를 입은 자의 삶과 순종이 어떠해야 하는지 모델로 보인 것입니다. 예수님의 죄 용서의 은혜를 입은 우리는 이제 하나님께서 너희는 '죄 없다. 의롭다.' 하시고 자녀가 되었다고 하셨으니 그러면 이 엄청난 은혜를 입은 우리의 삶은 어떤 모습으로 나타나야 하는지 오늘 말씀에서도 너무나 잘 알 수 있잖습니까? 우리가 참으로 용서의 은혜를 입었으면 의이신 예수님께서 내 안에 오셔 계시니 나도 의를 가진 자요, 그러므로 의롭다함을 받게 되었다고 하셨으니 그러면 의인의 삶이 어떠했는지 노아의 삶을 통해서 봐야 합니다. 예수님이 함께 계신 자면 그 삶이 어떠했는지 제자들을 통해서 봐야 합니다. 진짜 신앙을 가진 사람들을 들여다보면 세상이 그들 속에 있지 않았습니다. 그들은 세상 속에 있으면서도 세상과 벗하지 않았습니다.

오늘날 가인 같은 믿음은 예수님 안에 들어가지 못합니다. 구약 성전 뜰에만 들어왔다 나가고 들어왔다 나가고 하는 것일 뿐입니다. 예수님을 믿는다면서 세상에다 그물을 내리고 있으면 하늘의 것은 빈 그물일 뿐입니다. 바로 예수님의 말씀에다 그물을 내리는 것이 복이요 예수님과 함께 있는 자가 세상에서 제일 큰 복을 가진 자입니다. 예수님께 맞히는 것이 행복하여라, 복입니다. 하나님께서 남자와 여자를 창조하시고 그들이 창조되던 날에 복을 주셨다고 하는 것, 그 복이 바로 이것을 말씀하는 것임을 알고 예수님만 사랑하고 말씀에 자신을 온전히 맡기고 따라야 할 것입니다. 이것이 가장 큰 복을 가진 자입니다.

남자와 여자를 창조하시고 그들에게 복을 주시고 **생육하고 번성하여 땅에 충만하라 땅을 정복하라** 명하신 것은 하나님께 무릎 꿇어 복종하여 섬기는 자들로 충만하도록 생육하여 번성하라 하신 것임을 알아서, 자녀들도 말씀을 따라 양육하고 교육함으로, 예수님을 알고 구원받도록 하는 데 목적을 두는 부모가 돼야 할 것입니다. 그 믿음이 있는 부모가 참으로 복 있습니다.

노아와 그 가족이 다 구원에 이른 것처럼 예수 그리스도의 은혜를 입고 예수님이 그 안에 계시므로 그 의의 행복을 가졌으면, 그는 분명히 자손에게 세상을 넣어주지 않습니다. 오직 예수님을 믿고 구원 얻도록 신앙을 심어주기에 온 맘을 쓸 것입니다. 그래서 의롭다 함을 받은 의인이 아니면 자녀에게도 신앙을 심어줄 수가 없습니다. 자기 속에 예수님이 계시지 않는데 어떻게 신앙을 넣어줄 수가 있습니까? 의인만이 구원의 복을 알고 그 복을 자손에게 줄 수가 있습니다.

그런데 사실 제가 느끼고 보는 것은 자녀에게 신앙을 심어주기보다는 세상을 심어주는 일에 더 머리를 쓰고 물질을 투자하는 것을 봅니다. 세상으로 힘내고 능력을 갖추어가라고 등 떠밀어주고 있습니다. 지옥 길을 가라고 등 떠민다 그 말입니다. 스스로가 예수님으로 구원받지 않았음을 드러내고 있습니다. 참으로 가슴 아프지 않을 수가 없습니다.

그래서 제가 생각하기를 차라리 자식 낳아 지옥 보내는 길로 나가게 할 바엔 아예 낳지 않는 것이 훨씬 낫겠다 싶은 것입니다. 제가 볼 땐 그렇다는 말입니다. 젊은 부부나 또 앞으로 결혼을 앞둔 남녀들은 자녀를 두는 것에 있어서 자기가 낳은 자식이 지옥에 갈 수도 있다는 것을 염두에 두시고 인생의 가장 큰 결정에 대한 일이라 여겨 신중하시고 참으로 자녀를 낳으려거든 신앙과 사명을 가지고 낳아야 한다는 것, 제가 마지못한 당부의 말을 합니다.

오늘 말씀은 여기서 맺습니다. 다음으로 오늘 말씀을 이어서 할 것입니다. 믿음의 선진들의 신앙을 본받을 수 있도록 깨닫게 하신 하나님 아버지께 감사 올려드립니다. 아멘

창세기 20편, 13. 04. 07
네피림, 하나님의 아들들, 사람의 딸들

¹사람이 땅 위에 번성하기 시작할 때에 그들에게서 딸들이 나니 ²하나님의 아들들이 사람의 딸들의 아름다움을 보고 자기들의 좋아하는 모든 자로 아내를 삼는지라 ³여호와께서 가라사대 나의 신이 영원히 사람과 함께 하지 아니하리니 이는 그들이 육체가 됨이라 그러나 그들의 날은 일백이십 년이 되리라 하시니라 ⁴당시에 땅에 네피림이 있었고 그 후에도 하나님의 아들들이 사람의 딸들을 취하여 자식을 낳았으니 그들이 용사라 고대에 유명한 사람이었더라

(창6:1-4)

   오늘 말씀은 여기저기 왔다 갔다 하며 말해야 할 것이라, 듣기가 어수선 할 수도 있겠습니다. 본문 단어들에 대한 보충 말씀이니 잘 정리해서 듣기 바랍니다. 지난번 〈구약의 신과 신약의 성영과의 차이〉라는 제목의 말씀을 드렸잖습니까? 오늘 본문 3에 '나의 신이' 하셔서 그 말씀과 연결하여 좀 더 설명해 드릴 것이고요. 또 하나님의 아들들, 사람의 딸들, 네피림, 육체 등에 대해서 좀 더 나누어 볼 것입니다. 아셨지요?

성영님의 사역, 즉 성영님을 구약에서는 하나님의 신, 여호와의 신이라고 했고, 신약에서는 하나님의 영이요, 예수님의 영이요, 성영이라고 했습니다. 다 아시지요? 그래서 구약에서 하나님의 신으로 행하신 것과 신약에서 성영님으로 행하신 것은 어떤 차이가 있는가를 좀 더 나누겠습니다. 성영님이 어떤 관계로 일하시는가를 정확히 알 때에, 속지 않는 믿음이 되고, 생명의 충만한 데로 나갈 수가 있는 것이니, 그것을 바르게 알자는 겁니다. 그동안 성영님에 대해서, 삼위일체 하나님에 대해서 누차 말씀을 드렸었고, 그 하나님과 교제의 믿음이 되도록 말씀드려왔으니 사실은 더 다루지 않아도 될 것으로 생각은 하고 있습니다. 그런데 저의 전한 말씀이 세상으로 나가다 보니 제가 절실히 알게 된 것은, 사람들이 삼위일체 하나님을 알고 믿는 관계가 돼 있지 않더라는 것입니다. 아버지와 아들과 성영님이신 하나님을 알지 못하고, 알지 못하니 바른 관계의 믿음이 되어 있지 않음을 여실히 보았습니다. 그래서 듣는 이들에게 도움이 됐으면 하는 마음입니다.

그리고 다음엔 방언에 대해서도 말씀을 나눌까 합니다. 방언 못한다고 방언 안 한다고 구원과 직접 관계되는 것은 아니지만, 방언하는 사람들이 방언에 대해 자기 확신, 영적인 확신도 없으면서 방언을 하느냐 마느냐 하는 혼란을 겪고 있더라는 것이지요. 방언은 '성영의 은사다' 하면 그런가? 했다가, 방언은 '마귀가 주는 것이다.' 하면 또 그런가? 하고 갈팡질팡하고 있더란 말입니다. 왜 그렇습니까? 말씀에 대한 지식도 없고 성영님에 의한 믿음이 돼 있지 않으니 당연히 성영님이 주시는 확신과 보증이 없으니 그런 것입니다. 아직은 젖만 먹는 어린아이 수준, 즉 고린도 교회 신자들과 같은 육신 수준에 있기 때문에 그렇습니다(고전 3장).

이것을 히5:12-14에서 잘 말해주고 있습니다. **때가 오래므로 너희가 마땅히 선생이 될 터인데 너희가 다시 하나님의 말씀의 초보가 무엇인지 누구에게 가르침을 받아야 할 것이니 젖이나 먹고 단단한 식물을 못 먹을 자가 되었도다. 대저 젖을 먹는 자마다 어린아이니 의의 말씀을 경험하지 못한 자요, 단단한 식물은 장성한 자의 것이니 저희는 지각을 사용하므로 연단을 받아 선악을 분변하는 자들이니라** 그러니 선악을 분변(分辨)할 수 없는 곳에 있으니 악의 영들이 얼마나 미혹하기가 쉽습니까? 그런데 실제로 미혹할 필요도 없습니다. 이미 바른 가르침을 받지 못하고 있는 그것이 미혹이니까요. 성영님께 바른 가르침을 받았다면 그런 혼란을 겪을 이유는 없을 것이니까 말입니다.

그러면 오늘날 우리와 관계를 이룬 성영님을 구약에서는 뭐라고 했다고요? (여호와의 신, 하나님의 신) 그러면 왜 구약과 신약의 호칭이 다를까요? 이미 말씀 드렸듯이 하나님의 구원하시는 뜻을 이루시는 일에 삼위일체 하나님이 함께하셨습니다. 그러므로 성영님이 구약에도 계셨고 신약에도 계셨지만, 사람과의 직접적인 역사에는 차이가 있다고 했습니다. 구약은 율법을 말하고 신약은 복음을 말하는 차이가 있듯이 성영님의 구원하시는 일도 구약과 신약의 차이가 있다는 말입니다. 사람과 직접적인 관계로 계시는 것은 성영님이신데, 구약에서는 사람 곁에서만 계셨고, 신약에서는 곁에서뿐만 아니라 사람 안으로 들어오셨습니다.

사람을 거듭나게 하시는 성영님, 사람 안으로 들어오시는 그 성영님은 누구에게만 들어오실 수 있다고 했습니까? 예수 그리스도의 십자가 위에서 흘리신 피로 죄 사함을 받은 자, 예수님의 피로 죄 처리가 된 자 안에만 들어오실 수 있습니다(행2:38). 이것이 죄 용서받은 완전한 증거입니다. 구약에서는 성영님이 왜 사람 안에 들어가실 수가 없었을까요? 맞습니다. 그러면 구약 사람들의 완전한 죄 사함은 어느 때 이루어졌습니까, 짐승의 피 흘린 것으로 입니까? 예수님의 피 흘리신 것으로 입니까?

예수 그리스도의 십자가에서 흘리신 피만이 완전한 죄 사함의 피가 되니, 구약 사람들도 예수님이 오셔서 피 흘려주시기만을 기다리며 그 믿음으로 제사를 드렸습니다. 그래서 예수님이 십자가에서 피 흘려 죽으시고 다시 살아나셨으므로 소나 양 잡아 피 흘리던 구약 사람들도 죄 사함이 완전히 이루어졌고, 이후에 예수님이 재림하실 때 성영님께서 그들을 부활로 일으킬 것입니다. 그렇기에 마5:17에 예수님이 오신 것은 불완전한 구약의 율법을 폐하러 온 것이 아니요 완전케 하려 함이라고 하셨던 것입니다.

그래서 구약은 성영님이 사람 안에 들어가실 수가 없어 거듭나게 하실 수가 없으니 '하나님의 신'이라고 불렸던 것입니다. 요3장에 예수님께서 니고데모에게 거듭나지 않으면, 즉 성영으로 나지 않으면(거듭남은 구원받았음을 말함.) 하나님 나라를 볼 수도 없고 들어갈 수가 없다고 하시자, 구약은 거듭남이 없으니 성경에 능통한 선생인 니고데모가 알아듣지를 못했습니다. 구약은 완전한 죄 사함과 거듭나게 하시는 일, 즉 예수 그리스도의 생명을 얻는 때가 아니므로 성영님께서 신으로 백성 가운데 와계시면서 하나님의 일에 필요한 사람들에게 지혜와 능력을 입혀 일하게 하셨던 것입니다.

구약에서 하나님의 신으로 계실 때는 제한적이었지만, 이제 신약에서의 성영님의 역사는 보편적입니다. 어디든지 계시면서 복음이 전해지는 곳마다, 예수님의 이름을 전하고 부르는 곳마다, 예배하는 곳마다, 교회와 함께 계시면서 죄에 대하여, 의에 대하여, 심판에 대하여, 세상을 책망하여 깨닫게 하시고, 하나님의 것을 체험케 하시며, 감동을 주시고 회개시켜 죄를 사함 받게 하시고, 거듭나게 하시는 일을 하고 계시는 것입니다. 그런데 이 증거를 받는 자가 그리 없다고 하셨습니다. 예수님께서 십자가에서 피 흘려 죄를 사하셨다는 이 믿음까지는 가졌을 수는 있겠으나 성영님으로 그 영이 거듭나 구원 얻은 관계로 예수님의 재림을 맞을 자들이 그리 없다는 것이 오늘날 믿는 자들의 형편입니다. 그래서 사람 속에 오셔서 거듭나게 하시고 거룩케 하신다 하여 성영님이라고 하시는 것입니다. 거룩케 하시는 하나님의 영이시라는 말입니다.

그러면 오늘 본문 3에 **여호와께서 가라사대 나의 신이**라고 하신 것, 구약에 신으로 불리던 것과 신약에 성영님이라 하는 그 차이를 이해했습니까? 이제 신약에서는 온 땅에 충만히 계시면서 예수님으로 구원 얻는 복음을 전파하게 하시고, 죄를 깨닫게 하시고, 인도하시며 감동을 주고, 구원하시는 일을 하시는 것입니다. 예수님의 피가 죄를 사하시는 피라는 것을 믿고 죄를 사함 받아 죄에서 돌이킨 자 속에, 즉 회개하여(입으로만 하는 회개가 아니라 전 삶의 회개) 영접하는 자 속에 들어오셔서 거처로 삼고 그를 말씀 안으로 이끌어 예수님을 깊이 알아가도록 믿음을 도우시는 것입니다. 그래서 성영님이 오시면 너희와 함께 거하시고 또 너희 속에 계시겠음이라고 말씀하신 분은 바로 육체로 오신 예수님이셨습니다.

앞에서도 말했지만 창6:1-4의 말씀을 또 말하는 것은, 듣는 이들이 혹이라도 아직 이해가 되지 않아 혼란을 겪지 않았으면 해서입니다. 사실 성경을 모를 때는 헤매기도 하지만, 알고 나면 굉장히 단순합니다. 성영님과 사귐이 깊어지면 깊어질수록 말씀에 대하여 봄눈 녹듯이 열리고 보이게 되어서 쉽게 알 수가 있습니다. 하나님의 마음과 생각을 성영님으로 말미암아 알게 되기 때문에, 하나님 쪽에서 하나님과 같은 생각으로 성경을 이해하고 보게 되는 것입니다. 성경은 하나의 큰 줄거리를 가지고 나아가고 있습니다. 분명한 목적이 있다는 말입니다. 그래서 성경의 큰 줄거리, 즉 하나님의 뜻에 대한 그 맥을 알게 되면 성경이 한눈에 들어와 버리게 되어서 성경의 난해한 말씀이라도 자연스럽게 풀리게 되어 있습니다.

그러니까 한 사건 한 사건 속에서, 또 한 문단 한 문단이 하나님께서 무엇을 말씀하시고자 하는가? 머리를 굴리며 연구를 하고 온갖 서적들을 뒤지며 맞춰보고 헬라어, 히브리어 뜻을 찾아서 알게 되는 것이 아니라 성영님이 눈이 되시고 지혜가 돼 주시면, 그냥 자연스럽게 알아지는 것입니다. 그리고 대부분 앞뒤 문맥을 살펴보면, 그 말씀을 어떻게 이해해야 하는지 해답이 또 거기에 있기는 합니다. 그런데 이것은 부분적인 것이라서, 사실 성경 전체에서 하나님의 뜻에 대한 영적 맥을 알지 못하면 자칫 해석에 오류를 범할 수가 있습니다.

그런데 오늘 말씀에서 **하나님의 아들들**이라고 한 것과 **네피림이 있었고** 하는 것 등, 4에서 말씀하는 것을 일반 성도들이 사실은 좀 이해하고 깨닫기에는 난해한 것이긴 합니다. 그런데 오늘날 말씀을 말하는 사람들이 다른 사람들의 해석이 잘못되었다고 변증을 한답시고 성경 밖에 이교도들의 그 신화적인 것들을 끌어다가 해석의 자료로 삼아 복잡하고 거짓된 논리들을 펴주고 있어서, 차라리 모르는 것보다 더 못한 잘못된 지식을 갖도록 하고 있습니다. 그러니까 학문 좀 했다고 하는 사람들이, 하나님보다 높아진 머리를 가지고 학문하던 그 스타일(style)대로, 성경도 똑같이 그런 이교도들의 신화들을 들먹거리며 성경의 그 유래가 이교도에서 나왔다. 이방 종교에서 나왔다고 성경 밖의 것들을 끌어다가 성경 해석을 말하는 그런 망령된 짓을 하고 있는 경우들이 있습니다. 그러나 성경은 딤전4:7에 그런 **망령되고 허탄한 신화를 버리라**고 했습니다. 하나님의 일하심을 그런 것들로 끌어다 붙이는 것은 귀신의 가르침입니다.

  오늘 본문 말씀의 뜻을 모른다고, 구원 얻는 것에 지장 있는 것은 아니겠지만, 아들로 나서 아버지 나라를 유업으로 받으려면 아버지의 뜻, 하시는 일을 알아야, 아버지의 일이 무엇인지를 알아야 아들이요. 아버지의 심중을 알고 그 뜻에 함께하는 것이 아들이지, 그렇지 않으면 아들이라고 할 수는 없는 것이지요. 요17장에 예수님의 기도가 바로 이것을 말합니다. 그렇기에 예수 그리스도로 말미암아 아버지의 아들이기를 참으로 원한다면 자신이 거짓이어서도 안 되는 것이요, 거짓 것들에 속지 않아야 하는 것이지요. 그렇기에 선이신 예수님을 믿는 하나님의 자녀이면 그 삶은 어떻게 나타나는가? 또 악한 자 사단을 따르는 육체의 사람, 자기 본위의 삶은 어떻게 나타나는가를 오늘 창6:1-12까지 말씀에서 분명히 보이고 있으니 자기를 비춰보자는 것입니다.

사람은 영의 길로 하늘 길과 육의 길로 지옥의 길, 두 길이 있습니다. 영의 길은 그 삶이 어떻게 나타나는가? 육의 길은 그 삶이 어떻게 나타나는가? 그것을 오늘 말씀에서 잘 보여주고 있다는 말입니다. 창6장 말씀은 〈은혜 입은 자의 삶, 아들들의 타락, 네피림〉이란 제목으로 이미 말씀드렸으니, 하나님의 은혜를 입은 믿음의 삶은 어떻게 나타나는가를 여러분이 보셨을 것이고 자신을 비춰보았으리라 생각합니다.

'네피림'의 뜻을 간단히 설명하자면 '타락하다' '떨어지다' 또는 '추락하다'입니다. 이것은 사단과 그의 영들, 하나님께 반역하고 땅으로 내쫓긴 타락한 천사들을 말합니다. 하나님께서는 사람이 육체를 위해 사는 세상으로 나간 육의 사람들도 타락한 육체라고 하셨습니다. 그래서 타락한 사단과 그 무리가 육체의 사람들을 자기의 음식으로 소유할 수 있게 되었습니다. 여러분이 창세기 말씀을 통해서 영적 존재인 사단의 역할이 무엇인지를 다 들었고, 자세히 깨달아 보았지 않습니까? 2에서 말씀하는 **하나님의 아들들**은 누구인가를 오늘 다시 설명합니다. 여러분은 하나님의 아들들이 누구를 말하는지 다 알게 되었으니 말씀해보겠습니까? 믿음의 계보, 여자 후손의 언약을 가진 그 계보, 셋의 계통의 사람들을 말한다는 것을 정확히 알고 있습니다.

성경을 전체적으로 보는 눈이 열리면 자연스럽게 보이는 것이 있습니다. 하나님 아버지께서 아들에 대한 소원이 대단히 크시다는 것, 아들을 두는 것이 하나님의 큰 소원이시라는 것을 알 수가 있습니다. 그러니까 창조 이전에 하나님 아버지의 품은 뜻이 바로 아들에 있었다는 그 마음을 알 수가 있다는 말입니다. 그러므로 예수 그리스도를 구주와 아들로 보내시고, 그 아들의 생명을 얻고 아들의 형상을 본받은 자마다 아들이 되게 하시는 것이 하나님의 뜻입니다. 그래서 구약에서는 천사나 사람이나 하나님 편에 있는 자, 하나님께 있는 자는 다 아들들이라고 표현하심으로써, 바로 아들을 얻기 원하신 것이 하나님의 뜻이라는 그 마음을 나타내셨습니다.

 반역을 꾀한 천사들이나 스스로 범죄하고 하나님을 떠나 나간 인간이야 해당 아니지만, 그러나 천사든 사람이든 하나님 편에 있는 자는 아들들이라 부르심으로써 아들을 두시는 것이 하나님의 소원이시라는 것을 나타내셨다는 말입니다. 하나님께서는 많은 아들을 두시기 원하셨기에 먼저 천사나 사람을 지으실 때에 하나님 자신을 담아 지으셨습니다. 다시 말해 구약은 하나님 자신을 닮은 자로 지으셨다는 뜻에서 천사든 사람이든 하나님과 함께 있는 하나님 편에 있는 자들에게는 아들들이라고 표현하셨다는 말입니다. 이해되었고 동의합니까?

 설명 더합니다. 하나님께서 아들들을 두기 원하신 것이 하나님 뜻입니다. 그래서 구약에서는 하나님 편에 존재하는 천사들이나, 하나님에 대한 신앙을 가진 하나님의 사람들에게 아들들이라고 표현하셨어요. 그러나 구약은 하나님 자신을 담아 지으신 관계에서 아들들이라 하신 것이지, 하나님이 낳으신 관계로서 아들이라 하신 것이 아닙니다. 예수 그리스도로 말미암아 낳은 관계로서 아들의 위치로 완성될 것임을 보인 예표였습니다. 낳으신 관계라야 아버지와 아들입니다. 그렇기에 아들들이라고 불린 그들은 하나님을 아버지라고는 하지 못했습니다. 그러면 누구만 아버지라고 하셨습니까? 나는 내 아버지에게서 왔다고 하신 분이 누구예요? 예수님입니다. 그러므로 참 아들의 생명으로 낳은 아들을 얻으시는 뜻을 이루시기 위해서는 반드시 참 아들이신 예수님이 오셔야 하는 거였습니다.

그러므로 예수님이 십자가 위에서 구원을 이루신 신약에 와서는 아들로 낳으신 관계입니다. 예수 그리스도의 피 흘려 낳으신 관계로서의 아들이 되었다는 말입니다. 그러면 구약에서는 왜 아들들이라고 했다 했습니까? 하나님 자신을 담아서 지으셨기 때문에 닮았다는 뜻에서 아들이라 하셨어요. 그러면 신약에서는 왜 아들입니까? 바로 예수님의 형상을 입게 되었기에, 다시 말해 닮은 자가 아니라 예수님이 피 흘려주셔서 죄의(옛) 사람은 죽고 성영님으로 다시 나, 즉 예수님의 생명을 얻게 되고 그의 형상을 입었음으로서 아들이라 하는 것입니다. 신약은 예수 그리스도의 생명으로 낳은 아들, 십자가의 피 흘리심으로 낳은 관계에서의 아들 그래서 참 아들의 생명을 가졌으므로 아들이라 한다는 것 아멘입니까?

이 같은 관계가 되는 것은 위에 말씀드린 것을, 안다는 지식가지고 되는 것이 아니라 영혼으로 받아들인 경험의 부르짖음, 감탄이 있어야 합니다. '아! 그렇구나!'는 감탄이 자기 안에서부터 확실히 터져 나와야 합니다. 아! 하나님은 나에게 아버지시다. 아! 아버지구나! 하는 이 같은 감탄, 감격이 자기 속에서 올라와야 합니다. 그것을 영적인 경험이라고 하는 거예요. 그러므로 여러분이 이 관계로서의 아버지와 아들인가 하는 겁니다. 분명히 여러분은 예수님 때문에 아들입니까? 참 아들의 생명을 성영님으로 가진 아들이기를 진심으로 소원합니다.

이와 같이 하나님께서는 아들을 원하셨으므로 욥기 1장, 2장에서 말하는 천사들, 즉 하나님 편에 있는 천사들도 하나님의 아들들이라고 했습니다. 그런데 어떤 사람들이 오늘 본문 말씀에서 하나님의 아들들이라고 한 것은 셋 계통의 사람을 말하는 것이 아니라 욥기에서처럼 천사들을 말하는 것이라고 하나님의 뜻의 방향을 사단이 기뻐할 뜻으로 완전히 돌려놓고 있습니다. 사람이 하나님의 영적인 구속사의 흐름을 영의 눈을 뜨고 보지 못하면 그렇게 하나님 두려운 줄 모르고, 성영님을 훼방하는 인본의 죄를 짓는, 자기 머리에서 나는 것들을 주장하게 되는 것입니다.

하나님께서 선악과 먹는 죄를 지은 아담을 아주 떠나신 것이 아닙니다. 아담을 에덴에서 내보내어 수고와 고생의 떡을 먹게 함으로써, 참 에덴이신 예수님을 만나러 가는 길이 되게 하신 것이지, 아담을 떠나시거나 버리신 것이 아닙니다. 선악과 먹은 죄는 예수님께서 오셔서 생명을 내놓아 피 흘리고 죽음으로 처리하실 것을 이미 창조 전에 예정하셨습니다. 그 예표로 하나님이 친히 양의 생명을 취하여 피 흘리고 죄를 가리는 가죽옷을 지어 입히셨던 것입니다.

선과 악을 받아들인 사람은 선과 악을 알게 되었으므로, 이제 선이신 하나님을 따르겠느냐? 악인 사단을 따르겠느냐? 선택해야 하는 자신에 대한 책임을 가지게 되었는데, 아담의 후손인 가인은 사단을 따르는 타락한 육체의 사람이 되었고, 아벨은 하나님을 따르는 영적인 사람이 되었습니다. 아벨이 가인에게 죽임을 당하자, 하나님께서 아담에게 죽은 아벨 대신 여자의 후손에 대한 언약의 대를 잇는 셋이라는 아들을 주셨습니다. 그리고 그 아들 셋을 주신 것을 **씨를 주**

셨다고 했습니다. 여기서 '씨'라고 하는 것은 '생명'을 말합니다. 다시 말해 목숨을 말하는 것이 아니고 창3:15에 언약하신 것, 여자의 후손, 그 언약의 증표로 주신 씨, 아벨 대신에 아들(생명의 씨)을 주셨다는 뜻입니다.

 인간은 두 길이 있는데, 하나는 하나님이 주인이 되시고 그 임재 가운데 사는 영의 길이 있고, 또 하나는 자신이 스스로의 주인이 된 삶, 사단을 주인으로 하여 사는 육의 길이 있습니다. 창세기 4장에서는 가인의 길로 나간 타락한 사람들의 족보가 기록된 것이고, 5장은 하나님이 주인 되어 그 임재 가운데 있는, 후손의 언약을 가진 하나님 사람들의 족보입니다. 여러분이 이것을 알고 있습니까? 자기 믿음을 위해 관심을 가지고 성경을 보는 자만 압니다. 예수님께서 과연 어떻게 오실 수가 있었는가? 자기의 믿음을 위해서 이 창세기의 창조하신 일부터 아브라함의 사건까지는 여러분이 읽어보고 좀 훤히 알고 있어야 합니다. 그래야 이 같은 말씀을 들을 때에 말씀이 열리게 되고 영의 생명 얻는 양식이 되고, 속사람의 능력으로 설 수가 있는 것입니다.

 말씀에 관심 없고, 성경 읽지 않는 이들에게, 말씀을 전해보았자 아무 의미 없습니다. 서로 힘든 겁니다. 전하는 저도 힘들고 듣는 그도 힘든 거예요. 재미없거든요. 자기하고는 상관없거든요. 그러니 상관없는 이야기 하는데 무슨 재미가 있겠습니까? 그리고 자기 속에 '어떻게 그렇게 살 수가 있겠냐? 도저히 그렇게는 살 수 없다.'는 생각을 딱 고정해 놓고 쇠귀에 경 읽기 하는 겁니다. 그래도 구원받을 수만 있다면 얼마나 좋겠습니까? 저도 이 강단에서 말씀 전할 필요도 없고 말입니다.

눅 3장 하반부는, 여자의 후손이신 예수 그리스도의 오시기까지의 족보가 기록된 것인데, 예수님으로부터 거슬러 올라가면서 그 이상은 누구요, 그 이상은 누구요 하며 마지막은 **그 이상은 에노스요, 그 이상은 셋이요 그 이상은 아담이요 그 이상은 하나님이시니라** 하고 하나님까지 올라갔습니다. 바로 산 자의 어미 하와를 통해 주신 생명의 언약이 마침내 이루어져 그 예수 그리스도께서 구주요 하나님의 아들로 이 땅에 오셨음을 기록한 것입니다. 예수 그리스도의 오심이 역사적인 일이라는 것과 그 일의 시작이 하나님이시라는, 하나님에게서 나온 것임을 증거 하고자 족보를 거슬러 올라가며 기록한 것입니다.

그러면 신약에서 믿는 자에게 오셔서 임하시는 분은 누구입니까? (보혜사 성영님) 구약에서 하나님의 사람들 가운데 임재하셨던 분은 누구입니까? (하나님의 신) 사람과 직접적인 관계로 계신 분은 앞에서 말했듯이 바로 성영님입니다. 그 성영님이 구약에서는 신이라 불린 것입니다. 어때요. 여러분, 재미없지요? 재미있기를 바랍니다. 저는 말씀 아는 일이 너무너무 재미있고 행복합니다. 저는 아버지와 아들과 성영님이신 하나님께 내 믿음과 삶의 코드를 맞추었기 때문에, 하나님을 아는 것이 너무 행복하고 또 아버지와 아들과 성영님에 대해서 말씀드리는 것이 저에겐 최고의 행복이 돼 있습니다. 그런데 재미없어 듣기 싫으면 저와 코드가 같지 않다는 것이니 참 곤란한 일이 되지 않겠습니까? 그러나 저와 말씀 코드가 맞는다면 아버지와 아들과 성영님을 더욱 잘 알고 깊은 관계가 되도록 이끌어 드리는 것이니, 여러분도 덩달아 행복하실 것입니다. 즐겁고 행복한 말씀으로 듣게 될 것입니다.

그러니까 오늘 본문에 기록된 네피림에 대해서 여러분이 확실히 이해가 됐고 말씀이 말하는바 지식으로 받았습니까? 지난번 네피림에 대한 6장 말씀 들었으면 다 아셨을 것입니다. 네피림에 대한 바른 이해가 있어야 하나님의 아들들에 대해서도, 사람의 딸들에 대해서도 막힘없이 풀리게 되는 것입니다. 이제 하나님의 아들들은 창3:15의 여자의 후손에 대한 언약을 가지고 흘러온 셋의 계통 쪽에 있는 사람들을 말한다는 것, 더 말하지 않아도 지금까지 여러분이 들은 말씀으로도 충분히 이해됐고 분명히 알게 됐습니다.

사실 제 말씀 아니라도 성경 보는 눈이 조금만 열린다면, 하나님의 아들들이 누구인가 하는 것은 3에서 정확히 밝혀주고 있어서, 하나님의 신앙을 가졌던 셋의 계통을 말한다 하는 것, 또 5장에 그 계보가 기록돼 있기 때문에 알아듣는 것이요 알아먹을 수 있습니다. 그러므로 네피림이나 하나님의 아들들에 대해서 다른 것들 갖다 붙여주거들랑 그가 성영님이 아닌 다른 영에 붙들려 쓰이고 있는 것으로 알면 됩니다. 참고로 덧붙입니다. 사45:11에 이스라엘과 이스라엘의 행하신 역사에 대하여 '내 아들들의 일'이라 하셨고, 신14:1에 이스라엘을 '하나님의 자녀'라고 하셨고, 출4:22,23에 '내 아들'이라고 하셨다는 것을 참고하십시오.

그다음 사람의 딸들은 누구를 말한다 했습니까? 육체가 된 가인의 계통을 말한다 했습니다. 제가 사람의 딸들에 대해서 구체적인 설명을 또 해야 할 것 같습니다. 앞서 하나님의 온 관심과 소원은 누구에게 있다고 했습니까? 딸이라고 했습니까? 아들이라고 했습니까?

아들입니다. 아들은 아버지 집에서 아버지의 것을 유업으로 이어받는 상속자입니다. 그렇기에 하나님의 관심과 소원은 아들에 있다고 말씀드렸습니다. 딸은 다른 집으로 떠나버리는 것입니다. 딸은 아버지 집에서 떠나 남의 다른 아버지 집으로 가는 것이기에, 그래서 하나님의 소원은 딸에 있지 않습니다. 이 말에 또 딸도 상속권이 있다고 나올 수도 있겠습니다. 경우에 따라서는 딸이 상속권이 있지만, 아버지와 함께 있는 자의 온전한 상속권자는 아닙니다.

그리고 또 6장은 하나님의 구속사의 뜻을 담은 영적인 큰 줄거리가 됩니다. 그래서 아들들과 딸들에 대한 뜻을 하나님의 눈, 하나님의 관점에서 볼 수 있어야 합니다. 하나님의 눈과 관점에서 보지 못하면 여기 사람의 딸들은 가인의 계통, 육체의 사람들을 말한다 하는 것에 '아니, 그럼 가인의 계통에는 아들은 없고 딸만 있나? 셋의 계통에는 딸은 없고 아들만 있다는 것이냐? 이건 도무지 아무리 생각해봐도 이치에도 그렇고 논리에도 맞지 않는 말이다' 하고 불쾌하다는 듯이 나오는 것입니다. 아니, 자기 머리로 백날 생각해본다고 정답이 나오겠습니까? 성경에 서기관처럼 머리로 연구하고 몰두해봤댔자 자기도 죽고 남도 죽이는 거짓 선지자일 밖에는 없습니다. 말씀을 가르친다고 하는 위치에서 그렇게 나오는 것은 사단에게 쓰이는 것밖에는 없습니다. 그래서 어느 누군가를 위해 저 자신 복잡하고 피곤한 일이지만, 감수하면서 구체적인 설명을 하면서까지 뜻을 열어 말씀드리는 것입니다.

첫 사람을 '아담'이라고 했을 때는 그 어근이 히브리어 '아다마'에서 나온 것을 말하는데 아다마는 '흙'을 말합니다. '아담'하는 것은 '흙으로 된 피가 흐르는 영의 사람, 영을 가진 목숨의 사람'이라는 뜻입니다. 그런데 '사람' 했을 때는 단순히 그 근원이 '흙으로부터 나온 자'라는 뜻을 가졌습니다. 그래서 여기 '사람의 딸들'이라고 하는 것은 육이 중심인, 하나님에게서 나간 흙밖에 되지 않는 육체, 흙의 본성을 따라 사는 사람들이라는 말입니다. 사단이 주인 된 육체의 사람들을 말한다는 말입니다.

앞에서 딸은 어쩐다고 했습니까? 다른 아버지 집으로 간다는 의미란 말이지요. 그래서 여기 **사람이 땅 위에 번성하기 시작할 때에 그들에게서 딸들이 나니** 하는 것은 셋의 계통의 사람들, 즉 하나님의 신앙을 가졌던 셋의 계통의 사람들이 번성하면서 육체로 다 나갔다는 말입니다. 하나님에게서 나갔다, 다른 아버지 집으로 다 가버렸다는 말이에요. 땅으로 내쫓긴 네피림이, 즉 사단과 그의 영들이 가인과 가인의 후손을 다 자기 밥으로 먹었고, 이제 하나님을 신앙하던 셋의 계통의 사람들도 하나님을 잊어버린 육체로 타락하게 하여 먹어버렸다고 하는 것입니다. **그들에게서 딸들이 나니** 하나님에게서 나간 자들로 번성하니, 가인의 계통과 같은 육체의 사람들로만 번성하니 그 말입니다.

그나마 경건했던 셋의 계통의 남은 아들들까지도 이후에 육체로 나간 자들의 육체의 아름다움에 빠져 미혹되었다고 하는 겁니다. **자기가 좋아하는 모든 자를 아내로 삼는지라** 한 것은 사단이 양식으로 삼은 육체로 나간 사람들과 연합하여 한 몸을 이뤘다는 말입니다. 그러니까 '아내를 삼는지라' 즉 사단과 연합하여 한 몸을 이루었다는 것을 말하는 것입니다. 그러나 우리 믿음은 누구와 한 몸을 이루어야 합니까? 우리는 예수님과 한 몸을 이루어야 합니다. 노아 당세에는 다 타락하여 오직 노아 가족만 남았다고 했습니다. 그러므로 여자의 후손에 대한 언약을 가진 셋의 계통에 임하여 계셨던 하나님의 신이, 타락하여 다 육체가 된 그들에게서 떠나버리셨다는 것을 말씀하는 것입니다. **나의 신이 영원히 사람과 함께하지 아니하리니**의 말씀이 바로 이것을 말합니다. 알아듣습니까?

정말 오늘 말씀에 대해서 할 말은 많지만, 시간상 다음 말씀으로 나갈 수 없게 되니 여기서 생략합니다. 그러니까 구약이나 신약이나 곁에 임하여 계신 성영님은 언제든지 그 사람과 맞지 않으면 떠나신다는 것도 분명히 아셨지요? 그래서 오늘날 사람들이 교회 나와 예수님을 구주로 믿는다고는 해도 사실은 구원받는 믿음이 되기까지는 오랜 세월이 흐를 수 있습니다. 이것은 누누이 말씀드렸으니 더 나누지 않습니다.

그런데 이 신약시대는 성영님이 어디에나 계십니다. 예수님의 이름이 있고 말씀이 있는 모임에서는 어디든지 충만히 계시면서 살아 계신 하나님을 체험케 하시고 말씀을 깨닫게 하십니다. 구원받은 것과는 상관없이 구원받지 않았어도 성영님께서 은사가 나타나게 하십니다. 구약에 하나님의 신이 곁에 오셔서 능력을 입혀 일하게 하셨던 것처럼 신약시대는 이제 예수님이 피 흘려 죄를 사하셨기 때문에, 그 죄 사함과 구원을 알게 하려고 어디나 충만히 계시면서, 그같이 예수님의 이름을 부르고 기도하는 곳에, 하나님의 말씀이 선포되는 곳에, 성영님께서 체험을 주시는 것입니다. 어떤 문제들을 놓고 기도하는 것도 들어주셔서 해결 받게 하시기도 하고, 방언도 표적으로 주시고, 병을 치유하시기도 하고, 귀신이 쫓겨나가기도 하고, 각종 은사가 나타나게 하시는 것입니다.

　복음이 처음 들어가는 곳에는 성영님의 역사가 더 두드러지게 나타나는 것이 보편적인 현상입니다. 예를 들면 예수님께서도 아직 십자가의 구원을 이루시기 전에 하나님의 나라가 임하여 왔다는 것을 사람들에게 알게 하려고 온 유대 땅을 다니시며 각종 병을 고치시고 귀신을 쫓아주셨습니다. 예수님께서도 "하나님이 성영과 능력을 기름 붓듯 하셔서서 이 일을 행하셨다." 고 했습니다(행전 10장). 또 마10장에 예수님께서 아직 십자가의 구원을 이루시기 전, 보혜사 성영님이 오시지 않았던 때에(요7장) 열두 제자들에게 더러운 귀신을 쫓아내며 모든 병과 모든 약한 것을 고치는 권능을 주셔서 내보냈다고 했습니다. 권능을 주셨다는 것은 곁에서 계시는 성영님에 의하여 나타난 현상, 즉 귀신들이 쫓겨나가고 병이 치료되는 능력들이 나타난 것임을 말하는 것입니다. 물론 여기에는 부리는 천사들의 능력이 있습니다.

　막9장에도 제자 요한이 '선생님, 우리를 따르지 않는 어떤 자가 주님의 이름으로 귀신을 내쫓고 있어서 못하게 했습니다.' 하니 예수님께서 "금하지 말라, 내 이름을 의탁해서 능력을 행하는 것이면 나를 비방할 자는 아니고 우리를 위하는 자라"고 하셨습니다. 다시 말해 예수님을 비방하러 나온 것이 아니라 예수님을 믿고 예수님 안으로 들어오는 길로 나왔으니 귀신을 쫓아내므로 예수님께 나올 수 있게 되는 일이니, 그냥 두라고 하셨다는 말입니다.

오늘날도 마찬가지로 구원받지 않았어도 예수님의 이름으로 기도하면 곁에 오신 성영님에 의하여 방언도 하고 병자도 고치고 귀신도 쫓아내고 환상도 보고 기도의 응답도 받는다는 말입니다. 구원받지 않았어도 이런 성영님의 은사와 능력이 예수님의 이름을 부르고 기도하는 곳에 얼마든지 나타나는 것입니다. 그러니까 믿는다는 사람들 속에서 성영님의 은사가 나타난 것 때문에 사람들이 구원받은 것인 줄로 오해하거나 착각한다는 것입니다. 보혜사 성영님께서 이 땅 위에 오신 것은 죄에 대하여, 의에 대하여, 심판에 대하여, 책망하시며 이 모든 것을 깨닫게 하시고 죄를 알고 의를 알고 심판을 아는 믿음이 되게 하시고, 죄 용서와 구원과 생명이 있게 하여 영생을 주시는 것인데. 이것이 사람들 속에서 깨달아졌으므로 영혼에 이루어진 믿음, 보혜사 성영님이 영에 내주하여 된 믿음이 없다는 것입니다.

믿는다는 사람들에게 하나님의 구원이 이루어지게 하시는, 사람과 직접적인 관계로 계신 성영님의 일하심에 대해서 밝은 지식이 없다 보니, 체험가지고 구원받은 것인 줄로, 구원받았기 때문에 자기를 특별히 사랑해서 주신 것인 줄로 착각들을 한다는 것입니다. 참으로 불행한 일입니다. 마찬가지로 많은 사람이 자기를 종으로 불렀다고 착각한다는 것입니다. 그러니까 '어떤 목사가 어떤 장로가 어떤 집사가 신유의 은사를 받아서 그렇게 많은 병을 고쳤다는데, 귀신이 쫓겨나갔다는데 ……, 그렇게 능력 많이 행한 목사가, 누구누구가 지금 왜 그렇게 타락하고 이단이 돼 버린 겁니까? 도대체 왜 그런 일이 있는 가요?' 질문들을 하지 않습니까? 그같이 스스로 착각하고 스스로 속은 것이 결국 드러난 것입니다. 갈3:3에 **성영으로 시작하였다가 이제**

는 육체로 마치겠느냐가 이것을 말합니다.

하나님 뜻에 대한 믿음을 알지 못하면서, 은사들을 구하고, 나타나는 현상들로, 응답받은 일들로, 구원받은 증거인 줄로, 구원받은 것인 줄로 아는 아주 무지하고 무서운 착각을 하게 된 것입니다. 자기 마음속에서는 확신 없는 공허함이 있으면서도, 그것이 구원과 상관없이 보편적으로 나타나는 것인 줄로 착각하고 있다는 것입니다. 그러니까 심지어는 어떤 속임이 있는가 하면, 은사가 나타나는 것으로 특히 방언하면 다 구원받은 증거나 되는 것처럼 치부해버렸다는 것입니다.

그러나 구원받은 것은 은사들로 확증되는 것이 아닙니다. 무엇을 응답받았어도, 병이 치료되었어도, 귀신이 쫓겨나갔어도, 환상을 보았어도, 천국 보고 지옥을 다 보았어도 그것으로 확증되는 것 아닙니다. 그것은 하나님의 나라가 땅에 임하여 왔다는 것이고, 살아 계신 하나님과 예수 그리스도가 하나님의 아들 구주시라는 믿음을 갖게 하려고 주시는 표적이요, 교회가 복음을 전하여 사람들을 구원으로 들어오게 하려고 주시는 도구입니다. 그래서 오늘날 목회자들도 곁에 와계시고 사람 안에 들어오시는 보혜사 성영님과 함께 성영님이 오신 뜻대로, 깨닫게 하시는 말씀의 뜻을 따라서 목회해야 합니다. 오늘은 여기까지입니다.

말씀으로 우리를 만나주시고 말씀으로 사는 능력이 되게 하신 삼위의 하나님께 감사와 영광을 돌립니다. 아멘

창세기 21편, 13. 04. 28
네피림과 그 후손 아낙 자손은 누구인가?

²⁵사십 일 동안에 땅을 탐지하기를 마치고 돌아와 ²⁶바란 광야 가데스에 이르러 모세와 아론과 이스라엘 자손의 온 회중에게 나아와 그들에게 회보하고 그 땅 실과를 보이고 ²⁷모세에게 보고하여 가로되 당신이 우리를 보낸 땅에 간즉 과연 젖과 꿀이 그 땅에 흐르고 이것은 그 땅의 실과니이다 ²⁸그러나 그 땅 거민은 강하고 성읍은 견고하고 심히 클뿐 아니라 거기서 아낙 자손을 보았으며 ²⁹아말렉인은 남방 땅에 거하고 헷인과 여부스인과 아모리인은 산지에 거하고 가나안인은 해변과 요단 가에 거하더이다 ³⁰갈렙이 모세 앞에서 백성을 안돈시켜 가로되 우리가 곧 올라가서 그 땅을 취하자 능히 이기리라 하나 ³¹그와 함께 올라갔던 사람들은 가로되 우리는 능히 올라가서 그 백성을 치지 못하리라 그들은 우리보다 강하니라 하고 ³²이스라엘 자손 앞에서 그 탐지한 땅을 악평하여 가로되 우리가 두루 다니며 탐지한 땅은 그 거민을 삼키는 땅이요 거기서 본 모든 백성은 신장이 장대한 자들이며 ³³거기서 또 네피림 후손 아낙 자손 대장부들을 보았나니 우리는 스스로 보기에도 메뚜기 같으니 그들의 보기에도 그와 같았을 것이니라

(민13:25-33)

당시에 땅에 네피림이 있었고 그 후에도 하나님의 아들들이 사람의 딸들을 취하여 자식을 낳았으니 그들이 용사라 고대에 유명한 사람이었더라

(창6:4)

지난번 창6장 말씀 때 네피림에 대해 들으셨지요? 그 네피림에 대한 설명이 좀 더 필요하고, 오늘 민수기의 '아낙 자손 대장부'와 '네피림'과 연결된 것이어서 말씀을 드려야 하게 되었고, 먼저 네피림에 대해서 살펴보려고 합니다.

오늘 읽은 민수기는, 이스라엘 백성이 가나안 땅에 들어가기 전에 먼저 12명이 땅을 탐지하고 돌아와 모세에게 보고하는 내용입니다. 구절마다 설명하려는 것이 아니고 오늘 제목에 해당하는 것만 다룰 것입니다. 28에서 **그 땅 거민은 강하고** 했습니다. 강하다는 것은 그 거민의 세력이 대단히 크고 힘이 넘친다는 말입니다. 그러니까 32에 **우리가 두루 다니며 탐지한 땅은 그 거민을 삼키는 땅이요** 했잖습니까? 땅은 거민을 삼키는 땅이라는 것은 우리가 그 거민을 쫓아낼 수 없다, 그 땅은 그 거민이 처음부터 나고 자라 그 땅과 하나가 되어서 그 힘이 얼마나 강하고 세력이 크고 견고한지, 도무지 우리 힘으로는 그 땅을 취할 수 없다는 말입니다.

그다음에 **성읍은 견고하고 심히 클 뿐 아니라** 그 거민의 강함, 그 세력의 힘이 견고하고 심히 크다 그 말입니다. 그다음 **거기서 아낙 자손을 보았으며** 그 같은 장대한 자손, 네피림 자손을 보았다고 하는 말입니다. 그것을 32의 하반에 **거기서 본 모든 백성은 신장이 장대한 자들이며** 라고 반복하여 말했습니다. 문자 그대로 이해하면 키가 어마어마하게 큰 자들이라는 말로 보게 되는데, 그러나 방금 설명한 것들을 의미합니다. '신장이 장대하다' 하는 것은 '사람의 키가 크다'는 말이 아니라, 네피림의 자손인 모든 백성의 힘이 대단히 크고 견고하여 무궁할 것이라는 말입니다. 그것이 '장대한 자들이며'입니다.

그리고 33에 거기서 또 누구를 보았다는 것입니까? **네피림 후손 아낙 자손 대장부들을 보았나니** 그러니까 이 아낙 자손 대장부들은 누구 후손이라고 했습니까? '네피림 후손'이라 했습니다. 그래서 오늘 이 "네피림 후손 아낙 자손 대장부"가 누구냐? 어떤 존재들이냐에 대해서 말씀드리는 것입니다.

그러면 네피림이 또 어디에서 나옵니까? 창6:4를 보겠습니다. **당시에 땅에 네피림이 있었고 그 후에도 하나님의 아들들이 사람의 딸들을 취하여 자식을 낳았으니 그들이 용사라 고대에 유명한 사람이었더라** '당시에 땅에 네피림이 있었고' 한 그 네피림의 뜻이 무엇이라 했습니까? '타락하다' 또는 '떨어지다' '추락하다' 라고 했습니다. 그러면 '타락하다' '추락하다'의 뜻을 가진 이 네피림은 누구를 가리켜 말한다고 했습니까? 하나님께 반역하고 하늘로부터 내쫓긴 타락한 천사들, 즉 사단과 그의 영들을 말한다고 했습니다. 그러나 성경은 네피림이 사단과 그의 영들을 말한다고 설명하고 있지는 않습니다. 왜냐하면 그것을 굳이 설명하지 않아도, 성영님께서 성경을 열어 보이시면, 모든 사물을 눈으로 확실히 보고 알듯이 알게 되기 때문입니다. 하나님의 뜻을 알고 영적 존재와 그 세계를 알면 그냥 안다는 말입니다.

하나님의 영적인 뜻이 기록된 성경은 육의 눈으로는 볼 수 없는 것이기에 (물론 네피림에 대해서는 창1장부터 6장까지 잘 살펴서 보면 쉽게 알 수 있습니다.) 성영님이 자기의 사람을 친히 부르시고 전 성경의 뜻에 대하여서 차츰차츰 열어주셔서, 영적인 뜻과 영적 세계를 보이시고 마침내 성경을 한눈에 들어오게 하시는 것입니다. 그래서 성경이 어려운 것이 아니라 쉬운 성경이 되는 것입니다. 성경의 난해한 부분들도, 반드시 깨달아야 할 필요가 있는 중요한 것들에 대해서도 어려운 것이 아니라, 그 말씀의 주인이신 성영님이 다 아시지 않습니까? 말씀에 대하여 주인이신 성영님께서 나와 함께 계시고, 내가 가르침을 받으니 쉬운 성경이 되는 것입니다.

그래서 성경의 영적인 뜻은 성영님으로 알아야 하고, 또 성영님으로만 알게 되어 있는 것이기에, 오늘 여기 **네피림, 하나님의 아들들, 사람의 딸들**에 대한 것도, 따로 굳이 설명해야 할 필요가 없습니다. 성경을 보는 눈이 열리면, '타락한 자' '떨어진 자'에 대하여, 이미 성경 창조 때부터 사단이 누구며 그가 하는 일이 무엇인지 그 정체에 대하여 너무나 분명하고 자세하게 가르쳐주고 있어서 쉽게 아는 것입니다. 그리고 **당시에 땅에 네피림이 있었고** 하는 그때에 전과 후를 기록한 말씀을 통해 이미 네피림의 정체가 설명되어 있기 때문에, 그 정체를 아주 쉽게 알게 되는 것입니다.

물론 창6장의 하나님의 아들들, 사람의 딸들, 네피림 등은 성경 전체의 뜻으로 흘러가는 구속사의 출발점을 비춰주고 있고, 하나님을 버리고 세상을 따라 나가 육으로만 사는 인류, 사단에게 장악된 인본의 인류가 사단과 함께 세상 나라를 어떻게 이룩하고, 또 그 삶의 모습들은 어떻게 나타나고 있는가에 대해 확실하게 보여 알게 하고, 사단의 엄청난 도모와 큰 역사를 보인 것이기에, 이것을 정확히 깨달을 수 있는 것은, 성영님의 가르치심과 조명하심으로 눈이 열려야 한다는 것 다시 강조합니다.

성서가 66권으로 구성된 것이 이천 년 정도가 되었고, 우리나라에 들어온 지 130년 정도가 된 이때는 성경의 뜻이 이미 다 열려서 하나님의 의도하신바 뜻대로 된 믿음이 돼 있어야 합니다. 그런데 되어 있지 않다는 것 누누이 말씀드렸습니다. 예수님의 재림이 코앞에 다다른 이때, 하나님의 의도하신 뜻에서 벗어난 것들로 전하고 있다면 그것은 더 말할 것 없습니다. 사단이 구원에 이르지 못할 길로 끌어들이기 위해 그물로 쳐놓은 거짓 선지자들이라는 것을 분명히 알아야 한다는 것, 하나님 앞에서 듣지 못했다고 할 수 없다는 것, 이미 말씀드렸습니다.

여러분! 종교 다원주의의 WCC가 왜 생겨납니까? 사랑이라는 이름으로, 화합이라는 이름으로 하나가 되자는 취지 아래 생겨난 이 WCC가 배교의 길을 가는 단체라고 요즈음 쟁점이 되어 목소리들을 높이고 있습니다. 소규모이면 목소리 높일 일도 없을 것입니다. 그런데 큰 교회들이 일어나 앞장서서 길을 내니, 작은 교회들도 붙어서 따라가기가 아주 좋은 것입니다. 그러면 이 WCC가 왜 생겨나는 것인가 말입니다. 그러니까 사람들이 도대체 어떻게 그 교회가, 그 목사가 그럴 수 있느냐? 왜 그렇게 변질되었느냐고, 어떻게 그럴 수 있느냐고 놀라움을 금치 못하는데, 그러면 여러분은 왜 이런 엄청난 배교의 길을 가는 단체들이 생겨나는 것인지 그 이유에 대해서 확실히 아십니까? 그 이유가 어디에 있을까요? 저는 이런 부분에서 이미 어디서부터 문제인지 다 밝혀 말씀드려 놓은 바 있습니다.

말이 옆으로 샜습니다만 어찌 되었든 여러분께 유익을 주려 함이니 여러분이 가지고 있는 고정관념에서 좀 깨어나는 기회로 삼기 바랍니다. 사람들은 자꾸 '그 목사가 교회가 커지니 어느 날부터 서서히 변하더라, 변질되더라.' 하는 말을 변함없이 이구동성으로 합니다. 처음에는 참 진실했는데 그러지 않았었는데, 어느 날부터 변질이 오기 시작했다고 말한단 말입니다. 그러나 변질되었다는 것은 성경적이 아닙니다. 이렇게 말하는 자기도 지금 얼마나 어둠의 소리를 하고 있는지, 그렇게 아는 것은 성경의 뜻에 대하여 소경이요 어둡기는 다 마찬가지라는 것을 스스로 드러내는 것입니다. 성경은 여러분, 하나님이 세우신 하나님의 종이면, 그가 변질된다거나, 변하거나 하는 것을 말하고 있지 않습니다. 하나님이 세우신 참 종일지라도 변할 수 있다는 것이 성경에는 없는 이야기라는 말입니다. 다시 말해 그가 성영님께서 불러 세운 하나님의 종으로 천국의 제자 된 서기관이면 변질되지 않는다는 말입니다. 변질이라는 것이 없다 그 말이에요. 사람들의 말대로 변질되고 변했다고 한다면 그것은 처음부터 성영님께서 그를 세우신 것이 아니었다는 것을, 때가 되니 드러난 것입니다. 제발 좀 알아듣기 바랍니다.

그리고 사람들이 또 이구동성으로 요즈음 교회가 타락되었다, 교회가 점점 더 타락해간다고 합니다. 처음엔 하나님의 뜻대로 믿고 진실했고 순수했는데, 이제는 그 모습들이 변하고 타락했다는 말을 하는 것이겠지요? 그것 또한 인간 자기 시각일 뿐이지 하나님은 그것을 말씀하고 있지 않습니다. 그렇게 말하는 것은 성경을 깨달은 마음에서 나오는 말이 아닙니다. 그리스도인들이 얼마나 자기도 모르고 하나님도 모르는 말들을 그렇게 쉽게 하면서 오히려 하나님을 가르치듯 하는 것인지 이루 말로 다 할 수 없습니다.

예수님은 분명히 말씀하셨습니다. 변했다, 변질되었다, 타락했다가 아니라 그의 열매로 그들을 안다고 했습니다. 가시나무에서 포도 딸 수 없고, 엉겅퀴에서 무화과 딸 수 없다. 좋은 나무가 나쁜 열매 맺을 수 없고, 못된 나무가 아름다운 열매를 맺을 수 없다고, 단호하고 분명하게 말씀하셨습니다. 그러니까 중간에 변질이 있을 수 있다는 것을 말씀하고 있지 않습니다. 중간에 타락되었다는 것을 말씀하고 있지 않다는 말입니다. 그 나무가 무엇이냐? 그가 어떤 나무냐? 그 교회가 어떤 나무냐? 못된 나무인지, 좋은 나무인지, 그것은 열매로 안다고 했습니다. 처음에는 양의 옷을 입고 나오기 때문에, 다시 말해 예수님을 내세워, 믿음을 포장하고 나오기 때문에, 처음엔 모르지만, 후에는 열매로 드러나 알게 된다고 하셨습니다. 근본이 아니기에 그 정체가 드러나는 것임을 분명히 말씀하셨습니다. 이미 말씀드렸다시피 성영님께서 불러 세우신 종이 아니고, 자기들이 주의 종이 되겠다고 나왔고, 어떤 마지못한 동기들을 통해서, 곁에서 역사하신 성영님에 의한 은사 체험들을 바탕으로 하여 나와 하나님의 의도에 맞히지 못한 말씀들을 전하는 것에 걸려 버렸음으로써 오히려 성영님을 훼방하는 자가 되고, 자신도 모르는 가운데 사단에게 쓰이고 있는 것입니다.

사람들이 실제로 삼위 하나님을 알지 못하고 관계가 되었지 않으면서, 성경을 알지 못하면서, 자기 지식에 속고 자기 생각에 속아 말씀을 자기가 전하고 행하였으므로, 사단에게 자기를 내준 것이 되었습니다. 그러므로 중간에 변질된 것이 아니라 처음부터 하나님에서 나온 하나님의 종이 아니다 하는 것이, 그 같은 배교의 행위들로 드러나는 것임을 알라는 말입니다. 종교 통합을 꿈꾸는 그 큰 단체뿐만 그렇다는 것 아닙니다. 오늘날 어둠에 속해 있는 목사들이 누구인가 그 실체에 대해서 이미 대강 드러내 드렸습니다. 그렇기에 여러분이 스스로 말씀을 깨닫지 못해 말씀으로 분별할 수가 없다고 하면, 최소한 성경의 가르침과 다른 행위를 하는 것들을 통해서라도 분별할 수 있어야 합니다. 그것을 교회들에 주신 경고의 말씀에서 대강 다루었지 않습니까? 성경의 뜻에서 벗어난 행위들을 아무 감각 없이 행하고 있는 것, 소경이 소경을 인도하는 것임을 말씀드렸지 않습니까?

오늘날 그가 가짜냐 진짜냐? 한 가지만 봐도 압니다. 세상에나 말입니다. 지금까지 교회가 예수님께서 기념하라 명하신 성찬의 그 떡을 뻥 튀겨 놓은 과자 따위나, 이스트(누룩) 넣어 부풀린 빵을 사용하고 있었다면 여기에 무슨 말이 더 필요하겠습니까? 그것은 성경의 뜻을 모르는 소경 중의 소경이요, 예수님을 모독하는 행위요, 하나님의 뜻을 무시하여 노골적으로 대적한다는 뜻입니다. 바로 그 배후에 있는 사단이 그 행위를 흉내 내어 자기 영광을 기념하게 하는 가증한 것일 뿐입니다. 이 하나의 일만 가지고도 그가 얼마나 성경을 왜곡하고 있을지를 알 수 있습니다. 이것은 기록된 말씀으로도 아는 것이기에 일반 신자들이라고 해서 피할 수 없습니다.

여러분, 한 가지 더 말할까요? 만일에 하나님의 말씀을 전하는 자가 강단에 올라갈 때 검은색 의상을 착용하는 것이면, 그는 지금 자기 영이 어디에 속했는지를 스스로 보이는 것입니다. 어둠에 속했다는 자기 영적 상태를 아주 공개하는 것이란 말입니다. 오늘날 말씀 전하는 사람이 진짜냐 가짜냐? 하는 것은 얼마든지 지금 당장 분별할 수 있습니다. 자기 영적 상태를 보이는 것이기에 이후에 누구든지 몰랐다고 핑계할 수가 없습니다. 그러므로 나는 사단에게 속했다고 표시해주고 있음에도 불구하고 분별하지 않은 것은, 다 같은 부류기 때문이지 않겠습니까? 만일에 이 말씀을 듣고 바로잡는다 해도 그것이 진짜가 되겠습니까? 새겨듣기 바랍니다.

저는 지금 인간의 일을 말하는 것이 아닙니다. 하나님의 일은 영적인 것이요, 그래서 영적인 이야기입니다. 그 사람이 착하고 선하고 인품 좋고 학식 풍부하고 하는 것과는 상관없는 것입니다. 사람을 말하는 것이 아니라 영적인 것을 말하는 것이란 말입니다. 그래서 성경에 대하여 조금만 눈이 열려도, 조금만 관심을 가지고 본다면, 빛과 어둠이 분명히 나뉘어 있고, 빛과 어둠의 일이 무엇인가? 믿는 자가 삼가야 하는 측면들이 분명히 보여 알게 되는 데 그것을 볼 눈도 없고 분별하지 못한다면 같은 부류이지 않겠는가 말입니다.

그러니까 배교하는 일, 이 같은 거짓이 드러나는 일의 가장 근원적인 문제가 어디에 있느냐 바로 그가 하나님으로부터 부름을 받지 않았다는 것에 있는 것이고, 성영님께서 그들을 통해 말씀하실 수가 없는 것이니, 말씀의 뜻에 다 걸렸다는 그것이 드러나고 있는 것입니다. 그래서 말씀에 다 걸렸습니다. 가장 큰 문제가 말씀에 걸린 것입니다. 여러분, 한번 생각해보십시오. 하나님의 말씀을 가르쳐 지키게 하여 사람들의 믿음을 하나님의 뜻대로 세워야 하는, 그 중차대한 영적인 일을 하는 사람들이, 만일에 성경을 깨닫기도 전에 자기의 경험된 성경이 되지 않았다면, 어떻게 말씀을 가르칠 수가 있다는 것인지 한번 좀 생각해보십시오. 그래서 지금 말씀에 걸렸으면 하나님이 불러 세운 종이 아니라는 것이 여실히 증명되는 것입니다.

성영님께서 불러 세운 성영님의 사람이면 말이지요, 만일에 말씀의 해석을 성영님과 맞게 하지 않으면, 성영님이 그것을 반드시 짚고 넘어가십니다. 기어코 제지하십니다. 그것을 그 자신이 알아들을 때까지 그의 안(마음)에서 거부의 운동을 계속하십니다. 그래서 성영님이 거부하신다는 것을 영의 직감으로 알게 되고, 성영님과 맞는 뜻을 깨닫게 하시는 일을 말씀을 통하여 그의 속에서 계속하여주십니다. 그래서 성영님의 지도로 성경의 전 뜻을 깨달아 성경이 열린 것이 되지 않았다면, 말씀을 가르쳐야 하는 그 위치에 절대로 설 수는 없습니다. 자신도 모르는 거짓 가르침을 베풀 수밖에는 없습니다.

　오늘날 말입니다. 종교 통합을 꿈꾸는 이 WCC의 속내가 무엇인지 하나하나 드러나 보이니, 그것이 하나님을 배교하는, 배교의 길을 가는 것이라고, 모든 교회가 그 실체에 대하여 알아야 한다고 외치면서 오직 주님만 사랑한다고 하는, 그래서 자기의 목숨을 내놓고라도 여기에 맞서 싸우겠다고 하는, 그런 정의감에 불타 외치는 목사도 있습니다. 그런데 실제로 말입니다. 그것을 외치고 분개하는 그 자신들도 사실은 자기의 전하는 말씀들이 하나님의 뜻에서 빗나갔거나 벗어난 것이면, 그래서 사람들이 오직 지옥 가지 않으면 된다고, 오로지 천국만 가면 된다고 하는, 그 결론적인 것만 붙잡고 가게 하고 있다면, 그것도 거짓 가르침을 주는 거짓 선지자임을 분명히 밝힙니다. 그들은 '주님', '주여'를 부르며 재림하시는 주님을 만나야 한다고, 그 주님만 기다려야 한다고, 깨어 있어 주님을 기다리라고 간곡한 말로 전달하지만, 그 주님이 누구일지 여러분은 생각해봐야 할 것입니다.

예수님께서 성영님으로 와계신 성전이 되지 않으면 재림하시는 예수님은 만날 길은 없습니다. 아니, 자기 안에 예수님은 계시지 않는데 천국의 소망만 가득 안고 재림하시는 주님을 만나겠다고, 그 주님 오실 날 기다린다고 '마라나타' 한다면 이것이 표적에 맞힌 것입니까? 오늘날 마지막 때라는 것을 이용하여 사람들 마음에 초조함과 조바심을 심어 주면서 미혹하는 것이 무엇인지 아십니까? 이미 말씀했다시피 전 성경의 뜻을 깨달아 성경을 알고 전하기 위해 나온 것이 아니라, 주님이 천국을 보여주고 지옥을 보여주었다고 하는 것들로 밑천 삼아서 주의 종이 되어 나온 사람들이 많다는 것입니다.

이것이 말세지 말에 나타나는, 참으로 만나야 할 주 예수님을 잃어버리게 하는 미혹의 특징입니다. 그런 사람치고 성영님에 의해 말씀을 배우고 깨달아 말씀이 말하는 예수님을 알고 그 예수님을 만났으므로 예수님을 전해주는 자는 없습니다. 그리고 그들은 직접 주님을 만났다고 하니 성영님은 그들에겐 필요가 없습니다. '주님이 이것을 보여주셨다, 주님이 말씀해주셨다'고, 사람들의 호기심을 자극하는 것들로 미혹하여 꿈 얘기로, 환상 얘기로, 음성 들었다는 얘기로, 그들 귀와 마음을 그런 허상에 붙들리도록 하여 또 망할 길로 끌어들이는 것입니다.

여러분이 새겨들을 귀 있으면 새겨듣고, 없으면 있게 해달라고 애통하여 기도하든지, 아니면 못 들은 것으로 하십시오. 여러분이 성경의 뜻을 스스로 깨닫지 못했다고 하면, 깨달은 자의 가르치는 말씀을 듣고 자기의 말씀, 자기의 믿음으로 받아야 하지 않겠습니까? 그런데 제가 지금까지 말하여온 이 모든 말씀도 말입니다. 만일에 거짓

된 말이라고 하면, 이 말씀을 받아들인 여러분도 다 속는 것입니다. 거짓말에 붙들려버린 것이 됩니다. 그렇다면 다 함께 망하는 것입니다. 그러므로 오늘날 어마어마하게 쏟아져 나오는 가르침의 말씀들이 참이냐 거짓이냐? 하는 질문과 분별이 반드시 있어야 한다는 것 분명히 말씀을 드립니다. 무엇을 듣느냐에 자기의 영생이 걸린 것이란 말입니다. 말씀의 방향이 나갔습니다만, 성영님께서 참으로 믿음이 되려면 깨어나야 하고, 분별해야 하는 부분들에 대해서 시시때때로 주시는 것을 말씀드린 것이니, 여러분 믿음에 참고가 되기를 바랍니다. 그러나 오늘 네피림 후손 아낙 자손의 일과 다 연관된 것을 말한 것이니, 이해되었을 줄로 생각합니다.

자, 그러면 하나님께 반역하고 하늘에서 내쫓긴 타락한 천사, 그 사단이 또 어디에 등장했습니까? 자기 정체를 감추고 뱀의 지혜를 이용하여 나타난 곳이 어디입니까? 에덴동산에 나타나, 하와를 유혹하여 선악과 먹는 죄를 짓게 하고, 남편 아담에게 줘서 먹게 함으로써 아담도 범하게 했습니다. 첫 사람 아담과 하와가 선과 악을 아는 실과를 먹게 되어, 인간은 하나님도 알게 되었고 사단도 알게 되었습니다. 선악을 아는 일이 되었습니다. 선악을 아는 일, 즉 선악에 대한 지식이 있는 것이 하나님의 형상을 따라 모양대로 지음을 받은 사람의 권리입니다. 알아야 하는 그 권리로 지음을 받은 것입니다.

또한, 선택할 수 있는 독립적 인격체로 지으셨으므로, 이제 선을 택할 것이냐? 악을 택할 것이냐? 하는 자기 선택의 권리가 있게 되었음을 드러냈습니다. 다시 말해 사람이 피조물 중에 처음 창조된 영적 존재인 사단의 말을 받아들였음으로써, 사단의 소유가 될 수도 있게 되었는데, 그래서 선택의 권리가 있게 된 사람이, 하나님의 말씀을 따라 사는 영의 자아로 살 것이냐? 흙의 본성인 육의 자아로 살 것이냐? 육의 자아(자기 본위)로 산다면, 스스로 사단을 주인 되게 하여 사단이 권리를 가지고 자기 밥으로 삼는 것이라고 하는 것입니다. 창3:14에 뱀에게 **종신토록 흙을 먹을지니라** 하신 이것이 바로 인간이 육의 자아, 즉 인본주의로 살겠다고 하면 사단이 밥으로 삼는다는 것을 선고하신 뜻이었습니다. 하나님께서 **먹지 말라 네가 먹는 날에는 정녕 죽으리라** 하신 것은 이제 아담이 먹으면 예수님께서 오셔서 '정녕 죽을 것이다.' 하는 것을 말씀하신 뜻이지만, 또 한편 아담의 불순종은 죄의 문을 열어 놓은 것이 되었고, 그 죄는 사단의 것이기에 이제 육으로 사는 자의 성품이 되어 자라, 그 죄(성품)의 욕구대로 사는 자가 되었다. 그러므로 육은 무익하다는 것이 드러나게 되었습니다.

그러면 사단이 자기 밥으로 삼은 처음 사람이 누구입니까? 아담이 아니라 가인입니다. 가인이 사단의 밥이 되었습니다. 이 부분도 여러 차례 설명되었으니 다 아실 것으로 생각합니다. 사단이 가인을 자기의 밥으로 삼는 데 성공했습니다. 하나님께서 가인에게 찾아오셔서 죄가 마음 문에 똬리를 틀고 있으니 죄를 범치 말라고 당부하여 명하셨으나 가인은 결국 형제를 살인하는 죄악을 범하고 사단에게로 나갔습니다. 다시 말해 삶을 육의 것에 두었고, 자기 본위로 살았으므로 사단의 유혹이 역사하여 밥이 된 육체, 사람의 딸로 나가버렸다는 말입니다.

그러니까 이제 창6:4에 와서 **당시에 땅에 네피림이 있었고** 해서, 그 네피림의 뜻이 '떨어지다' '추락하다' 또는 '타락하다'의 뜻을 가졌으니 하나님께 죄를 범하여 하늘로부터 내어 쫓긴 타락한 천사들을 말한다는 것, 즉 사단과 그 영들의 정체를 드러내신 것인데, 그것을 혹이라도 아니라고 반기들고 싶은 분 있습니까? 그렇다면 표시해주십시오. **당시에 땅에 네피림이 있었고** 이것을 바꿔 말하면 '당시에 하늘로부터 쫓겨난 타락한 자들과 하나(한 몸, 연합)된 자들이 있었고'입니다. 그리고 **당시에** 하는 것은 노아 이전과 이후, 즉 아담 이후부터 노아 시대를 말하는 것이지만, 창세기를 기록한 모세는 자기가 살던 그 당세, 우리가 읽은 본문의 그 당세까지를 포함한 것입니다. 그러나 네피림의 후손은 세상 끝날까지 있어, 크고 광대한 세력으로 번성할 것을 의미하는 것입니다. 그렇기에 가인의 길로 나가버린 자들이 사단의 밥이 되었다, 사단에게 먹혀버렸다, 하는 것을 여러분이 이제 인정하여 믿는 것입니까?

그래서 창6:4에 **당시에 땅에 네피림이 있었고 그 후에도 하나님의 아들들이 사람의 딸들을 취하여 자식을 낳았으니 그들이 용사라 고대에 유명한 사람이었더라** 하는 말씀, 즉 **하나님의 아들들** 했을 때에는 남자라는 성을 구분하기 위해 아들들이라 한 것이 아니라 하나님으로부터 나온 생명의 언약을 가진 자, 창3:15에 여자의 후손 언약을 가지고 흘러온 하나님에 대한 신앙을 가진 하나님의 사람들을 말한다는 것을 이미 말씀드렸습니다. 마찬가지로 **사람의 딸들** 했을 때도 성을 구분한 것이 아니라 남자냐 여자냐 관계없이 육체가 되어 버린 사람을 지칭하는 것임을 말씀드렸습니다. 그러니까 타락한 영들이 이 육체가 된 사람의 딸들을 밥으로 삼아 남자나 여자나 구분 없이 육체 안에 들어와 결합하여 그들 속에서 자식이 나니, 그 자식들이 용사더라, 고대에 유명한 사람이었다는 것입니다. 사단의 영들이 가지고 있는 영적인 모든 능력을 태어나는 자손들 속에 타고나게 하여 하나님을 대적하는 일에 큰일 하는 자들이 나게 하였고, 세상을 이끌어 가는 중심인물들 유명한 사람들이 많이 일어났다고 하는 말입니다.

그래서 하나님이 창6:11에 **때에 온 땅이 하나님 앞에 패괴하여 강포가 땅에 충만한지라** 해서 땅과 함께 육체가 된 사람의 딸들, 즉 사단을 아비로 한 그들을 멸하시게 된 것입니다. 그렇게 노아의 가족만 남고 다 멸망을 받았으나, 또 노아의 가족을 통해 세상에 새로운 인종이 많이 불어나게 되었을 때, 우리 창10:8,9를 봅니다. **구스가 또 니므롯을 낳았으니 그는 세상에 처음 영걸이라 그가 여호와 앞에서 특이한 사냥꾼이 되었으므로 속담에 이르기를 아무는 여호와 앞에 니므롯 같은 특이한 사냥꾼이로다 하더라** 했습니다. 여기 구스는 '검은 자' '어둠'이라는 뜻입니다. 그가 니므롯을 낳았는데 이 니므롯은 '대적자'라는 뜻입니다. 그리고 "처음 영걸이라" 한 이 '영걸'은 '힘이 센 장사다, 크다, 용사다, 뛰어난 자다.' 이런 뜻을 가졌습니다. 그러니까 한마디로 보이지 않는 어떤 세력(사단)의 큰 힘을 소유한 자라는 뜻이에요. 그리고 9에 "그는 여호와 앞에서 특이한 사냥꾼이로다" 했습니다.

사람들이 얼마나 웃기는지 아십니까? 이 니므롯이 여호와 앞에 특이한 사냥꾼이 되었다 하니까 아주 힘이 장사가 되어 들로 산으로 용맹스럽게 기운차게 다니면서 짐승들을 사냥했다, 그래서 뛰어난 사냥꾼이었다, 사냥에 아주 능숙한 재주를 가졌다, 이런 식으로 말해 주고 있습니다. 그리고 또 한편으로는 이 니므롯이 전쟁 용사였다는 것입니다. 용맹스러운 전쟁의 용사였다는 것을 말한다고 얼마나 답답한 말들로 니므롯 같은 소리를 하고 있는지 모릅니다. 이런 것을 어떻게 다 말로 하겠습니까? 그런데 여호와 앞에 특이한 사냥꾼이 되었다는 것은 짐승 잘 잡는 사냥꾼이나 그런 전쟁 용사라는 것을 말하는 것이 아닙니다.

이 니므롯이 오늘날로 말하면 하나님을 대적하는 자로, 적그리스도의 일을 하는 자였다는 말입니다. 그 당시의 모든 사람의 영혼을 사냥하여 육체의 사람들로 타락하게 하는 데 있어 적그리스도 같은 큰 권세를 가지고 그 힘을 발휘했다는 말입니다. 그러니까 네피림의 역사가 이때의 사람들 속에 큰 역사를 이루어 다 하나님을 버리고 타락으로 나갔으므로 인본주의의 세상이 되었다는 의미입니다. 거기에 니므롯이 그 역할을 큰 힘으로 주도했다는 말입니다. 그래서 이 사건은 곧 창11장의 바벨탑 사건으로 연결되는 거예요. 노아의 시대처럼 모든 사람이 다 육체가 되었습니다. 그래서 하늘에 닿는 대를 세워 하나님의 심판에서 자기를 구원하여 하늘에 들어가겠다고 쌓은 것이 바벨탑입니다. 종교, 혼잡, 혼합 등을 말하는 것으로서 이것의 총체가 바로 인본입니다. 이것이 사단이 하늘의 하나님 보좌에 기어코 들어가 앉겠다고 하는 자기 수단입니다. 그래서 인본에서 나는 이 바벨이 세상을 장악하고 이끌어 갈리라는 것을 이같이 창세기에서 정확하고 분명하게 제시해주고 있는 겁니다.

그래서 **처음 영걸이라** 하는 것은 사단이 가진 세상 능력의 큰 힘으로 노아 이후의 영혼들을 사냥하여 육체가 되게 하는 데 큰 역사를 했다는 의미입니다. 이산 저산 넘고 넘어, 즉 이 나라 저 나라 온 땅의 사람들 영혼을 사냥하는 일을 하며, 세상 천하에 뛰어난 자로 이름나고, 자기 나라(사단)의 큰일을 한 자라는 말입니다. 오늘날로 말하면 하나님을 배반하는 일을 하도록 그 배후에서, 기독교인 것처럼 전 세계에 WCC 같은 종교 단체들을 세우고 일으킨 자와 같다는 말입니다. **니므롯은 특이한** 할 때의 그 '특이'는 배후에 보이지 않은 어떤 힘, 사람이 할 수 있는 것이 아닌 영적 능력이 그에게 있었다는 뜻입니다. 그러니까 우리 눈에 보이지 않는 세상 주인 노릇 하는 사단과 그 영들이, 인간을 지배하는 그 영역이 얼마나 크고 광대할지에 대한 예고요, 교훈입니다.

그렇기에 니므롯이 특이한 사냥꾼이 되었다고 하는 것은, 사단을 상징하는 존재요, 하나님을 대적하는 인간의 교만을 상징해주는 것입니다. 자기가 창조주 하나님보다 더 큰 신이라 자처하며 하나님을 대적하고, 육체가 된 사람 속에서 연합하여 거하며, 신적인 기교와 힘과 능력을 타고나게 하여 사단에게 속한 세상 나라를 번성하고 발전하게 함으로써, 세상 나라에 큰 임금 노릇을 하는 자라는 것을 나타낸 것입니다. 에스겔 28:16에 보면 **네 무역이 풍성하므로 네 가운데 강포가 가득하여 네가 범죄 하였도다** 했습니다. 인간 속에서 그의 행하는 역사가 얼마나 다양하고 큰지, 하나님 앞에서 사단의 강포가 가득했다는 것입니다. 그러니까 '크다' '강하다' '장대하다' 하는 이 같은 표현은, 사람의 키가 크다는 말이 아니라는 것을 이제 알겠지요? 사단이 자기의 사람들을 얼마나 많이 나게 하여 그 세력이 크게 번성할 것에 대한 비유적인 말이라는 것, 이제 이해가 되겠습니까?

그래서 오늘 민13:33에 와서는 네피림 후손으로 드러나고 있는 것입니다. "네피림 후손 아낙 자손 대장부들을 보았다"고 하는, 그 **대**

장부, 신장이 장대한 자들 하는 것은 무엇을 비유한 말인지 이제 더 설명하지 않아도 알겠지요? 여기 대장부는 히브리어로 네피림을 말합니다. 그래서 키가 크다는 말이 아니라는 말입니다. 물론 그때 당시에 신장이 장대한 자들도 있었을 것입니다. 그러나 하나님께서는 그때 당시의 사람들이 키가 장신이었다는 것을 알게 하시려는 것이 목적이 아니라는 것을 알아야 합니다. 사단과 그의 행사와 함께한 인간의 역사가 장대하게 펼쳐질 영적인 뜻을 알게 하시려는 데 목적을 두셨다는 것을 알기 바랍니다.

네피림 후손이라고 하는 것도 왜 그렇게 네피림 후손이라고 표현하고 있는지 그에 대해서도 이제 이해됐습니까? 사단이 하나님이 되려는 탐욕과 교만으로 하나님께 반역하고 타락한 것과 같이, 인간도 하나님 앞에서 사단과 같은 육체의 탐욕과 교만으로 하나님을 대적하듯 하여 타락한 자가 되었다, 사단과 동질이 되었다는 말입니다. 그 사단의 영들이 그들의 하나님이 되어 지배하고, 앞에서 말했던 대로 그들 속에 들어가 결합한 속에서 자식을 낳게 되었으므로, 영적인 네피림의 능력과 힘을 가지고 후손이 나게 되었다 하는 것, 이제 다 알게 되었지요? 그래서 네피림 후손입니다.

그러면 네피림의 역사가 그때로 끝난 것입니까? 아닌 것을 지금까지 다 설명했습니다. 큰 세력으로 자라나서 세상은 네피림의 나라가 될 것이다. 오늘날은 그 열매를 맺은 때가 되었으니 얼마나 달콤하고 기술적이고 합리적이고 교묘한 것이 되었다는 것, 그동안 수없이 말씀드려왔으니 충분히 알지 않습니까? 아주 최고의 맛이 되어 너무나 먹음직도 하고. 뛰어난 기교와 기술의 발달에서 나온 결과물들로 너무나 보암직도 합니다. 그러므로 끝없이 다고 다고 하며 쫓아가고 섬기는 것들이 되었습니다. 실제 이것이 영적 역사입니다. 사단과 인본이 세운 세상입니다. 이제는 사단과 악의 영들이 일하지 않아도 오히려 인간이 한술 더 위에 올라서서 스스로 미혹 당하고 미혹하는 일을 하고 있습니다.

또한, 오늘날 사단이 기독교인 것처럼 세우고, 하나님의 말씀을 거짓 되게 전할 자, 인본들을 세워서 행하게 하였으므로 하나님을 대적하는 그 같은 가증함과 배교가 드러나고 있는 것이고, 이 마지막 때에는 엄청난 힘을 가지고 역사하리라는 것을 큰 교훈으로 보이신 것이라고 말씀드렸습니다. 그러니 오늘날 무엇을 듣고 받아들여야 하는지 여러분이 삼가 분별할 수 있는 지혜가 있어야 합니다. 말씀 앞에서 세상과 물질과 인본을 철저히 금식하고, 오직 예수님을 모신 성전이 되어 살지 않으면, 예수님과 관계없다는 것, 이미 다 말씀드렸습니다. 그 사람이 착하고 선하고 인품 좋고 마음 좋고 사랑 넘치고 하는 것과 상관이 없다. 인간의 일을 말하는 것 아니다. 하나님의 영적인 일을 말하는 것이다. 그러므로 오늘날 하나님께서 부르지 않은, 스스로 종이 되어 나온 사람들이 그 범주에 속했다는 것 분명히 밝혀 말씀을 드렸으니 여러분이 이제 모르지 않습니다.

말씀을 맺습니다. 우리에게 이 같은 영적 세계를 적나라하게 깨닫게 하셔서 하나님을 아는 지식과 지혜를 가진 믿음이 되게 하신 아버지와 아들 예수님과 성영님께 감사를 올립니다. 아멘.

14. 09. 21
(1)정죄= 율법(사단의 참소)에 속지 말라

¹⁸내 속 곧 내 육신에 선한 것이 거하지 아니하는 줄을 아노니 원함은 내게 있으나 선을 행하는 것은 없노라 ¹⁹내가 원하는바 선은 하지 아니하고 도리어 원치 아니하는바 악은 행하는도다 ²⁰만일 내가 원치 아니하는 그것을 하면 이를 행하는 자가 내가 아니요 내 속에 거하는 죄니라 ²¹그러므로 내가 한 법을 깨달았노니 곧 선을 행하기 원하는 나에게 악이 함께 있는 것이로다 ²²내 속사람으로는 하나님의 법을 즐거워하되 ²³내 지체 속에서 한 다른 법이 내 마음의 법과 싸워 내 지체 속에 있는 죄의 법 아래로 나를 사로잡아 오는 것을 보는도다 ²⁴오호라 나는 곤고한 사람이로다 이 사망의 몸에서 누가 나를 건져내랴 ²⁵우리 주 예수 그리스도로 말미암아 하나님께 감사하리로다 그런즉 내 자신이 마음으로는 하나님의 법을 육신으로는 죄의 법을 섬기노라 ¹그러므로 이제 그리스도 예수 안에 있는 자에게는 결코 정죄함이 없나니 ²이는 그리스도 예수 안에 있는 생명의 성영의 법이 죄와 사망의 법에서 너를 해방하였음이라

(롬7:18–8:2)

오늘 '율법(사단의 참소)에 속지 마라.' 다시 말해 '사단이 율법으로 정죄하는 것에 속지 말라.' 는 말입니다. 오늘 본문은 율법으로 살던

사람이 복음을 만나 율법의 정죄에서 해방을 얻고 자유하게 되어 그 감사를 외치는 내용입니다. 오늘 말씀을 여러분이 잘 듣고 믿음을 바로 하여 영혼에 큰 자유를 얻는 복된 기회가 되기를 바랍니다.

그런데 오늘 말씀은 누구나 해당하는 것이 아니고, 예수님을 믿는 자로서 하나님의 뜻대로 살고자 하여, 죄를 짓지 않으려고 노력하지만, 웬일인지 죄를 이기지 못하고, 자기도 모르게 씀벅 죄를 짓는 일 때문에 고통 하는 영혼에입니다. 여러분이 예수님을 믿으려면, 그리고 믿는 세월이 십 년 이상이 되었다면 성경의 뜻은 간파가 돼 있어야 하고, 믿음이 그 위에 서 있어야 합니다. 그래서 자기 영혼이 성영님으로 말미암아 하늘에 앉히신 바가 되었다는 믿음이 확실히 있어야 합니다. 죽은 뒤에 아는 것이 아니라 지금 믿을 때 자기 영(거듭난 영)이 어디에 있는지 성영님으로 알아야 한다는 말입니다.

'아니, 내가 지금 여기 있는데……, 나 세상에 있는데, 뭔 말을 하는 것이냐!' 한다면 자기 신앙 문제를 좀 심각하게 돌아봐야 할 일입니다. 이것은 영적인 일, 우리 영의 일이기에 영으로 듣는 것입니다. 성영님으로 말하고 성영님으로 듣는다는 말입니다. 자기의 영이 어디 있는지 아는 것이 성영님으로 믿는 믿음의 영감입니다. 만일에 오늘 말씀에 대하여 알아듣지 못하고 자신에게 영감이 없다면, 구원도 보장받지 못할 수도 있습니다. 오늘 말씀에 걸려있다면 구원의 문제가 걸린 것으로서 너무나 중요한 말씀을 드리는 것이니, 듣고 영적 이해가 되기 바라고, 그러므로 영적 자유를 얻고, 성영님으로 하늘 보좌 우편에 가 있는 믿음이 되기를 바랍니다.

하나님은 어떤 분이냐? 할 때 하나님은 사랑이시다. 또는 거룩하신 분, 또는 의로우신 분, 자비하신 분 이런 등등으로 하나님을 말합니다. 그런데 하나님의 성품 중의 하나는 공의입니다. 구약의 아모스가 그 공의의 하나님을 말하고 있다는 것을 아실 것입니다. 공의라는 것은 하나님 자신이 선이시고 사단은 악이므로 그 선악을 정확히 판단하여 의인(예수님)은 상을 주고 악인(사단)은 형벌하신다는 것을 말합니다. 악인은 하나님을 거역하고 떠나, 악한 자 사단에게 속하여 사는 자요, 하나님께 돌아오기를 거절하면, 사단과 함께 영원한 멸망으로 들어가게 하시는 것입니다.

하나님께서 무자 한 아브라함에게 후손을 주어 큰 민족을 이루시겠다고 언약하신 대로, 많은 후손이 있게 하시고, 그 후손들과 하나님의 백성으로 언약을 맺고, 백성이 지켜야 하는 규범과 율법의 조항들을 주셨습니다. 학자들 말에 의하면 율법 조항이 613가지라고 했습니다. 하나님의 의의 기준인 613가지의 율법을 일생 온전히 지키면 하늘에 들어가는 것입니다. 그러나 사람은 창조된 피조물이기에 지켜낼 수도 없을뿐더러(약2:10,11) 또한 원래 성품에 죄를 가졌기에 지켜낼 힘이 아예 없습니다. 육체로 지음을 받은 사람은 애초에 죄를 지었든 안 지었든 관계없이 하나님의 의가 없습니다. 왜냐면 예수님만이 하늘 들어가는 의이시기 때문입니다. 그렇기에 예수님이 우리의 의가 되어 주셔야 합니다. 그래서 예수님이 성영님으로 우리 안에 오시니, 우리에게 의가 있게 되어 하늘에 들어가 예수님 보좌 우편에 앉히신 바가 된 것입니다.

하나님께서 자기 백성에게 지키라고 주신 613가지의 율법은 하나라도 범하면 죽는 법입니다. 한 가지라도 범하면 정죄 되어 죽임을 당하는 것입니다. 그런데 이 백성이 애굽에 열 가지의 재앙을 내려 이적을 보이시고, 그 모진 학대와 고역에서 구출하여 젖과 꿀이 흐르는 가나안 땅으로 들이시겠다는 언약을 듣게 되니, '젖과 꿀이 흐르는 가나안 땅'이라고 하시니 얼마나 좋습니까? 처음에 이들이 신나고 좋으니 "우리가 하나님의 율법을 다 준행하겠나이다." 하고 백성이 세 번을 약속했습니다. 오늘날 우리로 말하면 하나님의 은혜를 받고 보니 마음이 기뻐서 '아! 이제 하나님의 말씀대로 살겠습니다.' 하는 것과 같습니다. 하나님께 약속했으니 말씀대로 살려면 우선 죄를 짓지 않아야 하잖습니까? 그래서 죄 안 지으려고 하는데, 결심하고 노력하는데도 웬일인지 자꾸 무너지는 자신을 보고 절망감을 가지듯이, 이스라엘 백성들도 '지키겠나이다. 준행하겠습니다.' 했지마는 지킬 수 없는 자신들의 연약함에 부딪히곤 했습니다. 마음은 지키기를 원하지만 바로 죄의 본성 때문에 죄를 짓게 되는 것입니다.

하나님께서, 말씀을 듣고도 어기는 자는 살려두지 말라 하신 대로, 안식일에 일한 자는 고의적 죄이므로 돌로 쳐 죽이고, 하나님의 이름을 망령되이 일컫는 자를 돌로 쳐 죽이고, 부모를 대적하여 업신여기는 자를 돌로 쳐 죽이고, 그같이 율법을 범한 자가 죽임을 당하는 것을 보면서, 어느결에 자신도 율법을 범하는 것을 보면서, 죽음에 대한 두려움을 체감하게 된 것입니다. '아! 나도 돌로 맞아 죽겠구나! 나는 하나님의 법을 지키려 하는 데, 왜 내게 지킬 힘이 없는가! 아, 나의 이 연약함을 어찌해야 하는가! 아! 나도 돌로 맞아 죽게 되었으니, 이 사망에서 나를 구할 자 누굽니까? 하나님 제 마음은 하나님 법을 지키기를 너무나 원하는 데 지킬 수가 없는 나를 봅니다. 이제 저는 어찌합니까? 어찌합니까? 저는 죽고 싶지 않습니다. 저를 불쌍히 여기옵소서. 저는 살고 싶습니다.' 하고 죄를 지을 수밖에 없는 연약한 자임을 절감하고 하나님께 손들고 나올 수가 있게 된 것입니다.

그래서 본문에서 사도 바울의 탄식, 오늘 우리가 읽은 이 내용, "내 속 곧 내 육신에 선한 것이 거하지 아니하는 줄을 아노니 원함은 내게 있으나 선을 행하는 것은 없노라 내가 원하는 바 선은 하지 아니하고 도리어 원치 아니하는 바 악은 행하는도다 만일 내가 원치 아니하는 그것을 하면 이를 행하는 자가 내가 아니요 내 속에 거하는 죄니라 그러므로 내가 한 법을 깨달았노니 곧 선을 행하기 원하는 나에게 악이 함께 있는 것이로다 내 속 사람으로는 하나님의 법을 즐거워하되 내 지체 속에서 한 다른 법이 내 마음의 법과 싸워 내 지체 속에 있는 죄의 법 아래로 나를 사로잡아 오는 것을 보는 도다 오호라 나는 곤고한 사람이로다 이 사망의 몸에서 누가 나를 건져 내랴"라고 탄식한 이것, 육신의 법에 묶인, 마음은 법을 지키려 하나 지킬 수 없어 또 무너지고 또 무너지고 마는, 죽음의 법에 꽁꽁 묶인 나를 누가 구원해줄 수 있는가? 하는 상한 심령의 탄식이었습니다.

그래서 율법을 범하면 죽는 법이지만 하나님께서는 죽이는 데 뜻이 있는 것이 아니라, 이같이 지킬 수 없는 자신의 죄성을 보고 그 상한 심령이 되어 하나님께 나오기를 원하신 것입니다. 하나님께서는 인간이 혈과 육으로는 하나님의 의에 이를 수 없다. 또한 인간은 죄 아래 갇혀서 하나님께서 주시는 살길 앞에 나오지 않으면 살 수 없는 존재라는 것을 알게 하는 데 뜻이 있었던 것입니다. 그래서 이것이 여러분에게 처한 처지라는 것부터 분명히 알아야 하는 것입니다.

그러니까 예수님께서 겟세마네 동산에서 제자들에게 "시험에 들지 않게 깨어있어 기도하라 마음에는 원이로되 육신이 약하도다." 하셨지 않습니까? 이 말은 '아! 제자들이 하루 내내 예수님 따라다니느라 지치고 육신이 너무 피곤하니까 깨어있어 기도하지 못하고 그냥 쓰러져 자 버렸다.' 그런 말이 아닙니다. 다 그렇게 말하고 있잖습니까? 육신이 약하다고 하는 것은 마음은 원하고 원하지마는 육신으로는 안 된다는 말입니다. 예수님의 일은 육신의 일이 아니라 영적인 일인데, 그 영적인 일은 육신으로 할 수 없다는 말이에요. 육신으로는 단 한 시간이라도 깨어있을 수 없다는 말입니다. 육신이 죄에 속하고 죄에 팔려 죄의 종이니, 그러므로 육신이 약하도다. 육신으로는 할 수 없다는 것을 말씀한 것입니다.

그러니까 '내가 주와 함께 죽을지언정 주를 부인하지 않겠다고, 다른 사람이 다 주를 버릴지라도 나는 언제든지 버리지 않겠다.'고 자신하며 호언장담하던 베드로가 곧이어 빌라도의 뜰에서 예수님을 모른다고 잡아떼고 예수님을 저주하며 맹세까지 했다고 했잖습니까?(마 26장) 바로 육신은 하나님과 원수가 되어 있다는 것과 육신으로는 예수님을 따를 수 없다는 그 연약함에 대하여 적나라하게 보인 것이 아닙니까? 그렇기에 육신의 생각은 사망이라고, 육신은 하나님과 원수라고 성경이 확실히 가르쳐주는 것입니다.

그래서 하나님께서 백성에게 육신은 죽음에 넣고 죄에서 건져, 하나님의 영광에 이르게 하시려고 정결한 소나 양으로 제물을 삼아 피를 흘려 가지고 나오게 하시고, 이제 피 흘려 단번에 대속하실 메시아를 기다리게 하셨습니다. 그런데 예수 그리스도께서 오셔서 십자가의 구속을 이루기까지 이스라엘 백성은 사단에게 밤낮으로 참소를 받아야 했습니다. 계시록 12:10에 **이제 우리 하나님의 구원과 능력과 나라와 또 그의 그리스도의 권세가 이루어졌으니 우리 형제들을 참소하던 자 곧 우리 하나님 앞에서 밤낮 참소하던 자가 쫓겨났고** 했습니다. 여기서 참소하던 자는 사단을 말합니다. 사단이 하나님의 백성을 밤낮으로 참소하며, 율법을 가지고 하나님 앞에 서서, 하나님의 백성이 율법을 범해 죄를 지었는데 왜 빨리 형벌하지 않느냐? 하나님 당신의 백성이 율법을 다 준행하겠다고 약속했잖느냐? 그럼에도 율법을 범한 저들을 왜 빨리 심판하지 않느냐? 이것이 공의의 하나님이냐? 죄의 삯은 사망이라고, 죄인은 형벌한다고 했으니 빨리 죄를 지은 저들을 심판하라고 율법의 법조문들을 들고 밤낮으로 고발하며 재촉했다는 말입니다. 하나님은 분명 공의이시니, 자기의 백성일지라도 형벌하실 수밖에는 없습니다.

그래서 롬8:3에 **율법이 육신으로 말미암아 연약하여 할 수 없는 그것을 하나님은 하시나니 곧 죄를 인하여 자기 아들을 죄 있는 육신의 모양으로 보내어 육신에 죄를 정하사** 하신 대로 율법의 요구인 형벌을 오셔서 받아주신 것입니다. 예수님께서 모든 죄와 저주를 한 몸에 지시고 죽으신 것은 죄가 완전히, 살았다는 것입니까? 죽은 것입니다. 죄가 완전히 죽었습니다. 여러분이 잘 새겨듣기를 바랍니다. 예수님이 피 흘리신 것은 죄가 깨끗이 청산되었다는 것이요 무덤에 장사

지낸 것은 죄가 죽어서 장사 돼버렸다는 것이요 다시 살아나신 것은 부활하셨음으로 영원히 사는 생명이 있게 되었다는 것을 말합니다.

 죄가 죽어서 장사지낸 것, 예수님을 믿는 여러분! 죄가 죽어서 장사 지냈다는 것, 이것을 여러분이 믿습니까? 죄가 죽어서 장사된 것 믿어요? 정말 믿어요?

 그래서 율법을 가지고 하나님의 백성을 밤낮으로 고발하고 참소하던 마귀가 하나님 앞에 참소할 구실을 잃게 된 것입니다. 예수님께서 죽는 법, 율법 아래 오셔서 죽었다가 살아나셨으니, 이제 걸리는 것이 없게 되었습니다. 원죄와 자기의 지은 모든 죄까지 완전히 깨끗이 불에 타서 없어진 것처럼 없어졌으니 할 말이 없게 되었습니다.

 이제 예수 그리스도를 구주로 믿고 영접하여 참으로 예수님을 따르는 자는 마귀가 참소할 수가 없게 되었으니, 하나님께서 형벌할 이유 또한 없습니다. '너의 죄는 예수님이 대속했으니 너는 죄 없다.' '너는 의롭다' 하신 것입니다. 이 모든 사실을 믿고 예수님을 사랑하여 말씀을 따르는 이들은, 이제 예수님의 피로 죄가 깨끗케 되었는데, 어느 정도까지냐? 완전히 불에 태워져 재로 날아가 버려서 흔적 없게 되듯이 되었다는 것입니다. 예수 그리스도로 말미암은 용서가 이렇듯 완전한 것입니다.

 예수님께서 사망 깊숙이 사단의 보좌까지 들어가 육신의 죄와 죽음을 사단에게 던져버리고 살아나셨습니다. 그러니까 죽음에 패배한 예수님을 우리가 믿는 것 아닙니다! 사단의 것은 사단에게 통쾌하게 돌려줘 버리고 죽으실 수 없는 하나님의 권리로 살아나 버리셨습니다. 죄는 죽고 예수님은 사셨다는 말입니다. 그러면 여러분! 여러분이 그 예수님 믿는 것 아닙니까? 예수님 뭐 믿으십니까? 자기 잘 살게 해주시는 것? 병 치료해주시는 것? 자기 마음 좀 위로해주시기 원해서요? 죄는 죽고 다시 사신 예수님, 그 예수님을 여러분이 믿는 것이지요?

아니 그 이야기는 나도 수도 없이 들어서 다 알고 있는데 뭘 자꾸 그 이야기만 하는가? 여러분 속으로 그러지 않습니까? 그런데 알면 뭐합니까? 자기 안에 능력이 되어 있지 못하는데 알면 뭐하는 것입니까? 자기 안에 자유가 되어 있지 못하는데 말입니다. 죄는 죽고 장사지내버리고 살아나신, 부활하신 그 예수님이 자기 안에서는 죽음에 패배하신 것처럼 되어 있는데 알면 뭐하는 겁니까? 그러니까 사도 바울이 뭐라고 했나요? 이 사망의 몸에서 누가 나를 건져내랴! 탄식하고 탄식했는데 곧 우리 주 예수 그리스도로 말미암아 하나님께 감사한다고 했습니다. 왜냐? 마음은 하나님의 법을 섬기기를 너무나 원하지만 육신으로는 죄의 법을 섬김으로 탄식하는 나에게 예수 그리스도께서 죄의 법에서 해방시켜주셨다는 그 놀라운 은혜를 외친 것 아닙니까?

이제 그리스도 예수님 안에 있는 자에게는 결코 정죄함이 없나니 이는 그리스도 예수님 안에 있는 생명의 성영의 법이 죄와 사망의 법에서 어떻게 했어요? **너를 해방하였음이라**고 하지 않았습니까? 예수님을 참으로 믿는 자는 이제 죄 때문에 정죄 받지 않습니다. 죄가 죄인으로 몰고 갈 수가 없습니다. 이제 죄의 참소도 끝났습니다. 그렇다면 예수님을 믿는 여러분! 진짜 예수님의 이 은혜를 믿습니까? 정말 아멘인가요? 그러면 자기에게 죄가 없는 것 확실합니까? 마음은 죄 짓지 않기를 너무나 원하지만 자기 속에 죄가 살아서 주장하는 것에 탄식했으나 이제 죄가 자기를 주장할 수 없다는 것을 믿고 자유 되었는가? 한번 살펴보겠습니다. 죄가 없는지….

저는 말씀을 듣고도 못 들은 척 감각 없이 죄를 짓는 사람, 또는 죄인 줄 알면서도 감각 없이 죄를 짓는 사람을 대상으로 하는 말이 아닙니다. 참으로 죄 용서받은 자로 죄와 상관없이 죄짓지 않고 살고 싶은데, 죄 안 지으려고 결심하고 노력하는데도 무너지는 자신 때문에 괴로워하는 영혼에입니다.

오늘 말씀대로 죄 용서받아 의롭다 함을 받은 자라는 것은 믿는데, 그래서 죄를 안 짓고 살려고 하는데도 불구하고 웬일인지 과거와 똑같이 미워하고, 화낼 일은 화내고, 분노할 것은 또 분노하고 싸울 것은 또 싸우고 아무튼 하나님의 말씀에 부딪히는 것들, 자기 양심이 불편한 죄들을 짓는 자기 악함을 보고 마음에 실망이 자꾸 들어오는 겁니다. '아버지 하나님! 잘못했습니다.' 고백하고는 또 무너지고 또 고백하는 일이 반복되고 이같이 반복되는 생활이 되니 마음의 평안도 없고 자기에게 실망이 들어오는 겁니다.

말씀을 들을 때는 기쁘기도 하지만 죄 때문에 마음이 움츠러들고 괴롭기도 합니다. 그래서 또 죄짓지 않겠다고 결심합니다. 그러나 또 몇 날 못가서 무너지는 자신을 보면서 실망만 커가는 겁니다. 어떻게 믿어야 잘 믿는지도 혼란스럽고 의문만 마음에 가득 커가고 그러면서 죄를 이겨보겠다고 자기 죄성과 힘써 싸우는 것입니다. 성영님께 죄짓지 않도록 도와달라고 도움을 청하고 또 자신은 어떻게 해야 하는지 방법을 모르니까 결국 자기 힘으로 이겨보려고 하는 겁니다. 만일에 이 경우에 있다면 생명의 성영의 법에 해방되지 않았습니다. 혼이 구원되지 않았다는 말입니다.

그러나 지금 이 과정이 바로 구원의 능력으로 들어갈 수 있는 길이요, 육신으로 할 수 없는 죄의 법을 경험하는 일입니다. 자기가 죄 안 지어보겠다고 자신의 죄성과 싸우는 일로, 바울이 탄식한 것과 같은 것에 속한 것으로서 곧 자기의 힘으로 해보려고 하는 일입니다. 우리는 죄의 성품인 자기를 자기가 이길 수 없습니다. 왜냐면 자기는 곧 또 육신의 사람이기 때문입니다. 여러분이 이것을 분명히 인식해야 합니다. 여러분! 달걀로 바위를 깨뜨릴 수 있습니까? 그런데 자기가 자기 죄성을 이길 수 있다고 해보는 것 아닙니까? 바위를 달걀로 깨뜨릴 수 없듯이 자기가 자기 죄성을 이길 수 없습니다. 율법을 지켜낼 수 없다는 말입니다.

그래서 구약을 깨닫지 않고는 신약의 열매를 맺을 수 없습니다. 율법의 정죄를 거치지 않고는 신약의 능력으로 들어갈 수 없는 것입니다. "생명의 성영의 법이 너를 해방하였음이니라."에 들어갈 수 없는 것입니다. 죄 때문에 고통 하는 것은 생명을 얻고자 하는 영혼의 목마름이요, 온전한 자유를 갈구하는 영혼이 겪는 고통으로 생명의 성영의 법으로 해방 얻게 되는 과정에 있는 것입니다. 그 증세 중의 하나가 마음이 죄책감에 붙들리는 겁니다. 그리고 마음에 참소를 받습니다. 마음이 무엇에 눌리는 것처럼 무겁고 괴롭습니다. 때로는 두려움에 붙들리기도 합니다. 하나님 구원의 뜻에 대한 바른 뜻을 알지 못하고, 그러니 확신에 거할 수가 없으니, 양심에 참소하는 소리를 받아들여 죄책감을 두는 겁니다.

생각에 마음에, 또는 사람들을 통해 계속 '너는 예수님 믿는다고 하면서 죄짓는 것이냐? 하나님 자녀라면서 어떻게 죄를 짓느냐? 죄를 이기지도 못하면서 구원받았다고 할 수 있느냐? 그건 거짓말이다. 너 거짓말하는 거야! 하나님이 죄를 싫어하는데 죄짓고 어떻게 하나님께 나가느냐? 죄 용서받았으면 죄를 지을 수 없지 않으냐? 그러고도 예수님 믿는다 할 수 있느냐?' 등등의 참소로 비웃는 것입니다. 죄에서 자유하지 못하게 하려는 그 같은 참소를 자기가 받아들이는 겁니다. 그런 속임에 자신을 내주고 있으니 평안도 없고, 무력에 빠지고 어둡고 약하게 하는 대로 끌려가는 것입니다. 그래서 고전 8장에 만일 사람의 약한 양심이 상하면 그는 침륜(멸망)하게 된다고 했습니다. 연약하게 되어 무력에 빠지고 쓸모없게 된다는 말입니다.

그래서 양심에 참소를 받아들이지 않아야 합니다. 속지 않아야 한다는 말입니다. 자기가 하나님 앞에 설 수 있는 것은 자기 양심에 거리낌이 없어야 설 수 있습니다. 참소로 속이는 것을 받아들이면 그것은 양심이 죄책감으로 손상을 입고, 손상을 입으니 하나님과 거리낌이 있게 되어 하나님 앞에 서지 못합니다. 하나님은 죄가 없는 영혼을 만나시는 것이니 그 앞에 설 수가 없습니다. 결국 자신(사단)에게 지는 것이어서 영적 전투가 안 되는 것입니다. '아니 내가 정말 죄지었는데, 죄를 짓고 싶지 않은 데, 그런데 자꾸 죄를 짓고 마는데, 죄짓는 것 사실인데, 그러면 어떻게 하느냐? 내가 죄를 짓지 않아야 하나님께 면목이 서는 것이지, 죄를 지었는데 내 양심이 뻔히 아는데, 예수님이 내 죄를 담당해버리셨으니 이제 죄는 나와 상관이 없다고 했으니, 죄와 상관없으려면 내가 죄를 짓지 않아야 하는 것 아니냐?' 하고 말하고 싶을 것입니다.

계 12:10에 **이제 우리 하나님의 구원과 능력과 나라와 또 그의 그리스도의 권세가 이루었으니 우리 형제들을 참소하던 자 곧 우리 하나님 앞에서 밤낮 참소하던 자가 쫓겨났고** 했습니다. 예수님께서 십자가 구원을 이루시기 전에는 사단이 율법을 들이대고 서서 하나님께 하나님의 백성이 율법을 범해 죄를 지었으니 속히 그 죄를 벌하라고 빨리 심판하시라고 밤낮으로 참소했는데, 예수님이 육신의 죄로 정하여 심판을 받으시고 죽으셨다가 살아나셨으니 사단이 이제 하나님 앞에서 참소할 근거가 없어졌다고 하지 않았습니까? 그래서 사단이 하늘에서 땅으로 쫓겨났습니다. 쫓겨나서 이제 땅으로 내려와 뭐합니까? 예수님을 믿으러 나오는 사람들을 속이는 일을 하는 겁니다.

오늘 말씀은 여러분의 믿음에 아주 중요한 것이니 '듣는 귀가 되고 이해의 능력이 돼서 믿음의 능력이 되게 해주시라.'고 기도하는 마음으로 듣기 바랍니다. 여기에 걸려있으면 여러분 종교 생활하는 것밖에 되지 않습니다. 율법에 머물러 있는 거예요. 율법에서 해방되어야 하지 않겠습니까? 해방되어야 구원이에요. 자유에요. 하나님 보좌 우편 예수님 계신 곳에 함께 앉게 되는 겁니다. 그러니까 하늘에서 쫓겨난 사단이 땅으로 내려와 뭐합니까? 믿는다는 사람들을 속이는 일을 하는 겁니다. 하나님의 뜻에 밝지 못하여 믿음이 약한 사람들을 죄지을 때마다 또 죄지을 수 있는 환경을 조성하고 참소하는 겁니다. 구원을 받지 못하게 하려고 밤낮으로 쉬지 않고 참소하는 것입니다.

왜냐? 육은 사단의 것이요. 죄는 육의 것이기 때문입니다. 그래서 죄를 지으면 권리를 가지고 생각 속에 참소하는 거예요. 악의 영이 속이는 일이 뭐에요? 생각에다, 양심에다 참소한다는 말입니다. 그러면 속는 것 당연한 일이라고 했습니까? 속는 것도 죄라고 분명히 말씀드렸어요. 하나님께서 우리를 구원하신 것은 구원받은 그 즉시 죄를 짓지 않을 수 있기 때문에 구원하신 것 아닙니다. 앞에서 말했듯이 육신으로는 죄를 이길 수 없고, 할 수도 없는 그것을 먼저 깨달으라는 데 있습니다. 깨달아 알라는 말이에요! 그리고 예수님께서 죄를 대속하신 그 은혜를 입으라는 겁니다. 그러면 네가 죄 안 짓기 때문에 죄가 주장할 수 없는 것이 아니라 예수님이 네 죄를 대속해버렸으니 원죄, 자 범죄, 미래의 죄까지도 온전히 대속하여 죄를 깨끗케 하시고 죄 없다 하셨으니 죄 없다 하신 그것을 믿으라 하는 것입니다. '네가 믿어라.' 말이지요.

물론 자기의 죄를 보고 애통은 해야 합니다. 예수님을 믿는 자로서 이제 죄에서 나와 마음으로나 입으로나 행실로나 죄 안 짓고 살고 싶은데 정말 죄짓고 싶지 않은데 안 되서 애통하고 자기 죄성이 보이니 애통하고 하나님 앞에 애통해 하는 자가 되어야 하는 것은 맞습니다. 예수님께서 '애통하는 자가 복이 있다. 저가 그 위로를 받을 것이라.'고 하셨잖습니까? 이같이 애통은 있어야 하되 속이는 것에 참소는 받지 말라는 말입니다. '네가 죄짓는 것이 문제가 아니라 참소를 받아들이는 것이 문제'라고 하는 거예요. 그러니 참소 받아들이는 것 믿음입니까, 아닙니까? 아닙니다. 마음에, 생각에 참소 받아들이는 것은 믿음 아니에요! 예수님을 믿는 것 아닙니다.

　예수님께서 죄를 대속해버리신 것을 믿지 못하는 불신이에요. 알아듣습니까? 자기 속에 죽음에서 부활하신 예수님을 모신 것이 아니라, 예수님이 부활에 실패하신 것처럼 믿음을 그렇게 갖는 겁니다. 예수님이 자기 죄를 대신 지고 죽으신 것을 헛되이 받는 것입니다. 그러니 예수님께서 죽음에 패배한 것처럼 믿음이 그렇게 돼 있는 거예요. 내가 안 그래야 하는 데 나도 모르게 불쑥 화가 올라왔어, 성질 부렸어, 그런데 돌아서서 또 성질 냈네, '아이고! 아버지 잘못했습니다.' 하고 돌아섰는데 '또 성질을 냈네, 아이고 어쩌면 좋아! 내가 또 그랬네! 아버지 잘못했습니다. 저의 이런 나쁜 것들을 다 용서하셨으니 감사합니다. 저를 고쳐주실 분은 성영님이시니 성영님 저를 다스려주세요.' 그렇게 하라는 거예요.

　'제가 또 죄지었어요. 아버지 저 좀 도와주세요.' 애통해 하라는 거예요. 그때그때 기도하면서 애통해 하면 도우실까요, 안 도우실까요? 그가 거짓이 아니면 도우십니다. 그런데 '너 죄지었잖아! 너 그러고도 어떻게 하나님 앞에 나갈 수 있느냐? 너 그러고도 하나님의 자녀냐?' '맞아 내가 죄지었는데 어떡하지? 하나님 앞에 나가기가 껄끄러워' 이런 것 받아들이지 말란 말이에요. 이것 믿음 아니에요. 내가 죄를 지었든 말든 그것과 상관없이 예수님이 내 죄를 가져가 버리셨다는 것을 확실히 믿고 내가 죄 없음을 붙잡는 것입니다. 자기가 참으로 예수님이 내 죄를 깨끗하게 하셨다는 것을 믿는다면, 자기가 혹 죄를 지었어도 이제 죄가 죽었기 때문에 '너 죄지었잖아' 하고 나올 수가 없는 것입니다. 여러분이 죄가 산 것처럼 죄를 붙잡으니 양심에 참소를 받는 거예요. 그러니까 거기에 무슨 구원이 있겠습니까?

　내가 지금 죄짓지 않으려고 몸부림하고 살고 있는데 또 죄를 짓게 되었어, 방금 혈기를 올렸는데 조금 있다가 또 자기도 모르게 혈기가 올라와 또 죄를 짓게 된 것입니다. 그러니까 곧 따라 '너 죄지었잖아. 너 양심도 없어? 그렇게 죄짓고도 하나님께 나가느냐?' 하고 양심에 참소가 들어옵니다. 이제 이 같은 참소가 들어오면 여러분 어떻게 해야 합니까? 이 참소 받아들일 것입니까? 참소 받아들이고 구원은 버리겠다는 것입니까? 그런데 왜 대답이 약해요? 이 참소 받아들일 것입니까? 아니 '예수님이 이미 내 죄를 십자가에 못 박아 장사지내버렸으니 나는 죄 없어, 나의 죄는 십자가에 못 박아버렸어, 미래의 죄까지 다 깨끗이 사해졌어. 그러니 나 죄 없어, 이 참소하는 악한 자야 물러가! 네가 나를 속이는 것 이제는 속지 않아' 하란 말입니다. '너 그렇게 자꾸 죄짓는데 어떻게 구원받겠느냐?' 그래도 '예수님이 다시 사셨으니 나는 구원받았다' 하고 구원을 붙잡을 수 있어야 합니다. 이것이 믿음인 거예요. 죄 용서를 붙잡고 구원을 붙잡을 수 있어야 하는 거예요.

　그리고 내 노력으로는 내 힘으로는 죄의 성품을 이길 수 없다는 것을 자기가 경험하는 거잖아요. 경험함으로써 참으로 아는 바가 되었으니 자기를 내려놓는 겁니다. 자기를 내려놓고 성영님 의지하여 기도하는 거예요. '하나님 아버지, 내가 또 혈기 부렸습니다. 참으로 나 하는 짓 보니 얼마나 큰 죄인이었는지를……, 정말 예수님의 은혜가 아니면 살 수 없는 죄인이었음을 절감합니다. 이런 저를 죄 가운데서 구원해주셔서 감사합니다.' 하면서 '성영님 저를 죄에서 나올 수 있도록 도와주셔서 예수님의 성품으로 변화를 받아 거룩 된 삶을 살도록 도와주세요.' 하고 성영님을 의지하고 나를 맡겨드리는 겁니다. 이런 간절함으로 애통하며 기도하며 성영님께 나를 맡겨드리는 것입니다. 성영님을 의지하여 나를 맡겨드리는 거예요.

　제가 과거 오래전에 있었던 일입니다. 내 죄의 성품을 내가 보는 겁니다. 제가 그때까지도 성경의 지식이 약하니까 그냥 육신으로 행하다가……, 지금 이 바울의 탄식이 저의 탄식이었어요. 말씀에 부딪히는 그 죄들로 인해 마음이 늘 아프고 날마다 애통하며 애통하고 또 애통하며 끊임없이 몸부림하며 살던 오랜 어느 날…… 말씀을 깨닫고 보니 그 과정이 이 사망의 몸에서 누가 나를 건져내랴 하는 탄식이었다는 것을 알았던 것입니다. 이후 어느 날 성영님께서 내 앞에 까만 흑지와 하얀 백지를 보이셨습니다. 그때 내 생각에 '둘 중 하나를 잡으라는 것이구나.'를 직감했습니다. 그런데 내가 선뜻 무엇을 잡아야 할지 잡지를 못하고 주춤거리고 있는 것입니다. 잡기는 잡아야 하겠는데 잡는 것을 선뜻 못하고 있었어요. 순간 오늘 이 롬8:2의 말씀이 내 머리를 꽝 치듯 했습니다. 그 순간 '아! 이것이구나!' 하고 하얀 백지를 재가 얼른 잡았습니다. 그때 내 안에서 뭔가 쿵 하면서 제 느낌에 검은 덩어리가 나가는 것 같은 느낌을 받았어요. 후에 깨달은 것은 내 육체에 거하면서 나를 늘 참소하던 귀신이었다는 것을 알게 되었습니다.

그 기쁨! 형언할 수 없는 기쁨이 몰려왔습니다. "아! 이거다 이거야! 이것을 몰랐구나! 이것을 모르고 지금까지 내 마음이 헤매고 또 헤매고 다녔었구나! 아, 나는 자유다! 이것이 자유구나! 이 행복, 예수님을 믿는 사람들이 이 행복을 가져야 할 텐데, 이것을 모르는데… 이것을 말해줘야 하는데……. 그러니 여러분이 알아듣기를 바랍니다. 죄에서 자유 얻는 것, 참소 받지 않아야 하는 이것, 아! 이것을 몰랐구나! 하고 온 집을, 방만 서성거렸겠습니까? 이리 갔다가 저리 갔다…… 형언할 수 없는 이 기쁨, 엄청난 이 기쁨을 누구에게 어디 가서 말해야 할까요? 사람들이 알아들을까요? 제가 오랫동안 겪고 비로소 경험한 이 일을 받을 수 있을까요? 제가 내심 걱정을 하면서도 그래도 할 자는 합니다. 아버지! 하고 외친 적이 있었습니다.

왜 그렇게 망설이고 잡지를 못했나? 왜 하얀 백지를 잡지를 못했나? 생각해보니 죄책에 대한 죄의식을 가지고 고민하고 괴로워하고 사단에게까지 참소를 받아들이고 있었기 때문이었다는 것을 알게 되었습니다. 참소를 받아들이지 않아야 한다는 것을 도무지 깨닫지를 못하고 그 속이는 참소를 받으면서, 내가 나를 책망하고 항상 나를 내가 정죄한 겁니다. '너는 어떻게 그것밖에 안 되느냐?' 죄에 무너지면 또 나 자신에게…… '너라는 사람은 고작 그것밖에 되지 않니?' 하고 나 자신을 정죄한 겁니다. 또한, 그것이 하나님께 대한 나의 양심의 일인 줄 알고, 그것이 하나님 앞에 최소한의 겸손인 줄 알았습니다. 그러면서 나 스스로는 괴롭고 고통스러움을 겪는 것을 성영님께서 보다 못해서 내게 "생명의 성영의 법으로 해방하였음"을, 참소 받지 않는 그 자유의 믿음이 돼야 할 것을, 깨닫게 하시려고 그 같이 역사하셨다는 것을 알게 되었습니다.

그래서 여러분이 참소를 받아들이는 것은 '죄는 죽고 예수님이 다시 사신 용서의 피 흘리신 생명을 자기 안에서 거부하는 것이 된다.'는 것을 분명히 알아야 할 것입니다. 참소를 이기는 것은 그것을 받아들이지 않는 것입니다. 계12:11에 분명히 말했습니다. **또 여러 형제가 어린 양의 피와 자기의 증거하는 말을 인하여 저를 이기었으니 그들은 죽기까지 자기 생명을 아끼지 아니하였도다.** 어린양의 피와 증거하는 말로 이긴다고 했어요. 그러므로 참소를 받지 말고 단호하게 증거해야 합니다. '나의 미래의 죄까지 이미 다 용서하신 예수님의 피를 내가 믿고, 그 증거를 내가 가졌으니 이제 속이는 참소는 '내게서 떠나가라' 하고 쫓아버리고 절대로 속지 않아야 할 것입니다.

"예수님의 피로 나는 용서받은 하나님의 자녀다. 죄는 죽었고 죄가 나를 주장할 수 없다고 하셨으니 그러므로 하나님의 완전한 용서가 내 것이니 죄를 지었을지라도 나는 죄 없다! 내게서 참소를 가지고 떠나가라!" 하나님께서 예수님의 피로 이 같은 자유를 주셨음을 믿고, 그때마다 명령하면 마귀가 '아이고 이제 아무래도 안 속네. 내가 졌다!' 하고 떠나는 것입니다. 속지 않는데 어떻게 속여요? 속으니까 속이러 들어오는 것이지 속지 않는데 어떻게 속입니까? 우리는 육체 가운데 있기 때문에 어찌할 수 없이 죄지을 때가 있습니다. 우리가 죄를 짓지 않기 때문에 자유 한 것이 아니고, 바로 진리의 참법을 모르기 때문에, 그 믿음이 없어서 망하는 것입니다. 그것을 모르기 때문에 망하는 거예요. 이 믿음이 없어서 나를 망치고 있다는 것을 알아야 합니다.

'나는 주 예수님의 피의 능력을 믿는 자다.'라고 단호하게 선포하는 겁니다. 이것이 증거하는 말입니다. 하나님께서는 그 즉시 자백하는 겁니다. '하나님 아버지, 이 죄인을 용서해주세요.' 하는 것 맞아요, 안 맞아요? 죄인의 죄를 용서받았음을 믿은 이후부터는 죄인이라고 하지 않아야 한다는 것 알고 있는 것이지요? 만일 '이 죄인을 한다면' 이것은 아직 죄 사함의 은혜를 받지 않은 것입니다. '죄인, 죄인' 하는 것, 자기를 죄인 취급하는 것 용서함 받지 못한 것임을 스스로 드러내는 일입니다. 이제는 죄인이 아니라 하나님께서 너는 의롭다 해주셨는데 왜 자기가 자꾸 이 죄인이라고 하느냐 말이에요. 예수님이 자기의 구주라는 것을 믿는다면서도 자기 영에 연결하지 못하고 자꾸 자기가 차단하느냐 그 말입니다.

'하나님 아버지, 제가 이러저러한 죄를 범했습니다. 죄지었음을 예수님의 이름으로 아버지께 자백합니다. 예수 그리스도의 의로 살기를 원하니 죄를 이길 수 있는 믿음이 될 수 있도록 도와주세요.' 하고 진심으로 자백하면, 죄 사함의 피의 믿음을 가졌다면 그 즉시 그 피가 어떻게 할까요? 깨끗이 씻어버리는 것입니다. 날마다 용서받고 사는 겁니다. 이 세상 다하는 날까지 날마다 하나님의 용서가 필요한 내가……, 예수님의 피로서 날마다 용서를 경험하고 사는 것입니다. 하루에도 몇 번씩 '아버지 잘못했어요. 용서해주세요.' 하고 진심으로 고백했으면 그다음 용서받은 것을 믿고 자유해지는 것입니다. 예수님의 피가 내 안에 와있는데, 지성소 속죄소가 내 안에 와있는데 뭘 그렇게 불안해하겠습니까? 뭘 그렇게 고민하겠습니까? 나는 자유 한 것입니다. 그래서 그 자유를 날마다 경험하고 사는 것입니다.

사단과 그 영들은 예수님 피의 능력을 믿고 영적인 사실을 선포하는 것을 제일 두려워합니다. 자기 할 일에 힘을 못 쓰기 때문에 그렇습니다. 성경 교리를 암만 말해도 사단은 그런 것 눈 하나 깜짝하지 않아요. 두려워할 일 없습니다. 믿음으로 예수님의 뛰어난 그 이름과 피의 능력을 사람 앞에서도 선포하는 것이지만, 또한 악의 영들에게 선포하는 것입니다. 마음속에만 알고 있고, 가지고 있으면 소용없어요. 악의 영들에게 고의적으로 외쳐 선포하는 것입니다. '이 마귀야! 예수님께서 너의 권세를 이미 깨뜨리셨다 너는 그 죄요, 그 죄는 나와 상관없어. 이제 나는 죄 없어. 너는 내 발밑에 있는 복종해야 하는 존재야! '네 모든 참소를 가지고 물러가라 나는 이제 속지 않는다.' 하고 사단과 그 영이 듣도록 선포하는 것이 바로 증거하는 말인 것입니다.

자! 이제 여러분이 악한 영이 가져다준 참소나 죄책감 때문에, 죄의식을 가지고 죄인의 자리에 그대로 있기를 원하십니까? 예수님의 피의 능력을 믿고 죄가 없는 자로 양심에 흠이 없이 살기를 원하십니까? 후자 것입니까? 죄를 안 짓기 때문에 죄가 없는 것이 아니라 예수님이 내 죄를 다 가져다 십자가에 못 박아 버리고 살아나 버리셨으니 죄가 나에게 할 말 없는 것입니다. 그것을 알라는 말이에요. 그러기에 양심에 흠이 없는 것입니다. 왜요? 예수 그리스도 까닭에⋯⋯. 그러면 여러분이 어쩔 수 없이 죄를 지었을 때 그 죄가 필요한 것은 예수님의 피입니까, 사단의 참소입니까? 예수님의 피입니다. 죄지었을 때 그것은 분명히 죄기는 하지만 더 큰 죄는 예수 그리스도의 피의 능력을 믿지 못하는 것입니다. 더 큰 죄가 무엇을 믿지 못하는 거라고요? 예수님의 피의 능력을 믿지 못하는 것 그것이 죄예요.

오늘날 믿는다는 사람들의 상태가 어떤지 아세요? 예수님께서 백지를 내미시면서 '너는 이곳에 속한 자다, 이제 검은 것이 네가 속한 곳이 아니다! 율법 아니다! 율법에 속지 마라, 사단에게 참소 받지 마라, 속지 마라' '너 그쪽에 있으면 나와 상관없어 거기는 사단의 자리야 이쪽으로 와, 해방된 이쪽으로 와' 하시는데도 자꾸 고집스럽게 말입니다. '아이고 내가 뭘 한 것이 있어야지요. 내가 죄만 짓잖아요. 하나님께 죄송스러워서요.' 하는 겁니다. 이것이 겸손인 줄 착각하지 말란 말이에요. 이것은 예수 그리스도의 피의 능력을 믿지 못하기 때문에 기어코 그 자리에 있겠다고 하는 일로써 은혜를 거절하는 것이 되는 것입니다. 죄입니다. 교만입니다. 이제 여러분이 이 깊은 은혜를 믿음으로 마음에 받으시겠습니까? 예수님의 피를 힘입은 깨끗한 양심으로 하나님 앞에 서시기 바랍니다.

죄를 안 지어서 깨끗한 것이 아니라, 예수님의 피로 죗값이 다 치러졌으니 그 믿음으로 자유로워지라는 것입니다. 참소를 받아들이는 사람에 대해서는 하나님도 방법 없으십니다. 저도 방법 없어요. 참소를 자기가 받아들이니까, 받아들인다는 것은 예수 그리스도의 피의 능력을 모른다거나 부인하는 것이기 때문에 그렇습니다. 예수 그리스도의 피의 능력을 믿는다면 그 믿음이 분명하다면 참소 받아들이지 않습니다. 참소를 받는 것은 한두 번으로 끝나는 것이 아니라 일생 직면해야 할 일일 수도 있어요. 우리가 죄에서 용서되어 구원받은 것은, 죄 사함의 피를 믿고 의지하기 때문인 것처럼 계속 예수님의 피를 의지하고 믿어야 합니다.

여러분에게 질문하겠습니다. 예수님의 죄 사함의 피를 믿고 나의 죄가 다 처리되었다고 믿는 사람 앞에 이제 죄가 살았습니까, 죽었습니까? 죽었습니다. 제가 오늘 이 질문 몇 번 하고 있습니다. 그런데도 다음에 어떻게 믿어야 할지 몰라 마음이 헤매고 고민스러워하는 것 진짜 없기를 바랍니다. 자, 어쩌다가 죄를 지었습니다. 미워하지 않아야 하는 줄 알면서도 저 사람 하는 짓 보니까 미움이 들어왔어요. '아차, 내가 미운 마음을 가졌구나.' 하고 "하나님 아버지, 제가 순간 누구를 미워했는데, 미움의 죄를 지었는데 용서해주셨으니 감사합니다." 하면 이 죄는 살았습니까, 죽었습니까? 죽었습니다. 자기가 죄지었는데 어떻게 죽은 것입니까? 예수님이 죄를 지고 못 박혀 죽으셨을 때 죄도 죽었기 때문입니다. 죄는 죽고 예수님은 성영님이 살리셨으니 이제 죄가 할 말이 없는 것입니다.

자신이 속는 것이지, 그래서 자기가 자기를 정죄하는 것이지, 예수님의 피가 그렇게 가치 없고 능력 없는 것이 아니다는 말입니다. 이제 죄에서 자유하게 하신 것에 대한 이 영적 원리를 확실히 이해됐습니까? 원치 않는 죄를 지었을 때 '너 그것 죄다! 너 죄지었으니 죄인이다' 하고 말할 자격 없다는 것 아셨습니까? 그러나 자신은 반드시 죄에 대한 자각이 있어야 합니다. 성영님께서 와계시니 바로 인식하게 하십니다. 인식하게 하시는 그때그때 하루에 열 번이 될지라도 자기를 보지 말고 하나님께 자복하고 예수님의 피로 깨끗하게 되었음을 믿고 마음에다가 절대 죄를 담아두지 말아야 합니다. 이 과정을 겪으며 성영님과 함께 나갈 때 점차 성영님으로 지배를 받게 되기 때문에 그때는 진짜 죄가 싫어지는 거예요. 죄가 싫어져! 예수님의 성품으로 확실히 변화 받는 것입니다. 그때는 죄지으라고 해도 안 지어요. 순간 내가 혈기를 냈다 하더라도 '아차! 내가 또 혈기 부렸구나!' 순간순간 빨리 해결이 되어버리는 그런 자유가 있게 되는 것입니다.

그래서 오늘 말씀 결론은 "그리스도 예수 안에 있는 생명의 성영의 법이 죄와 사망의 법에서 너를 해방하였음이라" 입니다. 아멘입니까? 말씀을 맺습니다. 우리로 그리스도 예수 안에 있는 생명의 성영의 법으로 죄와 사망의 법에서 해방 얻게 하신 삼위의 하나님께 영광을 돌리고 큰 찬양을 올립니다. 아멘

14. 09. 28
(2)정죄= 정죄하지 않노니 다시는 죄를 범치 말라

대답하되 주여 없나이다 예수께서 가라사대 나도 너를 정죄하지 아니하노니 가서 다시는 죄를 범치 말라 하시니라

(요8:11)

요8:1-11의 말씀까지 살펴볼 것이고요, 11의 말씀이 오늘 주제가 되겠습니다. 우리가 지난번 말씀에서는 뭐에 속지 말라 했습니까? 율법에 속지 말라, 다시 말해 '율법을 가지고 참소하는 사단에게 속지 말라.'라는 말씀을 여러분이 들으셨습니다. 다 이해됐지요? 자기 믿음을 위해 속지 않는 것이 무엇인가 하는 것을 여러분이 알게 되었습니다. 그것은 죄라고 생각되는 것, 즉 하나님께서 죄라고 말씀하시는 것들을 자기가 원치 않음에도 지었을 때 참소 받음으로 인하여 자기 안에다가 죄책감을 두고 자신을 정죄해서는 안 된다, 그것은 믿음이 아니다 하는 것을 말씀드렸습니다.

그런데 예수님을 믿는다면 이같이 자신을 정죄하지 않아야 하는 것과 또한 누구를 정죄하지 않아야 할까요? 남을 정죄하지 않아야 합니다. 그래서 오늘도 1부 말씀에 이어 자신을 정죄하지 않아야 하

는 것과 남을 정죄하지 않아야 하는 이 정죄에 대해서 말씀을 드릴 것입니다.

아담 이후에 가인으로부터 인류는 죄악의 종자가 되어 죄악을 행하며 사는 데 거리낌 없는 인생이 되어 버렸습니다. 심지어 여자 후손의 약속을 가지고 하나님 앞에서 살던 그 계보조차도 육체의 정욕을 따라 나가 가인으로 합류가 되어 버렸습니다. 하나님께서 사람의 죄악이 세상에 관영(貫盈)함에 다시 말해 사람의 죄악이 차고 넘쳐 하늘에까지 닿았다는 말입니다. 그래서 하나님께서 사람 지으심을 한탄하시며 근심하시고 홍수를 보내 노아와 그 가족만 두시고 다 멸하셨습니다. 노아의 가족으로 새 세상을 이룩한 인류 또한 죄악의 같은 길로 나가버렸습니다.

하나님께서는 그 죄악 된 세상에서 아브라함을 불러내시고 그의 후손으로 백성을 삼으시고 그 백성에게 긴 항목들의 율법을 주시고 범하는 자는 죄인으로 정죄 당해 죽는다 하시며 지키라고 하셨습니다. 그러나 하나님께서는 백성이 율법을 지키지 못하면 죽이려는 것에 뜻을 두신 것이 아니라, 율법을 지키지 못한 자신들의 죄성을 보고 죄인임을 고백하고 나오기를 원하신 것입니다. 또한 인류는 죄에 팔려 죄 아래 있게 되었음을 알게 하시면서, 곧 하나님이 보내시는 메시아, 하나님의 독생자로 하여금 율법에 정죄당한 죄에서 구원하여 영생 얻게 하시는 뜻을 알도록 하셨습니다.

그래서 율법을 주신 뜻을 바로 깨닫지 못하여 철저히 지켜서 구원을 얻으려고 했던 율법주의자였던 사도 바울이 그것을 철저하게 깨닫게 되어서 롬7:10에 **생명에 이르게 할 그 계명이 내게 대하여 도리어 사망에 이르게 하는 것이 되었다** 라고, 말한 것입니다. 율법 때문에 사망이 이른 것이 아니라 그것을 지켜내지 못하는, 지키려고 하면 할수록 무너지는 자신 속에 본질적인 죄의 성품에 의해서 율법이 정하고 있는 그것을 범함으로 인해 도리어 사망에 이르게 되었다는 것을 고백했던 것입니다. 그래서 롬7:21-24에 **내가 한 법을 깨달았노니 곧 선을 행하기 원하는 나에게 악이 함께 있는 것이로다 내 속사람으로는 하나님의 법을 즐거워하되 내 지체 속에서 한 다른 법이 내 마음의 법과 싸워 내 지체 속에 있는 죄의 법 아래로 나를 사로잡아 오는 것을 보는도다 오호라 나는 곤고한 사람이로다 이 사망의 몸에서 누가 나를 건져내랴** 하고 탄식하던 사도 바울이 곧이어서 우리 주 예수 그리스도로 말미암아 이 사망의 몸에서 건짐을 받아 자유하게 되었다고 그 자유를 외쳤던 것입니다.

그래서 롬3:20에 **율법의 행위로 그의 앞에 의롭다 하심을 얻을 육체가 없나니**…… 율법을 지키므로, 율법의 행위로 하나님께 나올 자가 없다는 것을 알게 되었고, 율법으로는 죄를 깨달음이라 했습니다. 그러므로 율법에 정죄당하여 사망 아래 놓인 인류를 사망의 몸에서 건져내시려고 예수 그리스도께서 대신 심판을 받으셨습니다. 이제 자신에게 처한 이 같은 사정과 하나님의 뜻을 알고 예수님을 믿는 자는 의롭다 함을 받고 하나님의 자녀가 되는 놀라운 복을 받게 된 것입니다. 그러므로 예수님을 믿는 자는 자기의 잘한 행위로 의롭다 함을 얻은 것이 아니니 자기를 자랑할 것 있습니까, 없습니까? 없는 것입니다.

자기가 봉사도 했고 충성도 했고 헌금도 했다고, 고개 뻣뻣이 하고 누가 자기 좀 알아주라고 나오는 것이면, 그것은 다 외식 자요. 교만입니다. 행위로는 하나님께 나올 수가 없는 존재요. 그렇기에 자기를 자랑할 것이 없다는 것을 성경은 말하고 있습니다. 롬3:24에 **그리스도 예수 안에 있는 구속으로……** 구속은 값을 치렀다 그 말입니다. **구속으로 말미암아 하나님의 은혜로 값없이 의롭다 하심을 얻은 자 되었느니라** 그러므로 엡2:8,9에 **너희가 그 은혜를 인하여 믿음으로 말미암아 구원을 얻었나니 이것이 너희에게서 난 것이 아니요 하나님의 선물이라 행위에서 난 것이 아니니 이는 누구든지 자랑치 못하게 함이니라** 라고 분명히 자랑치 못하게 하려 한다 말하고 있는 것입니다.

고전6:20에 **값으로 산 것이 되었으니 그런즉 너희 몸으로 하나님께 영광을 돌리라** 삶으로 영광을 돌리라. 바로 성전이 되는 것이 하나님께 영광을 돌리는 일인 것입니다. 벧전1:18,19에 **너희 조상의 유전한 망령된 행실에서 구속된 것은 은이나 금같이 없어질 것으로 한 것이 아니요 오직 흠 없고 점 없는 어린양 같은 그리스도의 보배로운 피로 한 것이니라**고 했어요. 하나님을 거역한 것은 망령된 행실로서 사단의 저주에 들어가게 된 것입니다. 그 저주에서 구속하시려고 예수님께서 대신 형벌을 받아 피 흘리고 죽어야 하는 엄청난 대가를 치르셨습니다. 그런데 일부 사람들이 말하기를 '예수님께서 이같이 십자가의 구속을 이루신 은혜로 말미암아 우리가 구원을 받고 의롭다 함을 얻었으니, 이제는 어떤 종류의 율법이든지 십자가에서 폐하여졌으니 더는 지킬 필요가 없다.' 라고 주장하고 있습니다. 그러나 이 같은 주장은 매우 잘못된 것입니다.

롬3:31에 **그런즉 우리가 믿음으로 말미암아 율법을 폐하느뇨** 우리가 믿음으로 구원 얻었으니 그로 말미암아 율법을 폐하겠느냐 **그럴 수 없다 도리어 율법을 굳게 세우느니라** 라고 단호하게 말했습니다. 예수 그리스도로 말미암아 구원을 얻었으니 율법은 이제 필요 없다고 폐하는 것이 아니라 오히려 은혜로 구원 얻는 사람에게 믿음을 굳게 세우는 데 필요한 것이라는 것입니다. 율법은 믿음을 바로 세워주는 교훈이요 훈계요 채찍이요 선생과도 같습니다. 율법으로 경계가 없으면 믿는다는 것은 오만방자함으로 나갈 것입니다. 믿음의 첫 단계는 율법으로 경계와 제제를 받지만 믿음이 성숙되면 경계와 제제 속에 있는 것이 아니라 그 삶이 되어 스스로 거룩한 성전의 삶을 사는 것입니다. 그렇기에 예수님께서도 마5:17에 **내가 율법을 폐하러 온 줄로 생각지 말라 폐하러 온 것이 아니라 완전케 하려 함이로라**고 하셨습니다. 완전케 하려 함이라는 것은 율법에서 폐할 것은 완성하여 폐하고, 율법의 뜻은 더 강화한다, 더 굳게 세운다는 말입니다.

 율법을 완성하셨다는 것은 구약에서 예수님이 오실 것에 대한 예표로 또는 상징으로 행하던 의식의 법은 예수님이 오셔서 구원을 이루셨기 때문에 완성되어 폐해졌습니다. 의식법이라는 것은 성전에서의 제사나, 절기나 또 그 규범들이나 정결례 등을 말합니다. 정결한 소나 양, 염소 등의 제물로 제사하던 번제, 소제, 속죄제, 전제, 화목제, 또는 상번제 등의 죄를 대속하실 예수님의 희생을 예표 하는 이런 제사 의식은 다 폐해졌고, 매년 일곱 차례 지켜야 했던 절기 안식일 등의 규례들도 다 폐하여졌으며, 부정을 벗기는 정결례의 규례들, 예수님이 곧 인간의 부정을 다 벗겨주실 것을 예표로 행하던 의식들도 다 폐하여졌습니다.

그래서 골2:16,17에 **그러므로 먹고 마시는 것과 절기나 월삭이나 안식일을 인하여 누구든지 너희를 폄론하지 못하게 하라 이것들은 장래일의 그림자이나 몸은 그리스도의 것이니라** 라고 말했어요.

먹고 마시는 것 절기나 월삭 안식일 등, 구약의 이 모든 절기는 이제 끝났으니, 이것은 장래 일의 그림자였으니, 누구든지 왜 안 지키느냐? 하는 말들로 폄론하지 못하게 하라 한 겁니다. 장래 일의 그림자라는 것은 바로 먹고 마시는 것, 절기, 월삭, 안식일, 이런 것은 다 오실 예수님을 예표한 것이었기에 그림자입니다. 실체가 있기 때문에 그림자가 있는 거잖아요. 실체가 있기 때문에 그림자가 있었던 것인데, 그 실체가 누구냐? 그림자로 행했던 그 중심, 그림자가 있게 한 그 몸은 바로 그리스도의 것이니라. 이제 그 실체가 왔으니, 그 몸이 왔으니, 실체의 그림자로 행하던 일은 이제 끝났다. 그러니 누구든지 먹고 마시는 것, 절기 왜 안 지키느냐? 지키지 않는 것은 율법을 범하는 것이라고 헐뜯고 논쟁하려는 것, 이제는 하지 못하게 하라고 했다는 말입니다.

그래서 골2:14에 **우리를 거스르고 우리를 대적하는 의문에 쓴 증서를 도말하시고 제하여 버리사 십자가에 못박으시고……** 했어요. 엡2:15 **원수 된 것 곧 의문에 속한 계명의 율법을 자기 육체로 폐하셨다**고 했습니다. 엡2:16에 **원수 된 것을 십자가로 소멸하셨다** 했습니다. 율법을 범할 때마다 따라다니면서 정죄하던 원수 된 율법 증서가, 죄지을 때마다 제물에 죄를 전가하여 피 흘려야 했던 원수 된 그 의문에 속한 계명의 율법을 예수님이 오셔서 자기 육체로 폐하셨다. 십자가에다 못 박아 버리셨다. 십자가로 소멸하셨다. 그리고 다시 살아나셨다. 그러므로 이제 온전히 폐지되었으니 예수 그리스도 안에 있는 자는 이 의문에 속한 율법을 지킬 필요가 없게 되었고, 롬8:1,2에서 **그리스도 예수 안에 있는 자에게는 결코 정죄함이 없다**고 한 것입니다.

그렇기에 롬10:4에 **그리스도는 모든 믿는 자에게 의를 이루기 위하여 율법의 마침이 되시니라** 했습니다. 예수 그리스도 안에 있는 자에게는 율법의 정죄에서 놓여났고 예수님의 의로 살게 되었다는 말입니다. 자, 그러면 여러분이 지금까지 말씀드린 율법의 역할에 대하여 알고, 예수님을 아는 지식으로 받고, 자신을 알고 자신에게 적용하는 것이 되었습니까? 아니면 이것은 성경에 기록된 이야기요, 자기와 관련 없는 구약의 이야기로만 받습니까? 여러분이 자기와 관련된 것으로 적용하고 자기 믿음의 뿌리가 돼야 한다는 것을 명심하기 바랍니다. 그래서 이제 예수 그리스도 안에 있는 자에게는 정죄가 있다고 했습니까? 결코 정죄함이 없나니 했습니다.

그러면 여러분의 믿음은 이제 예수 그리스도 안에 있어서 정죄 받지 않습니까? 어때요. 정죄 받지 않느냐고요? 혹시 죄를 범했을지라도……. 혹시 입니다. 죄를 짓는 것 정말 원치 않는데 어느 순간 죄를 범했다면 이제 너는 죄지었으니 죽어야 한다. 너는 죄를 지었으니 구원받을 수 없다. 너는 죄지었으니 하나님께 심판받는다. 이런 정죄는 이제 받지 않는다는 말입니다. 이것이 진리의 법입니다. 그래서 사단이 참소하는 것 자기 양심이 자꾸 참소 받는 것에 속지 말라고 하는 것 아닙니까? 자기가 참으로 예수님 안에 있다면 정죄에 속지 말라 말입니다. 알아듣습니까?

오늘 본문 마지막 읽은 11의 말씀에서 뭐라고 했습니까? 하나님이신 예수님께서 "나도 너를 정죄하지 않노니" 하셨는데 자기가 속아서 참소 받고 자신을 자기가 정죄한다면 그것은 스스로 율법 아래 있는 것이 되어서 구원이 없다고 말씀드렸던 것, 여러분이 이해되었고, 믿음의 능력으로 받았으리라 믿습니다.

그래서 구약의 의식 법은 다 폐하여졌지만, 이제 십계명과 그 외에 따른 도덕법, 사회법은 성도의 거룩한 삶을 사는 데에 있어서 더 굳게 세운 영적인 법이요 자유하게 하는 율법, 즉 지키지 않으면 죽임을 당할까 두려워서 지키는 것이 아니고, 법을 사랑해서 지키므로 삶이 되는 것, 성도의 거룩한 삶이 되는 것을 말합니다. 그래서 약1:25에 **자유하게 하는 온전한 율법을 들여다보고 있는 자는 듣고 잊어버리는 자가 아니요 실행하는 자니 이 사람이 그 행하는 일에 복을 받으리라**고 했습니다. 복음으로 율법의 정죄에서 자유하게 되었으니, 이 복음 안에 들어온 자는 굳게 세운 율법을 잊어버리는 자가 아니라 실행하는 자니 그 행하는 일에 복을 받는다고 한 것입니다. 여기서 복을 받는다고 하는 것은 세상 물질의 복을 말하는 것이 아니고, 영혼이 잘되는 것, 그러므로 범사가 잘되는 것을 말합니다.

율법의 총체는 사랑입니다. 온 율법과 선지자의 강령이 사랑이라는 말입니다. 그러면 먼저는 누구를 사랑합니까? 하나님을 사랑하는 겁니다. 그다음은 이웃사랑입니다. 하나님 사랑, 이웃사랑입니다. 하나님을 사랑하고 이웃을 네 몸과 같이 사랑하라는 것이 율법의 대강령입니다. 그러니까 예수님 안에서 이 사랑을 하는 것이 자유하게 하는 온전한 율법을 실행하는 일입니다. 굳게 세운 율법을 행하는 일입니다. 그런데 여기서 이웃을 사랑하는 것은 인간 사랑을 말하는 것이 아닙니다. 나에게 있어 첫째 이웃이 누가 되어야 합니까? 예수님입니다. 그래서 인간을 사랑해야 한다면 예수 그리스도로 말미암아서 나는 사랑으로 사랑하는 것입니다. 자유하게 하는 율법을 행하는 것은 곧 하나님을 사랑하기 때문에 이웃을 사랑하는 것입니다.

다시 말하면 예수님은 하나님이 사람으로 오신 것이지요? 그러면 예수님이 하나님이시며 또 누구예요? 사람입니다. 그러니까 율법의 강령인 하나님 사랑은 누구를 말합니까? (예수님) 또 이웃사랑은 누구를 말할까요? (예수님) 그러면 예수님을 사랑하는 것이 누구 사랑? (하나님) 예수님을 사랑하는 것이 또 누구 사랑? (이웃) 바로 예수님은 하나님이시고 또한 사람이기 때문에 우리가 예수님을 사랑하면 그것은 하나님 사랑이요 또한 이웃사랑이 되는 것입니다. 그렇기에 이제 예수님 안에서 하나님을 사랑하는 것이고 또 옆의 사람을 사랑하는 것입니다. 그러니까 예수님을 사랑하기 때문에 예수 그리스도로 말미암아서 옆의 사람을 사랑하게 된다는 말입니다. 말뜻이 이해됐습니까?

그래서 기독교가 성경이 말씀하는 이 같은 사랑의 정의를 모르면서 이웃을 사랑하라는 것을 인간 사랑으로만 들입다 연결하고 그 사랑 하겠다고, 사랑 베푼다고, 여기저기 좀 불우하고 비천한 사람들 찾아다니는 것이지요. 예수님은 뒷전으로 돌려놓아 버리고, 그저 인간 사랑한다는 것으로만 아예 꼭지가 돌아가 버렸습니다. 그것이 바로 인간 양심 사랑이요, 인본 사랑입니다. 예수님과 전혀 상관없는 종교인의 행위들입니다.

예수님께서 요14:15에 **너희가 나를 사랑하면 나의 계명을 지키리라** 하셨습니다. 예수님 사랑은 예수님의 계명을 지키는 것입니다. 예수님의 계명은 율법의 강령인 하나님 사랑, 이웃사랑을 말하는 것입니다. 그래서 예수님을 사랑하기 때문에 내 옆의 이웃을 또 내 몸과 같이 사랑하는 것입니다. 예수님 사랑은 곧 또 내 이웃사랑입니다. 그 이웃사랑은 어떻게 나타나느냐? 원수 맺었던 마음들을 다 풀고 용서와 화해를 이루어 복음을 받게 하는 것을 말합니다. 그런데 오늘 주제가 뭡니까? 정죄잖아요? 바로 이웃사랑은 또 정죄하지 않는 것입니다. 복음의 사람은 정죄하지 않는 거예요.

율법은 정죄입니다. 그러므로 율법의 사람은 남을 정죄합니다. 율법의 사람은 누구를 정죄해요? (남을) 율법은 참소하고 정죄해서 심판할 줄은 알아도 용서할 줄은 모릅니다. 유대인들은 예수님이 자신을 하나님의 아들이라고 말하니, 이들이 생각할 때는 사람이 하나님일 수가 없는 것이요, 또한 하나님은 형체가 없는 영이시니, 사람이 하나님이라고 한다는 것은 신성모독이었던 것입니다. 그리고 자기들이 기다리는 메시아는 압제 받는 로마의 정권을 무너뜨리고, 이웃 나라들에 침략당하지 않는 강한 하나님의 나라를 건설할 왕이 오실 것으로 알고 있는데, 가난뱅이 목수의 아들이 감히 자신을 하나님의 아들이요, 하나님은 내 아버지라 하니, 그것은 자기도 신이라는 말이니, 그런 참람한 말을 하고, 율법 폐지자 같은 행동을 하고, 안식일을 범하고 신성모독에 해당하는 것으로 당연히 죽여야 했습니다. 율법을 어긴 것만도 죽음에 해당하는데 하나님이 자기의 친아버지라고 하니 더 살려둘 수가 없었던 겁니다.

그래서 예수님을 시험하여 죽일 기회를 찾고 책을 잡아 고소하려고, 오늘 말씀에 서기관과 바리새인들이 간음 중에 잡힌 여자를 끌고 와 회중 가운데 세우고 예수님께 묻는 겁니다. "선생이여 이 여자가 간음하다가 현장에서 잡혔는데 모세는 이런 여자를 돌로 치라 명하였는데 선생은 어떻게 말하겠습니까?" **이 말은 고소할 조건을 찾고자 예수님을 시험하는 것이라**고 했습니다. 예수님은 "죄 사함을 얻게 하려는 것이다." "죄 사함을 받았느니라." 라고 용서를 말씀하고, "생명을 얻게 하려는 것이라."고 생명을 말씀하고 다니셨습니다. 또한, 막 2:10에 **인자가 땅에서 죄를 사하는 권세가 있는 줄을 너희로 알게 하려 하노라** 하셨습니다. 그러니까 이들이 "그러면 율법이 간음한 여자를 돌로 치라 했는데 선생은 어떻게 말하겠습니까?" 다시 말해 선생은 죄를 용서하여 생명을 얻게 하러 왔다고 했으니, 율법은 이 여자를 죽이라 명하셨는데 돌로 치지 않으면 하나님의 명을 어긴 것이 되지 않겠느냐. 그런데 죄를 사하여 생명 얻게 하러 왔다고 한 선생이 만일에 죽이라 한다면 그것은 죄인을 살리려고 온 구세주가 아니지 않으냐? 그리고 하나님의 법은 간음한 자는 돌로 쳐서 죽이라 명하셨는데 '살려주라. 죽이지 말라' 한다면 그것 또한 하나님의 법을 어기는 것이니, 선생도 돌로 맞아 죽어야 하지 않겠느냐 하는 뜻입니다.

예수님은 몸을 굽혀 땅에다 글을 쓰기 시작했습니다. '이 여자가 율법을 어겨 간음했으니 마땅히 죽어야 한다. 그러면 너희가 돌로 치라. 그런데 너도 여자보고 음욕을 품고 마음에 간음했으니 너도 죽어야 한다.'라는 글을 쓰시고 고개를 들어 누군가를 빤히 바라보셨어요. 또 몸을 굽혀 그들의 죄목을 하나하나 손가락으로 땅에다 "이 여자가 돌로 맞아야 한다면 너도 돌로 맞을 자다. 너도 돌로 맞을 자로

구나! 너도! 너도!" 쓰시고 일어나 **너희 중에 죄 없는 자가 먼저 돌로 치라** 하시고 다시 또 몸을 굽혀 죄목을 써 나가시자 한 사람 한 사람 뒷걸음질하기 시작한 겁니다. 아무도 모를 줄 알았던 자기의 숨은 죄가 마음속을 꿰뚫어 보시는 예수님 앞에 드러나니 그 기세와 살기가 등등했던 그들이, 여자와 예수님에게 던지려고 들었던 돌들을 '율법대로 쳐라. 그러나 죄 없는 자가 쳐라.' 하신 이 조건부의 말씀 앞에 그대로 다 버려두고 한 사람도 남김없이 다 가버린 것입니다.

이것은 율법이 예수님을 만나자 '의인은 없나니 하나도 없다.'는 것이 증명되었다는 말입니다. 예수님께서 일어나 "여자여! 너를 고소하던 자들이 어디 있느냐? 너를 정죄하던 자들이 없느냐?" 물으셨습니다. 다시 말해 "너를 정죄하여 끌고 온 그들이 어디 있느냐? 율법 아래 있는 모든 인간은 너는 죽어야 할 죄인이고 나는 죄인이 아니라 할 자가 없게 되었구나. 율법이 복음 앞에 오니 할 말이 없게 되었구나." 라는 말씀입니다. 그리고 **나도 너를 정죄하지 않노니 가서 다시는 죄를 범치 말라** 하셨습니다. 마귀가 율법을 내세워 간음한 여자를 죄로 꽁꽁 묶어서 사망으로 끌고 가려고 했는데 예수님을 만나게 되자 살게 된 것입니다. 사망이 물러갔다는 말입니다. 그리고 자신은 죄가 없는 것처럼 죄인이 아닌 것처럼, 스스로 의로운척하여 남을 정죄하며 돌로 쳐 죽이려고 했던 그들도 예수님 앞에 서니 모두가 다 죄인으로 드러났다고 하는 것입니다. 그래서 인간은 너나 나나 똑같은 죄인이기 때문에 누구도 다른 사람을 정죄할 자격이 없다는 것이 드러났으니 그것을 알라는 것입니다.

여러분! 율법에 정죄당해 예수님 앞에 끌려 나온 이 여자가 예수님을 만나니 예수님께서 무엇을 말씀하신 것입니까? "나도 너를 정죄하지 아니하노니" 하셨습니다. 예수님이 하나님의 아들이요 구주이심을 믿는 이들에게 정죄하지 않으신다고 하셨다는 말입니다. 자신이 죄인임을 알아 예수님의 죄 사함의 피를 믿고 나온 이들을, 하나님이 정죄하지 않으신다는 것입니다. 하나님이 나를 정죄하지 않으신다는 것, 죄인인 나를 용서하여주시고 모든 죄에서 나를 깨끗게 하여주셨다는 것을 믿는 자는 이제 어쩔 수 없는 죄를 지었을 때마다 그 죄까지도 예수님의 피로 깨끗게 되었다는 것을 믿고 죄에서 자유 해져야 한다고 하지 않았습니까?

사단이 '너 죄지었잖아? 너 죄짓고도 구원받았다고 할 수 있냐? 하나님께서도 너 같은 것은 사랑하지 않는다. 네가 양심이 있으면 네가 지은 죄를 네가 알잖아! 죄짓고도 뻔뻔하게 하나님께 나갈 수 있겠냐?' 하는 등등으로 생각 속에다 가져다주는 참소에 속지 말고 받아들이지 않아야 한다는 것을 말하지 않았습니까? 만일에 자기가 원치 않음에도 어쩌다가 짓는 죄들로 이 같은 참소를 받고 자기가 자신을 정죄한다면, 자신 안에 죄책을 두고 '아, 나는 안 되는구나! 가망 없구나! 하나님이 나 같은 것을 사랑할 리가 없지!' 하는 정죄를 스스로 한다면 그것은 하나님이 '정죄하지 않겠다.' 하는 것을 받아들이지 않는 것이요 율법에 머무르는 것이 되어서 구원이 없다는 것 말씀드렸잖습니까?

저의 이 말은 죄를 짓고 싶은 대로 짓고 뻔뻔해지라는 것이 아닙니다. 가서 다시는 죄를 범치 말라고 예수님이 분명히 말씀하셨습니다. 죄를 짓게 되면 그것은 사단에게 자신을 종으로 내주는 것이 되기 때문에 죄에 그렇게 감각 없이 죄짓지 말라 하신 것입니다. 그래서 하나님의 말씀을 믿고, 예수님께서 '나도 너를 정죄하지 않겠다.' 하신 말씀을 받아 자신을 정죄하지 않는 믿음으로 구원을 받았다면, 이제 남을 정죄하지 않는 능력이 그 속에 있게 되는 것입니다. 내가 정죄 받지 않은 믿음이 되었음에 대한 표시는 바로 남의 죄를 보고 정죄하지 않은 것으로 나타나게 되어있습니다. 하나님이 나 같은 것을 정죄하지 않으시겠다고 하시는 그 은혜를 입었는데, 그래서 나도 다른 사람의 죄를 보고 정죄할 자격이나 권리가 없음을 알고 정죄하지 않는 이것이 바로 하나님이 "나도 너를 정죄하지 않겠다." 하신 은혜를 받은 자라는 증거입니다.

만일에 남의 죄를 보고 정죄하는 것이 드러난다면 예를 들어 '아이고, 저것도 사람이야! 저런 사람은 죽어야 돼! 저런 것은 살 가치가 없어! 하나님이 너 같은 것을 구원하시겠냐? 그러고도 어떻게 네가 예수님을 믿는다고 할 수 있느냐?' 여러분 티브이 앞에 앉아서 정치인들 많이 정죄하죠? 얼마나 정죄합니까? 여러분은 예수님을 믿는 것이지만 그들은 세상에 속한 사람들입니다. 다 죄 가운데 살고 있기 때문에 죄를 지을 수밖에 없어요. 여러분도 예수님을 믿기 전에는 다 그 속에 속했던 사람들입니다. 그러니까 정치 잘못한다고 말이죠. 비웃고 비판하고 정죄하는 말들을 제가 차마 입으로 표현은 못 하겠습니다.

제가 택시를 탄 적이 있습니다. 이 기사 양반이 습관이 돼서 그런지 상대가 누구인지 개념도 없고 "아휴 요새 정치인들 어쩌고저쩌고

다 죽일 놈들 하면서 보통 심한 욕설을 해대는 것이었습니다. 세상에 한 나라의 대통령 이름을, 그것도 자기가 사는 나라 대통령의 이름을 자기 개만도 못한 이름처럼 입에 올리면서 정죄하더란 말입니다. 그러나 그들은 세상에 속한 사단의 종이니 그렇다고 하지만, 그리스도인은 정죄할 수 없습니다. 누가 되었든지 티브이 보면서 정죄하므로 자신에게 죄를 쌓을 일이면 아예 보지 않아야지요. 물론 자기가 '지옥 가겠다.' 한다면 그건 자기 권리니 제가 말할 필요는 없습니다만, 그런데 비판하고 정죄하는 사람들은 만일 자기가 그 자리에 있으면 더할 사람들입니다. 정죄하는 사람들 보면 자신은 더 정죄 받을 짓을 하는 사람들이라 말이에요. 생각해보면 믿는다는 사람들이 티브이 앞에서 정죄는 더하는 것 같습니다.

많든 적든 크든 작든, 마음속에 자신은 의로운 척하면서 남을 정죄하는 것, 그것 지금 구원받았어요? 안 받았어요? 받은 거 아니에요. 믿는다는 사람 누구든지 정죄가 나간다면 그것은 자신이 하나님의 용서를 받지 못한 죄인임을 여실히 드러내는 행위입니다. 오늘 말씀에 정죄하고 나온 자들이 누구입니까? 자기는 의롭다고, 자기는 죄 없다고, 자기는 죄를 안 짓는 것처럼 자신을 감추고, 간음한 여자를 예수님 앞에 끌고 온 자칭 의인들입니다. 그들은 자신의 죄를 드러내 네가 죄인 아니면 네가 죄 없으면 돌로 치라 하시자……. 예수님이 죄를 다 드러내셨잖아요. 그러니까 양심의 가책을 받고 다 물러갔잖아요.

예수님 앞에 굴복하고 엎드려 '내가 죽을 죄인입니다. 저 여자만 죽어야 하는 것이 아니라, 나도 돌에 맞아 죽어야 할 죄인입니다.' 하지 않았어요. 다만 양심의 가책을 받아 차마 돌로 칠 수 없어, 어른으로 시작해서 젊은이까지 다 예수님에게서 물러갔다고 했습니다. 그래서 남을 정죄하는 자는 예수님과 관계없는 것임을 스스로 나타내는 행위입니다. '저 죄인을 죽여라. 저 죄인을 심판하라.'고 밤낮 참소하던 사단의 종노릇하는 자입니다. 이것을 알아야 하는 거예요. 그래서 자신을 정죄하는 것과 남을 정죄하는 것은 비중이 같기 때문에 구원 없습니다. 얼마나 자신이 더러운 죄인이요. 그래서 예수님 아니면 구제받을 길이 없는 죄인이라는, 그것을 안다면 누구도 자신이 정죄하고 심판할 자격이 없다는 것도 아는 것입니다.

사람이 말입니다. 심사가 그래요. 사단의 근성을 물려받은 그대로 '저 사람이 그래서 나도 그랬다.' 라고 물고 들어가는 못된 근성들이 있습니다. '저 사람이 그래서 나도 그랬지, 저 사람이 안 그랬으면 나도 안 그랬다.' 고 물고 들어가 변명하는 것입니다. 어떻게 하든지 남의 죄를 물고 들어가면 자기는 책임이 없는 줄로 착각하는 것입니다. 이것은 예수님 믿는다 하면서도 사단의 근성을 여전히 벗지 않고 있는 것이요, 그는 아직 예수님 안에 들어가지 못했다는 것을 보이는 일입니다.

저는 오늘 이같이 간단한 말씀으로 자기를 정죄하지 않아야 한다는 것, 나도 너를 정죄하지 않는다 하신 예수님의 말씀을 받은 믿음이 되어, 자기 안에 참소를 받아들이지 않고, 자신을 정죄하지 않는 믿음이 되었으면, 남을 정죄하지 않는 것이라는 것을 말씀을 드리면서, 참으로 정죄하지 않는 예수님의 사람으로 구원 안에 들어가는 여러분이 되기를 간절히 바라면서 말씀을 맺습니다.

우리의 주 예수님께 큰 감사를 올립니다. 아멘

14. 04. 06
(1) 사람들을 삼가라

오늘은 우리가 살펴봐야 할 말씀과 함께 성영님께서 제게(신성엽) 명하신 사명의 측면을 말씀드리고자 합니다. 왜냐하면, 저의 입장이나 교회의 입장에 대해서 현재 예수님의 교회에 출석하고 있는 성도들과 또 예수님의 교회에 오고 싶어 하는 이들이 사정을 알고 참고하기를 원해서입니다. 인터넷을 통해 말씀을 듣고 교회에 오고자 하는 이들이 있는데, 찾아올 주소나 전화번호 등으로 안내가 돼 있지 않으니 교회나 저의 사정을 알지 못한 연고로 여러 억측과 함께 오해들을 하고 있습니다

여러분이 목회가 무엇인지 다 알지 않습니까? 그리고 목사가 무엇을 하는 것인지는 모르는 분 없잖습니까? 여러분이 생각하는 목회라는 것이 저의 일이 아닙니다. 목사는 사람들이 예수님을 믿도록 돕고 예배를 주관하고 말씀을 가르쳐 믿음을 양육하고, 나아가 전도와 선교 등으로 하나님의 복음 사명을 행하는 일이라는 것 다 알고 있는 일입니다. 그 같은 목회를 위해서 필요한 각 기관을 두고, 신자들의 양육과 전도나 봉사 등등의 활동을 열심히 하는 이것을 목회라 한다는 것 다 아신다는 말입니다.

이것이 교회에 대한 일반적인 인식입니다. 그러니까 여러분도 저를 이런 목회하는 목사로 생각하실 것입니다. 그런데 이 같은 목회의 일이 저의 일이 아닙니다. 제게 주신 사명은 사람들을 모아들여, 사람들에 집중하여 목회하라는 위치가 아니고, 믿는다 하는 이름을 가진 교회들에 하나님이 보내시는 책망과 말씀을 선포하여 말하라고 세움을 받은 선지자와 같은 역할입니다. 제게 명하신 이 사명에 대해서 처음에는 저 자신이 희미했었지만, 지금은 확실히 알게 되었으므로 이제 저는 제가 무엇을 해야 하는지, 또 그 사명의 일이 어디까지인지 저에 대해서 확실히 알고 가고 있습니다. 그렇기에 저에 대해서 오해가 없기를 바라서 필히 말씀을 드리는 것입니다.

하나님 말씀의 뜻을 자기 마음에서 나는, 자기가 아는 것들로 변개하고 왜곡하여 전하는 일들로 인하여 사람들의 영혼에 큰 화가 임하게 되었고, 하나님께서 말씀하시지 않은 것들을, 하나님을 위해서인 것처럼 만들고 정하고 행하여, 인간 종교처럼 끌어내린 거짓 목사와 교사들과 거짓 그리스도인들을 드러내어, 경고하라고 세움을 받은 일이라는 말입니다.

지금까지 전하여온 말씀들로 깨달을 자는 듣고 깨닫는 기회가 되게 하시려고 세상에 선포하게 하셨습니다. 말씀을 인간 자기에게로 맞추어 땅의 말씀이 되게 하였고, 하나님의 뜻과 의도를 가려놓아 예수님 안으로 들어올 수 없게 하여, 구원받지 못하도록 이끄는, 사단의 하수인들이 누구인지를 세상 교회들을 향해 말하여 경고하라고, 그것이 제게 주신 사명이라고 하신 것입니다.

어눌하여 말할 줄 모른다고, 똑똑지 못하여 내세울 것이 없다고, 세상에 대하여는 너무나 미련하여 아무것도 할 줄 모른다고 하는, 오직 나 예수만 바라는 내 사랑하는 자에게 내 지혜를 주고, 내 말을 넣어 경고를 보냈다고 하셨습니다. 그런데 성경의 뜻을 보지 못하는 눈먼 영적 소경들이, 자기의 똑똑함을 자기 속에 자랑으로 두고, 세상 지식에 의해 가진 능변의 자랑을 자기 속에 두고 있는 자들이, 나사렛에서 무슨 선한 것이 나겠느냐 하고 나를 버렸지 않느냐? 오늘날 그와 같은 자들이 또한 하나님이 언제 여자에게서 증거를 받는다 했느냐? 할 것이요. 자기 머리에 똑똑함이 자기에게 자랑이 돼 있고, 세상 지식에서 난 능변들로 자기 능력으로 삼아 스스로 자랑이 되어 있는 그들은 또한 외모로 너를 판단하여 나의 보낸 말을 버릴 것이니, 이때에 눈먼 자들을 보게 될 것이요. 교만한 자들을 보게 될 것이요. 대적하는 자들을 보게 될 것이라 하셨습니다. 그러므로 거짓 선지자가 받는 율에 떨어질 것이요 발에 먼지를 떨어버리라 하신 그 뒤에 말씀이 그들에게로 돌아가리라 하셨습니다.

오늘날은 성영님이 계시요 예언이요 선지입니다. 계시요, 예언이요, 선지이신 성영님께서 예언하라고 전한 말을, 선지자의 경고와 예언을 멸시하고 무시하여, 왜 멸시하고 무시합니까? 자기와 같지 않기 때문입니다. 성경이 뭐라 했든 상관없이 자기와 같은 말이 아니기 때문입니다. 자기가 열심히 행해왔고 자기가 열심히 가르쳐 말하여 왔기 때문입니다. 자기가 세워온 것이 잘못되었다고, 자기가 거짓이었다고 말할 선한 양심이 없기 때문입니다. 그러나 이 예언의 말씀이 믿는다 하는 사람들의 믿음을 측정하시는 말씀이 될 것이라고 하셨습니다.

너는 내가 십자가에 죄를 못 박고 피 흘린 나의 생명으로 낳은 아들이니, 내 이름을 가지고 말하라. 독생자의 확실한 이름으로 말하였음에도 듣지 않는 자, 이 마지막 때 주시는 기회를, 말씀을 듣고도 외면한 자들에게는 하나님께서 친히 판단하신다고 하셨습니다. 너희가 깨닫고 돌이키라 주신 이 경고의 말씀을 얼마나 두려운 마음으로 들었느냐? 얼마나 마음을 다하여 귀를 기울여 듣고 성경의 뜻을 살피며 자신을 돌아보았느냐? 교만하여 귀를 막고 듣지 않은 것처럼 비웃는 것을 내가 보았고, 자기의 깨달은 말처럼 하여 자신과 남을 속이며 사람들이 자기에게 집중하도록 소리를 높이며 비난하는 목소리도 내가 들었다 하셨습니다.

내가 세상에 대하여는 무지하고 가난한 자를 들어, 하나님의 전 뜻을 알게 하였고, 내가 지혜 없다 하는 자를 들어, 내 지혜로서 너희에게 말하게 하였으며, 내가 말할 줄 모른다는 자를 들어, 내 말을 넣어 말하였으나, 너희의 귀는 들으면서도 교만한 마음을 더 높이니 들을 귀 없음이 드러났도다. 하셨습니다. 세상으로 높아진 눈과 세상으로 높아진 지식과 그 지식으로 자라난 너희 말 수단이, 보낸 말씀을 무시하여 밟았도다. 하셨습니다. 판단하고 분석하는 너희 머리가 너희를 망케 하였도다. 하셨습니다. 너희 마음이 원치 아니하였다 하셨습니다.

생명의 기갈로, 평안의 기갈로, 진실한 사랑에 목마른 기갈에 고통하며, 그 목마름이 극에 달한 유리하는 내 영혼에, 죄벌이 너무 중하여 견딜 수 없는 고통으로 헤매는 사마리아 여자와 같은 나에게 찾아오셔서 예수님 자신을 드러내 만나주시고, 성경을 열어 하늘 뜻을 보이시며 말씀해주시고, 말씀 안에서 아버지와 아들 예수님을 만나는 그 기쁨에, 예수님의 발을 눈물로 감사로 씻고 또 씻고 씻어드리는 이 여자에게, 성영님께서는 하나님의 보좌 우편에 계신 예수님과 함께 앉은 이 기쁨을! 방향을 잘못 가고 있는 사람들에게 말하여 전하고 선포하고 경고하라고 하셨다는 것입니다.

나는 이 여자의 성영님으로 증거하는 모든 말들로 인하여 하늘이 들썩거릴 정도로 영광을 얻는다 하셨습니다. 이 말씀 안으로 들어오라고 부르시는 예수님의 음성을 듣고 또 듣고 새김질하며 돌이켜, 믿음의 말씀으로, 생명의 말씀으로, 영적 능력을 갖추는 말씀으로 받아 능력이 되지 않는다면 하늘로 가심을 본 그대로 다시 오리라 하신, 다시 오시는 예수님을 맞을 수는 없다고 하셨습니다. 말씀의 지식을 따라 믿는, 말씀이 말하는 예수님을 사랑하고 따르는 것이, 이 땅에 온 자기의 본분인 줄을 알아, 예수님을 사랑하여 예수님을 위해 죽고, 예수님을 위해 사는 믿음이 아니면 천국에 들어가지 못한다고 하셨습니다. 예수님과 말씀으로 맺은 인격적 관계로 연합되지 않으면, 천국에 들어가지 못한다고 하셨다는 말입니다.

저는 세상에 홍수처럼 넘치는 설교와 말씀이 혹 부족할까 하여 그 힘 보태려고, 그 설교 보태려고 여기 선 것이 아닙니다. 나보다 나를 더 잘 아시는 성영님께서, 내가 무엇을 해야 할지 말씀뿐만 아니라 내가 알아야 할 나의 길에 대해서, 세밀하게 지도하시며 인도하여 오셨습니다. 처음에는 내가 어디에 있어야 하는지 어렴풋이 알았지만, 그때는 희미했기 때문에 어느 순간부터 성영님의 당부를 잊고 그 경계선을 나가곤 했습니다. 그러니까 아주 겪어보는 것으로 경험하여 깨닫게 하셔서, 나로 내 위치에 대해 확실히 알고 선을 긋도록 하셨습니다.

그것은 곧 "너는 사람들을 삼가라"는 것이었습니다. 예수님은 예수님을 믿는 그리스도인들에게 거짓 선지자를 삼가라고 일러 당부하셨지만, 저에게는 오래전부터 다시 말해 제가 말씀을 말하는 이 사명을 행한 얼마 이후부터, 사람들을 삼가라고 계속 이르셨습니다. 처음에는 사람을 삼가는 것이 어떤 것인지 잘 이해가 되지 않았지만, 후에는 확실히 이해하게 되었습니다. 믿는다는 사람들 일지라도 삼가야 함을 알게 하셨다는 말입니다.

제가 처음에 이 강단에 서게 된 이후 교회 부흥을 위해서 안타까이 기도할 때가 있었습니다. 성영님께서 나에게 가라고 하셨으면 교회가 소위 말하는 그 부흥이 좀 되게 하셔야 하지 않느냐? 내가 지금 이길 가는 것이 분명히 맞는 것이냐를 놓고 기도했습니다. 이후 나 자신과 교회를 위해 고민에 빠져 기도할 때에 성영님께서 말씀하시길 "내 은혜가 네게 족하다" 다시 말해 '내 은혜가 네게 있으니 너로 인하여 내가 기쁘다. 너로 인해 족하다.' 하셨습니다. 사람들이 나를 사랑한다고 말은 하는 데, 다 세상을 따라가고 물질을 따라가고 있다. 그러나 너는 나를 사랑하지 않느냐? 하셨습니다.

이후 또 말씀하시기를 네가 쭉정이들을 놓고 눈물로 기도하는 것 원치 않는다고 하셨고, 이후에 또 엄히 명하시기를 아무나 붙잡고 내 이름으로 기도하지 말라, 아무에게나 내 이름으로 손 얹어 안수하지 말라 하셨습니다. 안수하고 기도한다 하여 그가 믿음 되는 것 아니다 하셨습니다. 과거에 믿음 되게 하려고 붙잡고 기도한 적이 많이 있었습니다. 기도해주면 하나님이 그에게 믿음을 줄까 하여 그가 믿음이 될까 하여. 여러분, 우리 생각에 영혼 하나 예수님 믿어 구원받는 것이 얼마나 귀합니까? 그러니까 안 하면 내게 책임이 있을까 하여 스스로 내 마음에 속아서 기도해주는 일을 해왔던 것입니다.

그런데 사실 손 얹어 기도하여 병의 나음을 얻었어도, 기어코 믿음이 되지 않는 경우들을 보아왔습니다. 때문에 성영님이 금하신 것을 이후 확실하게 깨닫게 되었고, 나 자신에게 속는 것에 놓여나게 되었습니다. 여러분이 듣기에 거부감이 든다고 해도 사실을 말할 수밖에는 없습니다. 성경이 말씀하는 믿음이 뭐냐? 예수님을 믿는다고 할 때 성경이 말씀하시는 대로 믿음이 되지 않으면, 다 종교인에 속해 있는 것일 뿐입니다. 적당히 세상도 좋고 예수님 믿는 것도 지옥 안 가고 구원받으니 좋다 하여 양다리 걸치듯이 하는 것을 성경은 믿음이라고 말하고 있지 않습니다. 아무리 교회를 위해서, 하나님을 위해서라고 하여 십일조 봉사 예배 생활 다 열심히 충성 되게 했어도 여전히 세상이 좋아 마음을 세상에다 발 걸쳐놓듯 하는 것이면 아직 예수님 안에 들어가지 않은 것입니다.

사람들이 그럽니다. 내가 얼마나 하나님을 사랑하는데, 그래서 내게 있는 것 아낌없이 하나님을 위해 받치고 섬기고 있는데, 사랑의 하나님이 나를 얼마나 사랑하시는데, 세상 것에 발 좀 걸쳐놨다고 인간이기 때문에 그럴 수밖에 없다는 것을 아시는 하나님이, 사랑이라고 하시는 하나님이 아무려면 그렇게 인정 없이 난 너 모른다 하시겠냐? "나는 나를 사랑하시는 우리 하나님을 믿어"라는 말로 자기 위

안으로 삼고 있습니다.

그러나 참으로 하나님을 사랑하는 것이면 진짜 세상과 세상 것은 싫어지게 돼 있습니다. 세상 쳐다보지 않게 되어 있습니다. 예수님을 믿고 진짜 사랑하면 예수님의 말씀을 따르고 싶어서 마음에 안달이 나고, 오직 예수님께 초점을 두게 돼 있습니다. 그래서 예수님만 보게 되어 있고 세상은 보이지 않는 것입니다. 왜냐면 세상은 하나님과 원수이기 때문입니다. 그러므로 예수님을 믿는 자신과도 원수가 되기 때문입니다. 예수님을 믿는다 해도 세상이 좋아 보이고 사람이 이룩한 세상 문명발전의 것들이 좋아 보이면 그것은 아직 예수님 안에 들어오지 못했습니다. 하나님이 사랑이시라는 것 자기 편리한 대로 갖다가 합리화시키면 안 되는 것입니다.

"하나님은 사랑이시다" 하니까 기독교는 사랑의 종교라고 말하고들 있습니다. 그러니까 사람들이 이것을 빌미 삼아서 하나님은 사랑이시라면서 하나님을 믿는 너는 왜 사랑이 없냐? 하고 비난하고 들어올 경우가 있습니다. 그런데 사람들이 하나님 사랑의 정의를 깨닫지 못한 무지로 인해 "아 정말 사랑해야 하는데 왜 나는 사랑이 없지" 하고 기가 죽는 겁니다. 그러니까 그 사랑 행하려고 세상으로 유혹하는 일들로 끌려다니는 것입니다. 그러나 '하나님이 사랑이시다' 하는 것은 영벌에 처한 죄인을 살리시려고, 십자가에다 그 아들 독생자를 달아 죽게 하신 것을 말하는 것입니다. 하나님의 이 사랑을 거절하여 회개하지 않는 자들을, 하나님께서 받아주시는 사랑이 아닙니다. 그런 불의한 자 거짓된 자들을, 하나님의 원수로 행하자고 끊임없이 유혹하는 자들에게 비위 맞추며 함께 그들 뜻에 동조하라고 하는 것을 사랑이라고 하는 것 아닙니다. "하나님은 사랑이시라"하는 그 사랑의 정의를 여러분이 좀 바로 알기를 바랍니다.

그리고 기독교는 사랑의 종교, 사랑의 종교라고 너무 생각 없이 말들 하는데, 도대체 기독교가 왜 종교입니까? 세상은 기독교를 향하여 종교라고 말할 수는 있습니다. 당신 종교가 뭐냐고 물어올 수는 있습니다. 그러나 예수님을 믿는 것은 종교도, 종교라고 말하는 것도 아닙니다. 종교라 하는 것은 인간이 만들어 세운 것을 말합니다. 인간이 자기보다 월등한 것을 의지하려고 만들어 세운 것을 종교라고 합니다. 만일에 기독교인이 자기의 믿는 바를 종교라고 말한다면 그 스스로가 종교인이기 때문에 그렇습니다. 종교인은 하나님을 아는 것 같지만 자기 머리로 아는 하나님일 뿐, 참 하나님은 모르는 그야말로 종교인입니다. 하나님께서 죄인을 용서하시고 생명을 주시는 뜻을 그같이 종교라고 말한다면 그 스스로가 성영님의 밝음의 지혜를 받지 못한 하나님의 원수로 행하는 종교인이기 때문입니다. 우리는 창조주 하나님의 계시를 믿는 것이요 생명을 주시는 하나님의 뜻을 믿는 것이지, 종교 믿는 것이 아닙니다. 죄를 용서하시고 생명을 주시는 하나님의 뜻을 믿는다고 말해야 하는 것입니다.

사람이 말입니다. 예수님을 믿으러 나오는 것도 무엇인가 의지하고 싶어서, 무엇인가 믿는 것은 있어야 한다는 자기 신심(종교심)에 끌려 나와 믿는다 하는 것이면, 그것 또한 종교 믿으러 나온 종교인입니다. 하나님의 뜻대로 믿는 믿음은 하늘이 무너져도 될 수가 없습니다. 만일에 성경을 통해 하나님의 뜻대로 믿는 믿음을 배우지 않고, 성경을 모르고 믿는다 한다면, 여전히 신심에 의하여 길드는 종교인에 있게 된다는 것을 알아야 합니다. 그러니까 종교에 머물러 있는 사람들은 성경 몰라도 기도 많이 하면, 열심히 목사님이 하라는 것 순종 잘하면, 좋은 일 많이 하고 봉사 열심히 하면, 그것이 하나님께 맞는 믿음이요 신앙인 줄 알고 하나님이 날 사랑하신다는 착각에 빠져 있게 되는 것입니다.

이런 모습으로 믿는다고 하는 사람들을 통해서 또 하나님의 뜻인 복음이 종교로 전파되는 것입니다. 하나님께 기도하면 다 들어주신다. 자식 낳게 해주시라고 태문 열어 달라고 기도하면 하나님이 태문 열어서 잉태케 해주신다. 아들 달라 기도하면, 딸을 달라 기도하면 하나님이 들어주신다. 하는 것들 다 그런 종교인들에게서 전파되는 저주받을 다른 복음입니다. "아니 성경 보니까 하나님이 아브라함의 아내 사라도 태문 열어주셨고 이삭의 아내도 태문 열어주셨고 그 뒤에도 자식 못 낳는 여자들 태문 열어주셨던데……."

그것은 육체의 혈통이나 잇고 자기 핏줄을 세상에 내놓으려고 하는, 또는 자기 노후대책용으로 자식 낳으려고 하는 그런 인간 육체의 혈통을 잇게 하는 일을 위해서 열어주신 것 아닙니다. 예수 그리스도께서 여자의 후손으로 오셔야 할 하나님의 구원하시는 뜻을 이루시기 위해서는, 그같이 육체의 혈통 잇기 위한 육체의 사람을 통해서 예수 그리스도께서 오시는 것이 아니라 바로 신앙의 혈통을 통해서 오셔야 하므로, 육이 거쳐야 하는, 육을 통과해야 하는 하나님의 연단으로 시험을 거친 그들에게 사모하게 하여 태문을 열어 신앙이 이어가도록 한 것입니다.

제가 아브라함의 아내 사라의 이야기만 하나 하겠습니다. 왜냐면 우리는 아브라함의 믿음 이야기는 수없이 듣지만, 참으로 귀한 우리 신앙이 본받아야 할 사라의 믿음에 대해서는 덮어진 채로 드러나지 않고 있으므로, 제가 사라의 믿음에 대해서 좀 드러내 말씀을 드려야 되겠다는 말입니다. 사라는 애굽의 바로에게 불려가 바로의 한눈에 든 여자가 되었습니다. 이것은 창12장에 기록된 이야기입니다. 이같은 사건이 사라에게 두 번이나 있게 되는데 또 한 사건은 창20장에 나옵니다. 창12장은 애굽의 왕 바로이고 창20장은 그랄(블레셋) 왕 아비멜렉입니다. 바로는 애굽 왕의 공식 호칭이고 아비멜렉은 블레셋 왕의 공식 호칭입니다(창26장).

여러분. 블레셋 하면 누가 생각납니까? (골리앗) 골리앗은 가드 사람인데 전쟁 용사로 차출된 장군입니다. 키가 구척장신, 2m 90cm입니다. 제가 150이니 어떻게 됩니까? 한번 계산해보세요. 저의 키 두 배 정도이니 제가 그 얼굴을 쳐다본다면 어떻게 쳐다보게 될까요? 고개를 뒤로 바짝 젖히고 천장을 보듯 봐야 할 것 같으니 고개가 아프겠지요? 그가 얼마나 장신인지 비교해보라는 뜻입니다. 블레셋 하면 항시 이스라엘 백성에 가시 노릇을 했던 이방 족속입니다. 아브라함이 하란을 떠날 때 나이 75세였고 백 세에 이삭을 낳고 175세까지 살았습니다(창25:7). 사라는 아브라함보다 10살 아래였고 65세에 하란을 떠난 이후에 바로 왕과의 사건이 있게 됩니다. 그리고 바로 사건 이후 20년이 지난 때 창20장에 아비멜렉 사건이 있게 됩니다. 그때 사라가 나이 85세에서 90전에 있었던 일입니다. 그리고 90세에 이삭을 낳고 127세까지 살았습니다(창23:1).

바로가 사라의 아리따움을 보고 사라와 혼인하려는 뜻을 가졌고 아비멜렉은 사라를 그냥 취하려고 했습니다. 제가 이것을 말하는 것은 아브라함이 자기 목숨 부지하려고 거짓말로 자기 아내 사라를 팔았다. 아브라함이 자기 살려고 범죄 했다. 아브라함이 실수했다. 이런 이야기나 하라고 하는 사건들이 아니라는 것을 말하기 위해섭니다. 인간의 관계, 남편과 아내의 관계를 윤리와 도덕의 잣대로 재고 잘못된 것을 찾아서 이야기 하라는 사건들이 아니라는 것 말하기 위해서입니다. 사라가 워낙에 아름다우니, 바로의 눈에 들어 아브라함이 그 남편이라고 하면, 아브라함이 자기를 죽일까 봐 겁이 나서, 자기 목숨 부지하려고 사라에게 이복 누이라고 속이라 했다는 것으로 그 사건의 뜻을 풀라는 것이 아닙니다. 이것은 영적 소경의 말입니다. 이것은 영적 세계의 일, 하나님과 하나님 사람과 사단과 보이지 않는 영적 전쟁으로서, 영적인 사건을 다룬 이야기라는 것을 말하기 위해섭니다. 하나님의 구속사를 이루기 위한 하나님의 분명한 섭리 가운데 거쳐야 했던 영적인 사건들이란 말입니다.

그래서 그 인본주의를 깨끗이 내려놓고 영적인 눈 좀 떠서 하나님의 섭리하심을 좀 보라고 대충의 말씀을 드리는 것입니다. 아브라함이 창12:11에 뭐라고 했습니까? 우리 그곳에 들어가 봅니다. 아브람이 그 아내 사래더러 **나 알기에 그대는 아리따운 여인이라** 했습니다. 이 말은 사라의 겉 미모가 아름다워서, 외모가 뛰어나게 아름다워서 하는 말이 아닙니다. 아니 여러분! 사라가 이 사건 이후 20년 뒤에 85세를 지난 나이에 아비멜렉이 무조건 취하려고 했다고 했지 않습니까?

그러면 그때 당시는 사람의 수명이 지금의 약 두 배 정도가 되었으니, 사라가 한 87세 정도라 치고, 제가 지금 예순넷이니까 그럼 저하고 몇 년 차이가 됩니까? 23년입니까? 그러면 그때 사라가 나 정도의 모습이라고 칩시다! 차이가 23년이니 나 정도면 맞지 싶은데…, 그러면 여러분이 저를 보기에 아리땁다고 생각됩니까? 웃지 말고 솔직히 대답해보시자고요? 아니 나라의 왕이, 세상에 여자가 없어서, 저 같은, 더구나 나이든 할머니 같은 여자에게 청혼하겠습니까? 그러면 나보다 10살 정도 더 아래로 보인다고 칩시다. 54세 정도 되신 분들 손 좀 한번 들어보세요. 과연 한 나라의 왕이 청혼할 만한 아리따운 미모를 가졌구나! 하는 생각이 드는지 좀 보겠습니다.

아브라함이 "나 알기에 그대는 아리따운 여인이라" 한 것은 바로 미모를 말한 것이 아니고 하나님의 택함을 받은 특별한 여인이라는 뜻에서 한 말입니다. "나 알기에 그대는 하나님께 특별히 택함을 받은 여자라"라고 하는 뜻이라는 말입니다. 창12:1-3에 **여호와께서 아브람에게 이르시되 너는 너의 본토 친척 아비 집을 떠나 내가 네게 지시할 땅으로 가라 내가 너로 큰 민족을 이루고 네게 복을 주어 네 이름을 창대케 하리니 너는 복의 근원이 될지라 너를 축복하는 자에게는 내가 복을 내리고 너를 저주하는 자에게는 내가 저주하리니 땅의 모든 족속이 너를 인하여 복을 얻을 것이니라 하신지라** 하신 말씀을 아브람이 들었지 않습니까? 사라도 들었고 거기 누가 또 들었겠습니까? 사단도 들었습니다. 그러기에 아브라함이 자기 아내 사라가 하나님께서 그 언약하신 일에 조력자로서의 배필로 세움을 받은 특별한 여자라는 것을 알았기 때문에, 그 같이 나 알기에 그대는 아리따운 여인이라고 했던 것입니다. 여러분, 그 당시 사라가 세상에서 가장 아리따운 여인입니다. 죽는 그 순간까지 사라는 아리따운 여자예요. 성경에서 아리땁다고 하는 것은 하나님의 영적 역사에 쓰임을 받는 선택받은 여자라는 뜻으로 보면 됩니다. 아셨습니까? 형편이나 상황이 어찌 되었든 영적 배경이 그렇다는 것으로 보면 됩니다.

그리고 "나 알기에 그대는 아리따운 여인이라"고 말한 그다음에 애굽 사람이 그대를 볼 때에 이르기를 이는 그의 아내라 하고 나는 죽이고 그대는 살리리니 원컨대 그대는 나의 누이라 하라 그리하면 내가 그대로 인하여 안전하고 내 목숨이 그대로 인하여 보존 하겠노라 하니라 아브람이 애굽에 이르렀을 때에 애굽 사람들이 그 여인의 심히 아리따움을 보았고 바로의 대신들도 그를 보고 바로 앞에 칭찬하므로 그 여인을 바로의 궁으로 취하여 들인지라 했습니다. (창12:12-140)

그러면 여러분 애굽의 배후에는 누가 있습니까? 사단입니다. 그러니까 사단이 창12:1-3에 하나님께서 아브라함을 부르시고 언약하신 말씀을 들었을까요, 듣지 않았을까요? 언약의 말씀을 다 들었기 때문에, 애굽 사람들과 애굽 왕에게 사라가 심히 아리따운 여인으로 보이게 하여 사라를 취하게 한 것입니다. 이것은 무엇을 의미하는가 하면 사단이 창 3:15에 **내가 너로 여자와 원수가 되게 하고 너의 후손도 여자의 후손과 원수가 되게 하리니 여자의 후손은 네 머리를 상하게 할 것이요. 너는 그의 발꿈치를 상하게 할 것이니라** 하신 하나님의 이 말씀을 이루시는데, 사라가 그 구속사의 일에 하나님의 택함을 받은 특별한 여자임을 알았던 것입니다. 그렇기에 사라를 취하여 아내로 삼아 버리려고 한 것입니다. 여자의 후손이 와서 네 머리를 상하게 할 것이라 하셨으니 사단이 지금 '아, 그러면 이 여자이겠구나.' 생각하고 사라를 왕의 아내로 삼아 자기가 취하여 버리려고 했던 것입니다. 정식으로 혼인하면 누구의 사람이 됩니까? 혼인한 남자의 사람이 되는 거잖습니까? 영적 이해가 좀 됩니까?

그러니까 사라에게는 세상을 거머쥘 보장된 기회가 주어졌습니다. 세상 왕의 정식 아내가 되어 세상의 부귀영화와 권력을 모두 취할 보장된 기회가 되었다는 말입니다. 그러나 사라는 그것을 모두 거절했습니다. 거절했다니까 속마음은 아니면서 내숭 떨고 "아이 나는 그런 것 싫어" 했다는 것이 아니라! 여러분 어떠세요? 우리는 내숭 가지고 있지 않습니까? "아유 난 아무것도 없어도 예수님만 계시면 돼" 입의 말은 그래도 실제로 가진 것 놓칠까 봐 전전긍긍하고 마음에 물질에 대한 애착, 계산이 차 있으면서, 어떻게 될까 봐 내일에 대한 염려에 붙들려 살면서, 안 그런 척 내숭 떨고 말로만 예수님만 계시면 된다고 하는 모습들은 아닙니까? 그렇기에 마13장에서 말씀하는 길가요 돌밭이요 가시 떨기의 모습이지 않으냐는 말입니다. 믿음은 그런 내숭을 말하지 않습니다. 이것은 간사함입니다.

사라가 내숭 떤 것이 아니라 애굽의 왕궁에 화려함이나 세상의 어떤 부귀와 영화가 사라의 마음을 붙잡을 수 없었습니다. 눈에 들지도 보이지도 않았다는 말입니다. 화려한 왕궁 그곳이 자기의 있어야 할 곳도, 거할 곳도 아닌 것을 사라 자신이 알고 있었습니다. 그가 궁에 불려갔지만, 그 마음이 가 있는 것은 오직 하나님이 자기 남편 아브라함에게 **본토친척 아비 집을 떠나 내가 네게 지시할 땅으로 가라** 하시고 **너로 큰 민족을 이루고 복을 주어 이름을 창대케 하리니 너는 복의 근원이 될 지라 너를 축복하는 자에게는 내가 복을 내리고 너를 저주하는 자에게는 내가 저주하리니 땅의 모든 족속이 너를 인하여 복을 얻을 것이라** 하신 말씀을 좇아 떠나온 아브라함에게 가 있었습니다. 그의 마음은 아브라함과 함께 있었습니다. 그 약속을 좇아 남편과 함께 나그넷길 가기를 즐거워했습니다.

하나님의 말씀을 받은 남편은, 하나님께서 벗이라 칭한 남편은(대하20:7, 사41:8, 약2:23) 곧 주와 같았던 것입니다(창18:12, 벧전3:6). 사라가 남편을 주라고 한 것—남편이 하늘이니까—아내는 땅이니까, 그래서 주라고 했다고 이런 귀신 씻나락 까먹는 말이나 하라는 뜻 아닙니다. 그래서 주와 같은 남편에게 사라의 온 마음과 눈이 함께 있었던 것입니다. 이것은 오늘날 우리에게 무엇을 보이신 것입니까? 우리의 주가 되시는 분이 누구입니까? 우리의 신랑 되신 분이 누구예요? 우리가 세상에 사는 동안 오직 우리 주 예수님께 온 마음과 눈을 두어야 하는 것을 의미합니다. 열국의 어미가 돼야 할 사라의 신앙이 이처럼 먼저 주와 같은 아브라함의 시험을 통과해야 했습니다. 아브라함에게 받은 시험은 곧 하나님께 받은 믿음의 시험입니다. 또한, 하나님의 허락하심 안에서 사단을 상징하는 세상의 왕(애굽 왕)에게도 시험을 받아야 했습니다.

이것은 하나님의 섭리입니다. 하나님의 섭리! 아셨습니까? 그러므로 사라는 곧 주와 같은 남편에게만 마음과 뜻을 두었기에 바로 왕에게서 자신을 지키는 것에 지혜로움과 담대함이 있었던 것입니다. 바로의 청을 거절할 때 왕의 자존심을 건들지 않고, 오히려 왕이 사라에게 다스림을 받는 담대함의 지혜가 있었다는 말입니다. 바로 세상과 육을 따르지 않는 신앙이, 사단의 권세를 이기는, 권세를 펼 수 없게 하는 능력임을 보인 것입니다.

하나님께서 사라를 바로의 손에서 놓이게 하신 것은 사라의 신앙을 보신 까닭입니다. 사라가 하나님의 언약을 이루시는 데 있어, 하나님의 밭이 될 그 시험에서 시험에 들지 않았기 때문입니다. 사단에게 자신을 내주지 않았다는 말입니다. 이것을 하나님의 의도에서 보면, 바로와 아비멜렉의 두 번에 걸친 시험은 사라의 완전한 승리임을 의미합니다. 둘이라는 것은 증거의 수입니다. 완전한 승리를 거두는 증거의 수입니다. "주를 의뢰하는 자는 반드시 승리하리로다." 라고 하는 것이 바로 여기에 있는 것입니다.

그런데 도무지 이런 신앙의 뜻을 알지도 못하는 육의 사람들이, 육을 위해 믿는다고 하는 이런 종교인들이, 기도하면 다 들어주셔! 기도하면 태문 열어주셔! 아기 못 낳던 사라도 노년에 하나님이 아들 주셨어! 하는 것이 도대체 해당키나 하는지 좀 생각을 해보라는 말입니다. 자기 육의 욕구들을 채우려고, 육신의 정욕들에 끌려 기도한다고 하는 것들을 하나님께서 들으시는 것인가 말입니다. 이런 육체의 정욕에서 나는 육의 것은 누가 주인입니까? 사단이 주인입니다. 만일에 그런 것들을 기도했더니 응답해주셨다 한다면 그것은 누가 들어준 것일까요?

이미 말씀드린 바 있지 않습니까? 불임 중인 사람들이, 오늘날 교회 나와서 자식 낳게 해달라고, 말 그대로 태문 열어달라고, 사라에게, 리브가에게 통곡으로 기도한 한나에게 태문을 열어 자식을 주셨으니, 하나님! 나에게도 잉태의 복을 주시라고 애걸복걸 기도하니 결국은 귀신이 그 태로 들어가 잉태케 하여 같이 태어나는 것들을 내게 보이셨다고 말했지 않습니까? 믿는다는 사람들이 과학의 힘을 빌려 인공 수정이라는 방법으로 아기를 가지려고 하는 것도 하나님께서 기뻐하시지 않는 죄를 짓는 것임을 보이셨다고 말하지 않았습니까?

제가 이 같은 것들을 보고 깨달은 바가 있습니다. 적그리스도가 될 자가 태어나 장성했을 때 사단이 그에게 들어가 조종하는 것이 아니라, 이미 태로 들어가 사람처럼 나오리라는 것, 아마도 지금 태에서 나와 길러지고 있을 수도 있다는 것을 말입니다. 사단 자신이 태에 잉태시키고 그와 하나가 되어 태어나리라는 것, 이미 세상에 나왔을 수도 있고, 자기의 때를 기다리고 있을 수도 있습니다. 물론 적그리스도가 세상에 나왔느냐? 하는 것은 현재 미지수이긴 하나 적그리스도가 어떻게 나올 것인가는 제가 확실히 깨닫는 바가 되었습니다.

그래서 이런 종교인들을 보고 막7:8,9에 **너희가 하나님의 계명은 버리고 사람의 유전을 지키느니라 너희가 너희 유전을 지키려고 하나님의 계명을 잘 저버리는도다** 했습니다. 마16:23에 예수께서 **베드로에게 이르시되 사단아 내 뒤로 물러가라 너는 나를 넘어지게 하는 자로다 네가 하나님의 일을 생각지 아니하고 도리어 사람의 일을 생각하는도다** 하셨습니다. 그것은 곧 사단이라고 분명히 말하고 있습니다. 그래서 성영님께서는 오늘날 믿는다고 해도, 예수님 밖에서 예수님과 함께하지 않는 종교인들로 넘쳐나고 있으니, 성영님이 세우신 종이라고 하는 사람들부터서도 너무나 없는 그런 어둠의 때니, "너는 사람을 삼가라"고 명하신 것입니다. "사람들을 삼가 하지 않으면 내가 해를 입는다." 하셨습니다. "너는 오직 나의 말을 전하는 것으로 선택받은 것이니, 성영님께서 주시는 말씀만 말하는 자가 돼야 한다."고 하셨습니다.

사람을 삼가 하지 않으면 사단이 권리를 가지고 나에게 해 끼치러 들어온다고, 그 통로를 내가 내주는 것이 된다고 하셨습니다. 다시 말해 나의 사명이 영적인 하나님의 뜻을 다루는 일로, 이것은 하나님의 말씀에 대한 깊은 것을 다루는 특별한 선지자적 사명인데, 여기에는 사단의 정체와 그의 일까지 다 들추어서 알려주는 일이라서, 이 말씀을 듣는 사람들이야 듣고 믿음의 지식으로 받아 사단에게 속지 않는 믿음이 되면 되는 것이지만, 저는 실제로 사단과 그 영들과 전투를 벌이며 말씀을 전하는 입장이기에, 만일에 제가 사단에게 틈을 주게 되면 말씀이 훼방을 받고 내게도 해를 끼치고 들어온다고, 해를 당하게 된다고 하셨다는 말입니다.

여러분들이 저의 이 말을 알아듣는 귀가 있기를 바라지만, 알아듣지 못해도 상관은 없습니다. 저를 이해 못 해도 상관없습니다. 그러나 저에게 명하신 것은 성영님이시니 저는 성영님의 명을 따르는 것을 원칙으로 합니다. 그동안 제가 사람을 삼가 하지 않은 일로 인하여, 여러 차례 악한 영들에 공격을 당한 예가 있었습니다. 그것은 일일이 다 말할 수는 없고 한 예만 든다면, 저의 전하는 말씀이 다른 목사들과 같지 않다고, 또 교회의 운영을 다른 교회처럼 하지 않는다고 뒷전에서 비방하고 흉보다가 그들이 다른 교회로 옮겨갔는데, 가서 교회 생활은 열심히 잘 하는 것 같았습니다. 그리고 수년이 지났는데 그 사람들이 그동안 이 병들어 수술받고 나았다가 또 저 병들어 수술받고 나으면 또 다른 병들고 하는 그런 악순환 속에서, 이제는 아예 치료 불가한 고약한 뇌암으로 병이 깊어져 죽을 날 기다리는 중에 불현듯 제 생각이 났다고, 와서 기도 좀 해주시면 나을 것 같다는 생각이 떠나지 않아 염치 불구하고 전화하는 것이라고 연락이 온 것입니다.

그래서 정말 인정상 거절할 수 없어 가서 참으로 안타까운 마음으로 복음의 말을 주며 안수하여 기도해주고, 다시 또 오겠다고 말하고 돌아왔습니다. 그런데 제가 월요일 오후 늦게 다녀왔는데, 화요일부터 어지러움이 있게 되었습니다. 물론 그동안도 여러 차례 어지럼 증세를 겪은 일들이 있기는 했지마는 기도와 깨달음으로 하루 이틀로 해결되곤 했었는데, 그때는 토요일까지 그 증세를 겪으면서 아무것도 할 수 없는 주간을 보내게 되었습니다. 어지러움이 어떠했는가 하면, 그냥 마구 머리가 휘어잡아 도는 겁니다. 나는 서 있는데 머리는 땅에 처박히는 것과 같은 겁니다. 나는 걸어가는데 머리는 땅에 처박히는 것과 같은 느낌과 현상으로 서 있을 수도, 걸어 다닐 수도 없는 그런 심한 어지러움이었습니다. 내가 왜 이런가! "왜 제게 이런 어지러움이 있습니까?" 다른 때는 기도하면 깨닫게 해주셔서 바로바로 해결되었지만, 이번엔 답이 없으셨습니다.

저 스스로 거기와 관련을 짓지 못했고 왜 그런 것인지 다른 이유는 생각은 안 나고 또한 성영님께 계속 물어도 묵묵부답이셨고 명령하고 기도해도 회복이 되질 않았습니다. 저는 그들을 기도해준 것과 연결해 보지 못했습니다. 왜냐하면, 영혼들을 긍휼히 여겨 기도하는 것은 하나님의 마음이요 우리의 할 사명이라 생각했기 때문에, 그리고 그것이 하나님의 뜻이기도 하지 않느냐는 생각이 있었기에 연결하지 못했던 것입니다. 토요일이 되고 주일이 돌아오니 마음이 급하여 성영님께 제가 회개해야 할 일이면 회개하게 해주시고 깨달아야 할 일이면 깨닫게 해주시라고 종일 호소를 했습니다. 그랬더니 밤이 돼서야 비로소 열어 깨닫게 해주셨습니다. 제가 그들을 예수님의 이름으로 손 얹어 기도했기 때문이라 한 것입니다.

이미 사단의 소유인 그들에게 손 얹고 기도하니 악한 영들이 권리를 가지고 나를 공격했다고 하셨습니다. 영계에도 법칙이 있다는 것입니다. 여러분! 저는 사람이 죽기 전에는 믿고 구원받을 기회가 있는 줄 알았어요. 사람이 죽는 그 순간까지 기회가 되는 줄로 알았습니다. 그런데 아닙니다. 특히 그들은 다른 교회와 같지 않다고, 다른 교회처럼 하지 않는다고 대적하고 떠나 나가 이미 사단의 것, 사단의 소유로 돌아갔는데 자신들의 행위에 대해서는 전혀 돌이켜 볼 줄 모르고(돌이켜 볼 수도 없지만) 죽음 앞에 놓이니, 기도 받으면 나을 것 같다는 그 요행의 마음으로 내게 기도를 원했던 것입니다. 이미 하나님과 관계없는 사단의 것으로 인침을 받은 것인데, 그것은 영적 세계의 법칙인데, 내가 그것을 건드렸으므로 공격을 당한 것이라고 하셨습니다. 이런 일이 없었다면 아마도 몇 번은 더 기도하러 갔을 것입니다. 그래서 철저히 회개하게 되었고, 어지러움이 떠나게 되었습니다.

사실은 이런 경우를 제가 여러 차례 겪었습니다. 긴 이야기가 돼서 오늘은 여기까지만 말씀드리고 이어서 다음으로 하겠습니다. 나를 늘 견책하시며 기름 부음으로 양육해주신 성영님께 예수님의 이름으로 감사드립니다. 아멘

14. 11. 23
(2) 사람들을 삼가라

지난 1편 말씀을 그대로 이어갑니다. 제가 또 한 예를 듭니다. 65년 교회를 다닌 65세의 여 권사를 만났습니다. 물론 제가 아는 사이이긴 합니다. 평소에는 왕래도 없고 만난 일도 없는 사람인데, 제게 만나주기를 계속 청하기에 하는 수 없이 여기 예배당에서 만나게 되었습니다. 그는 권사요. 남편은 안수 집사요. 둘 다 자기 어머니 배 속에서부터 교회 생활을 한 사람들입니다. 이유인즉 남편이 도박에 빠져서 가세를 완전히 탕진했다는 것입니다. 이것을 어떻게 해야 할지 너무 암담한데 목사님 생각만 나서 전화를 하게 되었다고 했습니다. 슬하에 자식은 딸 하나뿐이라 최고 학부 공부시켜 시집보내고 두 부부만 사니 남편의 수입으로 생활은 지장 없음에도 자신도 함께 돈을 벌어서 더 좋은 아파트(투자용도)를 얻기 위해 힘든 고생을 극복해내며 간병인 일을 하는데, 어떻게 남편이 그럴 수 있느냐? 그렇게 살려고 발버둥 치며 몸부림쳤는데, 아내가 고생하는 것을 안다면 그럴 수 없는데, 어떻게 남편이 그럴 수 있느냐는 원망이 서릿발 같았습니다.

남편이 안 그런다고 약속하고 또 그러기를 계속 반복하여 빚더미에 앉아 거주하는 아파트 집까지 넘어가게 됐다는 것입니다. 그가 신앙이 아니라 돈에 한 걸린 사람처럼 돈이 온전히 주인이 돼 있었습니다. 제 속으로는 너무 한심스러웠지만 내내 울면서 하소연을 하니 딱한마음도 들었습니다. 그래서 "내가 해줄 수 있는 것이 아무것도 없으니 어쩌느냐?" 했더니 기도해주라 하기에 질문을 했습니다. "믿는다는 사람이 돈을 주인으로 했으니 돈 좇아 살았으니 돈이 비웃고 당신들을 가지고 놀지 않았느냐. 깨닫기를 바라고 이렇게 된 이상 물질이냐? 예수님이냐? 둘 중의 하나를 선택해야 할 것이라" 물으니 "당연히 예수님 선택이지요. 아유! 무슨 말입니까! 당연히 저는 예수님 선택하지요. 예수님이지요. 내가 일생을 신앙 생활했는데 무슨 말입니까?" 했습니다.

그러면서 하는 말이 "아니 제가 정말 하나님을 이해 못 할 것이 있는데, 왜 도대체 하나님이 자기 자녀가 이런 고통을 겪도록 버려두시는지, 나는 도무지 이해가 안 되고 남편이 도박할라치면, 살아계신 하나님이면 좀 못하게 막아주셔야 하는 것이 아니냐?" 하는 것이었습니다. 아니, 하나님이 자기 종입니까? 자녀가 아니니 그런 짓을 하는 것이지 않습니까. 너무나 기가 차기는 했지만 제가 그 영혼이 너무 가련해서 예수님의 이름으로 안수하여 기도를 해주었습니다. 그런데 그 뒷날부터 어지럽기 시작하는데 어지러움이 너무 심해서 일어설 수가 없었습니다. 그것이 삼일 가까이 갔습니다. 이제 그를 안수하여 기도해준 것 때문인 것은 짐작했지만 그래도 성영님께 물었습니다. 성영님께서 답을 해주시기를 물질을 주인으로 하여 사는 사단의 소유인 그를 예수님의 이름 사용하여 기도하였으므로 네게 공격이 들어왔다고 하셨습니다. 이후 그에게 또 전화가 왔습니다. "그동안 얼마나 열심히 교회를 위해 일을 충성 되게 해왔는데 하나님이 어떻게 자기에게 그렇게 하실 수가 있느냐"는 하나님 원망만 늘어놓기에 그때는 제가 100% 판단이 돼 버렸으니 냉정하게 하여 끊어버렸습니다. 그러니 여러분 그런 사람들이 나에 대해 좋은 말 하겠습니까? 성영님께서 내게 사람들을 삼가라 하신 것이 바로 그런 종교인을 말하는 것입니다. 그래서 삼가지 않는 연고로 제가 곤욕을 받게 되는 일이 빈번했었습니다.

제가 인터넷에 설교를 올리게 되면서 보고 놀란 것 중의 하나는, 목사들의 설교가 그렇게 많이 올라와 있는 것이었습니다. 처음에 설교 등 또 베리칩이니 일루미나티니 하는 생소한 것들을 접하게 되니 '이것이 뭔 말인가?' 하여 다른 사이트에 따라다니며 보고 듣고 했다고 했잖습니까? 그때마다 제가 어김없이 어지러움을 겪어야 했습니다. 지금도 예수님의 교회와 관련 없는 다른 사이트를 가끔 들여다 볼 때가 있잖겠습니까? 그때마다 여지없이 어지러움을 겪는 것입니다. 아니면 이 상체 부분(두 피, 얼굴, 어깨, 등, 팔)에 왜 모기 물리면 부르트잖아요? 그와 흡사한 두드러기 같은, 종기 같은 것들이 갑자기 생깁니다. 금방 부풀면서 가려움이 심하게 일어납니다.

물론 과거에 TV를 볼 때도 그랬습니다. 세속적인 것들, 특히 악한 영들의 활동무대의 최고의 수단이 돼 있는 것이 TV인데, TV 속 프로들에 잠시라도 눈이 머물면 초에 불을 켤 때 나는 그 냄새가 현실처럼 심하게 확 풍깁니다. 그리고 장례나 제사 등에서 피우는 그 향 냄새가 진동하여 납니다. 그리고 이 이야기는 오래전, 몇 년 전 TV가 집 안에 있었을 때의 이야기인데, TV 시청 중 30분도 되지 않아서 눈이 가렵기 시작합니다. 가렵기 시작하면 손을 안 댈 수가 없습니다. 그러니까 눈을 비비지요. 살짝 비비는 것임에도 눈알이 쓰리고 아파서 눈을 뜨지 못할 정도가 됩니다. 그때 눈 상태를 여러분이 고추장 색을 생각하면 됩니다. 완전히 흰자위가 고추장 색깔처럼 새빨갛게 뒤집어져 버립니다.

  그래서 TV나 컴퓨터 등은 물질문명에서 발전돼 온 것들로서 영적으로는 사단에게 속한 세상인 것은 말씀으로 이미 알았지만, 제가 그런 현상들을 겪는 일로 인해 사단의 영들이 지배하고 있다는 것이 확실히 증명되었습니다. 그리고 성영님께서 오래전에 사람의 정신을 지배하여 사단의 체제 속으로 끌어들이는 도구가 될 것이라고 말씀해주셨습니다. 사단이 잘 차려 놓은 밥상이 바로 그런 전자 기기인 컴퓨터요 TV라는 말입니다. 제가 성영님의 거룩함에 어긋나는 그 같은 세속적인 것, 귀신들의 영역인 세상 것들을 접하게 되면, 왜 비 맞으면 몸이 젖잖습니까? 그것과 같이, 제게 그 영향을 끼쳐와 어지럼증이나 피부에 해를 입는 증상들이 나타났던 것입니다.

  지금도 제가 인터넷에 좀 들어갔다 나오면 여전히 그렇습니다. 저야 이런 경우에 감당할 영적 능력이 되지만, 믿는다는 사람들이 사단이 차려놓은 밥상과 같은 TV나 컴퓨터 등의 이런 미디어(media)들을 삼가 하지 않으면 사단의 영들에 자기 영혼을 지배하도록 내주는 것이 되어서 절대로 예수님과는 영으로 맺은 믿음이 될 수 없다는 것을 알아야 할 것입니다. 여러분 이마나 손에 맞는 것만 666 짐승의 표인 줄 아십니까? 그것은 실제로 오른손이나 이마에 표를 받는 것으로서 환난의 때는 영적인 것이 아니에요. 성영님께서 성도들과 함께 떠나고 난 뒤 세상의 지배자인 사단이 펼치는 것으로, 실제로 오른손이나 이마에 표를 받는 것을 말하는 것입니다.

그러나 사단이 인 치는 것은 세상 문명의 신이 되어 있는 그런 컴퓨터나 TV 같은 미디어 들을 삼가 하지 않고 감각 없이 심취하고 좋아하고 들여다보며 즐거움을 얻고 자기 정신의 만족을 얻는 도구로 삼고 있는 것이면 사단이 영혼에 인을 쳐버린다는 말입니다. 사단이 덫으로 차려 놓은 그런 세상 문명 과학 발전의 것들에 정신이 붙들리면 그것은 그의 신이요 그러므로 사단이 자기의 것으로 인을 쳐버리는 것입니다. 저는 지금까지 하나님께서 말씀하시는 거룩한 성도, 믿음이 무엇이냐에 대해 여러분에게 눈물로 호소하듯 누누이 말하여 왔고, 삶에서 사단과 그 악한 영들이 권리를 가지고 해 끼치러 들어오는 것들이 무엇인가에 대해 지금까지 가슴에서 울면서 누누이 말해왔기에 이제는 더 말하는 것을 접으려 하는 것입니다.

사람이 참으로 예수님을 믿기 원한 것이면 사단이 가져다주는 세상 것과는 이미 구별된 삶이 돼 있어야 합니다. 만일에 믿는다 하면서도 지금 이때에 그런 것들에 감각이 없다면 그것은 믿음이라고 말할 수 없습니다. 오늘날 말입니다. 믿는다는 부모들이 TV이나 컴퓨터를 아주 쉽게 하나로 볼 수 있고, 세상을 적나라하게 접할 수 있는 참으로 편리한 물건이 알고 보니 스마트폰이라고 들었는데, 그것을 자기 아이들에게 안겨주고 있습니다. 저는 제 말씀을 듣는 제 주변 사람들에게서 이 같은 모습을 보면서 이것은 제 말씀을 무시하는 영적인 대적이요, 시대를 추종하는 것이어서 제 마음이 통탄하지 않을 수 없고, 이제 더는 그런 모습을 보면서 말씀이 시험을 받고, 내 마음이 힘들지 않고 싶다는, 그래서 인제 그만 접어야 하겠다는 생각을 하게 되었습니다.

그것들을 아이들에게 안겨줄 수밖에 없는 믿음 없는 여러 이유가 있지만, 더 중요한 것은 아이들의 영혼 문제입니다. 악한 영들에 아이들의 영혼을 잡아먹히도록 하는 것이라고 하는 말을 얼마나 더 말해야 하겠습니까? 아니, 그들은 이미 잡아먹힌 것이기에 말씀을 거부하듯 하는 것이요, 스스로 감각 없는 것이라고 말해야 하는 것이 맞을 것 같습니다. 이제는 해봐야 소용없는 이런 말도 그만하려 합니다. 저는 제 말 속에도 세속적인 것이 있어 말에 걸리면, 육의 것들로 입에 담아내놓으면 그 즉시로 흔적들이 나타납니다. 육에게 나를 내줬다는 증거가 내 몸에 즉각 나온다는 말입니다. 내가 혹 화를 내고 미움을 품고 미움의 말을 하면 즉시 잇몸이 심히 아픔을 느끼면서 벌겋게 부어올라 버립니다.

그리고 신앙생활의 연륜이 있는 사람들과 대화 중에, 육의 것들 가지고 하는 말들, 죽지 않은 옛사람으로 살면서 자기 속에 쌓인 그 신세 한탄들을 들어주고 (내 속에서는 성영님의 거부가 있지요. 나도 아주 싫지요) 그런데도 그 사람의 마음 상하지 않게 하려고, 내 속은 싫으면서 그 사람 장단 맞춰주고 나면, 즉시로 제 윗입술의 정중앙이 밤톨만큼 부풀어 올라 딱딱한 밤처럼 돼 버립니다. 아니면 오른쪽 귀밑 턱관절 쪽 목에 가시에 찔리듯 하는 통증이 일어나면서 밤톨만 한 딱딱한 몽우리가 즉시로 생겨나 버립니다. 그렇지 않으면 감기와 같은 증상이 일어나면서 목이 심히 아프고 결국 감기 바이러스가 제 몸을 점령하여 들어와 며칠 제가 또 고생하는 겁니다.

또 내가 누군가와 대화를 나눌 때 육의 것들을 가지고 대화가 됐다거나 성영님의 거룩함에 어긋나는 것들로 대화가 됐다거나 하면 반드시 내 몸에 이상 증세의 흔적들이 나타납니다. 다시 말해 나에게 육신의 것, 사단의 것이 있으면 반드시 해를 입더라는 말입니다. 제게서 육이 나오는 것이나, 다른 사람에게서 나오는 육의 것들을 비위 맞춰준다거나 하여 성영님을 거슬리는 것, 성영님의 거룩함에 부딪히는 것, 성영님께서 용납하지 않으신다는 말입니다. 하나님의 말씀을 말하는 자로서 말씀에 어긋나는 것들이 있게 되면, 즉시로 내 몸을 찌르는 가시와 같은 것들이 있게 되어, 죄지으려고 해도 지을 수가 없더라는 말입니다. 몸에 나타나는 흔적들이 어떤 경우에는 예수님의 이름으로 물리치면 즉시로 사라지기도 하지만, 그러나 회개를 거쳐야 서서히 사라질 때도 있고, 계속 회개를 해도 며칠 고통을 겪을 만큼 겪어야 떠나는 경우도 있습니다.

그리고 물질적인 것, 먹는 것 등 필요 그 이상의 것에 마음을 쓰면 욕심에 걸려서 제 코에 즉시로 비염 증세가 들어옵니다. 아니면 허리에 일어서서 걷기에 힘든 통증이 들어옵니다. 이런 경우는 회개하고 손 얹으면 또 사라지는 경우입니다. 제가 TV이나 컴퓨터 등을 장시간 붙들고 있다 보면(흔히 말하는 허리 디스크라고 하는 증세와 같다고 생각이 드는데) 제가 자세를 어떻게 가져야 할지 모를 정도의 통증이 심하게 일어납니다. 물론 회개하고 손 얹으면 즉시 사라집니다. 그러니까 여러분이 TV를 꼭 봐야겠다면 반드시 절제가 필요하고, 영적으로 해 입지 않을 좋은 영화 같으면, 어쩌다 한편씩 보는 정도로만 취급하는 물건이어야지, 그 이상은 세상 정욕이요 우상입니다. 그러나 이 말은 반발할 우려를 생각해서 타협하는 말일뿐이지, 사실은, TV는 자신에게서 깨끗이 없애는 것이 믿음입니다.

물론 인터넷도 말씀을 듣기 위한 것으로만 사용되고 꼭 필요한 정보 얻는 정도만 사용된다면 좋겠지만, 다른 용도는 다 사단에게 걸려 버리는 도구일 뿐이라는 것, 세상(사단)에게 자신을 충만히 지배하도록 내주는 것이 된다는 것을 분명히 알기 바랍니다. 그래서 제게 〈사람들을 삼가라〉 하심은 이같이 하나님이 보내시는 말씀을 삼가서 듣고 믿음이 되든지, 듣겠느냐 듣지 않겠느냐인 것이지 자기 육의 욕구들을 위해서 믿는다 하는 종교인들을 상대로 이 말씀이 시험받으라는 것이 아닌 것입니다.

제게 〈사람들을 삼가라〉 하신 것은 곧 종교인들을 삼가라는 것으로, 만일 예수님의 교회로 오는 사람들이 있어 그들을 대하다 보면, 그 영이 판단되는 것임에도 제가 인정상, 또 인간적으로 냉정하지 못하는 성격으로 인해 시험을 받게 되고, 또한 믿음인지 종교인인지 판단된다 해서 믿음만 상대하고 종교인은 냉대한다 하면 그것은 편견으로 비치기 때문에 많은 오해들을 낳게 될 것이니 그래서 사람들이 오는 것을 금할 수밖에는 없게 되었고, 또 저에게 와서 교회 위해 헌신하고 섬기는 일 열심히 했는데, 이후 하나님 나라에 들어갈 수 없는 것을 봐야 한다는 것 저는 참으로 원치 않는다는 말입니다.

제가 이 같은 여러 말을 하는 것, 여러분들 마음 불편하라고 하는 것 아닙니다. 오해 없이 새겨듣는 지혜가 있기를 바랍니다. 내게 주신 사명의 일이 무엇인가와 제 입장이 어떤 것인가를 말씀드리는 것이요 하나님께서 주시는 기회가 있기를 참으로 바라고, 자신을 돌아보기를 참으로 바라는 것이지 오해하라는 것이 아닙니다.

제가 사람을 싫어하는데 그중에 누구는 좋고, 누구는 싫고 하는 편견이 있다는 것을 말하기 위해 이 말을 하는 것이 아니라는 말입니다. 저도 여러분을 인간적으로는 얼마든지 사랑합니다. 도대체 인간적으로는 여러분께 이런 말들을 해야 할 이유 정말 없습니다. 그러나 인간으로 구원받는 것 아니고, 인간으로 믿는 것 아니고, 인간으로 하나님께 인정받는 것 아니고, 하나님을 만날 수 있는 것 아니기 때문에 그렇습니다.

이것은 사람들이 말씀을 아느냐 모르느냐의 문제도 아니에요. 참으로 자기 목숨을 잃을지라도 예수님이 자기의 구주요 하나님이신 것을 믿는다면, 저의 전하는 말씀대로 행하기를 참으로 원하느냐? 그래서 예수님을 사랑하여 따르겠느냐 하는 문제입니다. 그런데 그까짓 쓰레기 같은 세상 것에 마음이 끌려다니면서 자기 만족하기 위해서 믿는 것이라면 이 말씀에 도무지 맞지 않는다는 말입니다. 성경이 말씀하는 믿음에 대하여 이해력도 없고 감각도 없는, 세상을 마음에 다 껴안고 있는 사람들이 세상으로 쫓아 나는 것들을 좇아 살 것을 마땅한 줄 알고, 세상을 그대로 따라가는 사람들이, 도대체 어떻게 영적 감각이 있을 것이며, 어떻게 영적으로 깨끗할 것이며, 어떻게 성영님이 그 안에 오실 것이며, 어떻게 자신이 거듭난 것인지 알 수 있을 것이며, 어떻게 성영님과 교제가 될 것이며, 어떻게 여기의 말씀 안으로 들어올 수가 있다는 말입니까?

그러니까 오늘날 믿는다는 사람들이 전부 다 자기가 거듭났는지 거듭나지 않았는지 모르고, 어떤 때는 거듭난 것 같고 어떤 때는 거듭나지 않은 것 같은 좌충우돌의 마음으로 헤매지 않습니까? 그런 것들에게 자기를 지배하도록 자리를 내주고 그런 것을 따라가면서 믿는다 하는, 믿음 따로 생활 따로 가 되어 있으니, 당연히 구원받지 않았기 때문에 그런 것입니다. 그런 자 안에 어떻게 성영님이 계실 수가 있고 구원이 있을 수가 있습니까. 절대로 믿음의 능력은 하늘이 무너져도 될 수 없습니다. 그렇기에 이 말씀이 좋다고 쫓아온다 해도 말씀이 자신에게 맞지 않으니, 오히려 자신에게 해가 돌아가기 때문에, 세상의 것들에서 깨끗이 떠나 나와 죽더라도 말씀을 따를 일 아니면, 절대 저에게 올 일 없다는 것을 분명히 밝혀드립니다.

제가 말씀을 전한다는 것은 말씀대로 삶을 산다는 것을 의미합니다. 저로서는 그렇습니다. 그러므로 제게 오는 분들 또는 함께하는 분들이 저와 같지 않다고 하면 절대로 함께 가 될 수 없습니다. 그래서 성영님께서 나를 단속하시고 누누이 일러주신 말씀으로 이제는 내가 어떤 위치, 어떤 자세가 되어야 하는지를 확실히 알게 되었기 때문에 그것을 말씀드리는 것입니다.

과거 이 교회가 있기 전 요21장에 예수님께서 베드로에게 "요한의 아들 시몬아 네가 나를 사랑하느냐" 하셨던 그 질문을 보면서 왜 예수님께서 베드로에게 베드로라 하라고 이름을 이미 주셨으면서도 요한의 아들 시몬이라고 부르셨을까? 하는 궁금증이 크게 있었습니다. 이후 성영님께서 "요한의 아들 시몬아" 하신 것은 "부모의 혈통에서 난 시몬아!" "부모에게서 혈과 육으로 난 너 시몬아!" 라고 부른 것임을 알게 해주셨습니다. 이후에 제게 그 궁금증을 갖게 하신 것은 성영님이셨다는 것을 깨닫게 되었습니다. 그것을 먼저 깨닫게 하신 후 저에게 그 질문을 하셨습니다. "혈과 육으로 난 네가 다른 사람보다도 나를 더 사랑하느냐?" 저도 베드로처럼 대답하고 있었습니다. 저의 영이 그렇게 대답을 하더라는 말입니다. "내가 예수님을 사랑하는지 예수님이 아시잖아요?" 간간이 내가 잊어버릴 만하면 또 묻곤 하셨는데, 그때마다 같은 대답으로 뇌이고 되뇌면서 눈물을 쏟곤 했었습니다.

그래서 제가 강단에 올라 말씀을 전하게 된 처음에는 예수님께서 내게 예수님의 양을 치고 먹이는 목회를 말씀하신 것으로 오해를 했었습니다. 사도 베드로에게 "내 양을 치라. 내 양을 먹이라" 하신 것은 목양입니다. 바로 목회의 성격입니다. 그러나 이후 점차로 저는 목양을 위한 목회가 아니라는 것을 깨닫게 되었습니다. 오늘 말씀은 여러분이 혹이라도 믿음이면 믿음으로 들어야지, 자기 기분으로 듣는다면 언짢을 수도 있습니다. 그러나 기분 언짢아지라고 하는 말 아니니 자기를 살펴 듣기 바랍니다.

오늘날 너무나 잘못된 말씀들로 전해지고 있어서, 그러니까 예배 아닌 예배들이 난무하고 믿음의 방향이 크게 잘못되어 지금 영원히 나올 수 없는 구덩이에 빠졌거나, 빠지게 생겼기 때문에 성영님께서 저를 통해 잘못된 말씀에서 돌이킬 수 있도록 말씀하신 것입니다. 그래서 말하라 이르신 성경의 뜻을 다 전하게 되면 저는 이 강단에서 내려가게 됩니다. 그러므로 일반 목회처럼 생각하고 이 교회에 오시겠다고 하는 분들을 유감스럽게도 환영할 수가 없다는 말씀을 드릴 수밖에는 없습니다.

저는 선지자와 같은 역할일 뿐, 그래서 선지자가 무엇이냐에 대해서 이미 말씀드렸기도 하지만, 선지자라 하는 것은, 하나님께서 말하라 하신 전할 말만 하는 것이지, 그래서 그 전할 말을 다 했으면 사라지는 것이 선지자이지 목회 성격이 아니라는 말씀입니다. 그러므로 전한 말씀을 인터넷에 올리게 하신 것은 듣고 깨달아 돌이키라 하는 것이지, 예수님의 교회로 오게 하려는 뜻이 전혀 아닙니다. 또한, 저는 사람 감당할 자신이 없기 때문에 사람 많은 것 좋아하지 않습니다. 이것은 사람의 영(영의 일)을 다루는 일이기 때문에 그렇습니다. 사람들이 말씀 좋다고 온다고 해서 그 정신이 바르게 되는 것도, 말씀 안으로 들어와 버리는 것도 아닌 것을 충분히 경험했습니다. 그러므로 성영님께서 '사람들을 삼가라' 하신 것을 알게 되었기에, 나에게 허락된 것을 넘어가는 것 원치 않는다는 말입니다. 예수님께서 자기의 사람들을 이 마지막 때에 찾으시기 위해 말씀 전하라 하신 것을 전해드린 것뿐이지, 여러분의 영혼을 저에게 책임 지우지 않으셨다는 말입니다.

저는 외부로 집회를 간다거나 초빙받아 다니는 것, 전혀 허락지 않으셨습니다. 고전2:15에 신**영한 자는 모든 것을 판단하나 자기는 아무에게도 판단을 받지 아니하느니라** 한 사도 바울의 말이 곧 제 말이기도 하므로 제가 전하여온 말씀들이 맞느냐 맞지 않느냐 하는 것들 누구에게든지 판단 받지 않습니다. 제 말씀을 판단하실 이는 오직 성영님뿐이십니다. 그런데 성경에 벗어난 짓들 하면서 여기 말씀이 맞지 않는다고 판단하고 나오는 것들, 다 하나님의 심판 날에 하나님께서 판단하실 것입니다. 마음의 동의가 일어나면 듣고 자기에게 맞지 않으면 듣지 않으면 되지, 감히 하갈이 사라를 판단할 수 없다는 것 분명히 말씀을 드립니다.

사람들이 참으로 오해하는 것은 말씀을 들으니 자기가 그동안 들었던 것과는 다르다는 것이 인정되니 왜 그런 거 있지 않습니까? 성경이 말하는 신영의 뜻은 모르고 인간 신심이 가지고 있는 무속적인 그 신령한 것에 대한 생각들이 있지 않습니까? 그러니까 제가 그런 쪽으로 신령해서 자기 문제를 좀 기도해주면 하나님이 목사의 기도를 들어주셔서 그냥 해결될 것 같은 생각을 하는 겁니다. '돈 나와라. 뚝딱' 하면 돈 나온다는 도깨비 방망이쯤으로나 생각하는 아주 웃지 못할 오해들을 하는 겁니다. 그리고 말씀도 몇 편 듣지도 않고 쫓아와서 상담을 원하는 경우들이 있습니다. 만일에 말씀에는 관심이 없는 사람들이, 자기 육의 삶의 것들 때문에 와서 상담하겠다고 하는 것, 저의 신앙 성격하고는 전혀 맞지 않으니 절대로 오는 것 원치 않습니다.

아니 자기 생활 속에 말씀을 존중함이 없는 사람들이, 자기 삶 속에 품고 사는, 귀신들이 좋아할 것들 하나도 해결하고자 원치 않는 사람들이, 그런 세상 쓰레기들을 놓칠까 전전긍긍하여 세상에서 나오기를 원치 않고 자기 목숨을 위해 사는 사람들이, 하나님을 참으로 경외함이 없는 사람들이, 도대체 그것이 무슨 신앙이라고 저에게 상담하겠다고 하는 것이냐는 말입니다. 저는 어떤 것도 해결해줄 능력이 없는 사람입니다. 참으로 믿음을 위해 말씀을 적극적으로 행하여 예수님을 따를 것이 아니면 제게 오는 것 금하시란 말입니다.

그리고 목사 잘못 만나서 속았다고 말하지 마십시오. 그거 하나님께 통하지 않습니다. 자기는 성경 없습니까? 하나님께서 자기는 성경

주지 않고 목사에게만 주었다면 속을 수도 있습니다. 목사만 성경 읽을 권한을 주고 자기에게는 성경 읽지 말라고 하셨다면 속을 수도 있습니다. 자기 믿음을 위해 하나님께 기도하지 말라 했으면 속을 수도 있습니다. 성영님이 어느 특정인에게만 오시게 돼 있다면 속을 수도 있습니다. 자기가 처음부터 하나님을 하나님으로 대하지 않았기 때문에, 그런 목사들에게 속아도 감각이 없었던 것입니다.

또한, 생명의 말씀을 보냈어도 자기가 자기를 속이는 자이기 때문에 알아들을 귀도 없고, 듣는다 해도 영의 능력이 되지 못하는 것입니다. 그러나 하나님께서는 누구에게나 성경을 주셨고, 말씀을 깨달아 하나님의 뜻대로 믿기 원하는 소원으로 그 나라 그 의를 구하고 기도하라 하셨습니다. 그렇기에 진정의 마음이 있고 바른 믿음을 위해 참으로 하나님 알기를 원하고, 성경 알기를 원했다면, 성영님께서는 반드시 깨달을 길로 인도하시게 되어 있습니다. 사모하는 영혼에 만족케 하신다 하신 하나님은 거짓말하시는 분이 아니십니다. 참으로 믿기 원한다면 성영님이 간섭하십니다.

또한, 믿음은 성영님을 따르는 것이지, 교회라는 틀 속에 갇혀서 자기 영혼이 죽는지 사는지도 모르고 거기다 자기 영혼을 맡기고 있는 것, 그것은 성경이 말씀하는 믿음은 아닙니다. 자기 영혼은 자기임에도 불구하고 권리를 스스로 갖지 못한 어리석음이요, 그러면서 교회 탓, 목사 탓하는 것은 옳지 않습니다. 사람이 만일에 말씀을 깨닫기 원한 것이면, 참으로 믿음 때문이라면, 예수님의 교회 홈피에 올려놓은 말씀들을 마음을 다해 듣는다면 거기서 대부분 해답을 깨끗이 얻게 될 것입니다. 성경 알기 원하느냐? 모자라지 않습니다. 구원 얻기 원하느냐? 모자라지 않습니다. 믿음을 알기 원하느냐? 모자라지 않습니다. 자기 믿음이 잘못된 것 아니냐? 알기에 모자라지 않습니다.

하나님께서는 잘못 가르침 받아서…, 목사를 잘못 만나서…, 하는 원망의 소리도 간과하지 않으시고 그러면 너희가 참으로 말씀을 찾은 것인지 보겠다고 하시는 마음을 비치시며 기회를 주시는 말씀으로 인터넷에 올리게 하셨습니다. 믿음을 위해, 죄 용서를 위해, 구원을 위해 필요한 말씀을 올려놓았으니 성영님을 의지하여 도움을 구하시며 말씀을 듣고 힘쓰는 것으로 자기 믿음을 세워나가야 할 것입니다. 정말 믿음 되기 원하신다면 저 만나는 것 아무 의미 없습니다. 성영님께서 말씀으로 도우시는 가운데 예수님을 만나야 하는 것이지 저를 만나서 뭐하겠습니까? 저는 성영님의 도구일 뿐입니다. 성영님을 의지하여 말씀을 계속 집중해서 듣고 또 듣고 하는 훈련을 통해서, 말씀으로 세워진 믿음이 돼야 합니다. 영과 혼과 육의 생활 전체가 믿음의 삶으로 개혁이 일어나서 예수님과 연합된 성전의 믿음이 돼야 한다는 말입니다.

자기 믿음을 말씀과 함께 도우시는 분은 성영님이시니 절대로 성영님을 의지하여 자신의 믿음을 세우는 목회를 해야 합니다. 목회라 하니까 목사 되라는 말 아니에요. 자신을 말씀으로 믿음을 건축해 나가야 한다는 말입니다. 잘라낼 것은 분명히 잘라내고, 버릴 것은 확실히 버리고, 행할 것은 믿음으로 행하면서 말씀 목회 자신부터 잘하십시오. 이후 하나님 앞에 설 때는 하나님께서 자기의 행한 대로 판단하실 것입니다. 자기 자신에게 말씀 목회가 되지 않는다면, 어떻게 영혼들을 향한 목회를 할 수가 있겠습니까? 자신이 되지 않고 남을 목회하다가 지옥 아랫목으로 갈 것밖에 더 있겠습니까?

　예수님을 믿는 것이 여러분 쇼(show)인 줄 아십니까? 예수님의 말씀이 약장사가 약 선전하는 것쯤으로 아는 것이냐는 말입니다. 구원이 어디 값싼 종교인 줄로 착각하지 마십시오. 예수님을 믿는 것은 인생의 한 부분이 아닙니다. 그리고 사람이 믿음을 위해 사는 것이 아니면, 이 말씀 앞으로 억지로 데려오려는 것도 삼가십시오. 여기는 그런 이들에게 해당하는 종교 자리도 아니요, 종교의 말이 아닙니다. 그런 이들이 와서 들을 수 있는 말이 절대 아닙니다. 또한, 사람이 아무리 교회 생활 열심히, 수년 또는 수십 년을 했어도 성영님의 도우시는 믿음이나 성영님의 사람이 아니면, 이 말씀을 들으려 하지 않을 것이니, 그런 이들도 억지로 데려오려는 것 하지 마십시오.

　하나님께서는 말씀을 자기가 스스로 깨닫지 못해 영이 갈하여 고통하며 생명수를 찾는 영혼들, 목숨을 잃을지라도 참으로 말씀으로 살고 싶어서 애태우는 자기의 사람들을 찾기 위해서, 여기의 말씀들을 보내신 것입니다. 그러므로 들린 바 된 것은, 하나님께 찾아진 바 된 것이요 들려지지 않은 것은, 하나님의 영으로 믿는 것이 아니라는 것 분명히 갈라진다는 것 알기 바랍니다. 참으로 하나님의 영이신 성영님으로 믿음이 될 자라면, 하나님의 영으로 믿는 것이면, 이 생명이 되는 뜻에 어떤 것도 거부가 된다거나 거절하는 마음이 들지 않게 되어 있습니다.

그 영이 기뻐서, 기뻐 뛰며 찬양하게 되어 있습니다. "아, 맞다! 아, 이것이다!"는 복창이 일어나고 자기 영의 배부름의 말씀, 만족을 얻는 말씀으로 받아들이게 돼 있습니다. 여러분이 참으로 말씀에 목말라 하였고 풀리지 않는 의문 된 말씀 때문에 평안함이 없었다면, 말씀의 갈증이 나 깨닫기를 사모하는 몸부림이 있었다면, 반드시 성영님께서 이 말씀 앞으로 인도하셨을 것이요. 또한, 인도하실 것입니다. 하나님께서 구원받기에 합당한 자들을 찾기 위해서, 이 말씀을 보내셨기 때문에 반드시 찾아진 바 될 것입니다. 여러분이 참으로 말씀에 목마름이 있었습니까? 여러분이 참으로 말씀 문제로 고민하며 깨닫고자 하는 사모함이 있었습니까? 그렇다면 성영님께서 여기의 말씀 앞으로 인도하셨을 것이란 말입니다. 하나님께서 자기를 찾는 자들을 만나주시고자 저와 같은 아주 작은 보잘것없는 소자를 통해 말씀을 보내셨다는 것 여러분이 성경의 역사를 가진 영적 지혜가 있다면 알게 되어 있습니다. 기름 부음의 생명 얻는 말씀이므로 들을 귀가 있으면 메마른 영혼에 해갈을 얻는 단비와 같아서 영혼의 기쁨을 얻게 될 것이라는 말입니다.

제가 이 자리에 선 것이 십여 년이 되었는데, 처음에는 이 자리에 선다는 것이 아주 두렵고 떨렸습니다. 강단에 서는 것이 두렵고 떨렸던 것이 아니라, 말씀을 말해야 한다는 것 때문에 두렵고 떨렸다는 말입니다. 그것은 말씀을 잘못 말하면 사람들의 믿음을 잘못 같게 하는 것이 될 수도 있고, 하나님께 큰 죄를 범하는 범죄가 된다는 생각에서 두렵고 떨렸던 것입니다. 그래서 나를 보면 도저히 안 될 것 같은, 그 암담한 현실 앞에 서게 될 때는, 너무나 고민스럽고 고민스러웠습니다. 그것을 늘 기도로 아뢰면서 내가 그 죄를 범치 않게 해주시라고, 만일에 내게서 그런 범죄의 모습이 있으면 즉시즉시 막아 주시라고, 아버지께서 나 같은 자 때문에 손해 입지 마시라고, 성영님께서 나로 강권하여 이 자리에 있게 하셨으니, 나를 즉시즉시 단속하시라고 늘 기도했었습니다. 그런데 정말 그렇게 해주셨습니다. 제가 혹시 말씀을 잘못 전하면 반드시 쫓아다니듯 하시며 너 왜 그렇게 말하느냐? 그것 아니야! 너 왜 그렇게 말해? 그것이 아니야! 하시면서 그것을 깨닫게 해주셨습니다. "그것은 땅에 말이 아니라 더 나은 것, 하늘의 말이라고 그것이 아니라 이것이라"고 늘 말씀하셨습니다.

그리고 또 한 가지 무거운 마음이 있었습니다. 제가 이 신앙의 길을 걸어온 여정을 돌아보면 거기까지 온 과정이라는 것이 얼마나 큰 고난의 터널이었는지 제가 알고 오는 길이었다면 아마 오지 못했을 것입니다. 모르고 오니까 어떻게, 어떻게, 넘어졌다, 쓰러졌다 하면서 정말 그 길을 어렵게 오게 되었는데, 만일에 나에게 그것을 다시 겪으라 한다면 도저히 다시는 겪고 싶지 않았습니다. 그때 당시에는 그랬다는 말입니다. 육에서 영으로 나오게 하시는 일, 그때 당시는 제가 하나님이 말씀하시는 육이 뭔지, 영이 뭔지, 육에서 영으로 나오는 것이 뭔지 알지 못했지요. 그것을 제가 깨닫고 알 때까지, 육에서 나와 영으로 들어올 때까지는 고난 속에 밀어 넣으시고 경험케 하시면서 단단한 차돌 같은 아집이 깨어지게 하셨던 것입니다.

영으로 들어오게 하시는 그 훈련을 통하여 통과하게 하셨는데, 좁고 협착하다 못해 죽음을 통과해야 하는 그 어려운 길을 다시 겪으라면 겪을 수 없는 길인데, 그런데 예수님을 믿는다는 것이 그렇게 어려운 여정을 거쳐야 하는 것이라면, 사람들이 이것을 감당해낼 수 있을까 하는 염려가 됐었습니다. 그런 염려가 제안에 있었기 때문에, 사람들에게 예수님을 믿으라고 전한다는 것이 제 마음에 부담이 되었습니다. 그런데 어느 날 성영님께서 "네가 연단 받았으니 됐다. 네가 죽음을 통과한 고난으로 연단된 믿음이 되어 나왔으니 너의 입의 말을 받아 즉시즉시 순종하는 자는 너의 고난에 동참한 것이 되어, 고난을 받지 않을 것이라"고 하셨습니다.

제가 이 말씀을 준비하는데 십여 년 전에 말씀하셨던 이것을 기억하게 하시면서 무엇까지 해석을 달아주셨는가 하면 환난으로 들어가는 고난까지도 끝이 났다는 것을 알게 해주셨습니다. 십여 년이 지난 이때에 성영님은 성영님이 말씀하신 것을 기억하시고 내게 더 큰 해석까지 붙여주신 것입니다. 물론 "네가 연단 받았으니 됐다. 너의 입의 말을 받아 즉시로 순종한 자는 네 고난에 동참되었다." 하신 이 복을 받을 이들 그러므로 예수님의 재림을 맞이하여 혼인 잔치에 들어갈 복을 받은 이가 누구인지는 하나님께서 아시고 또한 누군가 자신이 알겠지요.

그리고 또 말씀드릴 것은 여러분! 딤전 2장에서 **여자는 일절 순종함으로 종용히 배우라 여자의 가르치는 것과 남자를 주관하는 것을 허락지 아니하노니 오직 종용 할지니라** 한 이 대목에서 제가 여자라는 이유로 말씀을 무시해버리는 그리고 듣지 못하도록 막고 훼방하는 반대 세력들이 많이 있다는 것을 알고 있습니다. 그러나 성영님이 구원받아야 할 마땅한 자를 아시기 때문에, 그런 영혼들은 성영님이 터치(touch)하셔서 의심 없이 듣는 귀를 주실 것입니다. 왜냐면 여자(신앙, 믿음, 승리)를 세워 말하게 하심으로써, 문자적인 것에 붙들려 있는 인본주의의 사단 쪽에 있는 바리새인과 서기관인지, 성영님의 영감을 가진 하나님의 사람인지를 알 수 있고, 더욱 구원의 온전한 가운데로 들어오게 하시는 아버지의 방법이기 때문입니다. 마13:11-15의 말씀이 또 35의 말씀이 이에 해당합니다.

딤전 2장의 말씀을 제가 한번 다루기는 하겠지만, 저는 육의 눈으로 보는, 성별로 보는 그런 차원의 여자로 여기 서 있는 것 아닙니다. 만일에 저를 성별로 판단한다면 그는 절대로 하나님의 말씀의 의도와 뜻을 보지 못하는 육의 눈만 가진 소경일 뿐이지, 영의 눈을 뜨지 못한 소경이라는 말입니다. 겉껍데기를 가지고 남자 여자 타령하는 무지의 소치입니다. 하나님의 영적인 뜻을 도무지 간파하지 못한 성경 박사라고 자처했던 바리새인이요 서기관입니다.

저는 예수님 없는, 겉껍데기만 가지고 논하는 바리새인 서기관 사두개인 같은 종교인들을 향해 서 있는 것 아닙니다. 구원을 받아야 할 영혼, 구원받은 영혼들을 향해서예요. 영혼을 향한 거예요. 영혼을! 저는 겉껍데기만 가지고 남자라고 자처하는 그런 남자들을 주관하지 않습니다. 그러니 꼴값들 떨지 말라는 말입니다. 저에게 있어 남자는 오직 우리 주 예수 그리스도 한 분뿐입니다. 성별로는 여기 계신 남자 성도들도 육체로는, 겉껍데기로는 남자가 맞습니다만, 영적으로 볼 때는 남자가 아니라 진짜 남자이신 예수님으로 말미암아 부활의 생명을 얻고 하나님의 아들로 나야 하고, 예수 그리스도의 신부 자격을 갖춰야 하는 것입니다. 신분으로는 아들로 나는 것이지만, 아들로 나는 자격을 갖추는 데는 예수님과 한 몸을 이루는 신부와 같아야 한다는 말입니다. 신부에 대해서는 여러분이 깊이 생각해보기 바랍니다. 그런데 어떻게 제가 진짜 남자이신 예수 그리스도를 주관할 수가 있다는 말입니까?

　저는 겉껍데기인 육은 예수 그리스도의 죽으심에 합하여 같이 죽었고, 그 육의 사람을 장사지내버렸고 하나님의 아들 예수 그리스도의 생명으로 다시 난 하나님의 아들입니다. 그래서 하나님의 영적인 군사로 여기 서서 영혼들에 말씀을 전하는 것이지, 제가 남자인 척 꼴값 떠는 자들을 주관하는 것 아닙니다. 알아듣습니까? 하나님의 나라는 여자냐 남자냐 그런 성별로 구별하거나 개념을 가진 나라가 아니에요. 그 나라의 남자는 오직 예수 그리스도밖에는 없습니다. 내게 생명을 주신 이는 세상에서 남자라고 자처하는 그런 남자에게서가 아니고 곧 우리 주 예수 그리스도입니다. 그래서 내게 남자는 예수 그리스도뿐이에요. 이것을 아는 자만이 하나님 아버지의 말귀를 알아들은 자요 또한 사도 바울의 말을 알아들은 자인 것입니다.

　그래서 이런 부분에서도 여러분이 다소라도 저에 대하여 영적인 권위를 두지 않고, 육의 눈으로 보고 말하는 것이면, 절대로 저의 전하는 말씀과 상관이 없게 된다는 것을 알기 바랍니다. 이제는 여러분이 저의 전하는 말씀을, 자기를 살리는 말씀으로 받았다면 계신 그곳에서 사람들에게 여기의 말씀을 듣게 하는 일로 예수님의 몸에 들어온 지체요, 예수님 제자의 일이 되기를 바랍니다. 앞에서 말씀드렸던 대로 목회가 저의 일이 아니기 때문에 물론 목회할 능력도 제겐 없어요. 전할 말 다 전했으면 강단에서 내려가게 된다는 것, 이미 오래전에 다 말씀을 드렸던 바입니다.

자기 자신부터 말씀으로 믿음을 잘 건축해 나가시면서 성영님이 하라고 주시는 일이 있다고 하면 또한 그 일에 충성하시라는 겁니다. 어떤 성도는 말씀을 책으로 발간하여 열심히 필요한 이들에게 보급하고 있지 않습니까? 참으로 이 말씀 앞으로 돌아와 깨어난 믿음들이 되게 하려는 귀한 마음을 가지고 열심을 품고 사명으로 알고 행하는 분들이 있지 않습니까? 어떤 성도들은 말씀을 받은 그 감사를 표현할 길이 없어 후원금을 드려 믿음을 행하기도 합니다. 어떤 성도들은 인터넷을 통해 이 말씀을 사람들이 들을 기회가 되게 하려고, 열심히 전파 선교의 일들을 행하고 있습니다. 어떤 성도들은 인터넷에 말씀을 들으라고, 들어보라고 안타까이 사람들에게 말해주고 전하고 전하는 데 마음을 다하여 수고하는 성도들이 있지 않습니까? 이 같은 일들이 예수님의 지체가 되었다는 것이요, 예수님의 제자의 일인 것이요, 이후에 행함이 하나님께 합당한 것이면, 큰 상을 얻는 일이 될 것입니다. 그러므로 오늘 이 말씀을 들으신 여러분이, 저의 입장에 대해 오해보다는 이해가 되어야 한다는 것 분명히 강조하여 말씀을 드립니다.

지금부터 드리는 말은 저와 함께하는 성도에게 입니다. 제가 2014년 12월 마지막 주까지만 예배하는 것으로 하고 교회를 아주 접을 것으로 하였습니다. 이것은 이미 오래전에 정하였던 바입니다. 근래에 오신 분들도 그것을 다 알고 오셨고요. 앞에서 언급했던 대로 믿는다 하면서 육의 정욕 가운데 세상을 품고 따르는, 두 주인 섬기듯 하는 모습들을 보면서, 더는 내 마음이 힘들어지고 싶지 않다는 것이 더 컸습니다. 그러나 또 한편 이 말씀들을 듣고 믿음을 바로 하여 살 것으로 결단하고 자신의 어려움을 극복하고 또 교회 장소를 찾는 어려움이 있음에도 기어코 찾아온 성도들이 있고, 믿음이 신실한 성도들이 있음에 저의 마음이 기쁘기도 하였습니다. 오히려 저 자신이 부끄러웠습니다.

그러니 성도의 공동체에서 함께 예배하기 원해서 어렵게 이곳에 오신 분들 등, 공동체를 해체해야 한다는 것이 그동안 제 마음 한쪽이 얼마나 고심되고 괴로웠는지 여러분도 짐작하였을 것입니다. 또한, 제가 두고두고 마음에 걸림이 될 것 같아서 편치 않았습니다. 그래서 예배를 위해 교회를 유지하고자 후임자 물색도 해보았고 (이것은 성영님이 원치 않으신다는 것을 이후에 깨달았으므로 후임자 문제는 깨끗이 끝났습니다) 고심하며 기도하던 중 성영님께서 한 방법을 제시하셔서 이미 여러분에게 전했습니다. 저도 어차피 예배를 드려야 할 것이요. 또한, 교회 밖에 있는 성도들이 힘써 말씀을 책으로 만들어 보급하고 있으니 마음을 함께 나누어서 할 수 있도록 해야 할 점도 있고, 여하튼 여러 가지 걸리는 과제들로 인하여 기도하던 중 매월 첫 주일 예배 인도는 제가 할 것으로 감동을 주셨습니다.

그리고 그 외는 어떻게 할 것인지 여러분이 기도하며 의논하여 제게 말씀해주시라 했습니다. 그러나 이 일에 대해 의견이 은혜롭게 진행되지 않으면 깨끗이 접을 것이라고도 말씀드렸습니다. 이 마지막 때에 삼위 되신 하나님을 사랑하고 믿음을 위해 살 것으로 하여 달려오신 성도들이 예배가 이어지기를 원하였으니 진심으로 사랑합니다. 하여 말씀 문제는 동영상 말씀을 스크린을 통해 반복하여 듣는 것으로 의견이 모인 것을 제가 일차 들었습니다. 그러나 확실한 결정은 아직 한 것은 아니니 12월 첫 주일 2부 시간에 나눔으로 결정을 보기 바랍니다.

   교회 예배 문제는 이것으로 말을 마치고 그다음 교회 재정과 헌금 문제에 대해서입니다. 과거에 제가 대부분의 성도가 물질의 어려움을 겪는 것을 보면서 차라리 겪어야 할 것이면 내가 겪는 것이 낫지, 그들의 어려움은 내 마음의 근심이 되었고 몹시 편치가 않았습니다. 그래서 아버지께 성도들이 물질의 어려움을 겪지 않게 해달라고, 풍족한 물질을 얻게 해주시라고 떼쓰듯이 계속 기도를 하던 중 어느 날 말씀하시기를 "네가 물질이 주인 되게 하고 물질로 믿음을 사는 자들이 되게 하려느냐? 나는 그들의 필요를 주었으나 그들이 재물 사용할 지혜가 없어 스스로 미혹되고 스스로 고통을 불러들였느니라." 하셨습니다. 허세로 가득하다 하셨어요! 물질이 없어서가 아니라 물질을 사용할 겸손이 없다. 씀씀이에 규모가 없다 하셨습니다. 그러니까 똑같은 상황인데 누구는 백만 원으로 작은 저축일지라도 하면서 한 달을 잘 살아내는데, 누구는 삼백만 원을 가지고도 모자라는 겁니다. 규모가 없고 허세가 크니……. 그래서 그때부터 물질 달라고 기도하는 것 하지 않았습니다.

   그러므로 예수님의 교회는 물질 부자 만들어 주는 곳이 아니라는 것을 여러분에게 분명히 못 박아 말합니다. 우리가 믿음이 있으면 사는 것이기에 그러므로 삼위 하나님을 진심으로 믿느냐? 하나님의 말씀을 진심으로 믿느냐? 믿음이 있으면 하나님의 입으로 나온 말씀으로 사는 것이니, 그러므로 저는 우리 하나님 아버지를 확실히 믿기에 이유 없습니다. 내가 믿는 아버지는, 성도면, 물질의 어려움을 겪는 것으로 내 마음의 근심이 되게 하지 않으신다는 것, 그래서 필요만 있으면 되는 것이니 반드시 필요를 공급하시는 아버지임을 아는 것입니다. 내 마음에 믿음을 확고히 부으셨으니, 그러므로 강단에서 지금까지 필요를 채우시는 아버지께 감사하고 성도들을 축복해왔습니다. 강단에서 축복할 때에 자기의 것으로 받아먹은 성도에겐 물질의 어려움을 힘들게 겪지 않게 하셨다는 것을 저는 분명히 말씀드립니다.

또한, 저는 지금까지 교회 운영하는 재정도 한 번도 염려해본 적이 없습니다. 만약에 재정에 어려움이 따르면 그것은 하나님께서 저에게 이 길을 가도록 허락지 않으신 거로 아는 것이지 다른 이유 없습니다. 저는 교회가 돈 많은 부자 되는 것도 원치 않습니다. 그리고 현재 건물 임대보증금이 오천만 원입니다. 처음에 어떤 성도가 교회 임대보증금 오천만 원과 그 외 시설비용을 바쳤는데 이후 하나님께서 받지 않으신다고 하셔서 올 4월에 그것을 되돌려 갚았습니다. 그러니까 이자 없는 돈을 잘 사용했던 셈이고 임대보증금은 이제 교회의 재산이 된 것이지요.

그리고 임대료를 월 일백삼십만여 원 정도 지급했는데 15년 1월부터는 일백오십만 원 정도 지급되게 되었습니다. 제가 이 강단에 설 때부터 (내년 4월이 만 10년 되는 해) 헌금을 저의 생활에 사용하는 것 원치 않았습니다. 2013년도 12월까지 월 30만 원을 활동비로는 사용했고, 그것도 성도들의 헌금을 축복하기 위해서였습니다. 그런데 올해 14년도 1월부터는 활동비를 오십만 원으로 했습니다.

제가 성도들이, 헌금은 어떤 것인가? 하는 헌금에 관하여 설교한 말씀을 믿음으로 받고, 그 믿음으로 올리는 헌금이 되었다는 것을 믿고 있습니다. 먼데 사는 성도 중에도 하나님께 헌금을 올려드리기 위해 오는 분도 있다는 것 제가 눈치는 채고 있습니다. 하나님께서 받으시는 것이 되었다는 것도 말씀을 드립니다. 저는 헌금을 누가 얼마나 드렸는지 알려고도 하지 않았고, 알 필요도 없고, 단지 아버지께서 아시니 아버지께서 받으시는 믿음이요. 물질이기를 기도하는 것뿐입니다. 헌금 드림은 곧 말씀에 근거한 자기의 믿음이요, 하나님께서 아시면 되는 것이니 제가 알 필요는 없다는 말입니다.

물론 여러분이 이점을 잘 알고 무기명으로 드리는 것이니, 곧 자기 믿음으로 드리는 표인 거지요! 그런데 지금 말씀드린 것은, 교회 재정과 헌금의 본론은 아니고, 몇 년 전에 성영님께서 저에게 명하신 것이 있었습니다. 그것은 믿음이 아니면 절대로 헌금 내지 말라는 것이었습니다. 그런데 제가 어떤 마음이 들었는가 하면 그래도 혹시 믿음이 없이 낸 것이라도 점차 깨달아서 믿음을 가질 수 있지 않을까? 그나마 하나님과 관계가 될 수 있는 끈이 끊어진다면 기회를 잃는 길로 나가버릴 수도 있지 않은가 하는 염려가 내 마음 한쪽에 있었습니다. 그래도 명하셨으니 공포는 해야겠는데, 우물쭈물하다가 언젠가 〈믿는 자의 물질관〉이란 제목의 말씀에서 우회적으로 말했을 뿐, 정식으로 공포하지 못해서 늘 마음이 걸렸습니다. 물론 정식으로 공포하지 않은 것일 뿐이지 믿음 아니면 헌금 내지 말라는 것은 누누이 강조했습니다.

그런데 이제는 성영님께서 이르신 말씀을 예수님의 이름으로 공포합니다. 믿음이 아니면 절대로 헌금 내지 마십시오. 그리고 여러분 중에 헌금을 잘못 냈다 싶으면 저에게 말씀하십시오. 성영님이 말씀하신 그때에 제가 공포하지 않은 것이 매우 후회되는 일이긴 하나, 그러나 내가 괜한 헌금을 냈다고 생각되면 저에게 말씀하십시오. 12월 마지막 주까지 기간을 두겠습니다. 누가 되었든지 그 일을 절대로 탓하거나 비난하지 않을 것입니다. 뒷말하지 않을 것입니다. 만일에 교회가 돌려줄 돈이 부족하다면, 제가 거주하는 집이라도 처분해서 돌려드릴 것입니다.

헌금내고 후회하는 것, 믿음 없이 내는 것, 또는 어떤 목사 설교 들으니 십일조도 율법이라 폐해져서 내지 않아도 된다는데 그동안 낸 것이 억울하다 한다면, 저도 절대로, 절대입니다! 그런 돈을 교회가 사용하는 것 원치 않습니다. 다시 또 강조합니다. 성영님의 계시를 따른 믿음이 되지 않으면 돈 내는 것 반드시 삼가십시오. 하나님이 가난해서 돈 달라 하시는 분 아닙니다. 자기가 보기에 교회 운영 방침이 마음에 들지 않는 것 같아서, 자기의 헌금 낸 것 아까운 생각 든다면, 지체 말고 말하기 바랍니다. 그리고 앞으로 교회가 유지된다 하더라도 교회의 헌금 주관은 제가 그대로 할 것입니다. 그렇다고 헌금 사용 내용을 보고하지 않습니다.

물론 장부가 있으니, 열람을 원하면 언제든지 볼 수는 있습니다. 그러나 믿음으로 드렸으면 그것은 목사에게가 아니라 하나님께 드린 것일 테니, 본인은 하나님께 드린 것으로 끝나야 할 것입니다. 목사가 헌금 사용하는 것에 불만을 품거나, 헌금 냈다고 권리 있는 것처럼 뒷말들 하여, 저의 마음을 불편하게 하는 것이면, 절대로 하나님과 관계의 복 없을 것입니다. 물론 이런 것도 믿음 아니니 절대 내지 마십시오. 그리고 오늘 말씀드리는 헌금에 관해 기꺼이 용납이 안 된다

하면, 그 또한 절대로 헌금 내지 마십시오. 분명히 당부합니다.

저는 헌금 가지고 제 생활에 사용함으로써 목사를 자기 종이나 되는 것처럼 생각한다거나 주인 노릇 하려는 것, 그거 보고 싶지 않아서 더욱이 사용하지 않는 사람입니다. 그리고 앞으로 교회가 유지되면 함께하시는 분들이 참고해야 할 사항들이 있습니다. 장례 예배나, 추모, 추도 등의 명목으로 예배한다고 하는 것, 저는 일절 하지 않습니다. 인터넷의 뭐 최OO 여 목사가 지옥 간증을 하면서 장례 예배, 추도 예배 등을 하면 지옥 간다고 하는 말을 제가 들었기 때문에 하지 않은 것이 아니고, 이미 하지 않고 있었습니다. 지옥 가는 것까지는 몰랐지만, 왠지 거부감이 강하게 있어서, 성경적이지 않다는 생각이 늘 있어서, 저는 9년 전 권사이셨던 저의 친정어머니가 돌아가셨을 때도 그렇고, 또 7년 전쯤에 권사이셨던 저의 시어머니가 돌아가셨을 때도 장례 예배 일절 하지 않았습니다. 그즈음에 교회에 출석한 제부의 장례도, 그쪽 사람들에게 욕을 바가지로 먹으면서도 장례 예배하지 않았습니다.

또 결혼 주례하지 않습니다. 그리고 생일이나 환갑이나 등의 예배라는 것도 하지 않을뿐더러 초대받아 다니는 것도 원치 않습니다. 그리고 계속 주중 예배는 없고, 예수님의 날(주일)에만 예배합니다. 사람들이 예배에 대한 인식이 너무 잘못되어 있습니다. 예배당 나와 예배의식을 행해야 그것이 예배인 줄 알고 있습니다. 그러나 예배라는 것은 생활 속에 예배가 돼야 합니다. 날마다 성영님과 함께하면서 성영님을 따라 행하고, 즉 말씀을 행하고 사는 삶이 바로 예배의 삶입니다. 예배 따로 생활 따로 가 아니라, 그 삶이 예배요 삶이 삼위 하나님과 관계된 삶이어야 하는 겁니다.

그 삶을 통해 하나님께서 섬김을 받으시고 영광을 받으시고, 그 삶을 살라고 우리를 땅에 보내 예수 그리스도를 믿고 영접하게 하셨습니다. 만일에 예배당에 나와서 예배하는 것만 예배인 줄 착각하고 생활 속에서는 자기 방법대로 세상을 따라 산다고 하면, 그것은 하늘이 무너져도 하나님과 관계없습니다. 여러분이 지난번 〈사람들을 삼가라〉는 일차 드린 1편 말씀과 함께 오늘 말씀 때문에 불편한 마음이 되신 분도 있을 것이고, 그래도 너무 지나친 부분도 있다 할 수도 있겠습니다만 그러나 저는 지금까지 성영님께로부터 말씀을 통하여 이렇게 배웠고, 이 같은 믿음을 가지고 살고 있으며, 이 믿음을 가졌으니 이것을 말씀드릴 것밖에는 없습니다. 그러므로 듣겠느냐? 듣지 않겠느냐는 것은 각자의 몫이니, 그리 알면 되겠으나, 그러나 깨끗이 받는 말씀이 되기를 바랍니다.

오늘 사람들을 삼가라는 2편의 말씀을 여기서 줄이고 말씀을 맺습니다. 중하신 우리 주 예수님께 모든 영광을 올려드리기 원하며 감사를 올립니다. 아멘

성탄절은 하나님과 무관한 불법의 일

¹이때에 가이사 아구스도가 영을 내려 천하로 다 호적하라 하였으니 ²이 호적은 구레뇨가 수리아 총독 되었을 때에 첫번 한 것이라 ³모든 사람이 호적하러 각각 고향으로 돌아가매 ⁴요셉도 다윗의 집 족속인고로 갈릴리 나사렛 동네에서 유대를 향하여 베들레헴이라 하는 다윗의 동네로 ⁵그 정혼한 마리아와 함께 호적하러 올라가니 마리아가 이미 잉태 되었더라 ⁶거기 있을 그때에 해산할 날이 차서 ⁷맏아들을 낳아 강보로 싸서 구유에 뉘었으니 이는 사관에 있을 곳이 없음이러라 ⁸그 지경에 목자들이 밖에서 밤에 자기 양 떼를 지키더니 ⁹주의 사자가 곁에 서고 주의 영광이 저희를 두루 비취매 크게 무서워하는지라 ¹⁰천사가 이르되 무서워 말라 보라 내가 온 백성에게 미칠 큰 기쁨의 좋은 소식을 너희에게 전하노라 ¹¹오늘날 다윗의 동네에 너희를 위하여 구주가 나셨으니 곧 그리스도 주시니라 ¹²너희가 가서 강보에 싸여 구유에 누인 아기를 보리니 이것이 너희에게 표적이니라 하더니 ¹³홀연히 허다한 천군이 그 천사와 함께 있어 하나님을 찬송하여 가로되 ¹⁴지극히 높은 곳에서는 하나님께 영광이요 땅에서는 기뻐하심을 입은 사람들 중에 평화로다 하니라 ¹⁵천사들이 떠나 하늘로 올라가니 목자가 서로 말하되 이제 베들레헴까지 가서 주께서 우리에게 알리신바 이 이루어진 일을 보자 하고 ¹⁶빨리 가서 마리아와 요셉과 구유에 누인 아기를 찾아서 ¹⁷보고 천사가 자기들에게 이 아기에 대하여 말한 것을 고하니 ¹⁸듣는 자가 다 목자의 말하는 일을 기이히 여기되 ¹⁹마리아는 이 모든 말을 마음에 지키어 생각하니라 ²⁰목자가 자기들에게 이르던 바와 같이 듣고 본 그 모든 것을 인하여 하나님께 영광을 돌리고 찬송하며 돌아가니라

(눅2:1–20)

여러분이 잘 알다시피 지난 주간은(2006. 12.31) 성탄절 주간입니다. 그런데 근래 오신 분들이 교회가 성탄절을 안 지키는 것에 의문을 가질 것이고 해서, 그것을 말하기 위해 오늘 눅2:1-20의 말씀을 본문으로 했습니다. 그 외에 예수님이 나신 그때 상황을 구체적으로 기록한 곳이 마1장과 2장입니다. 그래서 성탄절이라는 것을 성경의 전체적인 뜻에다 비춰보고, 성서의 증거를 중심으로 하여 "성탄절은 하나님과 무관한 불법"이라는 구체적 말씀을 드릴 것이고, 또 오늘 본문 말씀의 뜻을 살펴보겠습니다. 시간이 좀 걸릴 것 같은데, 여러분이 바른 믿음이 되려면 믿음을 배우고자 하는 간절함과 적극적인 자세가 돼야 믿는 것의 자세라는 것을 스스로 알 것으로 생각합니다. 여러분이 믿음을 배우지 않으면 자기 방식대로, 자기 양심을 따라 믿는다 하게 되기 때문에, 믿음이 잘못될 확률이 높은 것입니다. 그렇기에 오늘 바른 믿음을 배우는 기회로 삼고 마음을 다하기를 바랍니다.

온 세상이 다 아는 대로 12월 25일은 예수님이 탄생하신 생일이라 하여 기독교의 큰 명절인 성탄절로 지켜지고 있습니다. 그러나 저는 성경에서 성영님께서 밝히 보이신 하나님의 입장과 일하신 그 뜻을 볼 때 성탄절은 인간의 뜻으로 된 것으로서 '하나님과 무관한 것이다' 하는 것을 말하지 않을 수가 없게 됐습니다. 여러분! 하나님께서 말씀하시는 믿음이 무엇입니까? 하나님께서 말씀하시는 믿음은 인간 쪽에서 옳다고 생각하는 것을 믿음이라고 하는 것 아닙니다. 성서에 기록된 하나님의 말씀이 우리 믿음의 근거요, 그 말씀을 믿고 그대로 행하고 따르는 것이 우리가 가져야 하는 믿음이요, 믿음의 일이라고 하는 것입니다. 성서가 말씀하고 있지 않으면 인간이 아무리 옳다고 해도, 생각에 옳은 것 같아도, 인간이 정하고 행하는 모든 것들은 믿음의 일도 아닐뿐더러, 하나님과 전혀 관계없다는 것을 분명히 말씀을 드립니다.

오늘 읽은 눅2장 내용을 통해서 보았듯이 예수님의 나심은 분명히 증거하고 있습니다. 그러나 예수님의 나신 연도나 달이나, 날에 대해서는 성서 어디에도 기록이 없습니다. 성경학자들이 모든 자료를 다 동원하여 예수님이 나신 연, 월, 일을 찾기 위해 연구에 연구를 거듭했지만 찾지 못했고, 단지 추정밖에는 할 것이 없습니다. 예수님이 나신 그때, 유대는 로마의 지배를 받고 있었기에 그 역사와 성경에 등장한 로마 황제들의 배경을 중심으로 해서 추적해 볼 때, 예수님의 나심이, BC 6년경이나 4년경이지 않겠느냐는 추정을 한 것입니다.

그러면 12월 25일을 왜 성탄절로 지키고 있는가? 하는 그 유래를 살펴보면 그때 로마의 이교도들의 동지축제라고 하는 것이 있었다고 합니다. 겨울이 되면 태양의 고도가 점점 낮아지면서 동짓날이 되면 1년 중 밤이 가장 길고 낮은 또 가장 짧잖아요? 그러다가 동짓날을 기점으로 해서 태양의 고도가 다시 점점 높아지면서 밤은 짧아져 가고 낮은 다시 길어지는 그 현상을 보고 인간 심리에 '만약에 태양이 다시 떠오르지 않고 낮아지다가 아예 가 버렸다면 큰일이지 않겠는가? 그러니 태양이 다시 올라온 것이 밤을 이긴 승리요, 어둠에 대한 빛의 승리가 아니겠는가? 해서 바로 12월 25일을 태양이 승리한 기쁨을 나누는 축제와 함께 태양에 제사 지내는 날로 삼았다고 합니다. 이것을 동지 축제, 또는 부르말리아 축제라고 불렀다는 거죠.

그런데 사도시대 즉 초대교회 이후에 교회가 예수 그리스도도 어두운 세상에 빛으로 오셔서 어두움을 이기고 승리하신 것이니 예수님의 탄생과 동지 축제의 의미가 서로 관련되니 우리 기독교도 성탄일이 없으면 되겠는가? 그러니 동지 축젯날을 성탄절 기로 받아들여 이교도들을 기독교화 시키자 하는 취지로 12월 25일을 세상에 빛으로 오신 예수그리스도의 나심을 축하하는 절기로 받아들여 지키게 되었다는 것으로 교회사에 전해져왔습니다. 그러면 취지는 좋지만, 여러분이 판단할 때 성탄절이 인간에게서 나왔습니까? 하나님의 말씀을 근거하여 나왔습니까? 근거가 어디라고 생각합니까? 인간 맞아요? 만일에 성탄절 지키는 것이 '성서적이다. 복음적이다.' 한다면 그것이 바로 무교병에 넣은 누룩이요 이단입니다. 성경을 전혀 모르는 무식을 말하는 것과 같습니다.

제가 성탄절은 성경이 근거가 아니라 이교도들의 축제일에서 비롯되었다는 것을 알고 있으면서, 기독교에 지대한 영향을 끼치고 있는 신학자나 교수들은 성탄절을 지켜야 하는 이유를 뭐라고 말하는지 신앙 월간지에 기고한 글들을 한 대목씩만 읽어드릴 것입니다. 여러분은 그들의 말을 어떻게 듣는지, 들으면서 자기가 자기를 분별해 보는 기회도 되십시오. 그들의 이름은 생략합니다만, 혹시나 하여 이 월간지(신앙계)는 보관해둘 것입니다.

신학 연구소장입니다. '크리스마스는 1년 365일 중에 비록 낮이 짧고 밤이 가장 긴 날이지만 인류에게 기쁨과 사랑을 전해주는 날이다. 오늘날 우리가 지키는 성탄질 절기는 신 구교를 막본하고 기독교 최대 명절로 지켜지고 있다. 만일 기독교의 절기 중에 성탄절을 빼버린다면 세인들은 어떻게 생각할까? 매년 보는 일이지만 12월이 들어서자마자 백화점과 호텔 그리고 이에 앞서서 TV와 각종 매스컴은 우리보다 앞서서 크리스마스를 소개하고 한껏 축제 분위기를 고양시킨다. 많은 사람들은 올해도 얄팍한 상업주의에 젖은 이 같은 분위기에 편승하여 거리마다 집마다 축제의 분위기에 들떠서 분주하게 보낼 것이 틀림이 없다.' 고 했습니다. 이런 상투적인, 쓸데없는 자기 말들을 하는 것에 사실 저는 입에 올리기도 싫습니다.

그다음 성경학자의 말입니다. '크리스마스 절기가 비록 이교도 축제에서 유래되었다고 하더라도 기독교회가 예수 그리스도께서 이 땅에 나신 성육신 사건에서 출발되어 세워진 것은 분명한 역사적 사실이다. 따라서 우리가 현재 지키는 12월 25일이 주님이 이 땅에 태어나신 바로 그 날이 아니더라도 1년 중 하루 어느 한날을 택해 주님의 탄생을 기념하고 축하하는 것은 매우 의미 있는 일이다. 오늘날 크리스마스는 전 세계적으로 보편화된 축일이 되었으나 동시에 기독교적 요소와 세속적인 요소가 혼합되어 있어 크리스마스 본래의 기독교적 의미가 퇴색되어 버리고 말 수 있는 이런 위험성에 놓여있다. 전통에 의해 해마다 시행되던 크리스마스 행사가 이제는 온통 세상 사람들이 먹고 마시는 축제로 뒤바뀌어 버린 듯, 온통 요란함과 분주함 속에서 진정한 크리스마스의 의미를 생각할 겨를도 없이 지나쳐 가기가 일쑤이다. 크리스마스란 이미 현대를 살고 있는 수많은 사람들에게 즐거운 날로 특징지어져 있지만, 사실 우리 그리스도인들이 크리스마스를 맞이하며 행해야 할 가장 큰 것은, 우리 영혼 속에 친히 탄생하시며 내주하시는 그리스도의 생명을 묵상하는 일이라고 믿는다.' 했습니다. 바꿔 말하면 '지금 하나님의 일이 실패하게 생겼다.' 그 말이지요. 도대체 이들에겐 진짜 하나님의 요소가 1%도 없습니다.

　지금 이들이 뭐라 말하고 있습니까? 성탄절이 예수님 나심의 그 의미와 관계없는 것이 되어서 오히려 세상 사람들이 즐기는 날로 세속화되었다는 것을 말하는 것이지 않습니까? 이것은 당연한 현상입니다. 사단은 세상 인간이 즐기는 타락의 날로 삼아서, 교회를 비웃는 것으로 하나님의 일을 훼방하는 거예요. 여러분이 생각해보세요. 세상은 예수님을 구주로 보지 않습니다. 예수님을 세상에 좋은 영향을 끼친 사람이라 해서, 공자 석가모니 마호메트와 함께 4대 성인이라 말하고 있습니다. 그러면 예수님이 태어난 날은 있는데 그들이 성인이라고 말하는 공자 석가 마호메트가 태어난 날은 없습니까? 그런데 왜 성탄절만 인간이 먹고 마시고 흥청거리는 축제의 날인가 말입니다. 바로 성탄절은 하나님을 훼방하기 위한 사단의 간계를 가진 인본의 뜻에서 나와 만들어 놓았기 때문입니다. 사탄이 하나님 뜻을 어지럽히고 예수님을 훼방하고자 예수님을 위해서인 것처럼 합리성을 가지고 인본(종교인)을 이용하여 자기를 위한 날로 만들었기 때문이라는 말입니다. 세상 향락의 날이 되도록 교회라는 곳에서 권리를 주었습니다.

　여러분! 성탄절이 하나님의 뜻이 아니라는 것, 사람들이 더 잘 알까요? 사단이 더 잘 알까요? 더 잘 아는 사단이 사람 위에서 그것을 이용한 것입니다. 하나님은 인본의 머리에서 나는 것을 가지고 일하시지 않습니다. 사람에게 증거 받지 않으신다는 말입니다. 사단은 인본의 머리를 가지고 자기 일을 행합니다. 하나님의 일을 방해해서 실패케 하리라는 것이 사난의 일이요 목적입니다. 하나님의 보좌를 찬탈하려다 하늘에서 쫓겨났음에도 여전히 하나님을 보좌에서 끌어내리려고 지금도 분투하는 겁니다.

사람들을 믿지 못하게 할 수는 없으니까, 아니, 믿지 못하게 할 방법이 있다면 다 동원해서 방해는 하지만, 성경이 있으니 믿지 못하게 할 수는 없으니 '그래, 믿으라.' 하기는 합니다. 그러나 사람 속에 예수님의 부활 생명으로 연결되지 못하도록, 속사람이 생명으로 자라나지 못하도록 인간의 양심을 이용해서 하나님의 말씀을 변개하고 그것을 열심히 따르고 섬기도록 조장하는 것입니다. 그래서 가르치는 자들이 성영님의 밝음이 없으면, 믿음은 영적인 것, 영의 것을 말하는 것이니, 성영님의 밝음이 없으면 사단에게 다 속고 이용당하는 것입니다. 성탄절은 하나님의 뜻에서 나온 것이 아니므로 사단이 자기 권리로 타락한 인간의 날이 되게 하여 예수님의 이름을 훼방하는 것입니다.

그런데 인본의 교회들이 거기다 장단 맞춰서 기독교 절기 중에 성탄절을 빼버리면 세인들은 어떻게 생각할까? 하며 세상 사람들 때문에 성탄절이 있어야 하는 것처럼 말하고 있잖습니까? 하나님께서 세상 사람이 어떻게 생각할까가 염려되어 성탄절 있게 하신 하나님입니까? 하나님의 뜻은 보지 않고, 하나님께서 왜 예수님 나신 날을 감추셨는지에 대해 알아볼 줄은 모르고 그렇게 귀신의 가르침을 말하고 있는 것입니다. 여러분이라고 다르지 않아요. 그러니까 정신 차려 듣고 성영님의 믿음이 되라는 말입니다. 이것이 성탄절을 당연히 지켜야 하는 것으로 알고 있는 사람들의 공통적인 생각입니다. 그 같은 짓들은 인간 자신을 믿는 오만이요 더러움이에요. 더 올라가면 인간 자신을 숭배하는 일인 것입니다.

여러분이 읽어드린 것 들었잖아요. 마지막에 말이 뭡니까? '사실 우리 그리스도인들이 크리스마스를 맞이하며 행해야 할 가장 큰 것은 우리의 영혼 속에 친히 탄생하시며 내주하시는 그리스도의 생명을 묵상하는 일이라고 믿는다.' 했잖습니까? '우리의 영혼 속에 친히 탄생하시며 내주하시는 그리스도의 생명'이라고 말했는데 그러면 여러분은 이 말을 맞게 받습니까? 맞지 않은 다른 말입니까? 물론 예수님을 믿은 지 얼마 되지 않았으면 분별 못 할 수도 있습니다. 무조건 아무거나 받아들일 수도 있지요.

우리가 예수님을 구주로 믿고 영접하면 성영님께서 내주하시니 내가 예수님의 생명으로 다시 나는 것입니다. 하나님의 자녀로 다시 나는 거예요. 그래서 '거듭난다.' '영으로 난다.' 라고 말하는 겁니다. 그러니까 예수님의 생명으로 내가 다시 나는 것이지, 그리고 예수님이 성영님으로 우리 안에 오시는 것이지, 우리 영혼 속에 예수님이 친히 탄생하시는 것이 아닙니다. 어떻게 예수님의 생명이 사람 안에 와서 탄생합니까? 이건 십계명에 "네 이웃에 대하여 거짓 증거하지 말지니라." 에 해당하는 거짓 증거입니다. 그래서 비스름한 거짓말들로 사람들의 믿음을 혼란케 하고 믿음을 바로 갖지 못하게 하려는 것들을, 여러분이 참으로 믿기 원하면 분별할 수 있는 데까지 나가야 한다는 것을 말하기 위해 이것들을 지적했습니다.

그다음 역사 신학 교수의 말입니다. '그리스도를 모르는 사람들에게도 성탄절은 마음 설레는 절기이다. 성서적으로나 역사적으로 그리스도의 탄생일을 정확하게 알 수 없다고 해서 일 년에 하루를 정하여 성탄을 축하하며 그 의미를 새겨보는 일이 무의미할 리가 없다. 그날을 계기로 가족과 이웃 간에 두터운 사랑의 교제를 나누는 일도 인생살이에 빼놓을 수 없는 활력소가 될 것이다.' 라고 했습니다. 여러분! 이런 말들이 전부 구주 예수님과 관계없는 쓰레기 같은 인본의 말들입니다. 예수님의 나심이 인생살이에 활력소나 얻으라는 것입니까? 그리고 성탄을 새겨봐야 하는 것이 왜 성탄절 날이 있어야 하는 것입니까?

믿음은 이제 날에 의미 없습니다. 예수님이 오신 이후에는 날에 의미를 두지 않으셨어요. 우리가 예수님을 구주로 영접했으면 그 의미, 즉 예수님이 우리 안으로 오셨어요. 그래서 예수님으로 사는 그 믿음으로 날마다 자라가는 것입니다. 영적인 예수님의 사람으로 피와 살이 되게 하는 예수님의 말씀을 양식으로 하여 받아먹고 행하고 예수님의 성품으로 변화 받으며 자라가는 것입니다. 성탄절을 맞아 의미를 새겨보았다가 또 돌아오는 성탄절에 새겨보았다가 하는 이런 누추한 말은 성영님의 말이 아니니, 여러분이 말씀을 어떻게 들어야 하는지에 대한 지각이 열리기를 바라서 이 말을 하였습니다.

그다음 세계적인 목사라는 이의 말입니다. 누군지 밝히지 않아도 짐작할 것으로 생각합니다. '크리스마스는 우주 최대의 축제일입니다. 예수님의 탄생은 하나님과 천국의 축제요 전쟁과 가난과 절망에 찌든 세계에 찬란한 희망을 가져다주는 인류의 축제입니다. 우리는 이 날에 마음껏 하나님을 기뻐하고 찬양하고 마음 문을 활짝 열고 예수님을 우리의 영혼 속에 모셔 들이는 위대한 기회로 삼아야겠습니다.' 했는데 여러분! 성탄절에만 예수님을 모셔 들일 기회인가요? 앞에 말한 내용들과 다르지 않습니다만 예수님의 나심을 말하려 한다면 오늘 본문이 구주 나심에 대한 것이잖아요? 성경은 구주 나심을 증거하고 있습니다.

 그러면 오늘 본문11에서 예수님의 나심을, 구주가 나셨다고 했는데 그러면 구주가 뭡니까? 전쟁과 가난과 절망에 찌든 세계에 찬란한 희망을 가져다주는 인류의 축제가 된다는 뜻입니까? 예수님이 탄생하시니 지금 세계의 전쟁과 가난과 절망이 떠난 것이 되어서, 그 기쁨 때문에 인류의 축제가 되었다고 하는 뜻인가 말입니다. 여러분이 잘 새겨들으세요. 사단의 영향 아래 있는 세상 사람들은 하나님을 훼방하기 위한 사단의 주도 아래 있으니 자기 기분 내고 즐기는 인간의 축젯날이 되게 할 수는 있지만, 그것은 본뜻에서 벗어난 것으로서 예수님의 이름을 훼방하는 의미밖에는 되지 않습니다. 그래서 하나님의 뜻과는 전혀 상관이 없습니다. 구주로 오셨다는 것은 인간의 죄 때문에 죄인을 구원하시려고 오셨다는 것을 말합니다. "죄인의 구주로 오셨다."는 것을 말해주는 겁니다. 그런데 왜 사람들의 영혼이 죽느냐 사느냐의 엄청난 책임의 일을 가진, 그것도 세계적인 목사라고 하는 그 입에서 구주의 오신 뜻을 말씀하지 않고, 뜻과는 전혀 상관없는 것을 말하고 있는 것입니까?

 "구주가 나셨으니 곧 그리스도 주시니라." 하신 말씀을 이용하여 하나님께 불법 행하는 성탄절이라는 것을 지키려 하니, 이런 귀신의 가르침들로 정당화시켜야 하지 않겠습니까? 정당화하려니 막연한 말들이 나올 수밖에 없고, 듣는 자들은 미혹될 수밖에는 없는 것입니다. 믿음이 너무나 방해를 받고 있습니다. 하나님께 불법행하는 성탄절을 지킨다고 하기 때문에 이런 모순투성이의 말들을 할 수밖에 없는 것이라는 말입니다.

　성서는 예수님의 나신 날을 언급하지 않았듯이 또한 인간들로 하여금 예수님 나신 날을 정해서 기념해라, 축하해라 또는 축제일이 되게 하라는 언급은 어느 곳에도 없습니다. 그러니 성탄 절기 때마다 얼마나 막연하고, 이런 뜻에서 빗나간 모호한 말들을 쏟아냄으로써, 믿음이 되지 못하도록 방해하는 것입니다. 그래서 사람들이 믿음의 혼란만 있게 되고, 어떤 것이 믿음인지, 어떤 것을 붙잡아야 하는지, 어떤 것을 들어야 할지, 모르고 그저 추상적이고 두루뭉술이고 막연한 모습으로 믿는다는 식이 되어 있습니다. 아마도 그러지 않을까요. '아니 세상 교회들이 다 지키는 것인데, 좋은 게 좋다고 같이 따라가면 되지 뭘 그렇게 따질까? 하고 말입니다. 우리의 믿음은 성경을 따라 믿는 것이지, 세상 교회들을 따라 믿는 것 아닙니다. 교회가 성경을 따라 뜻대로 하는 것이냐 할 때 하나님이 세운 교회인 것이지, 그렇지 않으면 하나의 종교를 믿는 것일 뿐입니다.

　그러면 그 많은 세상 교회들이, 그 많은 목회자가 다 바보라서 성탄절을 지키는가? 자기보다 유능하고 감히 게임도 안 되는 훌륭한 목회자, 능력 있는 목회자들이 세상천지에 널렸는데, 그리고 그 오랜 세월 동안 지켜온 것을 그들도 다 말하지 않는데 자기가 뭘 그리 잘 안다고 그러는 것이냐? 하지 않을까 싶습니다. 맞습니다. 저는 세상 목회자들이 가진 능력은 아무것도 갖추지 못했습니다. 진심입니다. 그러나 하나님 아버지의 마음과 의도를 깨달아 알 수 있는 것은, 인간이 생각하는 그런 훌륭한 것이나 능력으로 되는 것이 아니라는 것입니다. 오직 성영님에 의해서입니다. 그래서 저는 어느 누구 보다도 성영님만을 저의 의지할 능력으로 삼고 있습니다. 성영님께서 하나님 아버지의 뜻을 가르치시고 들려주시고 보이시고 깨닫게 하셨으니 그것을 말하지 않을 수가 없어요.

앞에서 기독교 지도자라는 자들이 뭐라고 말했습니까? 성탄절이 없으면 세인들이 어떻게 생각하겠느냐고 했습니다. 사람도 태어난 날이 있고, 부처도 태어난 날이 있는데, 하물며 예수님의 탄생일이 없으면 세상 사람들이 기독교를 어떻게 생각하겠느냐는 것 아닙니까? 그러면 이것이 하나님의 생각입니까? 인간 자기 생각입니까? 인간 자기 생각입니다. 하나님의 일을 인간 자기 생각으로 꿰맞추고 그래서 기독교를 인간의 종교가 되게 하는 것입니다. 어느 한날을 정해서 성탄을 기념하고 축하하는 것은 매우 의미 있는 일이라고 인간 자기가 그렇게 정의를 내렸잖습니까? 그러니 가르치는 자들에게서 믿음을 배워야 하는 신자들은 특별한 은혜 입은 자를 제외하고는 다 그대로 따를 수밖에는 없는 것입니다.

또 한편으로는 인간이 인간에게 도리를 행하듯 하나님께도 똑같이 행하는 것입니다. 인간 도리로 볼 때 누가 언감생심 성탄절을 부정할 수 있을 것이며, 생일날이 없다는 것은 말이 안 되는 것이고, 오히려 예수님의 생일을 더 성대하게 함으로써 기독교의 위상을 세워야 한다고 하지 않겠습니까? 마찬가지로 여러분도 성탄절에 대해서 너무나 당연한 것으로 여겼던 것 아닙니까? 또 너무나 당연히 여기는 분도 있을 것이고 말입니다.

여러분에게 질문하겠습니다. 여러분은 성경 말씀에 근거하여 성탄절을 지켰습니까? 아니면 교회가 하는 것이니, 당연한 것으로 알고 지켰습니까? 어떤 처지였습니까? 후자이잖아요. 그렇죠? 그래서 여러분도 성경대로 믿는 것이 아니고 자기 양심으로 믿는다고 한 것입니다. 아무리 교회가 하는 것일지라도, 인간이 보기에 옳은 일 같아도, 말씀이 명한 것이 아니면 인본의 거짓이요 누룩 넣은 떡입니다. 하나님의 뜻에 대하여 옳은 것은 하나님이시지 인간이 아니에요. 인간이 하나님께서 하시는 일을, 하라고 명하시지 않은 것을 깨고 나오면서 하나님에 대하여 월권 하는 것인지조차도 모르는 겁니다. 인간이 제 분수도 모르고 하나님이 하시는 일이 뭔가 부족한 것이 있는 것처럼 자기가 걱정하듯이, 사람들이 어떻게 생각하겠느냐 하고 사람을 높이듯, 사람의 비위에 맞아야 하는 것처럼 하는 교만입니다.

　하나님께서는 하나님의 영적인 일을, 생명을 구원하는 하나님의 하시는 일을 세상 종교처럼 끌어내리는 일을 하라고 하신 것이 아니라, 네가 누구인가? 너 자신을 알라고 하는 거예요. 너를 들여다보라는 것입니다. 네가 진짜 예수님의 구원이 아니면 살 수 없는, 의가 없어서 죽게 된 죄인이라는 것을 깨달으라는 것입니다. 네 머리에서 나는 것은 다 죄라는 그것부터 깨닫고 예수님의 죽으심에 같이 네 머리에서 나는 것도 양심에서 나는 것도, 죽음에 내주고 예수님을 구주로 믿어 구원 얻었으면 그 구원을 또 다른 사람들에게 전하여 구원 얻게 하라는 것입니다. 이것이 믿음이요, 믿음의 일입니다.

　그러는 저도 과거에 성탄절을 대단히 귀한 절기로 생각하고, 혹시 성탄 축하 예배 안 하면 죄가 되어서 땅에서 잘 사는 복을 받지 못할까봐 성탄 축하 예배라는 것을 열심히 잘 지켰습니다. 그때는 제가 말씀의 뜻을 알 수 있는 때가 아니었으니 당연히 목사들이 하나님을 대신하는 것이니 어렵하지 않겠습니까? 또 양심으로도 당연한 것이지 거기에 무슨 이유가 있었겠어요? 바로 이런 모습들이 성영님에 의한 믿음에서가 아니라 인간 양심에 맞는 것이니 어떤 거부감 없이 따라 행했다는 것이 증명이 되는 일인 것입니다.

그래서 기독교가 성탄 날이라고 정해서 지키는 것이나, 가톨릭이 마리아를 숭배하는 것이나 사실 같은 일입니다. 가톨릭이 '예수님을 낳은 마리아가 죄 없는 여자'라고 하는 다른 복음이 있어서 그렇게 복음인 것처럼 말하는 것인지는 모르겠으나 암튼 다를 바 없다는 말입니다. 이것도 여러분이 믿음이냐 아니냐를 반드시 분별하고 깨달아야 할 중요한 것이라, 잠깐 말씀을 드리는 것이니 들으십시오. 성경은 마리아가 성모이니 그를 찬양하라, 또는 경배해야 한다고 하지 않았습니다. 성경을 보면 오히려 예수님께서 마리아를 어머니라고 부른 적이 한 번도 없을뿐더러, 마리아도 예수님을 아들이라 부른 적도 없고, 자기 아들로 말한 적도 없습니다. 그런데 성경 보는 모든 사람이 예수님과 마리아를 어머니와 아들의 관계, 인간관계, 혈연의 관계로 보는 것입니다. 그러니 인간 심리는 자식이 부모를 공경하는 것이 마땅한 도리이니, 예수님도 그 어머니를 지극히 공경하여 어머니 말을 거역한 적이 없는 효자시다. 그래서 마리아에게 모든 것을 기도로 부탁하면 마리아가 아들 예수님에게 그 부탁 들어주라고 하면 예수님께서 들어준다는 것 아닙니까? 그래서 인간이 구주를 낳으신 어머니를 공경하여 받들고 숭배해야 그것이 곧 또 예수님을 받들고 숭배하는 것이 된다고 가르치고 있으니, 인간 심리는 양심에 어긋나지 않는 당연히 맞는 말로 여기에 절내 거부감 없습니다.

인간이 예수님을 마리아의 아들로 아주 효자로 만들어버린 것입니다. 인간 양심과 이성은 예수님을 효자라고 하는 말이 예수님을 높이는 것처럼 좋게 들리는 것이지만, 그러나 인간이 예수님을 그렇게 인륜적인 데로 끌어다 놓고 평가하듯이 하고 나오는 것은, 인간 자기가 누구인지 모르는 아주 무지한 행위입니다. 예수님을 인간 중에서 윤리 도덕에 흠 없는 성인의 한 사람으로 끌어내려 놓는 악한 행위입니다. 세상 사람들이 예수님을 성인으로 여기는 것과 다를 바 없는 똑같은 짓입니다. 인간이 자기를 지으신 그분 앞에 죄를 지어 형벌에 떨어지게 되었다는 것을 보게 하시려고 율법을 주시고, 죄를 없이 하시려고 사람으로 오신 하나님을, 생명의 주인이시며 영생이 되는, 윤리 도덕 위에 계신 예수님을 놓고 효자다, 아니다, 하는 식으로 평가하듯이, 칭찬하듯이, 하고 나오는 것은 예수님에 대한 모독이요, 인간 자기가 누구인지 모르는 교만이라는 말입니다. 그래서 성탄절을 정해서 지키는 것이나 마리아 숭배하는 것이나 내용은 달라도 인간 양심에서 발생한 것은 똑같은 것입니다.

오늘날 또 어느 큰 교회 목사가 오래전부터 효를 복음이라고 이름을 붙이고 효 운동을 대대적으로 전개하고 있다는 것 아닙니까? 그 목사는 제가 과거에 알던 목사로서 그때는 존경했었습니다. 그런데 어떻게 효가 복음인지 제 믿음의 상식으로는 도무지 이해가 되지 않았지만, 그냥 그런가 보다 했지요. 복음은 오늘 눅2:10이 말씀해주는 것, 기쁨의 좋은 소식, 그것은 죄로 인해 인간이 영벌에 처했는데, 그 죄를 용서받고 영벌에서 놓여나 자유하게 된다는 것, 죄인들에게 그것이 기쁨의 좋은 소식으로서 그래서 복음이라 하는데, 효가 어떻게 복음인가? 효가 어떻게 죄인을 구원할 수 있어서 효 복음이라고 할 수 있는 것인가? 하는 의문은 저에게 있었습니다.

  어느 날 기독교 TV를 틀자 그 목사가 방송에 나와서 효 복음에 대한 취지를 직접 말하는 것을 듣게 되었는데, 내게 '당사자에게 직접 들을 기회를 주셨구나.' 하는 생각을 했습니다. 그의 말이 "세상에 예수님 외는 구주가 없다. 구주는 오직 예수님 한 분이심에는 변할 수 없다. 그런데 효를 복음이라고 한 것은 예수님은 하나님께도 효자셨고 그 부모 요셉과 마리아에게도 아주 효자셨다. 예수님이 그 부모에게 효를 다함으로써, 우리 인간들에게 효에 대한 본을 보이셨다. 그러므로 예수님의 효를 본받아서 효를 실천하고 살 때 효가 살아야 가정이 살고, 가정이 살아야 나라가 산다. 복음이 되시는 예수님이 효자요, 효의 근본이 되시는 분이기 때문에 그래서 효 복음이라고 이름을 붙였다."는 것으로 듣게 되었습니다.

  그러니 이런 망령된 말이 어디 있습니까? 육신의 부모에게 효도를 가르치기 위해, 예수님을 인류에 맞는 윤리 도덕가로 끌어내려서 포장하고 앞세워 사람들의 정신 운동을 하는 것이었습니다. 이것은 공자 맹자를 뒤이어 보겠다는 것과 같습니다. 물론 하나님께서 인간 윤리로는 가장 기본이 되는 것으로 십계명 중 제5계명에 '부모를 공경하라'고 했습니다. 때문에 부모를 공경하는 것이 분명한 기독교 정신입니다. 부모를 공경할 줄 알아야 하나님도 공경할 수가 있는 것입니다. 그렇기에 하나님의 말씀을 따라서 부모 공경을 가르칠 수는 있습니다. 그러나 사람 간에 행할 효가 복음 위에 있을 수 없고, 효를 복음과 동일 선상에다가 놓을 수는 없습니다.

지금까지 말씀드린 대로 예수님은 사람의 가르침이 필요하신 분도, 인간의 칭찬이 필요하신 분도 아닙니다. 사람을 창조하신 창조주입니다. 창조된 사람이 죄를 가졌으므로 죄를 처리하시려고 마리아의 몸을 통해 육신으로 세상에 오셔서 구주의 길을 걸어가셨던 신성이요, 인성입니다. 구주의 길을 걸어가신 그 삼 년의 짧은 공생애의 삶은 복음서 전체가 다루고 있고, 또 신약이 그것을 말하고 있는데, 또한 성경 전체가 그것을 말하기 위해 쓰인 것이라 말이지요. 그러나 공생애 전, 삼 년의 열 곱이나 되는 30년의 긴 세월 동안 사시던 삶은 다루지 않습니다.

인간 윤리와 도덕이 뛰어나신 분으로 비칠 수 있는 그 30년의 평범한 삶은 기록하지 않으셨다는 말입니다. 물론 눅2:51은 공생애 전 예수님 성장기 때 그 양친에게 **순종하여 받드시더라** 라고 말하고 있어서 효자라는 개념으로 비칠 수는 있습니다. 그러나 효자라는 것을 말하고자 함이 아니고, 그렇다고 예수님이 불효자라는 것을 말하기 위해 제가 이 말을 하는 것이겠습니까? 30년 동안 예수님의 신성과 인성으로서의 그 인격이 성장하시는 것을 눅2:40-52까지를 통해서 비춰주신 것입니다.

그래서 예수님을 놓고 '효자다.' 하는 이런 평이 필요하신 분이 아님에도 불구하고 감히 하고 나오는 것도 엄청난 모순인데, 거기에 더 올려서 효가 복음이라 말하고 나오니, 진짜 복음이 방해받고 복음을 자기가 요리하는 것이 되어서 하나님께 두렵고 무서운 일인 것입니다. 불법이라는 말입니다. 어떤 이유가 되었든 효가 복음이 될 수도 없고 또한 예수님이 하나님께 효자였다고 하는 것에다 빗대어서 효 복음이라는 것으로 포장해서 사람들에게 복음에 대해서 혼란을 주어서는 안 되는, 절대 있어서는 안 되는 일입니다.

앞에서 말했지만, 예수님께서 마리아에게 어머니라고 직접 부르신 적이 한 번도 없고 그 기록이 어느 곳에도 없습니다. 또 마리아도 예수님을 자기 아들이라고 말하거나 칭한 적도 없습니다. 그러면 여러분, 인간이 예수님을 효자였다고 말한다면, 자기를 낳아 준 어머니에게 어머니라고 부르지 않는 것이 효자입니까? 어머니를 어머니라고 부르지 않아야 진짜 효자라고 하는 것인가 봅니다. 아니면 예수님 자신이 마리아에게서 나신 것 몰라서 어머니라고 부르지 않은 것일까요? 그리고 마리아도 자기가 예수님을 낳은 것 몰라서 아들로 부르지 않은 것일까요? 아니라는 것. 예수님은 하나님이시요, 마리아는 죄 있는 사람이요, 그러므로 예수님과 마리아를 인간의 관계로 보는 것은 절대로 믿음도 아니요 구주로 관계가 될 수 없는 것임을 의미하는 것입니다.

마리아는 예수님을 낳았지만, 예수님은 성영님으로 자기 몸에 잉태되어 나신 하나님의 맏아들이심을 확실히 알고 있습니다. 자신은 주의 계집종으로, 예수님의 계집종으로, 자기 몸을 내드려서 하나님이 사람으로 세상에 오시도록 한 도구로 쓰인 것을 안다는 말입니다. 세상 사람 다 몰라도 누구는 알아요? 마리아는 자기가 분명한 경험으로 예수님은 죄인의 구주로 세상에 오신 하나님의 아들이심을 알고 있다는 말입니다. 그러므로 예수님께서 마리아를 어머니라고 부르지 않으신 것처럼, 마리아가 예수님을 아들이라고 하지 않은 것처럼, 인간도 예수님을 놓고 효자였다고, 그런 평을 할 수 있는 대상이 아니라는 것을 분명히 아는 영의 지각이 있어야 믿음이 되는 것이요, 예수님께서 믿음의 대상이 되는 것입니다.

그리고 여러분이 또 분명히 인식해야 할 것은 복음이 되시는 예수님께서 이 땅에 오신 것은 사람들에게, 윤리 도덕을 가르치려고, 윤리 도덕이 깨졌으니 그 깨진 것 좀 세우시려고 오신 것 아닙니다. 정신을 깨우려고 오신 것이 아니에요. 또한, 인간이 먹고, 입고, 쓰는, 그런 세상 것들이 부족할까 봐서 그것을 채워주시려고 오신 것도 아니에요. 사단이 들어갈 지옥으로 떨어지게 될 죄로 인해, 하나님께 나올 수가 없게 되었으므로, 그 죗값을 치르고 하늘의 생명을 주시려고 오신 것입니다. 그래서 사람들이 죄인임을 알고 회개하여 용서받은 기쁨이 있고, 구원받은 영혼으로 성영님이 계시면, 삶의 방향도 삶의 목적도 알게 되고, 부모에게 효도하는 것도, 이웃을 사랑하는 것도, 알게 되는 것입니다. 그 사랑은 예수님이 달리신 십자가의 사랑을 가질 때만이 할 수 있는 것입니다. 그 사랑만이 모든 것을 회복할 수 있는 능력입니다.

그래서 교회에 주신 분명한 사명은 사람들이 죄인임을 깨닫게 하여 예수님으로 구원 얻고 생명을 얻게 하되, 더 풍성히 얻게 하는 데에 있습니다. 끊임없이 예수님을 알게 하고, 예수님으로만 살게 하고, 세상 사랑하던 것에서 돌이켜 예수님을 사랑하는 데 목적을 두게 하는 것이 교회의 사명입니다. 그러므로 오늘날 이같이 인간 양심에 맞고, 인간이 선하게 여기는 것들로 복음인 것처럼 속여 진짜 복음을 방해하여 믿음이 되지 못하도록 하는 것에 속지 않아야 하기에……, 오늘 들은 말씀으로도 여러분이 깨달을 수 있잖습니까? 복음인 것처럼 가장한 것들로 믿음의 혼란을 겪지 않아야 하고, 반드시 분별해야 할 중요한 것이기에 그 책임으로 말씀을 드렸으니 깨닫는 것으로 받았기를 바랍니다.

자, 그래서 성탄절도 인간 양심이 임의로 정하여 만들었으므로 사단이 세상에게 예수님의 이름을 망령되이 일컫게 하고 이름을 훼방하는 날로 사용한 것입니다. 그래서 예수님을 믿는다고 해도, 성영님이 말씀을 열어 보게 하여 주시지 않으면, 하나님 아버지의 사정을 절대로 깨달을 수 없기 때문에 인간 생각에서 나온 것들이 옳은 줄 알고 따라가는 것입니다. 성영님으로 깨달아 아는 영적 지각이 없으면 인간 생각에서 나는 것들이 당연한 것으로 받아들여져 같은 무리가 된다는 말입니다. 성영님만이 영이신 아버지의 깊은 사정의 뜻, 마음을 알게 하시기 때문에, 그래서 성영님으로 믿는 믿음이 되지 않으면 하나님 아버지를 알 수 없을뿐더러 의도에 맞는 것인지도 분별 못 하게 되어 있습니다.

하늘의 일, 눈에 보이지 않는 신영한 일을 다루는 영적 지도자가 된다는 것은 책임이 큰 것입니다. 이것이 무슨 세상 학문이나 지식 가르치는 것이 아니지 않습니까? 하나님의 뜻과 목적과 방향이 같아야 하는 하나님의 일을 하는 것이기에, 지도자들이 사람들의 신심이나 개발시키고 키우는 것이 된다면, 그것이 바로 거짓 선지자니, 그 심판이 큰 것입니다. 그래서 제가 여러분께 당부합니다. 믿음은, 내 생각을 내려놓는 것입니다. 내 생각이 아무리 옳은 것 같아도 하나님의 생각을 받아들이고 따르는 것이 믿음입니다. 하나님께서 내 생각에 맞추시는 것이 아니라, 내가 하나님 생각에 맞추는 것이 믿는 것의 기본입니다. 그래서 하나님의 뜻대로 믿는 믿음으로 나아가려면 먼저 이 믿음의 기본부터 가져야 합니다.

여러분! 요셉과 마리아가 베들레헴으로 호적 하러 가서 예수님을 낳은 것은 바로 예수님께서 호적에 오르게 하여 인간 역사에 기록하는 뜻이 되게 하시려는 섭리였습니다. 만일 하나님께서 예수님의 나심을 기념하는 것이 뜻이었다면, 호적에 올리게 하셨으니, 성경에 한 줄 정도 되는 출생일을, 기록하실 줄 몰라서 안 하셨겠습니까? 몇 년 몇 월 며칠, 이것이 어려워서 기록하지 않았겠는가 말입니다. 하나님의 뜻은 예수님의 나심을 기록하여 세상에 구주로 오셨다는 것을 전하고, 구원 얻게 하시는 데 뜻을 두신 것이지, 믿음을 가지는 데는 태어나신 날에 있는 것이 아니라는 것을, 날을 온전히 감추시는 것으로 말씀을 대신하신 것입니다. 성경에 기록된 대로 처녀에게서 나셨다는 것, 이것이 우리에게 너무나 중요한 믿는 증거이지, 날이 증거가 아닙니다. 이것이 하나님의 생각이요 하나님의 생각을 따르는 것이 믿음이라는 것을 가르치시는 것입니다. 그래서 하나님의 이 같은 생각을 믿지 않고 하나님을 위해서라고 하는 인간의 모든 열심히는 종교적 행위요, 영적인 바벨탑입니다.

여러분에게 질문합니다. 여러분! 예수님 나신 날을 모르면 구원 못 받습니까? 여러분은 예수님 나신 날이 있어서 예수님을 믿기로 했습니까? 나신 날을 모르면 믿지 않을 것입니까? 우리는 성영님에 의해서 믿음을 갖는 것입니다. 우리가 교회 나와 말씀을 들으니 내가 죄인이더라, 하나님을 거역하고 떠나 살았던 죄인으로 형벌밖에 없는데, 그 형벌에서 구원해주신 분이 바로 구주 예수님이라는 그 복음을 듣고 믿음을 가진 것이지, 저도 이 질문과는 상관없이 예수님을 믿고 구원받았습니다. 만일에 성탄절을 지키지 않아서 문제가 된다면, 그것은 날을 감추신 하나님께 책임이 있는 것이지, 우리에게 책임이 있지 않다는 것을 예수님의 이름으로 분명히 말씀을 드립니다.

날을 감추신 하나님 아버지의 속사정을 성영님으로 좀 깨닫고 그 믿음이 돼야 하지 어떻게 인간이 임의로 날을 만들 수가 있습니까? 누가 언제 자격을 주었나요? 인간 스스로가 자기 분수도 모르고 자격이 있는 것처럼 하고 나오는 것으로 스스로 하나님 됨을 나타낸 교만입니다. 그리고 인간은 예수님의 나심을 축하한다는 것을 할 수 있는 권리나 자격이 없습니다. 그 자격을 또 누가 언제 주었습니까? 주었다면 그것은 마귀가 준 것입니다. 예수님은 신성과 인성이신 하나님입니다. 그 하나님께서 죄인을 구원하시고 마귀의 권세를 깨뜨리기 위해서는 죄 있는 육신처럼 오셔야 했기에 마리아의 몸에 성영님으로 잉태되어 오신 것입니다. 그래서 예수님을 인간의 눈으로는 마리아의 아들로밖에 보이지 않지만, 그래서 효자라는 말을 하고 나오는 것이지만, 성영님의 눈으로는 그분은 완전한 신성과 인성이신 하나님이요. 인성이 몸으로 오신 것을 보는 겁니다.

그러나 아담 이후 가인으로부터 우리 인간은 하나님과 스스로 원수가 되어 하나님을 떠나버린 전적으로 타락한 죄인입니다. 그런 죄된 피조물인 인간이, 자기를 지으신 하나님께 축하한다는 그 자체가 얼마나 상식에 어긋난 것인지 생각해볼 수 있지 않습니까? 인간이 자기 주제도 모르고 하나님께 축하한다고 하는 것은, 자기 위치가 무엇인지 도무지 모르는 무지한 행위요, 또한 하나님 앞에 가져야 할 겸손이 무엇인지, 뜻을 모르는 교만한 행위입니다. 인간이 습관에 붙은, 인간끼리하고 사는 인사치레를 생각 없이, 자기 기분대로 하나님께도 하는 것입니다. 여러분! 사람이 하나님을 축복할 수 있습니까? 인간이 도대체 어떻게 하나님을 축복할 수 있다는 말입니까? 어떻게 사람이 하나님을 축복합니까? 축복도 축하도 할 수 있는 대상이 아닙니다. 피조물에 축하받을 위치가 아니라는 말입니다. 여러분이 이것만 깨달아져도 오늘 말씀을 다 이해할 수가 있습니다.

그다음 본문 중에 밤에 양을 치던 목자들에게 구주가 나신 첫 목격자가 되게 하신 것은, 바로 예수님이 목자로 비유되었기 때문입니다. 유목하는 목자들은 밤에 들짐승이나 이리나 늑대가 와서 어린 양들을 물어가기 때문에, 신경의 촉각을 세우고 밤잠을 잡니다. 만일 양을 물어 갈라치면, 목숨의 위험을 감수하며 짐승의 입에서 양을 빼앗아 냅니다. 양을 보호하는 일을 그같이 희생적으로 하면서, 목숨을 다해 자기 양을 지켜냅니다. 바로 예수님께서 목자들처럼, 이리나 늑대에게 잡아먹힐 위험에 빠져 있는, 목자의 음성을 기다리는 자기 양들을 위해, 그 이빨에서 구원해내시려고 선한 목자로 오셨다는 것을, 목자들로 첫 목격자가 되게 하여 부각시킨 것입니다.

그다음 마2장에서는 이방의 동방박사들이 왕이 나실 별의 징조를 보고 그 별을 따라서 수백 킬로나 되는 먼 길을 찾아와 아기 예수님께 경배하고 보배합을 열어 황금과 유향과 몰약을 예물로 드렸다고 했습니다. 이것의 의미는 바로 이방인들로 하여금 이 땅에 오신 예수님 나심의 목격자가 되게 하시고, 만왕의 왕이신 아기 예수님께 경배하여 왕으로 맞이한다는 표시로 황금을 드리게 하셨고, 유향은 하나님과 인간의 중보로 오신 구주를 맞이한다는 표시로 드려진 것이고, 성전 제사 때 유향이 쓰였는데, 유향은 자기 백성의 중보로 오실 예수님을 예표하는 상징이었습니다. 그렇기에 하나님께 나아오는 자의 중보가 되신 예수님을 이방인도 맞이한다는 뜻입니다. 몰약은 죄를 대속하시기 위해 고난 받으시고 죽기 위해 오신 예수님의 장사를 위한 표시였습니다. 이방인도 구주로 오신 메시아를 맞이한다는 표시로 예물을 드리게 하셨다는 말입니다.

 물론 동방 박사들은 하나님의 깊은 영적인 뜻을 알고 행한 것은 아닙니다. 자연(별)의 징조에 대해 그들이 알고 있는 것을 사용하셔서 별을 따라오게 하셨고, 성영님께서 감동케 하심을 따라 순종한 행동이었습니다. 이방인들의 구원을 위해 예수님이 오심을 이방인이 맞이하게 함으로써 예수님과 관계있는 뜻이 되게 하셨습니다. 아브라함을 갈대아 우르에서 불러내어 그 걸음을 인도하신 것과 똑같은 이치입니다.

 그래서 구주가 나심에 대한 이방인인 우리의 자세는, 첫째, 하나님께서 이스라엘 자기 백성에게 구주를 보내시겠다고 수천 년 동안 언약하신 대로 마리아를 통해 죄인의 구주로 이 세상에 오셨다는 것을 믿는 것입니다. 날짜가 중요하니 날을 알라는 것이 아니라 예수님께서 죄인인 나를 구원하시려고 세상에 오셨다는 것을 알고 믿는 것이라는 말입니다. 그 믿음을 가졌으면 성탄절 지키는 것으로 아기 예수님을 붙들고 늘어질 필요 없습니다. 지나갔습니다. 그다음 우리 믿음의 둘째는, 우리도 동방 박사의 예불 드림에 함께 참여된 것을 믿는 것입니다. 황당한 말입니까? 그러면 여러분이 이방인인 우리가 아브라함의 복에 참여할 수 있는 것은 무엇입니까? 우리가 아브라함이기 때문에 그 복이 있습니까? 바로 믿음과 행함으로입니다.

그같이 동방 박사들의 경배와 예물 드림은 이방인들 중에서 예수님을 믿으러 나온 자들의 대표로 하게 하신 것이요, 죄인의 구주요 왕으로 영접한 자들이 그 경배와 예물 드림에 함께 참여 되게 하신 것입니다. 이것이 믿음이요, 우리가 받아들여야 할 하나님의 방법이에요. 그래서 죄인으로 구원받아 예수님으로 사는 자는 동방 박사들의 경배와 예물의 뜻에 함께 참여가 된 것입니다. 이제 예수님이 자기의 구주가 되었고 왕으로 모셨으면, 나신 날은 지나갔으니, 믿음으로 받되 붙잡지 말라는 뜻에서 태어난 연 월 일은 남기지 않으셨습니다. 그러면 여러분은 이것을 믿음으로 받지 않고 굳이 성탄절을 지키겠습니까?

사람이 성경을 믿는다고 해서 하나님의 이런 영적인 것은 깨달을 수 있는 것은 아니지요. 고전2:10에 **오직 하나님이 성영으로 이것을 우리에게 보이셨으니 성영은 모든 것 곧 하나님의 깊은 것이라도 통달하시느니라** 했습니다. 하나님의 하신 일은, 인간의 마음으로 깨달을 수도 없고 눈으로 볼 수도 알 수도 없는 것이라, 하나님께서 우리에게 은혜로 주신 것을 알게 하시는 것은, 오직 하나님의 깊은 것을 통달하신 성영님에 의해서입니다. 그러므로 신영한 일, 바로 예수님으로 구원하시는 영적인 모든 뜻은 오직 성영님으로만 보는 것이요 깨달을 수 있고 분별하는 것입니다.

오늘날 교회들이 하나님 아버지의 의도에서 벗어난 혼합한 누룩 넣은 떡을 열심히 만들어 먹이고 있습니다. 성탄절 지킨다고 붙잡고 있는 이 한 사건만 보더라도, 얼마나 많은 것들을 분별하지 못하고 있는지 증명해주는 것입니다. 성경의 기록된 겉 말씀의 교리적인 것이나 역사적인 것이나 시대적인 이런 것의 지식적인 것으로는 밝지만, 그 속에 넣으신 하나님의 영적 의도와 뜻은 보지 못하는 것이어서 두려운 줄도 모르고 인간 자기의 말들로 해석하여 생명 없는 말들을 외치고 있습니다. 사람들을 영적으로 쭉정이가 되게 하고 있습니다.

교회가 성탄절을 굳이 지켜야 한다면 지키는 그 날에 구유에 누인 아기 예수님이 그 자리에 계시든지, 아니면 이천 년 전 그 구유에 오신 아기 예수님께로 가야 합니다. 그때의 사건을 믿음으로 받는 것을 원치 않는다면 구유에 누인 아기 예수님이 계셔야 그것이 진실이요, 예배로 성립되는 것입니다. 왜냐면 아기 예수님으로는, 죄를 사하실 수가 없습니다. 구원을 주실 수도 생명을 주실 수도 없습니다. 아기 예수로는 사람 안에 오실 수가 없는 것이니 성탄절을 지키려면 그 자리로 가야 맞는 것입니다. 그리고 예수님이 장성하여 십자가의 구원을 이루시기를 기다려야 할 것입니다. 정말 영적인 이해들이 되고 믿음이 되기를 진심으로 바랄 뿐입니다.

그러니 성탄절을 붙잡고 있으려면 아기 예수님이 나신 그 이천 년 전으로 가야 하는데, 그럴 능력도 없고, 또한 능력이 있어 간다 해도 아기 예수님이 그 자리에 머물러 계신 것이 아니라 장성하여 십자가에서 구원을 이루시고 하늘로 가셔서 오늘날 영접하는 자 안에 성영님으로 와버리셨는데, 어디 가서 아기 예수님을 찾을까요? 그러니까 찾을 수도 만날 수도 없으니, 성경이 금하고 있는 짓들을 하고 있는 것 아닙니까? 성경이 금하고 있는 짓들을 하면서 거기서 만나고 있는 거잖아요. 거짓된 것들을……. 구유에 누인 아기 예수님을 흉내 내어 모형으로 만들어 놓고 온갖 장식으로 치장하고, 예배한다면서 그것들을 지금 만나고 있는 거잖습니까?

성탄절을 교회 명절과 축제일로 삼았으니, 명절 기분이 나는 축제가 되어야 하니, 여러 가지 프로그램을 만들어서 재능 자랑하고 끼 자랑들 하는 것 아닙니까? 그것이 무슨 하나님께 영광 돌리고 하나님이 받으시는 것처럼 기분을 내고 있지만, 지금까지 들은 말씀으로 볼 때 그것이 누구를 위한 것이라고 생각합니까? 인간 자기들을 위한 것입니다. 사단에게 영적인 타락을 주도하도록 허용하는 행위입니다. 도대체 신영과 진정이 무엇인지도 모르는 타락이에요.

하나님께서는 인간의 수공 물들은 아무것도 받지 않으십니다. 인간의 노력과 수고도 받지 않으십니다. 하나님은 영이시니 오직 성영님으로 말미암은 믿음만 받으십니다. 인간의 신심에서 나는 것들로 하나님을 위한 것처럼 하는 누룩의 일들이 너무나 판치고 있습니다. 인간이 아기 예수라고 모형을 만들어 강단에 장식하고, 성탄절 분위기 낸다고 온갖 장식품들로 강단을 치장하고 아기 예수의 탄생을 재현하면서 예배한다고 하고 있으니 그것을 누가 받습니까? 정말 여러분의 영의 눈이 열려서 볼 수 있으면 참 좋겠습니다. 하나님께서 금하신 가증한 것들이니 악한 영들의 자리가 되어서 비웃으며 앉아 경배 받는 것입니다. 여러분의 눈에 보이지 않는 것뿐이지 하나님의 뜻을 인간이 왜곡하면 그것은 다 마귀에게 돌아가는 것입니다.

그다음 짚고 가야 하는 중요한 부분이 오늘 본문 11, 12의 말씀인데, 이 말씀도 얼마나 잘못 전해지고 있는지 말로 다할 수가 없습니다. **오늘날 다윗의 동네에 너희를 위하여 구주가 나셨으니 곧 그리스도 주시니라 너희가 가서 강보에 싸여 구유에 누인 아기를 보리니 이것이 너희에게 표적이니라** 했습니다. 구주가 어디에 누이셨다는 것입니까? 구유에 누인 것이 구주이신 표적이라는 거예요. 구유가 소나 말 돼지, 이런 가축들의 밥통이라는 것 다 알지요? 오늘날 말씀을 말하는 사람들이 이 구유에 누이신 것을 가지고 표적에 빗나간 자기의 해석으로 예수님을 동정하듯이 열심히 말하고 있습니다.

예수님께서 인간의 죄를 사하시려고 이 세상에 오실 때 하늘의 영광 버리고 낮고 천하고 비천한 모습으로 오셨다고 가장된 말로 오버(over)하고 있습니다. '그것은 세상에서 가장 낮고 천한 자들도 예수님을 부담 없이 만날 수 있게 하시려고 그 누추한 곳으로 오신 것이다. 그러니 예수님이 얼마나 겸손하신가 보라! 예수님의 겸손을 닮아라!' 하면서 예수님의 나심의 의미와는 전혀 상관없는 불필요한 말들로 사람들의 감정에 맞추어 주느라고 애쓰는 것을 듣습니다.

예수님이 말구유에 누이셨다고 해서 절대로 낮고 비천한 모습으로 오셨다는 것과는 하등 관계없습니다. 앞에 말했던 '효자다'하는 것이나 '얼마나 겸손하시냐?' 다 같은 것입니다. 예수님을 칭찬하듯이 평가하듯이 또 동정하듯이 하는 이런 쓰레기 같은 말은 다 인간 자기중심적인 데서 나온 것들로, 예수님의 나심의 의미와는 절대로 관계없습니다. 예수님에 대한 이런 표현들이 죄인인 척하는 인본에게는 필요한지 모르겠지만, 그러나 자기가 절대적 죄인이라는 것을 아는 자, 그 죄인에게는 필요치가 않습니다.

예수님은 낮고 천하고 비천한 자들이 예수님을 만나러 나올 수 있게 하려고 구유에 오신 것 아닙니다. 구유에 누이신 것은 그렇게 낮고 천한 것이 아니라 '죄인의 구주로 오셨다.'는 표적입니다. 표적! 아니, 낮고 비천한 자들하고 예수님하고 뭔 상관입니까? 비천한 것과 예수님과 관계없습니다. 예수님과 상관있는 자, 예수님을 만날 수 있는 자는 누가 만날 수 있어요? 바로 자기가 하나님이 말씀하는 죄인이라는 것을 아는 자입니다. 세상에서 낮고 천하고 하는 신분의 것들이 아니에요. 하나님이 보실 때는, 인본이 말하는 낮고 천한 것과는 상관없이, 다 죄인인데, 자기가 죄인으로 구원 얻기를 원하는 자를 위해서 오신 구주시라는 말입니다.

그래서 죄인으로 예수님을 만나지 못하면 누구도 예수님 만나지 못했어요. 아무리 수십 년 열심히 믿음 있는 것처럼 교회 다녔어도 자기가 죄인으로 예수님 만나지 못했으면 예수님 만나지 못했어요. 예수님께서 '나는 죄인 부르러 왔다.' '그 죄인에게 나를 주려고 왔다.' 하셨지 '낮고 비천한 자들을 위해서 구유로 왔다.' 하지 않으셨습니다. 구유에 누이신 것, 이 세상 죄 속에 구주로 오셨다는 것, 죄 속으로 죄로 죽을 자처럼 죽으려고 오셨다는 의미입니다. 본문 7에 **맏아들을 낳아 강보로 싸서 구유에 뉘었으니 이는 사관에 있을 곳이 없음이라** 했습니다. 사관에 있을 곳이 없게 하신 것, 아버지 하나님의 섭리입니다. 구유에 뉘어야 하는 것이 하나님의 뜻입니다. 구유에 뉘어야만 세상에 오신 구주이심이 증명되는 것이요, 구유가 아니면 다 절도며 강도요, 거짓입니다. 구유는 세상을 상징하고, 죄를 상징합니다. 사람의 더러운 죄의 모습을 상징합니다. 그래서 하나님이 사람을 통해서 세상에 오셨는데 구유에 뉘인 것으로 세상에 오신 그리스도 주 시라는 것이 입증이 되었습니다.

그러면 왜 구유가 세상을 상징합니까? 여러분이 구유가 깨끗한 생각이 듭니까? 더러운 생각입니까? 당연히 불결한 생각이 듭니다. 구유가 있는 곳은 짐승이 거처하는 곳, 짐승의 우리입니다. 거기서 먹고 배설하고 잡니다. 짐승은 본능적으로 먹고 배설하지만, 배설물의 불결한 것에 대한 지각이 없습니다. 그곳에서 먹고 배설하고 자는 곳이니, 그곳이 얼마나 더럽고 불결합니까? 아무리 불결해도 그 짐승 스스로가 깨끗이 청소할 능력도 없습니다. 주인이 매일같이 짐승과 우리를 청소해주지 않으면 결국 자기 배설물에 의해서 전염병이나 병균이 침투해 죽을 수밖에는 없는 것입니다. 그래서 짐승의 우리는 바로 죄로 타락한 인간 세상, 온갖 죄 속에서 죽게 된 인간은 또한 그 짐승처럼 인간 스스로가 죄를 어찌해볼 수 없는 불가피한 존재임을 상징한 것이요 그 죄 가운데로 예수님이 오셨음을 의미하는 것입니다.

인간은 자신의 처한 처지를 알고 예수님이 자기 죄를 깨끗이 씻어주실 주인이시요 구주이심을 믿는다면, 예수님은 예수님 자신을 통째로 내주시려고 오셨다는 것을 그같이 짐승의 먹이통 안으로 오심으로써 구주의 표적이 되게 하셨습니다. 이제 이 말씀을 어떻게 알아야 하는지 아셨습니까? 그래서 여러분이 오늘 이 말씀뿐만 아니라 모든 말씀이 다 그렇지만 자기와 연결이 돼야 합니다. 그것이 믿음이에요. '그 같은 죄인으로 구유와 같고 짐승과 같은 나를 예수님께서 십지기에서 흘리신 피로 씻어주시고 하나님 아버지께 의롭다 함을 받은 자녀로 나게 하셨으니, 참 감사합니다.'의 참으로 감사한 그 믿음으로 연결이 되어 예수님과의 관계가 분명해져야 하는 것입니다. 그래서 그 감사가 자기 속에서 올라올 수밖에 없는 것이 하나님의 뜻대로 믿는 진정한 믿음의 모습입니다.

그래서 인자로 오신 예수님은 14에서 하나님께 영광이라고 했습니다. 하나님께 왜 영광입니까? 그 죄인을 구원하시는 하나님의 뜻, 마귀의 속박 가운데서 고통받는 자기의 백성을 건지시는 뜻이 이루어지게 되었기 때문입니다. 하나님께서는 창세 전에 예수 그리스도로 말미암아 죄인을 구원하시기로 정하셨습니다. 의인이라 하는 자를 구원하기로 정하신 것 아니에요. 지혜 있다 하는 자들을 구원하기로 정하신 것 아닙니다. 죄인을 구원하시기로 정하셨어요. 그래서 하나님은 아버지가 되시고 죄에서 구원받은 자녀가 되어 함께 영원히 살게 하시는 꿈을 가지셨습니다.

예수님의 나심은 하나님의 그 꿈이 이루어지는 것이니, 하나님께 영광이었습니다. 모든 인류가 하나님을 떠나서 마귀의 종으로 살았는데, 이제 마귀의 권세는 깨어지고 그 속박에서 해방되기를 기다리는 자, 죄 때문에 고통 하는 자, 죄의식과 두려움을 안고 사는 자, 죽음의 두려움으로 떠는 자들을 구원하여 자유하게 하시는 뜻이 이뤄져 온 땅에 하나님의 나라가 임하시게 되었으므로 예수님의 나심이 아버지의 영광, 곧 기쁘심이었습니다. 인자로 오시는 예수님도 고난을 겪으시지만, 예수님의 영광이 되시는 길이었습니다. 창세기부터 예언하셨던 유대인의 왕으로 오신 것이요, 온 땅의 왕으로 오신 것이요, 그래서 만왕의 왕, 만주의 주로 오셨기 때문에 예수님께도 영광이 되시는 것이었습니다.

그다음 **땅에서는 기뻐하심을 입은 사람들 중에 평화로다** 하셨습니다. 바꿔 말하면 '하나님께 기뻐하심을 입은 사람들에게는 평화'라는 말입니다. 그러면 하나님의 기뻐하심을 입은 사람들은 누구입니까? '모든 사람들에게 평화로다.' 하신 것 아닙니다. 모든 인간들의 축제가 된다는 뜻 아닙니다. 분명히 "기뻐하심을 입은 사람들 중에 평화"라고 하셨습니다. 아멘입니까? 하나님께서 직접, "이는 내 사랑하는 아들이요 내 기뻐하는 자"라고 말씀하신 것은 오직 예수 그리스도 뿐입니다. 예수님만이 하나님의 절대 사랑이요 최대의 기쁨이십니다. 하나님은 아들이신 예수님만 사랑하시고 기뻐하십니다.

그리고 우리가 분명히 알고 믿음이 돼야 하는 것은, 하나님께서 사람을 그렇게 사랑하시고 기뻐하시기를 소원하셨습니다. 그렇기에 하나님의 그 사랑과 기뻐하심을 입은 것은, 오직 예수 그리스도를 통해서입니다. 죄인으로서 예수님이 구주이심을 믿고 영접하여 예수님으로 사는 자가 바로 하나님의 사랑하고 기뻐하시는 자입니다. 그래서 하나님의 나를 사랑하심과 기뻐하시는 분량은 그 구원받은 기쁨으로 예수님을 사랑하고 인격적인 교제를 이루어가는 것만큼, 예수님과 내가 사귐이 깊어져 가는 것만큼입니다. 그래서 형벌 받을 죄를 용서 받고 하나님과 화목하게 되었으니 평화잖습니까? 이 얼마나 평화입니까? 죽음의 두려움, 죄의식의 두려움, 삶의 불안과 공포, 이 모든 것에서 놓여났으니 이 얼마나 평화입니까?

그러므로 예수님의 나심은 하나님께 영광이요, 그 영광은 영원하신 영광이요, 땅에는 기뻐하심을 입은 사람 중의 평화인데, 그 평화 또한 영원한 평화입니다. 이제 여러분이 하나님의 이 기뻐하심을 입은 자가 되었고, 예수 그리스도로 사는 믿음이면 예수님으로 이루어진 이 평화가 말입니다. 여러분 속에서 살아서 운동해야 합니다. 운동하고 있어야 해요. 여러분 속에 항상 이 평화가 주장하고 있어야 해요. 그래서 이 평화가 영원한 평화가 돼야 하는 겁니다.

이제 〈성탄절은 하나님과 무관한 불법의 일〉에 대한 말씀을 맺으면서 한 가지 당부는 오늘 이 말씀을 들은 여러분이 이제 믿음에 대해 깨닫게 되었고 믿는다면, 성영님께서 여러분의 영혼에 믿음이 되게 하셨다면, 그래서 믿음으로 동의하여 받는다는 뜻으로, 예수님의 이름으로 '아멘' 하겠습니다. 아멘으로 답하신 여러분에게 하나님 아버지의 복이 충만히 임하시기를 예수님 이름으로 축복합니다.

오늘 말씀을 듣고 보니 우리가 얼마나 믿음을 잘못 가지고 있었는지, 하나님의 뜻대로 된 믿음이 아니라, 하나님께 열심히 있으면 다 기뻐하시는 줄로 알았고 인간 양심을 동원하여 믿는다고 해왔던 이런 모습들, 다 죄라는 것을 알았습니다. 자기 양심으로 하나님을 아는 것이 아닙니다. 우리가 복음을 듣고 교회 나와 하나님의 말씀을 듣고 보니 하나님이 계시고 죄인이라는 것을 알았고, 예수님이 구주이신 것을 안 것입니다. 우리 양심으로 하나님을 알게 된 것 아닙니다. 양심으로 죄인이라는 것을 알게 된 것 아닙니다. 양심으로 하나님을 섬길 수 있는 것이 아닙니다.

그래서 양심으로 하나님과 관계를 맺으려 했던 이 죄 된 인본의 것들이 얼마나 잘못된 것이었는지, 이 시간 성영님께서 깨닫게 해주신 대로 회개하고, 또 정말 성영님께서 인도하시는 믿음이 되게 해주시라고, 성영님으로 믿는 믿음이 되게 해주시라고, 그렇게 믿기를 원하여서 간절함과 사모함을 가지고 성영님을 의지하여 하나님 아버지께 예수님의 이름으로 간절히 다 같이 기도합니다.

아버지! 이 말씀으로 우리를 깨우시고 깨어있는 산 믿음의 복을 주시니 우리 주 예수님의 이름으로 영원히 감사드립니다. 아멘

07. 06. 06
성영님을 불로 주장하는 자들을 삼가라

¹오순절 날이 이미 이르매 저희가 다 같이 한 곳에 모였더니 ²홀연히 하늘로부터 급하고 강한 바람 같은 소리가 있어 저희 앉은 온 집에 가득하며 ³불의 혀 같이 갈라지는 것이 저희에게 보여 각 사람 위에 임하여 있더니 ⁴저희가 다 성영의 충만함을 받고 성영이 말하게 하심을 따라 다른 방언으로 말하기를 시작하니라

(행전2:1-4)

오늘은 〈성영님을 불이라고 말하고 주장하는 자들을 삼가라〉는 것을 말씀드릴 것입니다. 여러분이 참으로 믿기 원하면 말씀을 받을 수 있는 영적 지각이 있기를 바랍니다. 오늘 본문은 무엇을 다룬 것인지 여러분이 다 잘 알 것입니다. 예수님께서 하늘로 가신 뒤 보혜사 성영님이 하늘로부터 오셨습니다. 예수님이 십자가에서 이루신 구원을 사람들 속에 이루어지게 하시려고 성영님께서 강림하신 사건입니다.

예수님께서 복음의 일을 시작하시면서 자기의 제자들을 부르시고 복음을 전파하시며 가르치실 때, 그 제자들에게 자신이 십자가에 달

려 죽으시고 죽은 자 가운데서 다시 살아나셔야 할 것에 대하여 수차례 예고를 하셨습니다. 그리고 이르시기를 "내가 아버지께로 가는데 내가 가면 아버지께 구하여 또 다른 보혜사를 너희에게 주사 영원토록 너희와 함께 있게 하시리니 그가 너희와 함께 거하실 것이요 너희 속에 계시겠음이라"고 하셨습니다. 예수님은 부활하여 아버지께로 가셔야 하고, 예수님이 가시면 또 다른 보혜사 성영님이 오셔서 예수님이 이루신 구원과 생명을, 예수님을 믿는 모든 자에게 얻게 하시고 또 그들 속에 계신다는 것을 말씀하신 것이라는 말입니다.

또한 **내가 너희를 고아와 같이 버려두지 아니하고 너희에게로 오리라**고 하심으로써, 성영님이 보혜사로 오시는 것은 곧 누가 오시는 거라고요? 예수님 자신이 오시는 것임을 말씀하셨습니다. 그래서 "성영이 오시는 것이 실상이다. 내가 떠나가고 성영이 오시는 것이 너희에게 유익이다. 진리의 성영이 오시면 너희를 진리 가운데로 인도하시리니 그가 내 것을 가지고 너희에게 알리실 것이다. 보혜사 곧 아버지께로서 나오시는 진리의 성영이 오실 때에 그가 나를 증거하실 것이요 또 들은 모든 것을 말하고 장래 일을 너희에게 알리실 것이라"고 보혜사이신 진리의 성영님과 그 하실 일에 대해서 자세히 가르쳐주시고 일러주셨습니다.

그렇기에 예수님께서 부활하여 승천하실 때 제자들에게 당부하여 이르시기를 **예루살렘을 떠나지 말고 내게 들은바 아버지의 약속하신 것을 기다리라 요한은 물로 침례를 베풀었으나 너희는 몇 날이 못 되어 성영으로 침례를 받으리라**(행1장) 하시고 아버지께로 올라가셨습니다. 성영으로 침례를 받으리라고 말씀하셨다는 말입니다. 이에 제

자들이 예루살렘에 돌아와 마가라는 제자의 집 다락에 올라가서 예수님의 모친과 아우들과 기도에 힘쓰고, 예수님께서 승천하신 열흘 뒤에 오순절 날에 하늘로부터 모여 있던 그곳에, 우리가 읽은 본문의 사건이 바로 그 기도하던 다락입니다. 지금 그 장소에 보혜사 성영님이 임하시니 그곳에 모인 무리 120문도가 성영님으로 충만함을 받고 성영님께서 말하게 하심을 따라 다른 방언으로 말하기를 시작했습니다. 성영님이 오순절 날에 임하신 사건은 하나님의 전 뜻이 사람들 속에 이루어진 큰 역사적 사건이요, 영적인 사건이요, 죄 사함과 구원이 확실히 인간 속에 이루어진 대선포로서 엄청난 이적의 사건입니다.

마16:28에 **진실로 너희에게 이르노니 여기 섰는 사람 중에 죽기 전에 인자가 그 왕권을 가지고 오는 것을 볼 자들도 있느니라**고 하셨습니다. 이와 같이 성영님이 오신 것은 예수님이 오신 것이요, 예수님께서 만왕의 왕으로서의 그 영광을 얻으시고 하나님 나라의 왕권을 가지고 오셨다는 것을 말씀하는 것이요. 또한 막 9:1에 **내가 진실로 너희에게 이르노니 여기 섰는 사람**(그 당시 사람들과 제자들)**중에 죽기 전에 하나님의 나라가 권능으로 임하는 것을 볼 자들도 있느니라** 하신 말씀대로 성영님이 오신 것은, 곧 하나님 나라의 권세와 능력이 인간 속에 임하여 오셨다는 것이요. 예수님께서 **나를 믿는 자는 나의 하는 일을 저도 할 것이요 또한 이보다 큰 것도 하리니** 하신 말씀대로 이제 성영님으로 충만한 자들을 통해서 하나님 나라의 일을 하시게 되었음을 말하는 것입니다. 이같이 오늘 본문의 내용은, 성영님이 하늘로부터 강림하신 것은, 하나님의 나라가 땅에 임하여 오신 엄청난 전우주적인 사건임을 말해주고 있습니다.

그러므로 성영님께서 하늘로서 오신 것은 하나님의 나라가 우리 믿는 자 속에 오신 것이라는 것을 말씀드리면서 또 한편 성영님에 대해서 바로 알 수 있도록 기회를 드리는 것입니다. 오늘날 목회자들 또는 성경을 가르치는 사람들이 성영님을 너무나 잘못 알고, 잘못 부르고, 잘못 가르치고 있어서 사람들의 신앙적인 문제가 크게 잘못돼 있습니다.

오늘 2에 "홀연히 하늘로부터 급하고 강한 바람 같은 소리가 있어 저희 앉은 온 집에 가득하며" 했습니다. 그다음 3에 "불의 혀 같이 갈라지는 것이 저희에게 보여 각 사람 위에 임하여 있더니" 4에 "저희가 다 성영의 충만함을 받고 성영이 말하게 하심을 따라 다른 방언으로 말하기를 시작하니라"고 했습니다. 예수님께서 하늘로 가신 뒤 약속하신 보혜사 성영님이 마가 다락방에 모였던 제자들에게 충만히 임하신 장면인데, 이같이 성영님이 오셨음에 대한 현상이 세 가지로 나타났습니다.

그러니까 모든 사람이 '급하고 강한 바람 같은 소리', '불의 혀같이 갈라지는 것이 저희에게 보여 각 사람 위에 임하여 있더니' 하는 것을 가지고 성영님이 그 같은 현상으로 나타나신 것처럼 말하고 있습니다. 성영님을 '바람 같은 성영이다', '불같은 성영이다.' 라고들 말한다는 말입니다. 그러나 성영님을 '바람 같은 성영, 불같은 성영'이라고 하는 것은 눈은 있으나 보지 못하는 소경이나 할 수 있는 말입니다. 왜인가 하면, 2와 3에서의 현상은 성영님이 그렇게 나타나 보인 모습이 아니고, 그것은 천사들의 활동을 말한 것이기 때문입니다. 구원 얻을 후사들을 돕기 위해서 성영님이 오실 때에 누굴 보낸다고 하셨어요? 천사들입니다. 천사들이 활동한 모습, 천사들의 능력적인 면이 그렇게 보인 것입니다.

성영님은 그런 현상으로 보이거나 나타내시는 분이 아니에요. 앞에 언급한 마16:28에 예수님께서 왕권을 가지고 오는 것을 볼 자가 있다 하신 것과 막9:1에 하나님의 나라가 권능으로 임하는 것을 볼 자들이 있다 하신 것이 바로 하늘로부터 성영님이 오시는 것을 말씀하시면서 그것은 곧 예수님이 아버지께 만왕의 왕으로서 영광을 얻으시고 하나님 나라의 왕권을 가지고 땅에 성영님으로 오신다는 것을 말씀하는 것이라고 했잖습니까? 그래서 '왕권'은 예수님께서 하늘과 땅의 모든 권세를 가지신 분으로 그 앞에 모든 만물이 복종하는 절대적인 권세를 가지고 하늘로부터 오실 때 천사들이 복종하여 따르고 또한 하나님 나라가 '권능'으로 임한다고 하신 대로 하늘의 능력의 천사들이 함께 와서 성영님께서 구원하시는 일을 하실 때, 그 일에 수종들어 돕는다고 하는 것을 말하는 것입니다. 왕권을 가지고 오신다는 것이 바로 이것을 말합니다. 하나님의 구원하시는 일, 그 영적인 일에 대한 수행자가 바로 천사들이라는 말입니다. 그래서 천사들을 하나님의 '사자'라고 표현하는 겁니다. 하나님의 사자!

'권능'이라고 했을 때는 반드시 '능력의 천사'를 포함한 말입니다. 성경에서 '너희가 권능을 받고' 하는 그 권능에는 능력의 천사가 포함된 것을 말합니다. 그러니까 히1:14에서 **모든 천사들은 부리는 영으로서 구원 얻을 후사들을 위하여 섬기라고 보내심이 아니뇨** 하지 않았습니까? 모든 천사는 하나님께서 부리는 영인데, 바로 구원 얻을 후사들을 위하여 섬기라고 보내셨다는 것입니다. 하나님이 모든 천사를 지으신 목적이 뭐냐? 부리기 위해서라는 겁니다. 선한 천사나 악한 천사, 모두가 다 하나님께서 부리기 위해서 지으셨다는 것입니다. 악한 천사는 누구를 말할까요? 사단입니다.

 선한 천사나 악한 천사를 지으신 목적이, 하나님께서 부리기 위해서다. 인간을 구원하시는 일에 필요한 존재, 구원하시는 일에 부리기 위해서라고. 그래서 모든 천사는 부리는 영이라는 것을 분명히 말해주고 있습니다. 그러므로 여러분이 사람을 지으신 목적과 천사들이 지어진 목적에 대해서, 그리고 그 차이에 대해서 분명하게 좀 깨달을 수 있어야 하지 않겠습니까? 얼마나 사람을 존귀하게 지으셨는지……, 하나님의 형상을 따라 모양대로 지으시고, 하나님 아들의 형상을 가진 아들로 낳으시기 위해 지어진 존재다, 예수님의 부활하신 그 생명으로 부활케 하여 영원히 함께 살고 싶으신 그 뜻을 가지고, 지으신 그 존귀함을 알아야 한다는 말입니다. 천사와 이 차이의 뜻을 좀 분명히 깨달을 수 있어야 되겠다 말입니다. 그런데 하나님이 부리시는 천사 중에 선한 천사들은 구원 얻을 후사들을 위하여 섬기라고 보내셨다는 말이에요. 그러니까 언제 보내셨어요? 오늘 우리가 읽은 본문, 성영님이 임하실 때, 성영님이 오실 때, 하늘 문이 열려서 이제 구원 얻을 후사들을 섬기라고 보내신 바 된 천사들까지 다 와서 지금 일하고 있는 장면입니다.

 그러면 구원 얻을 후사들이 누구입니까? 바로 예수 그리스도를 영접하여 구원 얻은 자들이 후사입니다. 주 예수님을 위해 사는 자, 삶의 목적과 가치를 예수님께 둔 자, 구원 얻을 후사들이요 섬기라고 보내셨다는 것입니다. 그래서 성영님이 오셔서 완전한 구원을 이루시고자 하늘로부터 오실 때에 구원의 일을 돕고 구원 얻을 후사들을 돕기 위해 하늘의 천사들이 같이 내려와 각 사람에게 임하여 돕는 그 현상이 나타나 보인 것입니다. 2에서 "하늘로부터 급하고 강한 바람 같은 소리가 있어 온 집에 가득하며" 하는 것은 천사들의 움직임과 활동을 말한 것이요, "불의 혀같이 갈라지는 것이 각 사람 위에 임하여 있더니" 한 것은 천사들이 사명을 수행하는 능력 면을 말한 것입니다. 그런데 모든 사람이 이같이 나타나 보인 현상을 가지고 '바람 같은 성영이다' '불같은 성영이다'하고 단정을 지어놓았습니다.

천사들의 활동과 능력이라는 것을 알 수 있는 것은, 특별한 영적 통찰력이 있어서가 아니라 성경을 조금만 관심을 가지고 본다면 쉽게 알 수 있는 것입니다. 그런데도 그렇게 엄청난 착각을 하면서 사람들의 믿음을 방해하는 이유가 무엇인가? 자기 머리가 그렇다는 것으로 단정 지어 놓기 때문입니다. 자기 머리들이! 그러니 악한 영들이 영의 눈을 완벽히 가려 놓았습니다. 성영님은 그렇게 바람같이 휙휙 하고 뭐 불꽃으로 날아다니며 왔다 갔다 하시는 분이 아니에요. 그 분은 하나님이세요. 어디에나 충만히 계시는 분이지만 어떤 사람에게, 또는 어떤 장소에 성영님이 역사하시는 것을 말할 때는 '오셨다.' '임하셨다.' 라고 표현하는 겁니다. 성영님은 땅에 충만하게 계셔서 인정하고 인격적으로 모셔 들이면, 오시는 분인 것이지 바람처럼 이리저리 날아갔다 날아오는 것이 아니라는 말입니다.

그리고 사람들이 또 어디에 근거를 두고 성영님을 불이라고 말하는가 하면 눅3;16을 봅니다. **요한이 모든 사람에게 대답하여 가로되 나는 물로 너희에게 침례를 주거니와 나보다 능력이 많으신 이가 오**

시나니 나는 그 신들메를 풀기도 감당치 못하겠노라 그는 성영과 불로 너희에게 침례를 주실 것이요

　침례 요한이 오실 예수님에 대해서 '그는 성영과 불로 너희에게 침례를 주실 것이요' 라고 한 이 말을 행2:3에 '불의 혀같이 갈라지는 것이' 하는 것과 연관을 지어 성영의 불이라고 연결하고 성영이 불로 임한다는 것으로 단정한 것입니다.

　그러나 '성영과 불로'한 것은 성영님을 불로 알라는 것이 아니라, 그리고 그렇게 말한 것이 아니라, 성영님으로부터 불이 나온 것이면 '성영의 불로' 해야 맞는 어법이요, 그것이 어휘상으로 맞는 것이지요. 그러나 '성영과 불로' 함으로써, 엄연히 각각 다른 의미로서의 두 가지 명사를 말했습니다. 성영과 불로! 했어요.

　'성영과 불로 너희에게 침례를 줄 것이라'고 한 것은 구원과 심판, 즉 예수님은 인간을 죄에서 구원하여 성영님으로 침례를 주시는 분이고, 또 회개하지 않는 자는 불로 침례를 주시는 분이라는 것, 구원과 심판의 권세를 가지신 분이라는 것을 말한 것입니다. 바로 그 뒤 17의 말씀에서 그것을 분명히 해주었지 않습니까? **손에 키를 들고 자기의 타작 마당을 정하게 하사 알곡은 모아 곡간에 들이고**(천국에 들이고) **쭉정이는 꺼지지 않는 불에 태우시리라** 그리고 거슬러 올라가서 9에 **이미 도끼가 나무 뿌리에 놓였으니 좋은 열매 맺지 아니하는 나무마다 찍혀 불에 던지우리라** 외치면서 바로 그 예수님은 구원과 심판의 주로 오신다는 것을 말하고자 '성영과 불로'라고 말한 것입니다.

또 오늘 본문 2에 '급하고 강한 바람 같은' 이라고 한 것도, 성영님의 활동이 그렇게 나타난 현상인줄 알고, 성영님을 바람 같은 성영이라고 단정 지었습니다. 요3:8에 **예수님께서 바람이 임의로 불매 네가 그 소리를 들어도 어디서 오며 어디로 가는지 알지 못하나니 성영으로 난 사람도 다 이러하니라** 하신 말씀과 그대로 연결해서 성영님을 바람 같은 성영님이라 말한 것처럼 단정을 지은 것입니다. 그러나 성영님을 바람 같은 성영이라고 말하기 위해서 이 말씀을 하신 것 아닙니다. 바람은 우리 눈에 보이지 않아 어디서 오고 ……, 여러분! 바람 어디서 오고 어디로 가는지 압니까? 모르잖아요? 몰라! 이것은 성영님을 알도록 예수님께서 자연의 이치를 예로 들어 비유로 말씀하신 거예요. 바람은 우리 눈에 보이지 않아 어디서 오고 어디로 가는지 알지 못하지만, 피부에 스치는 감각, 피부에 와 닿는 ……, 바람이 부는 것을 피부에 와 닿는 그 느낌으로 분명히 알듯이, 성영님도 바람처럼 눈에 보이지 않는 영이시기 때문에, 인간 눈에 보이는 분이 아니란 말입니다.

그 성영님께서 각인에게 오시면 영의 기쁨이 있고, 평안함이 있고, 천국의 확신이 있고, 하나님을 자기 안에서 느끼는 영의 그 감각으로 알 수 있다는 것을 그같이 바람을 비유로 하여 말씀하시는 것으로서 우리 이해를 도와주신 것입니다. 그렇기에 성영님을 바람이라고, 바람 같은 성영이라고 말씀하기 위해서 요3:8의 말씀을 하신 것이 절대 아니라는 것 분명히 말합니다.

성영님은 불로 표현될 수도 없고 성격상으로도 불과 같은 분이 아니에요. 또한, 바람도 아니고 바람 같으신 분도 아닙니다. 그런데 모든 사람이 하나같이 말입니다. 불의 혀같이 갈라진 것을 가지고, 성영과 불로 침례를 준다는 것을 가지고, 아예 성영님을 불이라고 표현하면서 노골적으로 불 달라고 몸부림치며 기도들 하는 겁니다. 불 달라고 노골적으로 불로! 불로! 내게 불을 주십시오, 몸부림치며 기도들 하는 겁니다. 그 불을 무엇으로 아는가 하면 '태우는 불' 그것을 생각하면서 '우리의 정욕과 죄악을 성영의 불길로 태우라'고 하는 겁니다. 그리고 '우리 몸이 뜨거워지게 해주라.' 하는 거예요. 또한, 불 받는 것은 능력을 받는 것이라고 착각을 하고, 그 능력 받기 위해 불로 역사하라고 '불로 불로'하면서 힘을 다해 불이 오기를 몸부림치며 기도하는 거예요. 사람들이!

그러니까 강단에서는 '성영의 불 받아라!' 감히 제가 손을 뻗어 흉내를 못 내겠어요. 상상을 해보십시오. 여러분이 다 겪어본 것일 테니까, 저도 과거에 그런 현장에 있었던 적이 있었습니다. 강단에서는 '성영의 불 받아라' 하고 교인들을 향해서, 자기가 불을 주는 것처럼 손을 휘둘러가며 외쳐대니, 사람들은 소리 높여 그 불 받으려고 손을 쳐들고 아멘 하는 겁니다. 그 불의 의미도 모르면서. 자기도 받겠다고 말입니다. 도무지 인격적이지 않은 이런 일들에 빠지는 것은, 결국 악의 영들에 잡혀 먹히는 것입니다.

'나의 죄악을 불로 태워주소서, 내게 불을 내려주소서, 성영의 불을 내려 역사하소서' 한다면 그것은 하나님께 '나를 심판해주소서'하는 말이 되는 것입니다. 사람이 얼마나 우매하고 무지한지요. 열리지 않는 눈을 가지고 성경을 보고, 그저 자기가 아는 대로, 두려운 줄 모르고 외쳐대고 힘을 다해 기도들을 하는 겁니다. 심지어 어떤 말까지 나오고 있는가 하면 '어떤 목사가 전하는 불의 말씀을 좀 들어보라 세상을 변화시킬 능력 있는 불의 말씀을 전하는 목사다!' 하고 선전하고 나오는 겁니다. 렘 5:14에 **내가 네 입에 있는 나의 말로 불이 되게 하고** 라고 하신 말씀을 흉내 내어서 그 불의 말씀이라고 말합니다. 그러나 하나님께서 네 입에 있는 나의 말로 불이 되게 하신다는 것은 죄를 범한 이스라엘을 심판하시겠다는 것을 말씀한 것입니다. 죄를 범하는 이스라엘 백성, 너희를 나무가 되게 하여 사를 것이다. 네 입에 있는 나의 말이 불이 되어서 너희가 나무가 되어서 내가 사를 것이다. 라는 심판을 말씀하신 것이란 말입니다. 심판! 무서운 말씀이라는 말이에요.

그러니까 성경에 불이라고 했을 때는 대개 심판에 관한 말씀이에요. 그러니 여러분, 성영의 불로 우리에게 역사하라, 성영의 불로 죄로 물든 마음을 태워 달라, 불의 능력을 달라고 한다면 도대체 어떻게 되겠습니까? 어떻게! 모르면서 이런 식으로 무조건적이기 때문에 영적인 사람, 영적인 능력, 생명이 역사하실 수가 없는 것입니다. 영적인 것이 열릴 수가 없어요. 이것이 일부분의 사람이 그러는 것이 아니라, 어느 정해진 사람들의 일이 아니에요. 우리가 항상 불러야 하는 찬송가에도 불을 부르는 가사들이 있잖아요? 정욕과 죄악에 물든 맘을 성영의 불길로 태워 달라, 성영의 뜨거운 불길로 충만케 해주시라, 불로 불로 충만하게 해주시라는 이런 극단적인 것들을 다 부르고 있지 않으냐는 말입니다. 찬송가에 있으니까 교회라는 곳에서 부르면 다 따라 하지 않습니까? 따라 하는 그 자신들도 신이 나서, 능력 받겠다고…… 그것이 무슨 능력 받는, 은사 받는, 또 찬송이나 되는 것처럼 불로 불로 하면서 불 달라고 하는 것 아니냐 말이에요. 그런데 구 찬송가에는 그것이 두세 곡 정도인데 새로 나온 찬송가에는 불을 부르는 가사가 더 많이 수록돼 있습니다. 그러니 기독교 전체가 그렇다는 말입니다.

여러분! 어찌시겠어요? 불로 충만 하렵니까? 아니면 성영님으로 충만 하렵니까? 불로 충만할 생각 말고 성영님으로 충만하기 바라십시오. 불로 충만하면 그곳은 심판의 장소입니다. 여러분은 예수님께서 말씀하신 대로, 자세하게 가르쳐주신 진리의 영이신 성영님, 보혜사이신 그 성영님으로 충만하기를 원하십시오. 그것은 오직 진리의 말씀으로 되는 것이요, 그것이 성영님의 충만이요, 능력입니다.

성경은 회개치 않는 죄인과 악인은 불로 심판한다고 했습니다. 그러나 죄인인 줄 알고 회개한 자의 죄는 태워서 없어지는 것이 아니라, 아니 죄를 불로 태워서 없앨 수가 있다면 뭐하자고 예수님이 오셔서 그 십자가의 모진 고통과 고민을 겪어야 하겠습니까? 우리의 죄를 불로 태워서 없애달라고, 말도 안 되고 뜻도 아닌 것으로, 복음과 진리를 거슬리고, 찬송이라고 불러대고 태워달라고 요구하고 있으니, 아니, 인간의 죄가 성영의 불이라는 것으로 태워지는 겁니까? 죄가 태워져서 없어져요? 죄를 불길로 태워서 없애는 것이 아니라 무엇으로 우리의 죄를 깨끗하게 하신다고요? 예수님의 피로 깨끗하게 해주시고 씻어주시는 것입니다. 또한, 우리의 정욕과 죄악으로 물든 맘도 불로 태워서 없어지는 것이 아니라, 성영님의 도우심과 말씀으로 살고자 힘써 말씀을 받아들여 살면 죄의 성품이 예수님의 의의 성품으로 변화가 되는 것입니다. 말씀과 성영님으로 지배받는 만큼 변화를 받는 것입니다.

만일에 정욕과 죄악에 물든 맘을 불로 태우는 것이면, 불은 완전히 소멸하는 것이니, 불은 깨끗이 태워버리는 거잖아요? 불은 한 번에 깨끗이 태우는 것이니, 정욕과 죄악에 물든 맘은 깨끗이 없어져야 하는 것 아니겠어요? 그런데 왜 날마다 올라오는 것입니까? 불로 좀 태워졌으면 깨끗이 사라졌어야 하는데 도대체 속에서 또 올라오는 것은 뭡니까? 그러니 성경이 말씀한 바 없는, 말씀의 뜻에 어긋난 것들을 인간 자기감정이 좋은 대로 겁도 없이 만들어 내는 것입니다. 성경에서는 정욕과 죄악의 물든 맘을 태워달라는 그런 것은 어느 곳에도 없습니다. 여러분이 반박하고 싶으면 찾아서 내게 가지고 와요. 그런 데, 왜 무엇 때문에, 인간 자기가 만들어내느냐는 말입니다. 지옥불로 심판해달라는 것이 아니라면 도대체 왜 만들어내는 것인가 말입니다.

그러면 오늘 본문에서 나타나고 있는 현상이 천사들이라는 것을 어떻게 알 수 있느냐? 앞에서 말했지만, 설명이 더 필요하니 히1장을 찾으세요. 1:14에 **모든 천사들은 부리는 영으로서 구원 얻을 후사들을 위하여 섬기라고 보내심이 아니뇨** 모든 천사들은 부리는 영으로서 누가 부려요? 하나님께서 부리시는 영이다 '아버지와 아들과 성영님', 삼위 하나님께서 부리시는 영이에요. 무엇을 위해 부리느냐 구원 얻을 후사들을 위해서, 구원의 일을 위해서 부리는 영이라는 말입니다. '구원 얻을 후사들을 섬기라고 보내셨다.' 라고 말씀하셨지 않습니까? 제가 찾으라고 읽으라고 하는 것은 여러분 마음속에 각인이 되라고 하는 것입니다.

그리고 마18:10에 **삼가 이 소자 중에 하나도 업신여기지 말라 저희 천사들이 하늘에서 하늘에 계신 내 아버지의 얼굴을 항상 뵈옵느니라** 하셨고 행12:15에 **그러면 그의 천사라 하더라** 함으로써 이같이 각자에게 자기의 천사가 있음을 말해주고 있음으로써, 바로 이 오순절 성영님이 임하신 사건 현장 속에 능력의 천사들이 각 사람을 섬기고 사역을 돕고, 구원 얻을 후사들을 돕기 위해 와서 각 사람 위에 임하여 있는 것이 보인 것입니다. 그러니 여러분이 분명히 상식으로라도 잊지 말고 아시란 말입니다. 그래야 속지 않을 수 있잖아요. 무슨 말을 듣든지 속지 않을 수 있잖아요?

'급하고 강한 바람 같은'은 천사들의 활동하는 것을 말한 것이고, 앞에서 말했지만, 불의 혀같이 갈라지는 그 불꽃같은 것은 천사들의 능력 면을 말합니다. 히1:6,7을 보세요. **또 맏아들을 이끌어 세상에 다시 들어오게 하실 때에 하나님의 모든 천사가 저에게 경배할지어다 말씀하시며 또 천사들에 관하여는 그는 그의 천사들을 바람으로, 그의 사역자들을 불꽃으로 삼으시느니라** 하셨으되 천사들을 무엇으로 삼으시고 또 무엇으로 삼으신다고 하셨습니까? 바람으로 삼고 불꽃으로 삼으신다는 것 분명하지요? 이것은 시편104:4의 말씀을 인용한 것인데, 거기서는 **바람으로 자기 사자를 삼으시며 화염으로 자기 사역자를 삼으시며** 했습니다. 그러면 하나님의 사자가 누구입니까? 천사들이지요? 능력의 천사들을 하나님의 구원하시는 일에 돕는 사역자를 삼으셨다고 하는 것입니다. 그러면 화염은 무엇입니까? 타오르는 불꽃을 화염이라 하지요? 그러면 이렇게 정확하게 대드리는데도, 성경이 분명한 증거를 말하고 있는데도 여전히 성영의 불이라고 주장하겠습니까? 여러분 중에 주장하고 싶은 이 있습니까?

몇 군데 더 대드립니다. 이사야 6:2부터 보면 하늘에서 만군의 여호와 하나님을 찬송하는 천사들을 '스랍'이라고 했습니다. 하늘에서 하나님을 찬송하는 스랍들이라고 했어요. "스랍"의 뜻이 '사라프'에서 나온 '불이 나다' '불태우다' 인데, 바로 천사들의 모양이 불이 타는 것과 같다는 말입니다. 그래서 천사들이 움직일 때는 불꽃과 같이 보이는 것입니다.

그다음 출3:1-3에 모세가 그 장인 미디안 제사장 이드로의 양무리를 치더니 그 무리를 광야 서편으로 인도하여 하나님의 산 호렙에 이르매 여호와의 사자가 떨기나무 불꽃 가운데서 그에게 나타나시니라 그가 보니 떨기나무에 불이 붙었으나 사라지지 아니하는지라 이에 가로되 내가 돌이켜 가서 이 큰 광경을 보리라 떨기나무가 어찌하여 타지 아니하는고 하는 동시에

내용을 읽으면서 대강은 이해되지요? 여호와의 사자가 누구라고요? 천사들. 떨기나무 가운데서 그에게 나타나시니라 했습니다. 모세가 보니 떨기나무에 불이 붙었어요. 불꽃 가운데서 천사가 나타났는데 천사가 눈에 보인 것은 아닙니다. 음성과 함께 떨기나무 불이 붙은 것 같은 불꽃만 보인 겁니다. "떨기나무에 불이 붙었으나 사라지지 아니하는지라" 했습니다. 그러면 떨기나무에 붙은 불꽃이 성영의 불입니까? 지금 누구라고요? 분명히 천사라고 말했습니다. "여호와의 사자가" 했습니다. 능력의 천사가 불꽃으로 나타난 것입니다. 천사의 능력적인 면이 그렇게 보인 것입니다.

행전7:30-35에서는 **천사가 시내산 광야 가시나무 떨기 불꽃 가운데서 그에게 보이거늘 모세가 이 광경을 보고** 라고 자세하게 설명하고 있습니다. 성경은 이렇게 천사의 활동에 대해서 자세히 말해주고 있는데 왜 사람들이 볼 눈을 갖지 못하고 그렇게 자기를 심판하라고 심판의 불을 부르는 것처럼 불로 불로를 찾게 하고 있는가 말입니다. 무식하면 용감하다고 하던가요? 무식하면! 어떤 아주 용감한 자들이, 제가 이렇게 표현하는 것은 성영님의 허락하심입니다. 성영님의 허락하에 쓰는 표현입니다. 어떤 용감한 자들이 또 이스라엘 민족을 광야에서 인도하던 불기둥을 가지고 성영이라고 말하고 있습니다. 그 불기둥은 성영님이 아닙니다. 이제 여러분은 불기둥이 무엇인지 감이 잡히지 않습니까? 불기둥이 바로 천사의 무리입니다. 천사의 무리가 여호와 하나님의 명을 따라 앞서가며 불기둥과 같은, 구름 기둥과 같은 모양으로 이스라엘을 인도한 것입니다. 출발을 명하시면 떠나고 멈추라 하시면 머물고 하던 불기둥, 구름 기둥은 천사무리입니다. 천사들이라는 것 이해됩니까?

내친김에 더 말씀드립니다. 살후 1:7에 …… **주 예수께서 저의 능력의 천사들과 함께 하늘로부터 불꽃 중에 나타나실 때에** 했습니다. "불꽃 중에 나타나실 때에" 예수님께서 재림하실 때 능력의 천사들에게 옹위 되어서 즉 전후좌우 호위를 받으며 오신다는 말입니다. 이사야 66:15에 **보라 여호와께서 불에 옹위 되어 강림하시리니 그 수레들은 회리바람 같으리로다** 했습니다. 회리바람이 뭡니까? 오늘 본문에서의 급하고 강한 바람 같은 것이나 회리바람 같은 것이나 같은 현상을 말합니다.

왕하 2:11에 **홀연히 불 수레와 불말들이 두 사람을 격하고 엘리야가 회리바람을 타고 승천하더라** 여러분, 상황판단 되지 않습니까? 불 수레와 불말들로 보인 것이 누구예요? 엘리야를 천사들이 받들어 들려 올린 것입니다. 왕하 6:17에 **여호와께서 그 사환의 눈을 여시매 저가 보니 불말과 불병거가 산에 가득하여** 했습니다.

제가 이 말씀을 통해서 확고한 믿음을 갖게 되었는데, 내가 내 마음을 보니 예수님을 진심으로 사랑하는 거예요. 예수님을 위해 내 모든 것을 불사르게 내어 드리지 못해서 그렇지, 내 마음을 보니 진짜 예수님을 사랑하는 겁니다. 나는 앞으로도 예수님을 사랑하고, 예수님을 따르는 모든 이들을 사랑하고, 예수님 믿기를 원하는 영혼들을 사랑하겠다고 하는 결단을 했기 때문에, 그래서 아! 천사가 내게도 와 있다는 것을 알았습니다. 내가 하나님의 믿음을 가질 때 천사들은 그 일을 수행해주는구나! 하는 것을 제가 알게 되었어요. 그래서 저는 지금까지 저의 집 문을 잠그고 살지 않았습니다. 왜? 천사들이 지킬 것을 너무나 확신하기 때문입니다.

저의 옆집 사람은 쓰레기 내놓는 그 잠깐의 시간도 대낮임에도 나가며 잠그고, 들어가며 잠그고 아주 충실합니다. 우리 집에 볼일이 있어 오는 방문객들도 보면 들어오면서 자기들이 잠그는 겁니다. 문을 잠그는 것이 습관이 되고 몸에 배서 남의 집이라도 들어오면서 습관적으로 잠그더라는 말이에요. 그리고 나갈 때도 내가 해제해놨는데도 모르고 또 잠금을 연다고 하다가 또 잠그는 겁니다. 세상 사람은 이렇게나 심각하게 불안한 삶을 사는데 아! 저는 천사가 돕는 자로 와있더라는 말입니다. 이 얼마나 놀랍고 자유하고 행복한 일입니까?

자, 그래서 불꽃이나 화염이라고 하는 것은 천사들을 말한다는 것, 오늘 본문에 불의 혀같이 갈라지는 것도 성영님께서 부리시는 영으로서 구원 얻을 후사들을 돕기 위한 천사의 활동이었다는 것, 이제 이해가 다 됐습니까? 침례 요한이 '성영과 불로'라고 한 불은 심판을 말한 것이고 그 외에는 성영님을 말할 때 불과 연관 지어 말했거나, 불과 연관 지어 놓은 곳이 성경 어디에도 없다는 것도 다 아셨지요?

시편 103편 20에 **능력이 있어 여호와의 말씀을 이루며 그 말씀의 소리를 듣는 너희 천사여 여호와를 송축하라** 해서 이렇게 천사가 능력이 있다고 성경이 말하고 있습니다. 그래서 천사의 능력을 성경에서 한두 군데만 찾아보면 행5장에 복음 전하는 사도들을 사두개파들이 시기해서 잡아다가 옥에 가두었는데 천사들이 밤에 옥문을 열고 끌어내어 성전에 가서 또 복음 전하라 했다고 했어요. 능력이 어떻게 나타나느냐? 옥문도 열어요. 쇠사슬도 끊어버리고 후에 또 옥문을 보니 든든히 잠겨있었다고 했어요. 행12장에 베드로가 복음 전하다가 잡혀서 감옥에 갇혀 처형당할 위기에 있었는데, 천사들이 묶인 사슬을 풀어주고, 지키는 간수들 틈에서 빠져나와 마지막 쇠문도 열리게 하고, 그곳에서 벗어나게 하지 않았습니까? 쇠문도 천사들이 열어서 그곳에서 빠져나오게 했잖아요. 행16장에 사도 바울과 실라가 고소를 당하여 아주 깊은 지하 감옥에 갇혀서 발을 착고(着錮)에 튼튼히 채워놓았지마는 그러나 큰 지진을 일으켜 옥문이 다 열리고 모든 사람의 매인 그 발이 다 벗어졌다고 하지 않았습니까?

하나님의 사명을 받은 자들에게 가르치고 깨우침을 준 것도 천사의 역할이 많았고, 실질적인 작용을 많이 했어요. 성경에 보면 천사의 역할이 나타나고 있는 장면들이 많이 기록되어 있습니다. 예수님의 공생애 사역도 천사가 와서 수종들고 도왔어요. 그렇다면 오늘날도 복음의 사람에게 천사가 따라 붙어있겠습니까, 없겠습니까? 복음의 사람에게 각자 자기 천사가 따라 붙어있는 겁니다. 히1:14의 말씀처럼 구원 얻을 후사들을 섬기라고 보내졌단 말입니다. 성영님으로 거듭나 복음으로 사는 사람, 진짜 믿음의 사람에게는 천사가 섬기기 위해서 다 따라 붙어있는 것입니다. 그래서 하나님 자녀의 굉장한 권세란 말이에요. 굉장한 하나님 자녀의 권세!

복음 때문에 사명으로 살아가는 자는, 하나님의 뜻을 좇아 움직여 나가는 자는, 그에게 그의 천사가 따라붙어서 돕고 수종들기 때문에 우연한 사고에서도, 또는 위험에서도 두려워할 필요가 없습니다. 자동차가 벼랑에서 굴렀다 해도 괜찮습니다. 나는 천사가 딱 들어서 안전하게 해놓는 거예요. 옥문도 여는 천사가, 터에 지진을 일으키는 천사가, 쇠사슬의 착고도 풀어버리는 천사가 얼마든지 자동차가 벼랑에서 굴러떨어져도, 나는 딱 들어서 안전하게 해놓는다는 말입니다.

시편 34:7에 **여호와의 사자가 주를 경외하는 자를 둘러 진치고 저희를 건지시는도다** 했어요. 둘러 진을 쳐서 보호하는데 두려워할 이유가 없는 거예요. 그래서 우리는 불로 불로 하면서 심판을 달라고 불러댈 것이 아니라 천사가 와서 수종들고 섬기는 자가 되도록 진짜 믿음을 위해 사는 믿음의 사람이 돼야 하는 겁니다. 말씀을 맺습니다.

믿음을 바르게 가질 수 있도록 끊임없이 도우시는 성영님께 감사드리며 영광 올려드립니다. 아멘

08. 11. 2
교회의 본질

¹여호와께서 애굽 땅에서 모세와 아론에게 일러 가라사대 ²이 달로 너희에게 달의 시작 곧 해의 첫 달이 되게 하고 ³너희는 이스라엘 회중에게 고하여 이르라 이 달 열흘에 너희 매 인이 어린양을 취할지니 각 가족대로 그 식구를 위하여 어린 양을 취하되 ⁴그 어린양에 대하여 식구가 너무 적으면 그 집의 이웃과 함께 인수를 따라서 하나를 취하며 각 사람의 식량을 따라서 너희 어린양을 계산할 것이며 ⁵너희 어린양은 흠 없고 일 년 된 수컷으로 하되 양이나 염소 중에서 취하고 ⁶이 달 십사일까지 간직하였다가 해질 때에 이스라엘 회중이 그 양을 잡고 ⁷그 피로 양을 먹을 집 문 좌우 설주와 인방에 바르고 ⁸그 밤에 그 고기를 불에 구워 무교병과 쓴 나물과 아울러 먹되 ⁹날로나 물에 삶아서나 먹지 말고 그 머리와 정강이와 내장을 다 불에 구워먹고 ¹⁰아침까지 남겨 두지 말며 아침까지 남은 것은 곧 소화하라 ¹¹너희는 그것을 이렇게 먹을지니 허리에 띠를 띠고 발에 신을 신고 손에 지팡이를 잡고 급히 먹으라 이것이 여호와의 유월절이니라 ¹²내가 그 밤에 애굽땅에 두루 다니며 사람과 짐승을 무론하고 애굽 나라 가운데 처음 난 것을 다 치고 애굽의 모든 신에게 벌을 내리리라 나는 여호와로라 ¹³내가 애굽 땅을 칠 때에 그 피가 너희의 거하는 집에 있어서 너희를 위하여 표적이 될지라 내가 피를 볼 때에 너희를 넘어가리니 재앙이 너희에게 내려 멸하지 아니하리라 ¹⁴너희는 이 날을 기념하여 여호와의 절기를 삼아 영원한 규례로 대대에 지킬지니라 ¹⁵너희는 칠 일 동안 무교병을 먹을지니 그 첫날에 누룩을 너희 집에서 제하라 무릇 첫날부터 칠 일까지 유교병을 먹는 자는 이스라엘에서 끊쳐지리라

(출12:1–15)

교회의 본질이 무엇이냐에 대한 말씀입니다. 하나님께서 아브라함을 본토 친척 아비 집에서 떠나라 명하여 가나안 땅으로 인도하시고 말씀하시기를, "아브라함의 자손이 이방에서 객이 되어 그들을 섬기겠고 그들은 사백 년 동안 아브라함의 자손을 괴롭게 하리니 그 섬기는 나라를 내가 징치할지며 그 후에 네 자손이 사 대 만에 큰 재물을 이끌고 나와 이 땅, 곧 가나안땅으로 돌아올 것이라"고 하셨습니다. 누구에게 말씀하셨다고요? 아브라함에게! 말씀하신 대로 야곱의 열두 아들 중 요셉이 그 이방의 땅 애굽에 들어가게 되었는데, 후에 야곱이 사는 가나안땅에 기근이 들게 되어 살 수가 없게 되자 요셉으로 인하여 야곱의 온가족 칠십 명이 기근을 피해서 애굽으로 내려가 고센 땅에 거주하게 되었습니다. 아브라함에게 말씀하신 대로 야곱의 가족이 애굽에 이주하여 살면서 자손의 큰 번성을 이루게 되었는데 요셉도 죽고 요셉을 알지 못하는 애굽의 새 왕이 일어나 애굽을 다스릴 때에, 이스라엘 자손이 생육하고 불어나 번성하고 매우 강하여 온 땅에 가득하게 되자, 애급왕의 마음에 이스라엘이 애굽의 적들과 함께 결탁하여 애굽을 치고 애굽 땅을 떠나지 않을까 하는 두려움이 들어왔습니다.

이스라엘의 노동력은 애굽의 국력과 번영에 큰 역할을 하는 힘이었습니다. 그래서 바로가 **이스라엘이 다른 생각을 품지 못하게 하려고** 출1:9-14에 보면 이스라엘 자손이 우리보다 많고 강하도다 우리가 그들에게 대하여 지혜롭게 하자 두렵건데 그들이 더 많게 되면 전쟁이 일어날 때에 우리 대적과 합하여 우리와 싸우고 이 땅에서 갈까 하노라 하고 감독들을 그들 위에 세우고 그들에게 무거운 짐을 지워 괴롭게 하여 그들로 바로를 위하여 국고성 비돔과 라암셋을 건축하게 하니라 그러나 학대를 받을수록 더욱 번식하고 창성하니 애굽 사람이 이스라엘 자손을 인하여 근심하여 이스라엘 자손의 역사를 엄하게 하여 고역으로 그들의 생활을 괴롭게 하니 곧 흙 이기기와 벽돌 굽기와 농사의 여러 가지 일이라 그 시키는 역사가 다 엄하였더라 라고 했습니다. 이스라엘이 학대를 받으면 받을수록 더욱 자손이 번식하니 나중에는 애굽 왕이 산파들에게 아기를 낳을 때 여아는 살리고 남자이면 죽이라는 명을 내렸습니다. 그러자 이스라엘 백성이 고역으로 인하여 탄식하며 부르짖었다고 했어요. 하나님께서 그 고통의 소리를 들으시고, 아브라함과 맺은 언약을 기억하시고 미디안 광야에 피신해 있던 모세를 불러 이스라엘을 애굽에서 인도하여 내라고 보내셨습니다. 바로가 백성을 놓아주지 않자 하나님께서 재앙을 내리셨는데, 그때마다 보내줄 것처럼 거짓 약속을 하여 재앙을 면하기를 아홉 번까지 했습니다. 마음을 더욱 완강히 한 것입니다. 바로가 열 번째 재앙에서 백성을 놓아주는 듯 내보내기는 했지만, 곧 마음이 변하여 다시 잡아들이려고 애굽의 모든 병거로 그 뒤를 추격했다고 했습니다.

애굽에 내린 재앙으로 인해 바로의 신하들과 백성들이 아직도 애굽이 망한 줄 모르시느냐 그냥 자기들의 하나님을 섬기도록 내어 보내라는 간청에도 끝까지 놓아주질 않았습니다. 바로 왕은 세상의 권세 잡은 임금인 사단을 상징합니다. 애굽은 세상이요, 죄의 처소요, 바로 왕은 그 죄의 저작자요, 하나님이 지으신 사람을 타락시켜 자기 소유로 삼아 지배하고 있는 세상 임금이요, 눈에 보이지 않는 존재로서 하나님을 대적하고 훼방하는, 사단의 상징으로 보인 인물입니다. 알아듣습니까? 이 사건 속에서 계속 하나님께서 '바로 왕의 마음을 강퍅케 하셨다.' 또는 '바로 왕의 마음을 강퍅케 하셨으므로'라고 표현하고 있어서 하나님께서 일부러 그의 마음을 강퍅케 하셨다는 것처럼 보이고 있습니다. 그러나 하나님께서 바로의 마음을 일부러 강퍅하게 하셨다는 뜻이 아닙니다. 사단은 하나님을 대적하고 사람을 속여 하나님께 죄를 짓게 하는 것이 일입니다. 그래서 사단이요 마귀입니다. 자신을 신이라고 자처하는 자입니다.

참 신이신 창조주 하나님을 가장하여 사단 자신이 신인 것처럼 인류 위에서 군림하며 행세하고 있습니다. 그래서 바로 왕을 통해서 그같이 사단이 인간 위에서 신처럼 군림하는 존재라는 것, 보이지 않는 영적 존재인 사단 자신의 속성이 나타난 것입니다. '바로'는 애굽 왕의 칭호인데 '신과 같다'는 뜻입니다. 애굽 백성들은 바로를 신으로 섬겼어요. 바로는 하늘이요 백성은 그 발아래 땅이라고 여겼습니다. 그래서 성경은 사단과 그 영들과 하는 일을 완악함, 강퍅함, 또는 악한 자로 표현하고 있습니다. 하나님께서 **바로 왕의 마음을 강퍅케 하셨으므로** 하는 것은 하나님께서 그때그때 일부러 강퍅하게 하셨다는 것이 아니라, 사단이 자기 일을 하도록 버려두셨다는 말입니다. 자기의 일하는 사단을 하나님께서 막지 않으셨다는 뜻이에요. 사단의 강퍅함으로 말미암아 여호와이신 표징과 이적을 나타내심으로써 하나님께서 자기 백성을 포기하지 않으시고, 반드시 사단의 손에서 구원해내시는 하나님이신 줄을 알게 하려 하신 것이요. 인간 눈에 보이지 않는 사단은 존재하는 영이요, 자기의 사람을 통해서 자기 일을 하는 존재라는 그 정체를 알게 하신 것입니다. 하나님의 일하심과 사단의 하는 일을 드러내 주신 것이라는 말입니다.

또한, 이스라엘 자손이 애굽에서 사백여 년 동안 종살이하고, 모세를 통해 자손을 애굽에서 나오게 하신 것은, 사람은, 사단의 유혹하는 말을 듣고 하나님의 말씀을 불순종했으므로 사망 아래 있게 되었으나 하나님께서 그 사망(사단)에서 자기 백성을 구원하신다는 예표입니다. 종살이의 기간이 사백여 년이었던 것은, 창조 때부터 사천여 년 동안 죄 아래 있게 된다는 의미입니다. 이스라엘의 종살이 기간이 사백여 년인 것은, 예수님이 오시기까지 사백여 년의 열을 곱한 사천여 년의 기간이 되었습니다.

이스라엘을 히브리 민족이라고 하는데 '히브리'라는 것은 '건너가지 못할 강을 건넌 자' '여호와 하나님께서 홍해 바다의 길이 되어 주시고 다리가 되어 주셔서 건넌 자'라는 뜻입니다. 하나님을 섬기도록 그 속박으로부터 건짐 받은 백성이다. 그러므로 세상과 죄는 홍해 바다에 장사지내고 하나님의 의로 살게 된 백성이다. 세상에서 떠나온 하나님의 거룩한 백성.' 이라는 뜻에서 히브리 민족이라고 합니다. 이것은 사람은 자기 죄와 사망에서 자신을 스스로 구원할 수 없는 존재라는 것, 하나님께서 그 죄와 사망에서 구원해주셔야 사는 것이기에 그같이 구원 얻기를 영혼이 목말라 하는 자를 하나님께서 구원하신다는 것을 이스라엘로 보이신 것입니다.

그래서 하나님께서 바로에게 아홉 번의 재앙을 만나게 하신 뒤 마지막 열 번째 재앙을 내리실 것인데, 애굽 땅에 있는 모든 처음 난 것은 바로 왕의 장자로 시작해서 사람의 장자와 모든 가축의 처음 난 것들까지 다 죽임을 당하여, 애굽 온 땅에 전무후무한 부르짖음이 있을 것이니, 양의 피를 바른 집으로 자기 백성과 애굽 사람을 구별하시는 하나님이시라는 것을 이스라엘 자손들에게 알리고 애굽에서 나가는 날을 이스라엘에 새로운 시작의 달로 하여, 그달 열흘에 유월절을 준비하라고 명하셨습니다. 이제 애굽에서 나갈 준비 단단히 하라는 말입니다.

장자 심판은 하나님의 구원을 거절하고 심판받을 것을 스스로 택한 자들이라는 말입니다. 하나님의 장자인 이스라엘은 죽음의 재앙이 넘어갔다는 것을 말합니다. 그러면 장자는 누구의 상징입니까? 예수 그리스도입니다. 하나님에게서 나온 장자만 죽음이 없다는 것을 의미합니다. 애굽의 장자나 가축의 첫 태생이 재앙을 만나 죽는 것은, 바로 세상은 장자의 총회에 들어오지 못하고, 하나님의 심판에 들어간다는 뜻입니다. 구원을 거절하는 것은 심판받겠다는 것을 선택했다는 뜻입니다. 이해됩니까? 3에 **너희 각자가 어린양을 잡을지니** 했습니다. 각자가 잡으라 하셨으니 각 사람이 어린양을 잡아야 했어요. 이것은 예수님의 죽음은 각 사람 때문이요, 우리 한 사람 한 사람, 나를 위한 것임을 의미합니다. 우리의 죄는 예수님이 죽으셔야 함을 가르쳐주는 겁니다. 또, 7에 "양을 먹을 집마다 문설주와 인방에 그 피를 바르라" 하시고, 8, 9에 "그 고기를 먹되 삶거나 날로 먹지 말고 불에 구워서 먹되 머리 다리 내장까지도 전부 불에 구워 먹으라." 했습니다. 통째로 먹으라는 말입니다. 무교병과 쓴 나물을 같이 먹으라 했습니다. 절대로 아침까지 남기지 말고 그 밤에 다 먹고, 남은 것은 태우라. 즉 재가 되게 하라. 애굽에서 급하게 나갈 모든 만반의 준비를 다 하고 먹으라고 명하셨어요.

그다음, 출11:2에 애굽에서 나갈 때 애굽 사람들에게 은금 패물을 구하게 하라 하셨습니다. 12:35,36에 **모세의 말대로 하여 애굽 사람에게 은금 패물과 의복을 구하매 여호와께서 애굽 사람으로 백성에게 은혜를 입히게 하사 그들의 구하는 대로 주게 하시므로 그들이 애굽 사람의 물품을 취하였더라**고 했습니다. 여기서 물품을 취하였다고 하는 것은 애굽 사람들이 큰 재앙을 계속 당하고 자식도 가축의 새끼도 죽어 나자빠지니 너무 두렵고 정신 차릴 겨를이 없는 겁니다. 집집마다 통곡으로 난리가 났습니다. 바로가 모세의 말을 듣지 않을 때마다 재앙을 계속 당하게 되니, 애굽 백성들이 혼비백산이 되었습니다. 그러자 바로 왕이 모세에게 지금 당장 너희 소유를 다 가지고 떠나라고 했습니다. 애굽 백성들도 속히 나가라고 재촉하자 이스라엘이 우리에게 금은 패물과 의복을 줘야 나간다고 하니, 그 말 듣지 않으면 또 어떤 재앙이 따를지 모르니, 무조건 있는 대로 내준 겁니다. 다 내줄 것이니 지체 말고 얼른 가기만 하란 말이지요. 이스라엘이 그들에게서 약탈하듯이 했다고 했습니다. 이것은 빼앗다시피 해도 저항하지 않았다는 뜻입니다.

자, 그러면 하나님의 심판에서 구원받으려면 첫 번째, 무엇이 있어야 합니까? '어린양을 잡아 피를 흘려 그 피를 문설주와 문지방에 바르라.' 해서 피가 있어야 한다는 것이죠? 심판에서 제외되는 첫 조건이 생명을 내놓은 피가 있어야 한다는 것입니다. 그다음 두 번째, 잡은 그 양의 고기를 다 먹되 머리도 다리도 내장도 모두 불에다 구워 먹어야 한다고 하신 겁니다. 불에다 구워 먹어야 한다는 것은 예수님께서 하나님께 드려질 제물이 되어서 불에 태운 것 같은 영혼의 고통을 겪으시고 죽임을 당하실 것이라는 의미입니다. 그 같으신 예수님을 우리가 통째로 먹어야 한다는 것입니다. 피 흘린 양고기를 통째로 먹어야 한다는 것을 말씀하셨잖습니까?

그다음 세 번째, 무교병을 먹으라고 했습니다. 네 번째, 쓴 나물을 먹으라고 했습니다. 다섯 번째는 애굽 사람들에게서 은금 패물과 의복과 필요한 물품을 취하여 가지라고 하셨어요. 그러니까 심판에서 구원받은 조건이 양의 피를 취하여 문 좌우 설주와 인방에 바르는 것이요, 그 고기를 통째로 불에 구워 먹어야 하고, 무교병과 쓴 나물을 먹어야 한다는 것입니다. 이것이 바로 오늘날 믿는다고 하는 우리에게 구원받는 조건에 대해서 정확하게 알려주시는 것으로서, 영적인 큰 의미가 부여된 것입니다.

13에서 **내가 애굽 땅을 칠 때에 그 피가 너희의 거하는 집에 있어서 너희를 위하여 표적이 될지라 내가 피를 볼 때에 너희를 넘어가리니 재앙이 너희에게 내려 멸하지 아니하리라**고 했습니다. 바로, 피는 너희가 사는 집 문 사면에 바르고, 그 집 안에서 고기를 먹되 그다음 46에서 뭐라고 했습니까? **한 집에서 먹되 그 고기를 조금도 집 밖으로 내지 말고 뼈도 꺾지 말지며** 하셨습니다. 그러니까 고기를 먹되 피 밖에서 먹는 것이 아니라 피 안에서 먹으라는 것입니다. 여러분의 믿음이 정도를 가려면 이것을 잘 알아들어야 합니다. 이해가 되어서 분명한 지식을 가진 믿음이 돼야 합니다. 그렇지 않으면 다 거짓 믿음이 될 수밖에 없는 것입니다. 그러니까 피 밖에서 고기를 먹을 수 있어요, 없어요? 절대로 먹을 수 없습니다. 먹지 못한다는 거예요.

그러니 오늘날 예수 그리스도의 피가 없는 사람이 예수님의 말씀이 먹어지겠습니까? 안 먹어지겠습니까? 알아듣겠어요? 여러분! 예수님의 피가 없는 사람은 예수님의 말씀을 받아먹을 수가 없습니다. 먹어지지가 않는 것입니다. 그러니까 예수님과 예수님 말씀 밖으로 돌면서 엉뚱한 것들 먹는 겁니다. 누룩 넣은 유교병을 열심히 먹으러 돌아다니는 거예요. 왜입니까? 자기 입맛에 좋거든요. 그러니 여러분 이 믿음에 대단히 중요한 뜻이니 잘 새겨들으시란 말입니다.

하나님의 재앙(심판)을 받지 않는 것이 첫째 피를 바르는 것이요, 그래서 이것이 하나님께서 우리를 만나주시는 처음 사랑의 영적 행위입니다. 그리고 피를 발랐으면 그 피 흘린 양고기를 그 피 안에서 통째로 먹는 것이요, 그 고기를 먹은 자는 무교병과 쓴 나물을 같이 먹는 것, 이것이 구원의 조건임을 분명히 예표로 보이셨습니다. 이것이 구원하시는 하나님의 법이요, 확실한 조건입니다. 그래서 이 유월절의, 장자 심판에서 건짐을 받았으면 사단에게 갈취당한 은금 패물, 이 땅에서 하나님 자녀의 누릴 평안과 행복을 상징하는 은금 패물을 되돌려 받는 것입니다. 예수 그리스도 안에 들어온 자가 영적 부유로 말미암은 삶에서 누릴 평안과 행복입니다. 첫 사람이 잃은 에덴의 삶입니다.

14에 너희는 이 날을 기념하여 여호와의 절기를 삼아 영원한 규례로 대대에 지킬지니라 하셨습니다. 대대로 지키라는 것은 바로 예수님 오신 이후에는 영적인 복음으로 연결돼야 하는 것을 말합니다. 그러면 유월절 어린양이 누구예요? 예수님입니다. 죄악에 빠져 하나님의 심판밖에 받을 것이 없는 저와 여러분을 구원하시려고 예수님께서 피 흘리고 죽으셨습니다. 그래서 각자가 어린양을 잡아 피 흘려 문 좌우 설주와 인방에 바른 것처럼, 예수님께서 나 때문에 죽으셨는데, 그때 흘려진 피가 오히려 나를 죄에서 건져 깨끗하게 해주시는 피라고, 그리고 죄 없다 하시는 피라고, 그러므로 그 언약의 피를 받아 마시라고 하신 것입니다.

어린 양을 잡아 흘린 피를 문 좌우 설주와 인방에 바르면 그 피를 볼 때에 그것이 표적이 되어서 재앙이 넘어간다고 하신 대로 오늘날 우리가 심판을 받지 않을 그 표적이 되는 것은 예수 그리스도의 피를 믿음으로 받아 그 피가 온 마음에 발라져서 흘러넘쳐야 되는 것임을 말합니다. 그러니까 예수님의 피 안에서 살고, 그 피가 우리 영적 사람의 피가 되고 생명이 돼야 한다는 말입니다. 여러분이 생각해 보세요. 어린양의 그 피를 받아 문 좌우 설주 인방에 다 바르니 문 좌우 설주와 인방에 피가 줄줄 흐르지 않았겠습니까?

그렇기에 예수님께서 그러셨잖아요? 마26:27,28에 유월절 양으로 오셔서 십자가에 달리시기 전 저녁 마지막 유월절을 제자들과 함께 지키시며 **너희가 다 이것을 마시라 이것은 죄 사함을 얻게 하려고 많은 사람을 위하여 흘리는바 나의 피 곧 언약의 피니라** 무엇을 언약하셨습니까? 죄 사함을 얻게 하려고 많은 사람을 위하여 흘리는바 예수님의 피를 믿음으로 받아들여 영혼에 그 피가 흐르는 자는 하나님의 심판은 없다고 하시는 언약입니다. 그런데 사람들이 이 언약 안에 있지 않습니다. 단지 '나 예수님 믿고 구원받았다.' 는 것만 가졌습니다. 죄 사함을 얻게 하려고 흘리신 예수님의 피는 자기와 별개입니다.

예수님의 피로 죄 씻음 받는다는 것도 그냥 그렇게 알고 예수님만 믿으면 구원 얻는 것으로 다 통과되는 줄 아는 겁니다. 심지어 예수님의 무엇을 믿어서 구원받았느냐? 하면 어떤 대답을 해야 할지 모르는 겁니다. 그러나 죄 사함의 언약의 피가 마음에 발라져서 나오는 영혼의 고백이 아니면 용서받지 않았습니다. 또한, 죄인만이 죄 사함을 받는 것이니 진정 구원받기를 원하는 죄인이 아니고는 언약의 피는 알 수도 만날 수도 없고 구원을 논할 수도 없는 것입니다. 죄 사함의 언약은 피로하셨기 때문입니다. 예수님의 흘리신 피가 죄 사함 받는 언약입니다. 제가 피를 말하니 혹 거부감 들고 듣기 싫은 분 있습니까? 그것은 언약의 피를 거부한다는 뜻이요, 죄 사함을 거절한다는 뜻입니다. 성경 말씀을 다 안다고 해도 예수님과는 관계없습니다.

예수님의 피는 살아 역사하시는 거룩한 피입니다. 살아 역사하시니 죄를 씻을 수가 있습니다. 그 피가 오병이어로 나타내신 이적과 같이 사람들 마음에 흘러들어서 씻어주시는 것입니다. 거룩한 피로서 죄를 씻어 버리고 생명을 얻게 하시는 것입니다. 그렇기에 우리가 자기 생명을 사랑한다면 생명을 얻게 하시는 그 피를 어떻게 사랑하지 않을 수가 있습니까? 나에게 용서의 피가 되어서 의롭다 하심을 얻게 하시는 그 피를 어떻게 사랑하지 않을 수가 있는가 말입니다. 예수님의 피가 너무나도 정겹고 사랑스러워서 저절로 감사가 쏟아져 나오고, 예수님의 피를 사랑한다는 그 고백을 할 수밖에는 없는 것입니다.

그다음에, 이스라엘이 어린양의 고기를 내장까지 다 통째로 먹은 것과 같이 오늘날 우리도 이 피 안에서 어린양의 고기, 즉 생명을 주는 떡을 통째로 받아먹어야 합니다. 예수님이 우리의 번제가 되셨고,

우리의 화목제가 되셨고, 우리의 속죄제가 되셨고, 속건제가 되셨고, 소제가 되셨습니다. **번제는** 예수님께서 점도 흠도 없는 완전한 제물로 드려질 것으로서 하나님을 만족케 하시는 향기가 되신다는 예표요, **화목제는** 예수님께서 화목 제물이 되어 하나님과 사람과의 원수 된 관계를 화목케 하신다는 것이요, **속죄제는** 인간의 원죄를 대속해 주신다는 예표요, **속건제는** 살면서 부지중에 하나님의 법을 어겼거나 생활 속에서 지은 허물의 죄들을 대속하신다는 예표요, **소제는** 온전한 희생과 순종으로 자신을 하나님께 드림으로 십자가 위에서 구원을 이루시고 성영님이 오시는 것을 예표한 것인데, 예수님께서 이것을 다 이루셨습니다. 그러므로 예수님과의 이 같은 관계를 깨달아 알고, 피로 죄 씻음 받고, 피를 가진 믿음이 되어 예수님의 모든 말씀을 날마다 먹고, 말씀으로 살고 따라 행하는 것입니다. 그리고 예수님께서 행하신 모든 표적과 이적이 자기와 어떤 관계가 돼야 하는지 깨달아 알고 믿음으로 받아 **진리를 알지니 진리가 너희를 자유케 하리라** 하신 그 자유가 돼야 함을 말하는 것입니다.

　예수님의 말씀이 어떤 것은 자기에게 맞으니 받아들이고, 어떤 것은 자기에게 맞지 않으니 받아들이지 않는다 하는 것, 절대로 아닙니다. 이스라엘이 유월절 양을 잡아 몸과 다리와 머리와 내장까지 전부 다 통째로 먹은 것처럼 바로 예수님의 모든 것을 자기의 것으로 먹고 받아들이고 적용하고 행하는 것이어야 합니다. 이것이 예수님의 피로 죄 사함 받은 자가 온전한 구원, 예수님의 장성한 분량으로 나아가는 길인 것입니다. 하나님께서 구약 백성에게 유월절 양의 고기와 머리와 다리와 내장, 몸 전체를 먹으라고 하셨던 것은 예수님께서 자기 백성을 위해 자신을 통째로 내주신다는 표시였습니다.

또한, 어린양의 고기를 통째로 먹었다는 것은 그같이 우리의 구원을 위해서 자기 자신을 통째로 내주신 예수님을 우리의 머리도 온 마음도 우리의 온 삶도 예수님과 예수님의 말씀으로 지배받아야 하고 그렇게 살아야 함을 뜻합니다. 알아듣습니까? 그것이 예수님을 믿는 자로 예수님과 함께하는 예수님의 사람입니다. 우리의 유월절은 구약의 날을 지키는 것이 아니라, 이제 어린양으로 오셔서 십자가에 달려 피 흘려 나 위해 죽으시고, 나 위해 사신 예수님의 피와 살로 주신 떡과 잔에 참여하여 예수님의 죽으심과 사심을 기념하며 말씀을 기쁨으로 따르고 행하는 것으로서 그것이 바로 우리의 지키는 유월절입니다.

여러분! 우리가 좀 거짓된 가식을 벗고, 예수님을 믿는다는 입의 말만 가진 가식을 좀 벗자는 말입니다. 진실 된 신앙이 되자는 것입니다. 믿음인 것처럼 위장하고 십자가의 원수로 행하는 그 거짓된 탈들을 벗어버리고, 정말 험한 십자가를 사랑하자는 말입니다. 예수님을 사랑한다고 말은 하면서도 사실은 자기의 고집과 자기의 뜻을 더 사랑하고, 자기의 목적을 더 사랑하고 있지 않습니까? 각자 자기 자신을 살펴보십시오. 예수님께서 너무나 목말라 하십니다. **내가 목마르다** 하셨어요. 예수님께서는 사람들이 예수님을 알고 영접하여 사랑하기를 원하시는데, 자기 자신을 위해서 믿는 예수님이 되어서 예수님을 너무 목마르게 하고 있다는 것입니다. 진짜 우리의 믿음은 예수님으로 목마름을 가져야 하는 것이요, 예수님의 목마름을 해갈하여 줄 수 있는 예수님의 사람이 돼야 하는 것입니다.

그다음 무교병입니다. 그때 이스라엘의 주식은 밀이나 보리 종류라서, 누룩을 넣어 발효시킨 빵이나 구운 과자를 만들어 먹었습니다. 반죽에 아주 소량의 누룩을 넣지만, 온 덩이에 퍼져서 크게 부풀어 꼭 스펀지와 같은 형태로 변합니다. 밀가루만 사용하면 딱딱하여 맛도 덜하고 먹기도 나쁘지만, 누룩을 넣으면 부드러워 맛도 있고 먹기도 좋으니, 누룩을 넣어 발효되게 했습니다. 그래서 누룩의 성질은 부풀리는 것이고, 섞이면 본래의 순수함이 변하는 것을 상기시키시며, 이스라엘이 여호와 하나님 외에는 다른 신이 없다. 사망 가운데서 구원하여 축복의 가나안(하나님 나라) 땅으로 인도하시는 그 하나님의 말씀만을 듣고 섬기며 따라야 할 것을 마음 판에 새기라는 뜻에서 누룩을 넣지 않은 무교병을 먹으라 하신 겁니다.

그래서 고전5:6에 **적은 누룩이 온 덩어리에 퍼지는 것을 알지 못하느냐**고 말했어요. 만일 다른 것, 인본을 이용한 사단이 같다 집어넣는 다른 작은 것이라도, 섞이면 그것으로 믿음이 잡혀 버리니, 칠일 동안 무교병만 먹게 하여 하나님께서 주시는 말씀과 메시아 언약 외에 다른 것은 받아들이지 않아야 할 것을 마음과 몸에 새기도록 하셨습니다. 만일 누룩 넣은 것을 먹는 자는 이스라엘에서 끊쳐진다고 하셨습니다. 이 모든 뜻은 오늘날 우리에게도 같다는 것, 이제 말 안 해도 다 아신다는 것 알면서도 혹시나 하여 또 말합니다. 인간이 먹어야 하는 양식은 오직 무교병입니다. 바로 예수 그리스도가 우리의 양식이 되는 무교병임을 의미합니다. 예수 그리스도가 우리의 구원이시고 생명이시고 영생이 되니 예수님의 것만을 받아먹어야 하는 것을 말합니다.

성경은 많은 것을 말하고 있지만, 그 속에 전 역사는 오직 예수 그리스도를 통째로 알게 하시는 뜻이 들어 있습니다. 그래서 성경 어디를 들어가도 우리에게 오직 무교병을 먹게 하시는 사건으로 가득 차 있습니다. 그런데 교회가 이 같은 하나님의 무교병을 주지 않고 누룩을 넣은 떡을 만들어 먹이면 오늘 15하반에서 뭐라고 했습니까? **유교병을 먹는 자는 이스라엘에서 끊쳐지리라**고 했습니다. 성경 가지고 죽음에 처한 자신을 보고 구주이신 예수님을 만나 그분의 말씀을 듣고 행하는 믿음이 돼야 함에도, 거기에 자기만족을 얻기 위한 누룩을 찾아 스스로 떡을 만들어 먹이고, 먹는다면, 다시 말해 말씀을 가지고 자기 입맛에 맞는 것들로 먹음직스럽게 부드럽게 풍성하게 만들어, 자기 정신과 배에 만족할 것으로 취하고 먹는다면, 그것은 하나님에게서 끊쳐진다는 말입니다. 사람의 혼과 육체를 만족케 할 떡으로 만들어 먹으면 영영한 저주라는 말입니다.

그다음, 쓴 나물을 왜 먹으라고 하셨습니다. 이스라엘의 그 중동지역에서 나는 쓴 나물은 얼마나 쓴맛이 강한지, 우리가 먹는 쓴 나물보다는 비교도 안 되게 더 쓰다고 들었습니다. 아마 낮은 덥고 밤에는 추워 일교차가 크다고 하니, 그 관계도 있고 땅도 돌이 많으니 그렇게 쓴 것인가 하는 생각을 해봅니다. 쓴맛이 강해서 그것을 먹으면 입안이 마비가 오는 것 같다고 했습니다. 하나님께서 그 쓴 나물을 먹으라 하신 것은 애굽의 노예로 살던 때의 그 고통을 잊지 말라는 뜻입니다. 쓴 나물을 먹으며 사단의 속박 아래 종살이하던 고난을 기억하며 하나님의 은혜를 새김질하라는 뜻입니다. 쓴 나물을 먹으며 사망에서 건져주신 구원의 은혜에 감사하라는 뜻입니다. 절기 때마다 쓴 나물을 먹으며 그 끔찍한 고통의 때를 기억하여, 죄를 버리고 경계하라는 뜻입니다.

  사람이 하나님의 말씀을 어기는 죄를 짓고 스스로 사단에게로 나갔으므로 죄의 값은 사망이라는 하나님의 법에 걸려 세상에 난 자마다 죄(사단)에 종노릇하다가 함께 멸망으로 들어가게 되었습니다. 하나님께서는 인간의 처한 이 같은 처지를 깨달아 알게 하시려고 아브라함의 자손, 자기의 백성을 애굽으로 들이고 바로의 종으로, 또 노예로 구속되어 고난을 받게 하시고, 비로소 그 속박에서 풀어주시기를 간구토록 하셨습니다. 인간이 사단의 지배 아래 있게 된 처지를 알게 하시고, 인간 자기 힘으로는 그 속박에서 구원할 수 없다는 것과 오직 하나님께서 건지시고 삶과 생명을 주셔야 한다는 것을 보이신 것입니다. 이제 그 사단의 속박에서 구원받기 원하여 하나님께 부르짖는 자는 구원하신다는 뜻을 보이셨습니다.

  우리와 상관없는 것이 아니라 이스라엘은 하나님과 인간의 처지와 그 관계와 역사를 보게 하신 모델입니다. 하나님의 구원하시는 뜻을 보게 하신 하나님의 역사입니다. 애굽은 마귀에게 속한 세상과 죄를 상징합니다. 인간은 죄의 종이 되어 악을 행하며 사는 존재로 지옥의 형벌에 놓였으나 우리의 주 예수 그리스도께서 죄를 없이하여 주셨으니, 이제는 세상과 죄와 짝하여 살지 않아야 함을 그렇게 쓴 나물을 먹음으로 입안이 감각이 마비되듯 하는 그 쓴맛처럼 감각을 가지라는 것입니다. 세상을 따르고 죄를 짓는 것은 마귀에게 종노릇하는 것이니 그러므로 그 쓴 것을 온몸으로 느끼듯이 세상과 죄에 대한 감각도 온몸으로 가져야 함을 의미하는 것입니다.

자, 그래서 양의 피로 죄의 가림을 받고 재앙을 만나지 않은 자, 양의 고기를 통째로 먹은 자, 무교병을 먹고 쓴 나물을 먹은 자는 홍해를 건너게 되었습니다. 죄 없는 피로 죄의 가림을 받아 하나님의 총회에 들어가 하나님의 백성이 되었다는 말입니다. 바로 이것이 교회의 본질이 돼야 합니다. 이것이 믿음이요 믿음의 능력입니다. 이 믿음이 된 자 한 사람 한 사람이 교회입니다. 교회는 예수 그리스도의 몸이요 예수 그리스도의 몸이 교회입니다. 예수님께서 피 흘려 세우신 교회는 예수님의 피가 줄줄 흘러야 합니다. 예수님의 죄 사함의 피가 흐르지 않으면, 예수 그리스도의 피가 없으면, 성영님이 세우신 교회가 아닙니다. 예수님의 몸 된 교회는 끊임없이 예수 그리스도의 피가 있어야 하고 계속 흘러야 합니다. 예수님의 피를 사랑하고 사람들이 죄 사함의 피를 알고 그 피를 사랑하여 죄 사함을 얻도록 해야 합니다. 예수 그리스도의 피가 없는 예배는 하나님께서 받으실 수가 없는, 유교물인 인간 종교의 행위일 뿐입니다.

예수님께서 교회를 세우시고 맡겨주신 일은 첫째, 인간이 예수 그리스도를 믿지 않음으로 지옥 간다고 했으니 그 죄를 알리고, 예수님께서 십자가에서 흘리신 피만이 죄를 씻고 영생하는 생명을 얻게 하신다는 그것을 전하고 전하라고 세워주셨습니다. 그래서 예수님의 피가 교회 속에 흐르지 않으면, 사람들의 영혼에 그 피가 흐르지 않으면, 예수님께서 세우신 교회가 아니라는 것을 분명히 아십시오. 말씀을 받아먹을 수 있는 것도 예수님의 피 안에서만 된다고 하지 않았습니까? 피 안에서만 말씀이 들려지는 것이라는 것도 말씀드렸잖아요? 교회에서 예수님의 피가 흐르지 않으면, 예수님의 피를 받지 않으면 절대로 말씀이 영혼의 양식으로 먹힐 수도, 들어갈 수도, 들려질 수도 없다고 하지 않았습니까?

둘째는 이스라엘 자손이 양을 잡아 통째로 먹었던 것처럼 오늘날 교회 또한 전 성경에서 말씀하시는 예수님을 보고 만나, 예수님이 주시는 모든 것을 받아먹고 예수님으로 사는 예수님의 사람이 돼야 합니다. 오직 예수님이 자기의 사는 뜻이 되지 않으면, 그것은 누룩 넣은 유교물을 찾는 종교인이요. 차라리 세상에 오지 않음이 나을 인생입니다. 하나님께서 사람을 지으신 목적은 예수 그리스도의 부활의 생명으로 낳은 아들을 얻고자 함입니다. 예수님의 형상을 이룬 예수님과 같은 아들을 얻어 영광을 얻으시고자 하는 데 있습니다. 그래서 성경은 예수 그리스도를 통째로 알게 하시는 전 뜻이 들어 있는 것입니다. 교회가 양의 고기를 통째로 먹어야 하는 뜻에서 벗어난 것은 다 쓰레기와 같습니다.

교회는 무교병이어야 합니다. 하나님께서 자기의 백성에게 무교병을 먹으라고 명하시고, 칠일 동안 지키는 유월절 시작의 날에, 누룩을 집에서 제하라고 명하셨습니다. 먼저 누룩부터 치우라고 하셨어요. 성경에서 칠은 완전수를 말한다고 했잖습니까? 칠일 동안 무교병만 먹은 것은, 사람에게 양식이 되어 살게 하시는 분, 생명의 떡이 되시는 분은 오직 예수 그리스도시라는 것, 예수님만 받아들여야 산다는 것, 오직 예수님으로만 사는 존재라는 것, 그래서 내가 예수님 안에 예수님이 내 안에가 이루어져 함께 동거하며 먹고 자고 일어나는 관계가 되어야 한다는 의미입니다. 그렇기에 누룩을 제하지 않은 교회는 절대 교회가 아닙니다.

예수님을 잘 믿으면 세상에서 사는 동안 잘되는 복을 받고 구원받아 천국 간다고 하는 것은 잘 부풀려서 맛도 좋고 부드러워 먹기도 좋은 누룩의 떡입니다. 하와를 유혹하던 것과 같은 마귀의 속임입니다. 세상에서 잘되고 또 죽음 뒤에 천국도 간다는데, 여기에 무엇이 부족해서 듣지 못할 말이라 하겠습니까? 사람의 귀로는 이 말이 얼마나 듣기에 좋습니까? 그러나 구원도 받고 잘되는 복을 받기 위해 예수님을 믿는다고 한다면, 그 또한 저주로서 천국의 반대 되는 곳으로 떨어져 더한 고통을 받게 될 것입니다. 말씀으로 자기 정신의 만족을 얻고자 하고, 지식 쌓기 위해 학문하듯 하고, 윤리와 도덕의 인격 수양하는 말씀으로 삼고 있다면, 이 또한 큰 저주로서 가장 극렬한 고통의 자리로 떨어지게 될 것입니다. 이 모든 것 다 누룩의 일입니다.

　　여러분, 예수님이 우리의 완전한 복입니다. 예수님 그분이 복입니다. 창조주요 하늘과 땅의 주인이신 예수님이 우리의 참복이라는 것, 여러분에게 저의 이 말이 얼마나 알아들어서 감동으로 들려지는지는 모르겠으나, 바라기는 여러분에게 합당하다면 영혼에 깊이 박힌 못처럼 박힌 복이 되기를 바랍니다. 예수님이 성영님으로 우리 안에 들어오신 이것이 복이라는 것, 이것을 여러분이 참으로 알기를 소원하고, 예수님 알기를 소원하고, 예수님 따르기를 기뻐하여 말씀을 배우고, 말씀이 가르치는 대로 협착한 길로 행하여가는 여러분이 되기를 진정 소원합니다. 이것이 여러분의 복이기를 소원합니다.

　　오늘날 교회라는 곳에서 예수님은 너무나 희미하고 어떤 행위들을 잘하면, 열심히 하면, 그것이 세상에서 잘되고 복 받는 조건처럼 유교물들을 먹여서 종교인이 되게 하고, 샤머니즘이 되게 하고 있습니다. 예수님이 초점이 되는 것이 아니라 참으로 예수님을 알고 예수님과 함께하는 믿음이 되는 것이 아니라, 응답받으려면 기도를 열심히 해야 한다, 하나님 앞에서 참고 끝까지 인내하면 무슨 꿈인지는 모르지만, 반드시 꿈은 이루어진다고 하는 속임의 말들로 사람들의 마음이 거기에 쏠리게 하고, 관심을 그곳에 두게 하여 그런 것들의 목마름을 가지고 좇아가게 하고 있습니다. 그러니 성영님과 자기 안에서 관계가 될 수가 없습니다. 성영님으로 오신 예수님과의 이야기는 거리가 멀게 들려지는 거예요. 그래서 믿는 자 한 사람 한 사람이 무교병의 의미이신 예수님을 알기에 힘쓰고 오직 예수님의 말씀을 따르고 행하는, 예수 그리스도로만 살려고 하는 믿음이 돼야 합니다. 여러분, 참으로 예수 그리스도로 살려는 데다 믿음을 두십시오. 그러고 보니 저의 전하는 말씀이 여러분 얼마나 맛이 없습니까? 말씀마다 예수님만 말하고 있으니 말입니다? 아무것도 섞지 않은 밀가루 떡만 주니 딱딱하고 맛이 없을 것이니, 여러분이 너무 맛없다고 한 귀로 듣고 한 귀로 흘려버리지 않습니까? 아! 맛있다고요? 이것이 여러분의 영의 살이 되고 피가 되어 장성하게 하는 것이니 참으로 맛있기를 바랍니다.

그다음, 교회가 세상과 죄에 대해 필연코 경계와 자각이 있어야 하는 것, 아까 쓴 나물에 관해 듣지 않았습니까? 그래서 교회의 본질이 뭐냐? 바로 양의 피와 양고기, 즉 예수님의 피와 예수님의 모든 것을 받아먹음으로 능력이 되는 것, 무교병, 즉 예수님만이 교회의 주인이요. 교회의 몸이요 교회의 자원이어야 하는 것, 쓴 나물, 즉 쓴 나물을 입에 넣고 씹으면, 즉시 쓴맛의 자각이 있듯 세상과 죄에 대하여 그 같이 자각하여 경계해야 하는 것, 이 네 가지 사항을 가진 것이 교회의 본질입니다. 교회가 이 본질에 대한 능력을 갖추어야 시험에 들지 않은 예수님의 교회입니다. 천국 열쇠를 가진 예수님의 몸입니다. 음부의 권세가 절대로 손대지 못하는 하늘의 권세를 가진 예수 그리스도의 교회입니다.

자! 그래서 교회에게, 성도에게 이 네 가지 사항을 가진 권세가 있다면 말입니다. 그 다음 어떤 변화가 따라 나타나는 겁니까? 애굽 사람들에게 당당하게 은금 패물과 의복과 곡식과 모든 것 다 취하여서 나오라 하셨지 않습니까? 그러니까 바로 왕도 모세에게 굴복했고 애굽 사람들도 혼비백산해서 이스라엘 자손의 말이 끝나기가 무섭게 구하는 것 다 내주면서 빨리 떠나라고 하지 않았습니까? 그전까지는 이스라엘이 애굽에게 노예처럼 채찍으로 다스림을 받고 학대받으며 엄청난 고욕에 시달리던, 애굽이 두려운 존재였는데 완전히 상황이 바뀐 것입니다. 사단이 이제는 교회를 두려워하게 되었습니다.

이것은 오늘날 우리에게 십자가의 승리는 모세와 비교도 되지 않는 완전한 승리임을 가르쳐주는 겁니다. 그래서 교회가, 교회의 본질로 능력을 갖춘 것이면 사단과 그 악한 영들은 굴복하는 것입니다. 사단을 이기신, 세상을 이기신 예수 그리스도께서 나와 함께 하시면 이제 사단과 그의 영들은 절대로 두려운 존재가 아니라 굴복하는 존재라는 말입니다. 내 앞에서 굴복하는 것입니다. 그렇기에 세상이 생명의 능력 앞에 굴복하고 들어오는 것이지, 믿는다는 사람이 그렇게 내일의 삶을 두려워하고 염려 근심으로 전전긍긍한다면 그것은 아직 애굽, 즉 마귀의 세상이 좋다고 거기에 있는 것입니다. 사단 아래 있는 거예요. 교회가 아니라는 말입니다.

　우리가 정말 하나님께서 자기 백성에게 어떻게 역사하셨는지 믿음의 눈으로 볼 수 있다면, 그래서 내가 예수 그리스도로 온전히 이루어진 교회가 되었다면 그는 '내가 천국 열쇠를 너희에게 주리니 음부의 권세가 이기지 못한다.' 하신 대로 그 천국 열쇠, 그 권세를 가졌으니 세상이 오히려 두려워서 내주게 되어 있습니다. 그러나 염려하고 내일에 대해서 두려워하고 어떻게 살아야 할까를 마음에 굳게 붙들고 사는 능력이 더 크면 그것은 지금 애굽의 종살이가 좋아서 거기서 나오지 않겠다고 사단에게 자신을 내주고 있는 일입니다.

　예수님을 믿는다는 사람들이, 하나님을 아버지라 부르는 사람들이 믿지 않는 사람들을 만나면 말이죠, '나는 뭐 되는 일이 없어. 내 인생이 왜 이런지 모르겠어. 정말 너무 힘들어.' 지금 그 애굽 사람들 앞에서, 이런 신세 한탄하는 일들이 자기에게 있다면, 그것은 아직 애굽에 머물러서 육신으로 사는 것이요 죄의 종으로 사는 것임을 스스로 드러내 주는 일입니다. 하나님의 자녀가 아니에요.

　하나님께서는 **너희는 그것을 이렇게 먹을지니 허리에 띠를 띠고 발에 신을 신고 손에 지팡이를 잡고……. 12장 11에 뭐라 했습니까? 급히 먹으라** 했어요. 지체하지 말고 떠나야 한다는 뜻이에요. 떠날 만반의 준비를 하고 급히 먹으라는 것입니다. 그러니까 떠날 준비를 단단히 하고 급히 먹었다는 말이지요. 그러니까 오늘날 예수님을 믿으려고 하나님께 나왔으면 좀 빨리 세상에서 떠나 나와야 하는데 오히려 그 세상 것을 더 붙잡으려고 하고 있습니다. 세상에서 지체치 말고 속히 떠나 나와야 하는데, 만날 똥 싸 뭉개고 앉아 있는 것처럼 양다리 걸치고 있습니다. 하나는 세상에 두고 하나는 예수님을 믿는다는 곳에 두고 있으면서 사람들에게 이리 치이고 저리 치이고, 그러니 기쁨 없고 고통스럽고 힘든 겁니다. 딱 떠나 나와야 하는데 못 나와요. 사람들이! 양다리 걸쳐놓고 나오지 않고 거기에 딱 걸려있어서 참으로 근심된다는 말이지요. 그 사람이 밥 먹고 사느냐? 못 먹고 사느냐가 아니라 실제로 세상에서 나오지 않고 있어서 사단의 밥이 되고 있다는 말입니다.

소금이 맛 잃으면 쓸데없어 버려진다 했는데, 소금은 맛 잃어서 버려진 적은 없는데, 그런데 소금 언약을 받은 하나님의 백성일지라도 맛 잃으니 버려졌습니다. 그같이 오늘날 예수님을 믿는다는 사람들도 버려진 자들이 될 수밖에 없는 곳에 서서 세상에게 짓밟히는 모습들이 되어 있는 것 참 안타깝다는 말입니다. 혹이라도 하나님 앞에서 기회를 잃은 것이 아니라면, 세상에 둔 그 발을 속히 떼 내고 예수님께로 온전히 돌아서기 바랍니다. 예수님께서 내일이라도 오실지 모른다고, 지금 얼마나 다급한 소리들이 나오고 있습니까?

오늘 우리가 교회의 본질에 대해서 깨달아 보았습니다. 깨달았다면 그 사항들로 능력을 갖추어서 자신이 참교회가 되어야 할 것입니다. 말씀을 맺습니다. 교회의 주인이시오. 교회의 몸이시오. 교회에 오셔서 계시며 교회에 들어온 자들에게 말씀을 깨달아 교회가 되게 하시는 우리 주 예수님께 감사와 찬송을 올려드립니다. 아멘

11. 07. 17
세상과 벗된 것은 하나님과 원수 됨

⁴간음하는 여자들이여 세상과 벗된 것이 하나님의 원수임을 알지 못하느뇨 그런즉 누구든지 세상과 벗이 되고자 하는 자는 스스로 하나님과 원수 되게 하는 것이니라 ⁵너희가 하나님이 우리 속에 거하게 하신 성영이 시기하기까지 사모한다 하신 말씀을 헛된 줄로 생각하느뇨 ⁶그러나 더욱 큰 은혜를 주시나니 그러므로 일렀으되 하나님이 교만한 자를 물리치시고 겸손한 자에게 은혜를 주신다 하였느니라 ⁷그런즉 너희는 하나님께 순복할지어다 마귀를 대적하라 그리하면 너희를 피하리라 ⁸하나님을 가까이 하라 그리하면 너희를 가까이하시리라 죄인들아 손을 깨끗이 하라 두 마음을 품은 자들아 마음을 성결케 하라 ⁹슬퍼하며 애통하며 울지어다 너희 웃음을 애통으로, 너희 즐거움을 근심으로 바꿀지어다 ¹⁰주 앞에서 낮추라 그리하면 주께서 너희를 높이시리라

(약4:4-10)

오늘 **간음하는 여자들이여** 라고 시작하고 있습니다. 그리고 "세상과 벗된 것이 하나님의 원수임을 알지 못하느냐 그런즉 누구든지 세상과 벗이 되고자 하는 자는 스스로 하나님과 원수 되게 하는 것이라"고 이어 말하고 있습니다. 여러분 중에 이 말 이해되지 않는 분 없

지요? 세상과 벗이 되고자 하는 자, 하나님과 스스로 원수 되게 하는 것이다. 그러므로 세상과 벗된 것이 하나님의 원수임을 알지 못하느냐고 묻습니다. 이 물음에 여러분은 대답을 어떻게 하십니까? 하나님을 사랑한다고, 예수님을 믿는다고 신앙을 말하면서, 세상과 여전히 친밀한 관계이면 그것이 하나님의 원수임을 알지 못하느냐? 누구든지 예수님을 믿는다 하면서 세상과 가까우면 스스로 하나님과 원수가 되게 하는 것이라고 하는 것입니다.

여자가 자기 남편을 두고 다른 남자와 간음하면, 그는 그 남편의 분노를 사서 더러운 여자로 정죄 받고 버림을 당하는 것이지 않습니까? 그같이 세상과 벗하는 자는, 세상과 가까운 자는, 세상과 간음하는 것이다. 그러므로 하나님과 원수 관계가 된다는 것입니다. 그래서 간음하는 자들이여, 세상을 벗처럼, 친구처럼 가깝게 하는 자들이여, 그것은 하나님과 스스로 원수 맺는 것인데, 그다음 6에서 하나님이 누구를 물리치신다고요? 교만한 자, 세상과 벗하고 있는 간음한 자들은 교만한 자인데, 하나님께서 그 교만한 자를 물리치신다는 것입니다.

세상은 마귀가 인본과 이룩한 마귀의 것입니다. 마귀가 세상 임금입니다. 세상의 특징은 탐욕과 허세와 사치와 낭비와 집착과 애착과 자랑하는 것과 욕심과 쌓는 것과 경쟁하는 것과 싸움입니다. 믿는다면서도 세상을 벗 삼고 있으면, 세상 것에 집착하는 것이면 그것은 믿는 것이 아니라, 세상과 간음하는 교만입니다. 그래서 하나님은 교만한 자를 물리치십니다. 7에 "너희는 하나님께 순복하라"고 합니다. 세상과 간음하는 교만에서 돌이켜 하나님께 순종하고 복종하라는 겁니다. 그리고 마귀를 대적하라, 그러면 피한다고 했습니다.

마귀를 대적하라 그리하면 피하리라 하니까 그저 이 대목만 보고, 나를 해코지하려는 마귀라는 존재, 그 하나에 대해서만 대적하여 물리치라는 말씀으로만 알고 '이러이러한 것으로 나를 괴롭히는 마귀는 물러가라' 하고 있습니다만, 세상을 벗하고 있는 사람이 마귀가 가져다주는 마귀의 것들로 간음하면서 마귀를 대적할 수 있습니까? 마귀가 대적이 되겠습니까? 세상과 벗하는 것을 버리는 것이 마귀를 대적하는 것입니다. 입으로 외치는 것이 아니라 절교를 선언하고 떠나오는 것이 대적입니다. 마귀가 하나님의 뜻대로 믿는 믿음이 되지 못하도록 막는 가장 쉬운 것이, 원래 또 세상과 벗하고 있으니, 여전히 벗하도록 하는 일입니다. 하나님을 믿는 이유를, 예수님 믿는 이유를, 물론 믿는다고 하는 것에는 구원받는 것도 믿지만, 물질적인 것에다 마음을 더 두게 합니다. 세상에서 잘살아야 하는 것이 하나님께서 믿는 자에게 주신 복인 것처럼 하여 세상 것에다 마음을 고정하게 하는 것입니다. 그래서 마음이 세상에 붙들리게 하여 꽁꽁 묶어놓는 것입니다.

8에서 그것을 뭐라고 말합니까? '두 마음을 품은 자들'이라고 분명히 말하고 있습니다. 그래서 두 마음을 품은 자들에게 마음을 어떻게 하라고요? **성결케 하라** 앞에서 세상 특징이 뭐라고 했습니까? 탐욕과 허세와 사치와 낭비와 집착과 자랑하는 것과 반항하는 것과 욕심과 경쟁과 쌓는 것과 싸움이라는 말이죠. 이런 것들에서 돌이켜 자신을 성결케 하는 것입니다. 오직 내게 예수님만 계시는, 예수님만 사랑하는 성결이 돼야 믿음이요 구원입니다. 9에 **슬퍼하며 애통하며 울라**는 겁니다. 두 마음을 품은 자들아 마음을 성결케 하라 슬퍼하며

애통하며 울라 세상을 벗하여 웃고 즐기는 죄인의 삶을 사는 자기의 죄를 애통하고, 세상 것 때문에 웃고 즐기기 원하는 죄의 정욕을, 죄인의 삶을 사는 자기의 죄를 애통하고, 세상 즐거움을 얻기 위해 세상과 벗이 되었던 자기 삶이 결국 하나님과 원수 되게 하는 것임을 알고, 근심으로 바꾸어 회개하라는 겁니다. 10에 **주 앞에서 낮추라** 하셨으니 주 앞에서 낮추는 것이 회개입니다. 예수님 앞에 자신을 알고 낮추는 것이 회개예요. 하나님의 은혜가 아니면 살 수 없는 죄인인 것을 아는 자만이 회개를 아는 것이요, 그 은혜의 크기를 아는 것이요, 주 예수님 앞에 자신을 낮추는 겸손이 있습니다.

예수님을 구주로 믿기 원하면 반드시 세상을 벗하고 있는 것들을 자기에게서 대적해야 합니다. 세상 것을 벗하여 즐거움을 얻고 기쁨을 얻으려는 모든 것들을, 마음이 잡혀 있던 모든 것들을, 다 물리쳐야 합니다. 두 마음 품은 것을 지체치 말고 대적해버려야 합니다. 하나님께 순종과 복종의 겸손이 돼야 여러분 삽니다. 하나님께 복종하고 순종하는 겸손을 가져야 산다는 말입니다. 예수님을 믿는다 하면서 세상과 벗하여 즐거움을 얻고 기쁨을 얻으려는 두 마음을 품은 것에서 나와 오직 예수님을 사랑하고 기뻐하는 성결함을 가져야 한다는 말입니다.

여러분, 성경은 두 마음 품은 것을 교만이라 하고 그 교만은 구원받지 못함을 말하고 있습니다. 그러므로 지옥이냐? 영생 복락이냐? 선택해야 합니다. 세상을 택할 것이냐? 예수님을 택할 것이냐? 분명히 해야 합니다. 하나님께 가는 길은 두 길이 없습니다. 예수님이라는 길밖에는 없습니다. 그런데 믿는다는 사람들이 두 마음을 품고 세상과 간음하고 있습니다. 무엇이 세상인지도 알지 못하고, 알고자 하는 적극적인 믿음의 자세도 없습니다. 오늘 말씀이 그것을 분명히 지적하여 '세상과 간음하는 여자들이여, 세상이 벗이 되어 있는 자들이여'라고 시작하여 그것을 깨끗이 하라는 충고를 하고 있습니다.

그래서 오늘 저는 세상으로 간음하는 것들에 대해 한 부분만이라도 다뤄보려 합니다. 물론 성전 말씀이나 다른 말씀에 있지만, 생활 중에서 속고 있는 세상이 무엇인가? 하는 것을 오늘 좀 더 나누려고 합니다. 물론 세상은 크게 나누어서 육신의 정욕, 안목의 정욕, 이생의 자랑이에요. 하나님의 창조 뜻을 거스르고 벗어나 육의 소욕을 좇아서 행하는 것이 다 세상입니다. 믿는다는 사람들이 이것에 대한 이론은 잘 알면서도 실제 자기 생활에서는 간음을 열심히 행하며 살고 있습니다. 예수님 믿기 전에 세상과 벗으로 삼고 살았던 것을 그대로 끌고 와서 믿음 안에서도 합당한 것인 줄 알고 감각 없이 하는 겁니다. 그렇기에 자기 육체나 환경 속에 형벌이 따라붙는 것입니다.

오늘 4의 '세상과 벗 된 것이'에서 세상을 헬라어로 '코스모스'라고 합니다. 코스모스는 그 뜻이 체계, 조직, 또는 대적, 원수, 악의 지배 등입니다. 요약하자면 '사단이 자기의 것을 체계적이고 조직적으로 이루어 놓은 것'이라는 뜻이에요. 성서에 우리말로 세상이라는 단어가 많이 있습니다. 그런데 '세상' 하면 전부 다 사단의 코스모스를 말하는 것은 아닙니다. 신약만도 세상을 원어로는 '아이온'이라고 한 곳도 있고 '오이쿠네'라고 한 곳도 있고, 아무튼 시간 세상을 말할 때나 또 '현존하는 세계' 또는 '물질적인 세계' 등을 말할 때 원어는 다 다릅니다. 그래서 우리말로 세상이라고 되어 있는 것을 문장이나 문맥을 통해 그 뜻을 이해해야 합니다. 성경에서 세상이라는 단어만 보면 무조건 사단이 조직한 코스모스 세상으로 보시면 안 된다는 말입니다.

예를 들면 히4:3에 9:26에 **그가 세상을 창조할 때부터**라고 했는데, 바로 하나님이 세상을 창조했다고 했습니다. 하나님은 코스모스의 세상을 창조하신 것이 아니라 물질세계, 자연 만물을 창조했습니다. 그러나 코스모스의 세상은 창조가 아니라 누가 세웠다고요? 사단이 자기 세상을 조직적이고 체계적으로 세운 것이라는 말입니다. 그러니까 하나님께서 물질세계, 천지와 만물을 창조하셨다는 것을 우리말로 세상을 창조하셨다고 했으니 그 세상을 같은 세상으로 보면 안 되는 것입니다. 히2:5에서도 **장차 오는 세상을** 이라고 해서 장차 오는 세상은 바로 예수님 재림 이후의 세계를 말하는 것으로, 이때도 하나님께서 물질세계를 새롭게 하여 그 세계에 들어가 살기 때문에 그래서 '장차 오는 세상'이라고 했습니다. 이같이 말씀의 문맥을 통해서 또 원어의 단어 뜻을 통해서 이해해 볼 수 있어야 하지만, 어쨌든 하나님 창조의 목적하신 뜻을 거스르고 벗어나 육신의 원하는 바를 좇아 행하는 모든 것이 다 마귀가 세운 코스모스 세상입니다.

약1:27에 …… **자기를 지켜 세속에 물들지 아니하는 이것이니라** 했습니다. 세속에 물들지 않는 것, 여기 '세속'도 똑같이 원어로 '코스모스'입니다. 아무튼, 세속의 세상은 마귀가 임금입니다. 요14:30에 요12:31에 마귀를 '세상 임금'이라고 했고, 고후4:4에 '이 세상 신'이라 했고, 엡2:2에 '공중의 권세 잡은 자'라 했고, 요8:44에 거짓을 창조해 낸 '거짓의 아비'요 그 거짓으로 계12:9에 '온 천하를 꾀는 자' 즉 세상으로 살게 하여 결국은 지옥으로 끌고 가는 자라고 분명히 가르쳐주고 있습니다. 이같이 마귀와 세상을 분명히 가르치시고, 믿음이 어디에 있어야 하는지 너무나 명백하게 가르쳐주셨음에도, 믿는다는 사람들이 여전히 하나님을 거슬러 세상과 벗이 되어 있다면, 그것은 영생보다는 세상을 더 중히 여기는 것이니, 그의 구원이 있을 수가 없습니다. 미안한 말이지만 구원받지 못해요. 예수님 믿는다는 그 구원의 증거는 그의 삶을 통해 마귀의 것이냐, 하나님의 것이냐? 갈라지는 것입니다.

여러분! 하나님을 거스르는 것, 하나님께서 더럽게 여기시는 것이 도덕적인 것에만 있는 줄로 생각지 마세요. 그것은 아직 하나님을 모르는 것입니다. 도둑질, 살인, 거짓말, 사기 등의 이런 도덕을 거스른 것은 즉시 죄로 드러나는 것이지만, 세상을 벗하는 것은 아무도 죄로 보지 않습니다. 세상으로 사는 인간에겐 환영할 뿐만 아니라 아주 합리적인 것입니다. 사단이 임금인 세상에서 사는 인간은 그것이 복인 줄 알고, 너무나 합리적인 것으로 여겨 환영하는 것이지만, 믿음에 있어서는 죄보다도 더 더럽게 하고 하나님을 더 거스르는 것이 바로 그 세상과 벗하는 것입니다.

우리가 옷을 입는 것은 몸을 가리고, 추위나 더위에서 몸을 보호하기 위해서, 그래서 필요입니다. 그런데 세상은 추위나 더위에서 몸을 보호하는 기능보다는, 겉치장을 아름답게 하려고 온갖 무늬를 놓고 다양한 디자인으로 모양을 만들어 놓는 옷과 같습니다. 여러분 옷에다 여러 가지 잡다한 무늬를 놓는다고 그 옷이 더러워 보입니까? 죄로 보입니까? 더러워 보이는 것도 죄로 보이는 것도 아니라 아름답게 보이는 것 아닙니까? 바로 세상이 그와 같다는 말입니다. 그 세상을 벗한다고 해서 죄로 보지 않습니다. 세상은 아름답고 화려하게 보이려고 놓은 무늬와 같아서 절대로 죄로 여겨지는 것이 아니라 오히려 점점 더 그 세상을 위해서, 아름답고 화려한 그 세상을 취하려고 붙잡고 좇아갑니다.

그렇기에 믿는 자가 명예나 부귀를 이루기 위해서 전력투구하는 것, 믿는다는 사람들이 그것을 세상과 간음하는 죄로 보지 않습니다. 하나님과 원수 된 것으로 보는 자 없습니다. 하나님을 거스르는 죄로 보지 않습니다. 오히려 부귀 명예를 얻는 것, 하나님께서 베푸신 은총이라고 하고 칭찬하고 부러워합니다. 그러나 세상 만족을 얻기 위한 것이면 그것은 이미 하나님을 거스르는 세상 안에 있는 것입니다. 하나님과 원수의 자리에 있는 것입니다.

여러분, 연예인이 엄청난 에너지를 발산하며 온갖 형태의 춤을 추며 노래하는 것 죄로 봅니까? 도덕을 거스르는 것이 아니니 죄로 보지 않습니다. 오히려 남다른 재능이 있어서 사람들의 눈과 마음을 즐겁게 해준다고 하여 선호합니다. 사람들의 성향이 되고 있습니다. 일반적 성향으로 흐르고, 선호하는 것이라 말입니다. 여러분, 술장사 한다고 해서 그것을 죄로 봅니까? 술 먹는 것도 죄로 보지 않습니다. 몇십만 원, 몇백만 원짜리 명품 가방 들었다고, 몇십만 원, 몇백만 원짜리 구두를 신었다고, 몇백만 원짜리 짐승 가죽옷 입었다고 죄로 보지 않습니다. 오히려 능력으로 봅니다. 재력으로 봅니다. 그 같은 것들로 자신의 가치를 높이고 자존심을 세워주는 것처럼 여겨 자부심을 갖는 것이지 않습니까?

제가, 요즘 물가가 비싸고 경제가 너무너무 어렵다고, 그럼에도 명품이라고 불리는 고가의 제품들은 오히려 호황을 누린다는 그 뉴스 보도를 보았습니다. 이것이 세상이요, 세상은 이런 쪽으로 흘러가는 것입니다. 그러면 이 같은 세상을 죄로 봅니까? 믿는다 해도 사실은 다 세상을 좇고 있기 때문에, 죄로 보지 않고 능력으로 보고 부러워하고 있습니다. 마귀의 코스모스 그 세상으로부터 좇아 나온 인간의 자랑이요, 탐욕이요, 허세요, 하나님과 하나님의 말씀을 거스르는 타락에서 나온 것입니다. 이런 세상과 벗하여, 육체를 위하고 자기만족과 자존심을 위해서, 자기 기분을 위해서 사는 것이면 그것은 하나님과 스스로 원수 되는 삶입니다. 참으로 믿기 원하면 자기에게서 세상을 몰아내야 합니다. 대적해 버려야 합니다. 그러지 않으면 스스로 하나님과 원수 맺는 것입니다. 세상은 자기가 결단하면 끝낼 수 있는 것입니다. 자기가 해야 하는 것입니다.

아담과 하와는 사단에게 유혹을 받고, 먹지 말라 하신 선악과를 먹는 불순종의 죄를 지었어도 세상으로 들어가지는 않았습니다. 마귀의 세상으로 들어가지 않았다는 말입니다. 아담과 하와의 죄는 하나님께서 오셔서 피 흘려 구속하신다는 예표로 친히 양을 잡아 피 흘려 가죽옷을 지어 입히시고 그들을 에덴에서 쫓아내신 뒤, 그들에게서 떠나신 것이 아니라 그들 가운데 계셨습니다. 하나님이 그들을 떠나신 것도 아니고, 그들도 하나님 앞에서 떠나 사단의 세상으로 나간 것이 아니라는 말입니다. 그다음 사단은 아담의 후손인 가인이 하나님과 화해의 제사에 실패하자 하나님과 화해된 형제 아벨에 대한 미움과 분노를 품게 하고, 제사를 받지 않으신 하나님에 대한 분풀이로 동생 아벨을 죽이도록 사주하여 살인하게 함으로써, 가인을 자기의 소유로 삼는 데 성공했습니다.

　그렇기에 가인과 함께 하나님을 떠나간 인류는 사단의 소유가 되어서 사단의 탐욕과 잘못된 집착과 거짓과 위선과 미움과 원한과 두려움과 불안과 속임 등, 이 같은 어둠의 요소들로 성품이 되어 자라났습니다. 두려움에 사로잡혀 불안한 내일을 살게 되었고, 자기를 즐겁게 하여 두려움과 불안함을 떨치려고 하는 일에 온 힘을 기울이게 되었고, 먹고 마시는 것과 입는 것의 즐거움에 집착하게 하였고, 자기를 방어할 도구들을 발명하는데 집착하게 되었고, 각종 방탕한 오락을 계획하는데 집착하게 하였고, 자기의 성, 자기를 보호하기 위한 성을 구축하는 것에 집착하게 하였습니다.

　창4장에 하나님을 떠난 인간이 자기 힘으로 살고자 쌓아 올리는 문화 항목이 기록되었잖습니까. 사단은 이 네 항목이 더욱 구체적이게 하고 체계적이게 하여 자기 세상을 조직해 나간 것입니다. 사람은 점차 여기에 얽매이고 사로잡혀서, 사는 뜻이 되었습니다. 세상에 빠져 끝없는 욕망의 노예가 되고, 간음과 부도덕으로 천하고 더러우며 영이 없는 짐승과 일반이 되었습니다. 하나님께서는 사단의 조직 아래 있는 그 세상을 엄중히 심판하신다는 것을 노아 시대 때 홍수로 다 멸하여 보이셨습니다. 세상 신이요, 세상 임금인 마귀가 지배하는 오늘날의 세상은 이제 악의 극치를 이루었고, 죄로 보이지 않는 온갖 형형색색의 아름다운 열매들이 맺히듯 하여 완전히 농익은 때로 하나님의 마지막 심판의 때가 심히 가까워진 때가 되었습니다.

　처음 사람 아담의 삶에 임재하여 계신 하나님께서는, 하나님을 방해하여 뜻을 이루지 못하게 하려고, 사람들을 자기 소유로 삼고자 세상으로 유혹하는 마귀의 그 간계 앞에 맞서 이기는 한 계보를 두셨습니다. 마귀의 세상과 맞서 이기는 소수의 사람들로 바로 하나님과 동행하였으며, 하나님의 은혜를 입었으며 하는 사람들을 두셨다는 말입니다. 죄는 가졌지만, 세상과 합류하지 않은 사람들, 즉 아담과 그 후손 아벨과 셋과 그 셋의 후예들의 계보, 창세기 5장에 기록된 그 계보에서 에녹이 태어났고 므드셀라가 태어났고 노아가 태어났고 노아의 아들 셈의 후예로 아브라함이 태어났습니다.

하나님께서 마귀의 조직된 세상 속에 살면서도 자기를 지켜 그 세상에 합류하지 않은 사람들, 죄에서 구원하시기 위한 계획을 그 계보 속에 두시고 함께 계시면서 마침내 예수 그리스도를 보내신 통로가 되게 하셨습니다. 이같이 혈통적으로 죄는 가졌지만, 세상에 맞서며 세상을 따르지 않았던 사람들과 함께하시면서 예수 그리스도를 보내셨는데, 그런데도 오늘날 죄를 대속하여 그 죄에서 건져주시고 마귀의 그 세상으로부터 불러내시는 것을 모른다거나 행하는 것이 아니면 하늘이 무너진다 해도 구원받을 길은 없습니다. 믿는다는 사람들이 세상과 벗하면 그것은 간음하는 것으로써 하나님께서 더러운 것으로 여기시는 것이요, 하나님과 원수를 맺는 것이라는 것을 오늘 본문이 분명히 말하고 있고. 성경 전체가 증거하고 있음을 알지 않는다면 그것은 믿는 것이 아니라 귀신에게 쓰이고 있음을 알아야 할 것입니다. 여러분 속에 세상을 담고 그 세상과 벗하고 있으면 거룩하신 성영님이 절대로 거하실 수 없습니다. 믿음을 돕기 위해 곁에 와계신 성영님도 어느 시점에서 떠나버리십니다.

오늘 이 말씀은 여러분이 그동안 듣지 못한 것도 아니고, 말하지 않았기에 하는 것도 아닙니다. 땅에 있을 동안 필요한 것으로서 필수품이 아닌 그 이상은 다 세상입니다. 어떤 것이 되었든지 필요 외에는 다 세상입니다. 의복은 우리에게 필요입니다. 몸의 추위와 더위를 막고, 가리는 데 필요한 것으로 세상은 아닙니다. 그런데 옷을 돋보이게 하려는 장식이나, 시대 유행을 따르는 것 절대 세상입니다. 값비싼, 명품이라고 하는 것들에다 가치를 두고 자기 과시나 자기만족으로 삼고 있는 그런 것은 이미 하나님과 원수인 코스모스 세상입니다.

오늘 '간음하는 여자들이여' 한 그 간음의 특징이 세상 사치와 낭비와 향락입니다. 사치는 누구를 위한 겁니까? 예수님을 위해 사치하는 것일까요? 믿음을 위해 사치하는 것일까요? 자기를 위한 것입니다. 낭비도 향락도 다 자기를 위한 겁니다. 자기만족을 위해서 자기 기분을 위해서 다 사치하고 낭비하는 것이지, 예수님을 위해서 믿음을 위해서가 아닙니다. 세상과 간음하는 것입니다. 딤전2:9에 여자들은 금이나 진주나 값진 옷으로 단장하지 말라 했습니다. 사치를 금하라는 말입니다. 그리고 아담한 옷을 입고 염치와 정절로 자기를 단장하라 했습니다. 이것이 하나님을 공경한다는 자들에게 마땅한 것이라고 했어요.

그래서 하나님을 섬긴다고 하는 사람들의 믿음이 참믿음인지 거짓 믿음인지 드러나 보이는 것이 무엇인가 계17:4에 그것을 잘 말해주고 있습니다. **그 여자는 자주빛과 붉은빛 옷을 입고 금과 보석과 진주로 꾸미고 손에 금잔을 가졌는데 가증한 물건과 그의 음행의 더러운 것들이 가득하더라** 라고 했습니다. 그 '여자'는 하나님을 섬긴다고, 믿음을 가졌다고 하는 사람들에 대한 비유입니다. 자주빛과 붉은빛 옷을 입었다는 것은, 세상 권력을 쥐고 있거나 권력에 몸을 담고자 하고, 부귀영화를 누리며 또는 그 부귀나 영화를 부러워하고, 또는 현재 그 영화를 누리며 호화로운 생활에 취해 사는 것을 말합니다. 믿음이 있느냐 없느냐? 바로 호화로운 생활에 취해 사는 것으로 드러난다는 것입니다. 또는 부와 명예를 얻기 위한 목적을 두고 있는 것을 말합니다.

'금과 보석과 진주로 꾸미고 손에 금잔을 가졌다'는 것은, 자기 몸을 귀금속으로 단장하는데, 귀금속 단장은 왜 하겠습니까? 자기 아름다움이 되고 자랑이 되고 과시하여 뽐내기 위함입니다. 머리에다 귀에다 옷에다 목에다 팔목에다 손가락에다 꾸미고 장식하여 치장하는 것으로 거짓된 믿음을 드러낸다는 것입니다. '사치로 향락의 잔을 들고' 자기의 즐거움으로 삼는 생활로 드러낸다는 것입니다. '가증한 물건들'은 하나님께서 가증이 여기시는 것들이 무엇인지 여러분은 다 아는 거잖아요? 저의 전하는 말씀을 듣고는 모른다고 할 수 없습니다.

땅에서 사는 동안에 필요한 것, 다시 말해 집안의 물품들, 가구 등도 용도에 따라 사용할 필요로 취하는 것이 아니라, 그 용도를 넘어서서 고가품들을 취하여 그것들을 귀히 여겨 쓸고 닦고 다칠세라, 깨질세라, 애지중지하며 마음에 우상이 돼 있는 것들, 사람이나 짐승이나 생물들의 형상이나 초상화로 장식한 것들, 박제나 그림들로 장식하여 놓은 것들, 다 자기의 우상으로써 하나님의 가증한 것들입니다. 그 앞에서 절하는 것만 우상이라고 하는 것 아닙니다. 하나님께서 '만들지 말라' '섬기지 말라' 하신 모든 것, 사람의 수공 물들을 장식품으로 놓는 것은 다 우상입니다. 그런 것들은 필요가 아니라 자기가 좋아하고 사랑하기 때문에 눈에 들고 장식하는 것 아니겠습니까? 믿는다는 사람들에게서 오늘 계17:4에서 말씀하는 이 같은 행위들이 드러난다면 그것은 거짓 믿음이요, 하나님께 음행하는 것이요, 더러운 것들이 가득한 것임을 말씀한다는 것을 알아야 할 것입니다.

딤전2:9에 아담한 옷을 입으라 했습니다. 믿는 자로서 마땅히 예의를 갖추어 격에 맞는 단정한 옷을 입어라, 깨끗하며 검소하며 격식에 맞는 단정한 옷을 입으라는 것입니다. 사치로 보인다거나 고가의 옷으로 자기 과시, 자기 자랑으로 보이거나, 또는 옷에 무늬나 생김새가 요란하고 별스럽게 생겼다거나, 또는 여자들의 옷이 밀착되거나 짧거나 하지 않아야 한다는 말입니다. 이것은 다 세상으로부터 좇아 나온 것입니다. 신앙은 세상에서 나오는 것입니다. 옛 생활인 마귀의 세상에서 나와야 합니다. 나오는 것만이 하나님의 구원을 받아들이는 뜻입니다. 구원의 새 생활로 들어가려면 옛 생활방식은 깨끗이 끝을 내야 합니다. 예배하러 올 때도 하나님께 대한 예의나 성의가 없이 자기 편리대로 아무 옷이나 입고 오는 이들도 있는데 참으로 생각 좀 해봐야 할 것입니다. 옷 입는 것을 통해서도 그 사람의 됨됨이나 인품이 보이는 겁니다. 신앙의 됨됨이 인품의 됨됨이가 보인다는 말입니다.

또한, 돈도 세상은 아닙니다. 필요한 것입니다. 그러나 돈이 마음을 차지하였다면 돈이 주인이요 세상입니다. 온전히 세상에 속해있습니다. 돈을 좇아 사는 것, 돈을 위해 사는 것, 온전한 세상입니다. 마귀의 세상에 있는 것입니다. 요한1서 2:15에 **이 세상이나 세상에 있는**

것들을 사랑치 말라 누구든지 세상을 사랑하면 아버지의 사랑이 그 속에 있지 아니하니 라고 했습니다. 돈을 사랑하는 것은 세상을 사랑하는 것이요 그러므로 아버지의 사랑이 그 사람 안에 있지 않다는 것을 분명히 말씀했습니다. (여기까지는 1부 말씀입니다.)

(여기부터는 2부 말씀입니다)
　여러분, 말씀 제목을 "세상과 벗 된 것은 하나님과 원수 됨"이라고 붙였는데 제 임의대로 만들어 붙인 것입니까? 분명히 성경에 기록된 말씀을 제목으로 했습니다. 그러면 여러분이 세상과 벗 된 것이 하나님과 원수 되는 것이 무엇인지 다 이해하는 것이지요? 오늘 말씀도 받는 믿음이기를 바랍니다.

　제가 예수님을 믿은 지 오래지 않은, 육의 사람에서 영의 사람으로 변화를 받는 훈련의 때였습니다. 교인이 많은 교회에서 신앙생활을 했기 때문에, 교인들 가정에 방문할 기회가 많았습니다. 그런데 방문하는 가정마다 저의 눈에 띄는 것은, 하나님께서 가증이 여기시는, 하나님의 거룩하심을 대적하는 그런 부류의 물건들이었습니다. 저 자신은 그런 부류의 것들을 원래 좋아하지 않았던 터라, 전혀 관심도 없었고, 다시 말해 어려서부터도 왠지 보기 싫었기 때문에 제 삶에서는 성경이 금하신 그런 것들이 전혀 있지 않았다는 말입니다. 제가 성경이 금하신 것을 알았기 때문이 아니라, 교회 다니게 되고 성경을 읽게 된 것은 제 나이 35세 이후부터였는데 저의 성격상 어려서부터도 아주 싫어했다는 말입니다. 예수님을 모르고 사신 저의 부모님도 그러셨습니다. 그러니까 저의 삶 속에는 하나님이 금하신 물건들을 취하여 본 적이 없습니다.

그래서 제가 처음 교회 다니게 되었을 때는 그런 것들이 하나님의 거룩하심을 대적하는 저주받은 물건들인지는 몰랐습니다. 이후 성영님께서 방문하는 가정들에서 그 물건들이 눈에 보이게 하시고 무엇을 깨닫게 하셨는가 하면, 짐승들의 그림이나, 가보처럼 집안에 장식해놓은 도자기류나, 새겨놓은 사람이나 짐승의 문양이나, 가구나 의복에 그려진 사람의 모양이나 짐승의 모양 등, 또 사람의 형상들 짐승의 형상들, 사람 모양의 인형이나 동물 인형들과 진열해놓은 것들, 조화를 장식해놓은 것들에 귀신들이 붙어서 거처가 되고, 그 집안사람들의 마음을 주장하고, 세상 것에 애착하게 하고, 병을 주고, 생활을 어지럽게 하고, 있다고 했습니다. 한마디로 저주를 품고 사는 것으로서 그것들과 일반이라는 말입니다.

귀신들에게 붙어살도록 권리를 주고 있는, 하나님을 대적하는 그 귀신의 문화, 인간을 지배하고 있는 마귀의 세상에서 나온 가증한 것들을 믿는다는 이들이 여전히 껴안고 있기 때문에, 믿음이 되는 것이 아니라 종교인이고 샤머니즘의 정신으로 붙들려 있다고, 그와 같은 물건들이 얼마나 더러운 것인지를 보게 하셨습니다.

어느 집엔 키 낮은 옆으로 긴 장식장 위에다가 여러 모양의 인형들을 정돈하여 진열해놓았는데, 거기에 눈도 코도 없는 검은 그림자 형상의 귀신들이 바글바글 있었습니다. 주인은 60대의 여자 구역장이었는데, 병원 진단에는 특별히 이상은 없다는 데도, 매일 몸이 아파서 많이 힘들다고 예배를 원하기에, 예배드리러 가서 그걸 목격한 것입니다. 하여 그 인형들을 깨끗이 다 치우라고 치워야 몸이 낫는다고 일러주었습니다. 이후 또 그 집에 예배드릴 일이 있어 방문했는데, 그 집 다락이 귀신들의 집합소가 되어 있다는 강한 느낌을 받았습니다. 다락이 아무래도 어둠의 처소인 것 같으니 다락 좀 보자고 열어보니 치워버린 줄 알았던 그 인형들이 다락에 다 들어가 있는 것이었습니다. 며느리가 아기를 낳고 집 나가버리고, 아들은 여기저기 직장을 옮겨 다니며 떠돌고, 그 인형들이 6살 어린 손녀가 위안을 얻는 것들이어서 손녀에겐 없으면 안 되기에 버릴 수는 없다고, 또 선물로 들어온 것이 많아서 버릴 수 없다고, 그래서 보이지 않는 곳으로 치워놓았다고 했습니다. 사람 눈에 띄지 않는 곳에 치워놓았으니 되지 않겠느냐 했습니다. 정말 뭐라고 말할 수 없었습니다만, 이후에 결국은 그가 믿음에서 떠나 교회를 등져버렸다는 것을 제가 듣게 되었어요. 후에 깨달은 것은 하나님을 모실 거룩한 심영이 아니라는 자신의 상태를 그대로 드러낸 것이었다는 것을 알게 됐습니다.

 제가 왜 이것을 말하는가 하면 사람들이 믿기로 하였으면 믿음의 길로 돌아서야 하지 않겠습니까? 하나님과 관계가 되어 구원으로 들어가려면 말입니다. 그러면 하나님과의 관계를 맺는 데 있어 문제가 있다면 그것이 무엇인가에 대하여 적극적으로 알려고 하는 진정이 있어야 하지 않습니까? 스스로 알지 못하면 그 사실에 대하여 듣게 되었을 때 즉시 행함으로 옮겨야 하는데 도대체 무슨 일인지 기어코 귀신의 편에 서서 변명을 하고 나오는 겁니다. 그 물건이 아주 비싼 거라 안 되고, 식구 중에 누가 눈치 보여서 안 되고, 결혼 때 선물 들어온 것이라 안 되고, 자기가 많이 좋아하는 것이라서 안 되고, 집안 가보로 내려오는 것이라 안 되고, 생일 때 선물 받은 것이라 안 되고, 아까워서 어떻게 버리느냐……. 이 같은 변명들을 하기에 바쁘더라는 말입니다. 하나님께서 가증이 여기시는 것일지라도 기어코 지켜야 한다는 듯이 온갖 변명들을 권리처럼 내세우더라는 말입니다.

　참으로 하나님 앞에서 인간 자기가 누구인가를 안다면 그 같은 하찮은 것들에게 자기 영혼을 팔고 있지는 않을 것입니다. 오늘 본문이 말씀하는 것처럼 두 마음을 품은 것이니 하나님께서 그 손을 깨끗하다 하시겠습니까? 그 마음이 성결하다고 하시겠습니까? 겸손으로 보시겠습니까? 더럽고 가증하니, 깨끗지 못하니, 하나님의 저울에 올리지 못할 가치 없는 것들이니 쓰레기를 불에 던져 태우듯이 태워버리신다고 하는 것입니다. 저는 정말 그런 태도들로 하나님의 말씀을 대적하려면 무엇 때문에 예수님을 믿는다고 하는지 모르겠는 겁니다. 사람이 하나님의 말씀을 들으면 자기가 얼마나 하나님을 거스르고 대적하듯이 살면서 죽을 길을 달려가고 있었다는 것을 알게 되는 거잖아요. 그래서 자기가 죄인이라고 예수님을 믿는다고, 예수님의 피 흘려 죄 사해주신 은혜 감사한다고, 고백한 신앙생활이 몇 년 또는 그 이상이라면 이미 성결한 가운데 거하는 생활이어야 하지 않겠습니까?

　설사 그 믿음에 있지 못했다 하더라도 하나님의 더럽게 여기시는 것으로서 사단의 세상에서 나온 것이라고 말씀이 들려지면, 그동안 알지 못하고, 또는 속고 있었던 것을 분히 여기고, '제가 미련하고 무지해서 하나님께서 더럽게 여기신 세상을 품고 있었습니다. 진심으로 회개하고 회개합니다.' 하는 애통이 일어나고, 자기 믿음이 거짓이었다는 것을 근심으로 바꿔 슬퍼해야 할 것이고, 즉시로 가증한 물건들을 처리해버리는 믿음의 행동이 일어나야 그것이 하나님 앞에서 자기를 낮추는 겸손이라 할 수 있는데, 하나님의 말씀 앞에 자기가 누구이기에 그런 변명을 늘어놓아야 하겠습니까? 참으로 하나님이 계신 것과 천국과 지옥을 믿는다면 말입니다.

본문 8-10이 그것을 말하는 거잖아요. "하나님을 가까이하라 그리하면 너희를 가까이하시리라"는 것 아닙니까? 믿는다 할 때는 하나님께서 믿는 자에게 가까이하시는 것이 아닙니다. 이제 믿는 자가 가까이해야 합니다. 우리가 가까이해야 하나님께서도 가까이하시는 것입니다. 그러면 하나님을 가까이하는 것이 무엇입니까? 바로 그같이 하나님께서 가증이 여기시는 것들을 먼저 나 자신에서나 생활에서 깨끗이 하는 것입니다. 그것이 하나님을 가까이하는 기초적인 일입니다. "죄인들아 손을 깨끗이 하라 두 마음을 품은 자들아 마음을 성결케 하라 슬퍼하며 애통하며 울지어다. 너희 웃음을 애통으로, 너희 즐거움을 근심으로 바꿀지어다. 주 앞에서 낮추라 그리하면 주께서 너희를 높이시리라" 한 것 아닙니까. 그러면 여러분은 어떻습니까? 하나님을 가까이하십니까?

제가 예수님을 믿는다고 하는 사람들이 자기들의 문제 때문에 예배드려 달라고 하면서 말씀에 순종하지 않을 예배를 왜 원한 것인지 참 문제였구나, 교만이었구나 하는 생각을 해보았습니다. 제가 이런 태도들을 알고부터는 누가 되었든지 예배를 청해도, 예수님의 이름을 욕되게 하는 것이라 여겨 예배는 하지 않을 것으로 아주 정해버렸습니다. 약2:14에 **만일 사람이 믿음이 있노라 하고 행함이 없으면 무슨 유익이 있으리요 그 믿음이 능히 자기를 구원하겠느냐** 했습니다. 구원할 수 없다는 말입니다.

약2:5에 **내 사랑하는 형제들아 들을지어다. 하나님이 세상에 대하여는 가난한 자를 택하사 믿음에 부요하게 하시고 또 자기를 사랑하는 자들에게 약속하신 나라를 유업으로 받게 아니하셨느냐** 하나님이 이 세상에 대하여 가난한 자를 택하신다는 것 아닙니까? 세상에 대해서는 가난한 자를 택하여 믿음에 부요하게 하신다는 것입니다. 또 "자기를 사랑하는 자들에게 약속하신 나라를 유업으로 받게 아니하셨느냐"라고 '자기를 사랑하는 자들에게'라고 했습니다. 하나님을 사랑하는 자들이 누구겠습니까? 그러면 세상에 대하여 가난한 것이 무엇입니까? 이 세상의 것, 육신의 정욕, 안목의 정욕, 이생의 자랑에 대한 것들을 가지고 있지 않다는 말입니다. 자기 속에 세상이 없다는 말입니다. 믿음은 자기 속에 세상이 없는 것입니다. 세상 것에 미련 없는 겁니다. 집착하지 않는 겁니다. 욕심을 갖지 않는 겁니다. 세상을 의지하지 않는 겁니다. 세상 것에 매이지 않는 겁니다. 세상 것에다 마음을 두지 않는 겁니다.

아! 그럼 나는 세상 쪽의 것은 현재 넉넉하니까, 내 사는 동안에 쓸 돈이 충분하기 때문에 더 욕심 없어, 미련 없어, 이런 것을 말하는 것이 아닙니다. 자기는 성격상으로 그다지 세상 것에 관심 없기 때문에, 이런 것을 말하는 것이 아닙니다. 하나님의 원수인 마귀로부터 좇아 나온 세상이요, 하나님과 원수를 맺은 인간 속에서 마귀가 조직적으로 세운 세상이요, 그러므로 그 세상은 하나님께서 가증이 여기시는 것이요. 정욕의 것이요, 마귀의 것이요, 죄요, 사망이기 때문에 자기도 그것을 더러운 것으로 여겨 깨끗이 끝을 내버리는 것을 말하는 것입니다.

믿음을 위해서 필요 그 이상은 좇아가지 않는 것, 그래서 세상에 대하여 그 마음에 가진 것이 없으니 세상에 대해서는 가난한 것입니다. 하나님께서 그같이 세상에 대하여 가난한 자를 택하여 믿음에는 부요케 하신다는 것입니다. 그것은 당연한 이치로 그 속에 세상이 없어야 하늘의 것을 받아들일 수가 있는 것입니다. 세상을 바라고 삶에 붙잡고 있으면 절대로 믿음은 될 수 없습니다. 세상에 대하여 가난해지지 않으면 자기는 예수님 믿고 구원받았다고 말할 수는 있겠으나, 하나님의 나라 천국이 그에게 있을 수 없고, 천국 길을 갈 수 없는 것입니다. 오늘 약4:16에서는 세상 자랑은 허탄한 자랑이라 했고, 그런 자랑은 다 악한 것이라고 분명히 말했습니다. 그다음 4:17에서 **이러므로 사람이 선을 행할 줄 알고도 행치 아니하면 죄니라**고 말하고 있습니다. 하나님의 말씀대로 순복하는 것이 사람에게 선이라는 것을 알면서도 행치 아니하면 죄라고 했습니다. 이제 우리는 주 예수 그리스도를 믿고 세상에서 나와서 천국 길을 가는 것입니다. 세상을 뒤로하고 하나님 아버지 나라를 향해 성영님과 함께 나아가는 것입니다. 그런데 아버지의 그 나라를 향해 가는 사람이 만일에 세상에 대한 미련이 있고, 집착의 마음이 있으면, 욕심이 있으면, 절대로 절대로 하나님 나라로 나갈 수가 없습니다. 교회 나와서 앉아 있을 수는 있고, 교회 생활 열심히 할 수는 있어도 영적인 하나님의 나라는 나갈 수가 없는 것입니다. 영적인 것에 대해서 이해가 되지도 않을뿐더러 깨달아지지도 않는 것입니다.

눅17:32에 예수님께서 세상 것에 대한 미련을 두고, 그 세상을 돌아보다가 소금 기둥이 돼 버린 그 **롯의 처를 생각하라**고 하셨습니다. 세상에 미련을 두고 있으면 세상과 함께 멸망당한다는 것을 롯의 처로 하여금 경고의 기둥으로 보이신 그것을 알라고 롯의 처를 생각하라 하셨습니다. 뒤이어 **무릇 자기 목숨을 보존하고자 하는 자는 잃을 것이요, 잃는 자는 살리리라** 하셨습니다. 자기 목숨이 영원히 살 수

나 있는 것처럼 그렇게 목숨 사는 것 때문에, 목숨 살기 위해서 마음을 다 쏟고 세상이 하는 대로 쫓아가는데 바쁘고, 붙잡으면 결국 그 목숨도 잃을 뿐만 아니라 영생도 잃어버린다고 하셨습니다. 그러나 세상을 잃는 자는 오히려 살리리라고 하셨습니다. 예수님 믿는다고 해도 목숨이 살기 위해서 세상을 붙잡고 있는 자는 예수님의 재림 때 버려둠을 당할 것이라고 하셨습니다.

　예수님을 믿는 믿음은 세상을 이기는 것이지, 세상과 벗하고 친하게 하는 것이 아니라는 말입니다. 하나님에게서 난 자마다 세상을 이긴다고, 세상을 이김은 그 믿음이라고 요일 5:4,5에 하나님에게서 난 자는 세상을 이긴다고, 예수님께서 하나님의 아들이심을 믿는 자가 아니면 세상을 이기는 자가 없다는 것을 분명히 말했습니다. 그렇다면 세상과 벗하고 세상과 함께 즐거워하며 사는 것은 왜입니까. 예수님이 하나님의 아들이심을 믿지 않기 때문이지 않습니까? 하나님에게서 난 믿음이 아니기 때문에 세상에 마음을 두고 있는 것이니, 이미 답이 나와 있으니 그거 비위 맞춰가면서 사정할 것 뭐 있겠습니까?

　예수님께서 제자들에게 "너희가 세상에서는 환란을 당하나 담대하라" 하셨습니다. 환란을 당하더라도 담대하라고 명하셨어요. 왜냐? 요16:33에 예수님께서 세상을 이기셨기 때문이라는 것입니다. 이겨놓으셨으니, 예수님이 죄와 사망 권세를 잡은 자 마귀와 그의 세상을 십자가에 못 박고 아주 장사 지내버리고 다시 살아나셨으니, 바로 예수님이 이기셨다는 말입니다. 예수님께서 승리하셨으니, 이기셨으니 그러므로 너희가 세상에 대하여 담대하라고 하셨습니다. 세상은 이기는 것이지 끌려다니는 것이 아니라는 것입니다. 세상이 끌면 끄는 대로 세상에 잡혀서 끌려다니는 것이 아니라, 이기는 것이라는 것입니다.

　네가 믿기 원하면 세상 뒤로 돌려버리고 나를 따르라 하는 것입니다. 우리 주 예수 그리스도를 따르려면 세상에 대하여는 가난해져 버려야 따를 수 있습니다. 이기는 자만이 예수님께서 승리하시고 하늘 보좌 우편에 앉으신 그 보좌 우편에 함께 앉는 것입니다. 저는 여러분께 다시 강조합니다. 예수님께서 죄인인 자기의 구주이심을 믿고, 영원한 생명의 그 나라로 들어가기 원하면, 그것은 하늘길이냐 세상길이냐? 둘 중 하나입니다. 하늘은 하나님의 나라요, 세상은 마귀가 세운 코스모스요. 그러므로 하나님의 나라와 마귀의 나라가 하나가 될 수 없다는 것을 분명히 알아야 할 것입니다. 세상은 하나님과 원수라고 본문에 말씀하고 있습니다. 그러므로 믿는 우리도 세상은 원수입니다. 참으로 믿으려면 세상은 자기 원수라는 것부터 100% 인정해야 하고 미워해야 합니다. 원수인 세상과 벗이 되어 있으면, 즉 친해져 있으면 그도 여전히 하나님과 원수 관계입니다. 분명히 말씀드립니다.

　눅18:29에 예수님께서 **내가 진실로 너희에게 이르노니 하나님의 나라를 위하여 집이나 아내나 형제나 부모나 자녀를 버린 자는 금세에 있어 여러 배를 받고 내세에 영생을 받지 못할 자가 없느니라** 말씀하셨습니다. 자기 위치의 책임을 버리고 부모도 버리고 가족 다 버려라, 이런 극단적인 말씀이 아니라, 부모라 할지라도 아내나 형제나 자녀라 할지라도 그들이 가지고 있는 코스모스 세상을 버린 자, 부모와 자녀의 혈육 관계임에도 그들이 가진 세상, 그 뜻에 함께하지 아니하고 떠나 나온 자, 영생을 받지 못할 자가 없다고 하는 말씀입니다.

　혈통 관계의 가족이라는 이유로, 하나님을 거스르고 하나님의 영역을 침범하고 마귀가 지배하는 것들에 함께 얽매이고 세상에 끌어들이는 것에 끌려다니는 것이 아니라, 가족과의 관계에서 행함에 어려움이 따르지만, 단호하고 분명하게 끊어내 버린 자가 오히려 버린 그것보다 더 여러 배를 받고 영생을 받지 못할 자가 없다고 하신 말씀입니다. 그같이 집이나 아내나 형제나 부모나 자녀를 버리는 것에는 여러 핍박도 따를 것이요, 비난도 받고 협박도 받을 것이요, 타협의 요구도 있겠지만, 예수님을 믿기 때문에 믿음을 위해서 버려야 할 것들을 단호히 버릴 때는 하나님께서 그 몇 배로 반드시 보상하신다고 하는 것입니다. 믿음을 위해서 포기해버리면 하나님께서 보상해주시는 것을 저는 확실히 경험한 사람입니다. 그것 없으면 못살 것처럼 싸우고 네 것이냐 내 것이냐 분쟁하며 싸우는 것이 아니라 믿음을 위해서 깨끗이 포기해버릴 때 하나님께 보상이 따르는 것을 저는 분명히 보았어요. 예수님을 믿는 것 때문에 죽고자 하면 살릴 것이요, 포기해야 될 것은 포기할 수 있고, 차라리 양보해버리면 하나님께서는 보상하신다는 것이요, 그런 믿음이면 영생을 받지 못할 이유가 없다는 것을 말씀하신 것입니다.

　그래서 신앙은 적당이라는 것 없습니다. 신앙은 적당이가 없어요. 성경은 적당히 하라고 하지 않았습니다. 네가 예수님을 진실로 믿으면 그 믿음은 가족 관계에서조차도 코스모스의 세상을 버리고 돌아서는 것을 말씀하신 것이지 절대로 타협을 말씀하신 것 아닙니다. 예수님이 마음을 다하고 뜻을 다하고 목숨을 다하여 주 너의 하나님을 사랑하라 하신 것이지 적당주의가 되라고 하신 것 아닙니다. 믿음은 하나님 방법을 따르는 것이지, 그렇게 자기에게 유리한 것은 아멘이고, 아닌 것은 변명으로 넘기려는 두 마음을 품은 적당주의가 되라는 말씀 아니라는 말입니다.

자기는 그것이 좋은 것이지 않느냐, 중요한 것이라고 생각하지만, 하나님께서는 그것이 마귀에게 잡히는 올무가 되고, 해를 입게 되는 것이라고, 네 영적인 믿음에 해를 입는 것이라고, 믿음을 더럽게 하고 하나님을 거스르는 것이라고, 그러므로 금하라 말씀하시는 것인데, 그 말씀 앞에 뭐라고 변명하고 있습니까? 고가품이라 아까워서 안 되고, 자기 취미라 안 되고, 자기가 좋아하는 것이라 안 되고, 아무튼 여러 변명들과 함께 꼭 그런 식으로 믿어야 하는 것이냐, 예수님 믿기 힘들고 너무 어렵다, 그럼 세상에서 어떻게 살라는 말이냐, 하는 식의 태도들로 대적하듯 하는 것입니다. 하나님 말씀 앞에 잘못함이 드러나면 내가 속는 생활을 했구나 하는 깨달음이 되어 즉각 행함으로 돌아가야 하는데 인간의 교만은 여전히 하나님께 맞서려는 태도부터 취하는 것입니다. '우리를 죽이려고 애굽에서 이끌어 낸 것이냐 기운이 떨어져서 어떻게 살라는 말이냐 차라리 죽는 편이 낫겠다 애굽으로 다시 돌아가자'고 모세를 대적하며 원망하던 이스라엘 백성들과 같은 행동들을 반복하고 있는 것입니다.

그러나 분명히 아십시오. 잠시의 고난을 불평하고 세상을 뒤돌아보고 세상을 붙잡고 있던 이스라엘 백성들은, 광야에서 하나님께 다 멸망을 당했습니다. 천국을 상징하던 가나안 축복의 땅에 들어가지 못했습니다. 그의 자녀들은 불순종하던 그의 부모들로 인해 부모의 죄를 대신지고 40년 동안 광야에서 유리하던 자가 되었다고 민 14:33-35에 말씀하고 있습니다. 오늘날 믿는다는 부모들의 잘못된 믿음과 불순종의 교만 때문에 자기 자녀들의 영혼이 하나님께로 돌아오지 못하고, 세상 속에서 유리하는 영혼이 되어 죽음으로 끌려가고 있다는 것을 알라는 말입니다.

자녀들이 교회 다닌다고 '나는 괜찮아!'가 아닙니다. 교회 나왔다고 구원받는 것입니까? 교회는 나왔어도 그 영혼은 여전히 하나님께로 나오지 못하고 유리하는 영혼입니다. 여러분이 영의 눈이 없어 그 영혼 상태를 보지 못하니, 그저 교회 열심히 다니면 구원받은 줄 알고, 교회에 충성 봉사하면 그것이 하나님과 관계된 믿음인 줄 착각하고, '예수님을 믿습니다. 나는 구원받았습니다.' 하는 그것으로 구원이 된 것인 줄로 착각하는 것일 뿐, 실지로 영의 눈을 떠 그 영혼의 모습을 보면 불쌍한 영혼이 되어 있는 것을 보게 될 것입니다.

앞에서 말한 대로 하나님의 임재 가운데 있었던 구약의 사람들은 모두 다 세상과 맞서 따르지 않았던 사람들입니다. 하나님께서 세상에 대하여 가난한 그들을 통해서 일하셨고, 동행하였으며, 은혜를 입었으며 하는 사람들만 구원의 반열에 있었다는 것을 여러분이 분명히 기억해야 할 것입니다. 그런데 오늘날 믿는다는 사람들이 세상을 사랑하고 좋아하고 마음이 붙들려서, 세상이 오히려 하나님의 위치가 돼 있기 때문에 말씀이 그들 속에서 거절당하고 무시당하고 있다고 하셨습니다.

지난봄에 저의 남편이 운전하는 차를 타고 이곳의 지역 산자락을 낀 도로를 지나가다가 제가 남편에게 혼잣말로 '이곳 땅이 평당 돈 만 원도 안 됐었는데, 그렇게 몇천만 원이 될 줄 알았으면……, 그렇게나 비싼 땅이 될 줄 알았으면 그전에 땅이나 좀 사둘 걸, 그렇게 땅값이 오를 줄 누가 알았겠어!, 세상에나! 지금 평당 몇천만 원이나 한다니 말도 안 나오네, 도대체 그런 쪽에는 왜 그리 깜깜해서 그런 기회들을 잡아 보지 못했는지 모르겠네.' 라는 말을 하는데, 삶의 뒤안길이 돌아다 보이면서 어쩌면 그리도 그런 쪽은 뭐하나 한 것이 없고 모든 것이 그랬구나 하는 생각이 든 겁니다.

나와 저 사람과 똑같이 천만 원이 있다고 가정해요. 그 사람이 내게 집을 사 놓으면 값이 올라 돈 번다고 해도, 나는 전혀 그런 것에 관심이 없어 마음이 미동도 안 하는 겁니다. 그 사람은 집만 사면 얼마 안 있다 몇 배가 뛰는 겁니다. 또 팔고 사고하면서 몇 년 사이에 많은 돈을 버는 것을 보면서도, 그런 투기할 생각이 나는 전혀 들지 않은 겁니다. 돈 얼마만 있으면 내 회사가 일어나! 얼마만 있으면 장사할 수 있는 밑천이 돼! 얼마만 있으면 그 집을 사서 갈 수 있어! 하는 사람들에게 빌려줬다가 깨끗이 다 떼먹히는 일들만 더러 당하여 돈에 대한 가난뱅이를 면하지 못한 겁니다.

그래서 삶의 뒤안길을 돌아보니까 내가 그런 일에 참 어두웠구나. 정말 어떻게 그리도 어두웠을까? 너무 어두웠더란 말이지요. 그런 생각을 하고 있는데, 내 안에서 느닷없이 '네가 세상에 대하여 눈이 열렸으면 성경은 열리지 않았을 것이다.'의 음성이 들린 것입니다. '네가 세상에 대하여 눈이 열렸으면 성경은 열리지 않았을 것이다.' 분명하고 또렷한 성영님의 음성이었습니다. 깜짝 놀랐지만 지체할 것도 없이 '아! 그렇군요 성영님! 그렇다면 천만 번을 물으신다 해도 저는 세상에 대한 것은 열리지 않는 것을 원합니다. 앞으로도 뒤로도 열리지 않는 것을 원합니다. 원하고 원합니다! 하고 대답하며 성영님의 세심한 배려와 가르침에 큰 감동을 하고, 제가 또 그 일로 얼마나 큰 행복한 찬양을 드렸겠습니까. 저는 그래서 세상에 대하여 잘되지 않은 것이 얼마나 큰 복인지를 잘 알게 되었고 늘 감사하고 있습니다.

제가 왜 이 말을 하는가 하면 지금까지 우리가 참으로 예수님을 믿는 것이면 세상 것에서는 떠나 나와야 함을, 그것이 예수님을 믿는 것으로서 믿음의 길이요 예수님의 길이요 천국 길이라는 것을, 옛사람도 옛 생활도 다 십자가에 못 박아 죽었으니, 이제 예수님을 믿는 믿음 안에서는 그것이 용납되는 것이 아니라는 것을, 계속 여러분에게 말하여 왔다는 것입니다. 그런데 영적인 것에는 세상이 없어야 열리는 것이요. 받아들여질 수 있음을 이처럼 내게 확실하게 확증시켜 주기까지 하셨으니, 이것을 어떻게 말하지 않을 수가 있겠습니다.

저는 이같이 여러분에게 책임이 있는 것처럼 믿음을 말하지만 이제 믿음을 택할 것이냐 버릴 것이냐 하는 것은 여러분 각자 선택에 있습니다. 오늘날 믿는다는 사람들이 천지와 만물을 지으시고, 자기를 지으신, 능히 지옥도 천국도 보내시는, 주권을 가지신 그 하나님이 말씀하셨다고 성경을 근거하여 전해주는 것에, 가벼이 넘겨버리고 우습게 여겨버리는 교만한 태도들로 인하여, 사실은 하나님께서 더는 그런 곳에 말씀을 주는 것 원하지 않는다고 제 심중에 계속 말씀하신다는 것을 여러분에게 밝혀드립니다. 제가 믿음을 말하는 것, 영적인 하나님의 뜻을 전하는 것, 더 원하지 않으신다는 것을 계속 주고 계신다는 말입니다. 두려운 줄 모르고 하나님의 말씀을 대적하듯 하는 것은, 결국 불신앙에서 나오는 태도이기 때문에, 여러분이 믿음을 택하려면 마귀가 세운 코스모스 세상을 붙들고 있으려고, 말씀을 대적하듯 하는 그 태도들에서 깨끗이 돌이켜야 할 것을 강력히 충고하고 권하는 바입니다.

구약의 인물들에서 세상과 타협하였으므로 후에 그것이 올무가 되어 멸망을 받은 것을 우리는 얼마든지, 그 사례들을 볼 수 있습니다. 수6장을 보면 여리고 성을 함락할 때 하나님께서 여호수아에게 그들의 물건을 아무것도 취하지 말라고 백성들에게 이르도록 당부하셨습니다. 수6:17에 **이 성과 그 가운데 모든 물건은 여호와께 바치되** 했고 18에 **너희는 바칠 물건을 스스로 삼가라 너희가 그것을 바친 후에 그 바친 어느 것이든지 취하면 이스라엘 진으로 바침이 되어 화를 당케 할까 두려워하노라** 하셨습니다. "여호와께 바치되" 하는 것은 '하나님의 원수인 사단과 그 사단으로부터 나온 저주받은 것들은 하나님께 멸망 받을 것으로 작정된 것'이라는 말입니다. 저주받은 것, 그 말입니다.

그리고 18의 뜻이 '너희는 멸망할 그 물건으로부터 너희 자신을 보호하라. 너희가 그 멸할 것을 어느 것이라도 취하면 이스라엘 진에 저주가 임하여 화를 당케 될 것이라'는 말씀입니다. 그러니까 사단을 섬기는 자들에게서 나온, 하나님이 없는 인본에서 나온 멸망 받을 그 코스모스 세상의 것들을 말합니다.

그다음 큰 성 여리고 가 무너지게 하여 큰 승리를 거둔 이스라엘이 그 뒤에 이어서 아이 성과 전쟁을 하였는데 대참패를 당했습니다. 수가 아주 작은 아이 성과 전쟁에 대참패로 큰 수치를 당한 것입니다. 그 이유는 여러분이 성경을 다 보았을 것이니 잘 알잖아요. 아간이 바친 물건을 취하였기 때문입니다. 멸망하기로 작정된 저주받은 물건을 취하였기 때문이었다는 말입니다. 그렇기에 여호와께서 이스라엘 자손에게 진노하셨다고 수7:1에 말씀했어요. 바친 물건은 '멸하기로 작정된 저주받은 물건이다' 말이에요. 말씀의 뜻 이해하셨어요?

수7:11에 **이스라엘이 범죄하여 내가 그들에게 명한 나의 언약을 어기었나니 곧 그들이 바친 물건**(멸하기로 작정된 저주 받은 물건)**을 취하고 도적하고 사기하여 자기 기구 가운데 두었느니라** 하셨습니다. 그 범죄자는 아간이라는 사람으로 제비 뽑혔는데 수7:20,21에 그가 말하기를 **내가 노략한 물건 중에 시날산의 아름다운 외투 한 벌과 은 이백 세겔과 오십 세겔 중의 금덩이 하나를 보고 탐내어 취하였나이다 보소서 이제 그 물건들을 내 장막 가운데 땅 속에 감추었다**고 했습니다. 아간이 그때까지는 기분이 매우 좋았겠지요. 얼마나 꿈이 부풀었겠습니까. 시날산에 그 좋은 외투, 값나가는 외투, 세상이 명품이라고 말하는 그것을. 감추어 놓았으니 앞으로 거주하게 되면 이것을 입고 뽐내고 다니리라 하지 않았겠어요? 감춰둔 금과 은을 가지고 잘 살리라 하지 않았겠어요. 그러나 그 물건들과 함께 아간만 멸망 받은 것 아니에요. 그 자식들도 그의 가축들도 돌로 맞아 죽고 그의 장막도 그에게 속한 모든 것도 다 '불에 사르고' 했습니다.

그렇게 아간과 그 가속을 심판한 뒤에 여호와께서 그 극렬한 분노를 그치셨다고 했습니다. 여러분 이것이 아간만의 일이 아니다는 말입니다. 오늘날 믿는다는 대다수가 다 아간과 같은 모습으로 있습니다. 세상의 것을 취하려고 하는 데 온 마음과 온 힘을 쓰는 것입니다. 수7:10-12에 하나님께서 금하신 저주받은 물건은 그 어떤 것도 용납해서는 안 된다는 것을 명백하게 지적해주고 있습니다. 그것은 그 자신도 저주받은 자로 멸망하는 것이라 했습니다. 자기만 멸망하는 것 아닙니다. 말씀에 불순종한 이스라엘 백성이 가나안 땅에 들어가지 못하고 40년 동안 광야에서 지내다 죽음을 맞았습니다. 목숨이 명대로 살다 죽도록 버려두셨습니다. 그 불순종한 부모들로 인해 자식들이 죄를 지고 40년 동안 그 어려운 고통의 세월을 보냈다고 성경은 분명히 말해주고 있어요. 부모들의 죄 때문에……

그러므로 하나님께서 금하시는 것들을 집안에 둔다 하면 그 집안의 영혼은 저주 가운에 있는 것입니다. 가보처럼 소중히 여기고 다루며 짐승들이나 사람의 형상들로 그리거나 새긴 문양들이 복이나 주는 것처럼, 실제로 복을 주는 것으로 아는 거잖아요? 우상이 되고 벽면에 장식한 사람의 모양이나 짐승의 그림들, 가구나 의복에 새겨진 모양들, 모든 형상, 조화나 인형들 아무튼 다 열거할 수는 없지만 다 저주의 (귀신이 좋아하는 것) 물건들로써 사람의 영혼을 더럽게 하는 것들입니다.

그런데도 기어코 취하는 자세는, 설마 이런 것까지, 너무 지나친 것 아니냐? 무슨 미신을 믿는 것이냐? 하는 변명들로 붙잡고 있으려 하는 겁니다. 변명들을 왜 합니까? 아까 말한 것처럼 귀신 편에 있겠다는 것을 선언하는 것입니다. 그래서 이런 말씀을 들을 때는 마음이 불편합니다. 불편해도 지나가면 그만인데, 어느 날 또 듣고, 또 듣고 하니 양심이 불편해지는 겁니다. 그러니까 애착하던 것들인데, 그동안 모시고 살면서 쓸고 닦고 깨질세라 뭐 어떻게 될세라 애착을 가졌던 것들인데, 버린다는 것은 아까운 생각도 들고 그것들에 죄스러운 마음이 드는 것입니다. 그래서 그 물건들이 다른 집에 가서라도 존재하기를 바라는 겁니다. 자기 물건들을 누가 잘 간수하고 지켜주므로 건재하기를 바라는 계산을 하고 남을 주거나, 아니면 다른 사람이 가져가 주기를 바라면서 밖에다 다치지 않도록 내다 놓는 겁니다. 제가 왜 이리 시시콜콜 말을 합니까? 그 속이 다 들여다보이니 안타깝고 답답해서예요.

이 같은 태도들은 믿음에서 나는 것이 아니고, 여전히 귀신의 종노릇을 한 것입니다. 여전히 귀신 놀이한 것이지 끝을 낸 것이 아니라는 말입니다. 무슨 말인지 이해는 됩니까? 다른 사람에게까지 그것을 끼쳐줌으로써 번져 나가게 한 악한 자 노릇을 한 것입니다. 우리 믿음은 말씀대로 행하는 것이지 타협은 있을 수 없습니다. 하나님께서 가증이 여기시고 우리를 더럽게 하는 저주받은 것이라는 말씀 앞에서 어떤 것도 미련을 품고 아까워하고 돌아볼 것이 아니라, 오히려 자신이 속으며 살았던 것을 분히 여기고, 예수님의 이름으로 멸하기로 작정된 너희 모든 저주받은 것들을 내가 깨트린다, 찢어 버린다, 태워 버린다 하고, 깨트리고 찢고 태워서 깨끗이 청소해버릴 수 있어야 그것이 마귀와 관계 두지 않는 선포요 끊어내는 행위가 되는 것입니다.

그 같은 정신을 가진 자라야 성영님이 함께 하실 수가 있지, 그런 깨끗한 정신인 사람만이 성영님이 함께 하실 수 있는 그릇이라 말이지요. 하나님께서는 다 멸하라 하셨습니다. 성경을 다 찾아봐도 멸하라 하셨지, 아까우니까 조금 남겨두거나 다른 사람에게 건네주거나가 아닙니다. 다 멸하라고 하셨습니다. 수6:21에 **성중에 있는 것을 다 멸하되** 했고 수7:12에 **그 바친(저주 받은)것을 너희 중에서 멸하지 않으면 너와 함께 있지 아니하리라** 하셨습니다. 어떻게 해야 하는가의 정답은 하나님께 있는 것이지 내게 있는 것 아닙니다. 여러분에게 있어요? 누구에게 있어요? 정답은 하나님께 있는 것이지 자기에게 있지 않습니다. 결정권은 하나님께 있는 것이지 자기에게 있지 않다는 말입니다. 그런데 얼마나 교만한지 결정권을 자기가 쥐고, 이것은 되고 저것은 안 되고 하는 겁니다. 참으로 믿기 원한다면 철저히 회개하십시오. 오늘 이 말씀이 여러분에게 기회이니, 이제는 이런 말씀 더는 안 합니다. 하니 철저히 회개의 기회가 돼야 할 것입니다. 그러나 모르겠습니다. 회개의 기회가 되는지는 ……. 혹 내 손으로 다른 사람에게 넘겨준 것이 있다면 자기와 관계를 끊기 위하여 그것을 다시 돌려받아서 예수님의 이름으로 깨끗이 처리해야 할 것입니다.

이미 그 자신도 바친 것일 수도 있는데(수7:12) 이런 말까지 해야 하는 제 마음 심히 불편합니다. 어떻게 인간이 자기 가치를 그렇게나 하찮은 것들에다 묶어두는 것인지, 스스로 자신을 하찮은 귀신과 동등으로 하고 있으니 만일 그 자신이라면 저의 이 말씀들이 들리기나 하겠습니까. 미련을 두었던 롯의 처가 뒤를 돌아봄으로 소금 기둥이 되어 세상 가운데 세워놓은 경고의 기둥이 되었다는 것을 알지 않습니까? 저는 예수님의 이름으로 분명히 말하겠습니다. 철저히 회개가 되지 않으면, 그것들과 함께 멸함을 받게 된다는 것을. 그러므로 여러분이 저의 이 같은 말씀들이 심사에 거슬리고 거부감이 들고 마음으로 대적하려면 이 말씀에서 제발 떠나면 됩니다. 널린 것이 교회인데 주저할 것 없습니다. 여기의 말씀은 코스모스의 세상 것에서 나와 말씀대로 순복하여 믿음으로 살 것으로 뜻을 확고히 정한 것이 아니면, 어떠한 경우라도 믿음을 위해 살 것으로 뜻이 돼 있지 않으면 절대 맞지 않습니다. 그러니까 못 알아들은 척, 못 들은 척하면서 말씀을 거스르는 일을 계속 반복하는데 그러지 말라는 얘깁니다. 듣기 거슬리고 거북하고 싫으면 주변에 자기에게 맞는 교회들이 널렸으니 떠나라는 것 분명히 말씀드립니다.

예수님을 믿고 성영님이 오셔서 계신 자는 성영님께서 옛사람과 옛 생활에서 벗어나도록 반드시 이끌어주십니다. 그래서 믿음이 성장하면 할수록 버려야 되는 것에 더 감각이 깊어져 가게 되어 있습니다. 성영님께서 작은 것까지라도 느낌이 들게 하시고 알게 하셔서 보게 하시니 그런 죽은 더러운 것들을 자기에게 두고 있을 수가 없게 됩니다. 말씀을 통해서 열리고 깨달아지는 것입니다. 그래서 또 무엇이 없는가 하고 스스로 돌아보고 찾게 되는 겁니다. 그렇기에 사실은 여러분이 참으로 믿음의 사람이면 오늘 이런 말씀까지 굳이 해야 할 필요가 없는 것임에도 한다는 것이 참으로 안타깝고. 겉만 열심이지 속이 없는 것을 볼 때 슬프다고 말하는 것입니다.

여러분이 필요로 하는 가재도구라든가 의상이라든가 사들이려면 좀 색상이나 무늬 같은 것, 또 모양새를 가려서 사는 뜻도 가지십시오, 제발. 코스모스 세상 좀 가리자는 말입니다. 짐승의 털옷이라든가…, 예수님 믿는 사람이 요한이 낙타 털옷을 입었다고 하니까 자기도 흉내 내는 것인가? 무슨 털인지는 모르겠는데 칠흑 같은, 새까만 털옷을 입고 교회 나온 겁니다. 제 눈에는 뻣뻣하고 긴 돼지 털 같이 보이던데, 어떻게 그렇게 거부감도 없는지, 그 같은 짐승의 털옷을 입지 않는가 하면, 뱀 무늬 같은 것, 악어 무늬 같은 그런 종류, 표범 무늬 같은 것, 호피 무늬 같은 그런 혐오스러운 것들을 자기 몸에 걸치고 들고 다닙니다. 입고 걸치고 다녀. 그러니 제가 그것을 볼 때 정신이 바른 사람의 심사로 보겠습니까. 그런 것들 입고 들고 집안에 가보처럼 들여, 걸고 장식해놓는다면 그가 누구에게 지배받고 있다는 증거이겠습니까?

　제가 오래전에 어떤 목사가 당신의 목회 현장에서 경험한 것을 기록한 책을 읽었는데 지금도 확실히 기억나는 게 있습니다. 외국에서 있었던 일로 어떤 여자가 10대로 보이는 딸을 목사에게 데려와 그 딸을 위해 기도해주기를 부탁해서 기도를 시작하려는데 성영님께서 분명하고 정확한 음성으로 '그녀의 손가락에 끼고 있는 반지를 빼라' 하셨다는 겁니다. 그래서 '반지가 기도랑 무슨 상관이 있다'고 그러는가 생각하는데, 또다시 '그녀의 손가락에서 반지를 빼라' 하셨다는 겁니다. 처음 있는 일이라 당황도 되고 또 이것이 정말 성영님의 말씀인가 하는 의심이 들었으나 곧 그 여자의 얼굴을 보는 순간, 무엇인가에 묶여 있음을 알 수 있었고 또다시 세 번째 똑같이 말씀하셔서 그녀의 손을 들어 반지를 보면서 '이것이 무슨 반지냐?' 물으며 보니 반지에 자그마한 뱀의 형상이 있더라는 겁니다. 머리는 따로 쳐들고 있고 몸은 반지를 칭칭 감았다는 겁니다. 그래서 손가락에서 반지를 빼려 하는데 안 빠지더라는 거지요. 반지는 분명히 느슨한데, 빼면 쉽게 빠질 것 같은데 빼려고 하니 도무지 안 빠지더라는 것입니다.

반지가 움직이지도 않고 빠지지 않아 계속 잡아당기자 그 여자가 크고 날카로운 비명을 지르면서 온몸의 근육이 뒤틀리더라는 거예요. 그러더니 그 여자 목에서, 입이라고 표현하지 않았어요. 목에서 추한 소리가 입을 통해 나오는데 '이 여자를 놔라 이 여자는 내 것이다' 했다는 겁니다. 이 여자는 내 것이다 하는 소리가 얼마나 소름끼치는지 뼈 속 까지 오싹했다고 했어요. 어찌 되었든 예수님의 피를 적용하여 반지를 빼내는데 다른 사람의 도움을 받아서 20분가량 걸렸다고 했습니다. 그러자 굳었던 그 여자 몸이 곧 풀리며 자유로워졌다고 했어요.

이같이 어둠의 영은 손가락 반지에도 형상으로 붙어서 자기 권리를 행사하여 사람을 자기 것으로 삼고 칭칭 감고 있었다는 것을 잘 보여준 것이었음을 말해주는 것입니다. 그래서 우리는, 작은, 사사로운 것이라도 자기 주변과 생활을 세밀히 살펴서 옛 생활, 인본의 마귀 세상에서 나온 것들을 깨끗이 청소해야 합니다. 단순하게 생활에 필요만 있어야 할 것이지, 그 이상은 다 우상이고 세상을 따라가는 것이고 사랑하는 것으로서 마귀의 지배에 있다는 것 알기 바랍니다.

삶이 단순하고 검소해야 영적 생활에 유익이라는 것을 여러분이 기억하기 바랍니다. 여러분이 지금까지 말씀을 듣고도 고집스럽게 받아들이지 않음으로 인해 들어온 문제들에 대해서 개인 이름을 지목해서라도 제가 사례를 말하겠습니다. 저는 우리 예수님의 교회가 이 건물에 오기 이전부터도 강단에 검은색 의상을 입고 올라오지 않았어요. 검은색은 죽음을 의미하고 또 상징으로써 사단이 권리를 가진 것이기 때문입니다. 이후의 말씀은 생략입니다. 여기까지의 말씀으로도 자신을 돌아보기에 충분한 말씀이라 생각합니다.

　말씀을 주신 아버지께 감사합니다. 아멘

13. 06. 30
하나님께 대하여 죽은 인간 양심

¹하나님이 이 모든 말씀으로 일러 가라사대 ²나는 너를 애굽 땅, 종 되었던 집에서 인도하여 낸 너의 하나님 여호와로라 ³너는 나 외에는 다른 신들을 네게 있게 말찌니라 하나님 ⁴너를 위하여 새긴 우상을 만들지 말고 또 위로 하늘에 있는 것이나 아래로 땅에 있는 것이나 땅아래 물속에 있는 것의 아무 형상이든지 만들지 말며 ⁵그것들에게 절하지 말며 그것들을 섬기지 말라 나 여호와 너의 하나님은 질투하는 하나님인즉 나를 미워하는 자의 죄를 갚되 아비로부터 아들에게로 삼사 대까지 이르게 하거니와 ⁶나를 사랑하고 내 계명을 지키는 자에게는 천대까지 은혜를 베푸느니라 ⁷너는 너의 하나님 여호와의 이름을 망령되이 일컫지 말라 나 여호와는 나의 이름을 망령되이 일컫는 자를 죄 없다 하지 아니하리라 ⁸안식일을 기억하여 거룩히 지키라 ⁹엿새 동안은 힘써 네 모든 일을 행할 것이나 ¹⁰제 칠일은 너의 하나님 여호와의 안식일인즉 너나 네 아들이나 네 딸이나 네 남종이나 네 여종이나 네 육축이나 네 문안에 유하는 객이라도 아무 일도 하지 말라 ¹¹이는 엿새 동안에 나 여호와가 하늘과 땅과 바다와 그 가운데 모든 것을 만들고 제 칠일에 쉬었음이라 그러므로 나 여호와가 안식일을 복되게 하여 그 날을 거룩하게 하였느니라 ¹²네 부모를 공경하라 그리하면 너의 하나님 나 여호와가 네게 준 땅에서 네 생명이 길리라 ¹³살인하지 말지니라 ¹⁴간음하지 말지니라 ¹⁵도적질하지 말지니라 ¹⁶네 이웃에 대하여 거짓 증거하지 말지니라 ¹⁷네 이웃의 집을 탐내지 말지니라 네 이웃의 아내나 그의 남종이나 그의 여종이나 그의 소나 그의 나귀나 무릇 네 이웃의 소유를 탐내지 말지니라

(출20:1-17)

저는 오늘 출20:1-17까지의 말씀, 여러분 모두 잘 아는 내용이지요? 여러분! 뭐 읽으셨어요? 여러분이 십계명을 읽었습니다. 하나님께서 주신 계명을 읽었어요. 그래서 오늘 이 계명으로 하나님의 양심과 인간 양심에 대하여 말씀을 드릴 것입니다.

십계명을 말하자면 하나님의 양심이라고 합니다. 하나님을 닮아 지음을 받은 사람도 양심을 가지고 태어납니다. 그래서 인간은 자기 양심이 기준이 되어서 옳고 그름을 판단하고 양심을 따라 말하고, 양심에 의해 다른 사람을 판단하기도 합니다. 자기 양심이 위주가 되어 자기 편리대로 자기 좋을 대로 정하기도 하고 바꾸기도 합니다. 만일에 다른 사람에게서 어떤 못마땅한 모습을 보면, 자기도 그렇게 했을 때가 있었음에도 그것은 깨끗이 잊어버리고 비난하고 나옵니다. 현재 상황, 자기 상황에다 맞추고 자기 위주로 바꾸어 말한다는 말입니다.

그래서 성경은 이 같은 여러 가지의 인간 양심에 관해서 기술하기를 딤전4:1,2에 **자기 양심이 화인 맞아서 외식함으로 거짓말하는 자들이라** 했고 딛1:15에 **마음과 양심이 더러운지라** 했고 히10:22에 **양심의 악**이라 했고 히9:14에 **양심으로 죽은 행실**이라 했습니다. 그러니까 인간끼리는 양심을 가지고 '아, 저 사람 바른 양심이야. 깨끗한 양심이야. 좋은 양심이야.' 라고 할 수는 있지만, 하나님에 대하여서는 인간 양심이라는 것은 죽었다는 말입니다.

성경은 죄로 죽은 인간 양심은 타락하고 부패하여 거짓이 가득하고 더럽고 악하고 죽은 행실의 모체인 것을 말하고 있습니다. 그렇기에 죄에서 구원받아 믿음으로 산다는 것은, 죄로 타락하고 부패한,

자기가 중심이 된 인본의 기준으로 살던 것에서 깨끗이 돌이켜 하나님의 양심을 받아들여 삶의 기준으로 삼고 사는 자라는 말입니다. 하나님의 양심이라고 하는 십계명은 구약이나 신약이나 지켜야 하는 법으로는 같습니다. 하나님 백성이 되는 기본법입니다. 지키고 싶으면 지키고, 지키고 싶지 않으면 지키지 않아도 되는 것이 아니라 하나님의 백성이 사는 규범입니다.

백성이 십계명을 범했을 때는 그 백성에서 끊쳐지리라 했습니다. 돌로 맞아 죽었다는 말입니다. 그래서 믿기 원하면 삶의 법으로 주신 계명부터 분명한 인식을 가져야 하고 자세를 고쳐야 합니다. 하나님의 양심을 받아들여 그 양심으로 살고 있느냐가 구원받았느냐 구원받지 않았느냐를 알 수 있는 척도가 됩니다. 믿음이 겉보기에 아무리 좋다고 해도 하나님의 이 십계명의 뜻이 삶이 되지 않는다면 그 믿음은 죽은 것입니다. 사실 믿음이 좋다고 하는 사람들이 하나님과의 관계에는 인격적이지 않고 자기 양심을 따라서 믿는다 하고 있어서 참으로 개탄이 나올 때가 많습니다. 하나님의 양심인 계명에 자신을 깨끗이 하기를 기뻐하여 행하는 모습들이 없다는 말입니다. 저는 뒤늦은 때에 이런 말씀을 말해야 한다는 것이 참 답답하고 난감하기는 합니다만, 구원에 확신 없는 가운데 방향을 알지 못하고 헤매는 모습들을 보면서 좀 방향을 잡아보라고, 갇힌 육에서 좀 나오라고 하는 뜻에서 말씀을 드려보는 것입니다. 참으로 들을 귀, 깨닫는 귀가 있기를 바라면서 말입니다.

사람들이 하나님과 관계 맺는 것을 자기 양심을 좀 착하게 해서, 좀 바르게 해서, 좀 정직하게 해서 맺으려는 노력을 하고 있습니다.

그러나 하나님께 범한 죄를 알려주시고 그 죄에서 나오라고 가르쳐주신 계명을 깨끗이 행하는 것부터가 돼야 합니다. 계명이 말씀하는 죄들을 버리고 그 계명을 내 양심의 기준으로 삼아 기쁘게 행하는 것이 돼야 그것이 삼위의 하나님과 관계가 열리는 기본이 됩니다. 그러므로 믿기 원하면 심각하게 듣고 자기를 돌아보아야 합니다. 자세를 분명히 해야 할 것이라는 말입니다.

그런데 이 기본도 안된 사람들이 하나님의 말씀을 자기 머리로 열심히 요리하고 있습니다. 인간 양심을 착하게 해서 바르게 해서 정직하게 해서 하나님을 만나게 하려고 자꾸 끌어내려 주고 있다는 말입니다. 사람들의 생각도 당연히 맞는 것으로 여기는 것에 부족함이 없으니(자기 양심에 맞으니) 밑 빠진 독에 물 붓는 것과 같은 자기 노력들을 기울이고 있습니다. 그러나 고도의 수양과 훈련으로 양심이 바르게 되어도, 착하게 되어도, 겸손이 되어도 하나님은 만날 수 없습니다.

인간 양심에도 겸손이 있어요, 착함이 얼마든지 있어요, 또 바른 것, 바른 생활 있습니다. 그러나 하나님에 대하여는 죽은 것입니다. 그러므로 하나님과의 관계를 양심으로 맺으려는 그 영혼은 하늘의 기쁨도 평안도 행복도 없습니다. 설사 기쁨이 있다 해도 그것은 무언가 응답된 것, 신비한 체험 등을 한 것들에 의해서 있는 것일 뿐이지, 실제로 영혼에 성영님으로 이루어진 생명의 기쁨과 행복은 없는 것입니다. 오늘 이 말씀을 여러분이 지나가는 말로 듣고 흘려버리면 구원은 보장받지 못합니다. 하나님의 양심을 자기 양심으로 받아 사는 능력을 갖추지 않으면, 자기의 삶이 되지 않으면 그는 하나님께 대하여 음녀입니다. 계명이 말씀하는 죄들을 깨끗이 하는 기본부터 갖추는 것이 하나님께 나온 자입니다.

그런데 십계명을 지켜야 하는 것에는 구약과 신약이 같지만 지키는 것에는 분명한 차이가 있습니다. 구약은 육체의 법입니다. 육체에 새기는 법입니다. 그래서 하나님께서 육체의 상징인 돌에다가 십계명을 친히 새겨주시고 육체의 법으로 주시면서 '너희가 이것을 지키면 살리니' 하셨습니다. 사는 법인 줄 알고 존중하여 지키는 자는 산다고 하셨습니다. 계명 지키는 것이 구원받는다는 것이 아니라, 처음 사람이 이 계명에 대한 죄를 지었으므로 죄인이 되었는데 하나님의 아들 예수님께서 오셔서 죗값을 치르시고 구원받게 하셨습니다. 그래서 예수님을 믿어 구원을 받으려면 경계의 법으로 주신 십계명의 죄를 알고 그 죄에서 떠나 나와야 구원 안으로 들어올 수가 있습니다. 지켜야만 구원 안으로 들어올 수 있다는 말입니다. 여러분이 구원받기를 원하면 심각하게 들어야 합니다. 렘 17:10에 **나 여호와는 심장을 살피며 폐부를 시험하고 각각 그 행위와 행실대로 보응하나니** 라는 말씀으로 하나님의 의지를 분명히 밝히셨습니다. 그러므로 감각 없이 하지 않아야 합니다.

그다음 신약에서는 영적인 법입니다. 구약은 무슨 법이요? 육체의 법, 그래서 육체에 새겨주셨어요! 육체를 상징하는 돌에다 새겨주셨다는 말이에요. 신약은 무슨 법이요? 영적인 법입니다. 육체에도 새겨지고 마음에도 새겨진 법이라는 말입니다. 그러므로 육체에도 새기고 마음에도 새긴 법이니, 혼과 육체가 온전히 그 법의 삶이 돼야 하겠지요? 맞아요, 안 맞아요? 전인이 그 삶을 사는 것입니다. 자신이 아무리 양심적으로 깨끗하고 바르다 해도, 하나님께 대하여는 죽은 양심입니다.

　사람이 영원한 형벌에 들어가게 된 자기의 처지를 알고 예수님께서 이루신 십자가의 구원을 받아들이고 예수님을 구주로 영접하면, 이때 즉시 구원이 되는 것이 아니라, 거듭나는 영이 되는 것이 아니라, 전인이 계명의 삶으로 들어가야 합니다. 아까 말했잖습니까? 육체에 새긴 하나님의 양심, 오늘 본문이 말하는 이 십계명을 세세하게 깨달아 그렇게 살면서 자기를 깨끗이 할 때에 성영님이 영에 임하실 수 있는 육체의 거룩함이 된다고 말입니다. 다시 말해 처음에 예수님을 구주로 믿고 영접한다고 해서 즉시로 구원받는 것이 아니라, 구원받을 만한 믿음의 거룩함이 있어야 한단 말입니다. '예수님을 내 구주로 영접하여 모셔 들입니다.' 해도 구원받을 만한 믿음의 증거, 곧 "내가 거룩하니 너희도 거룩할지어다" 하신 하나님의 그 거룩함이 자기의 삶이 되어 자기의 거룩함이 되지 않으면 구원으로 들어올 수가 없습니다.

　그같이 죄 사함 받은 믿음의 거룩함이 되기까지, 처음에 성영님께서 옆에 와계십니다. 성영님이 오신 증거로 질병의 치유가 나타나기도 하고, 병을 준 더러운 귀신이 떠나기도 하고, 예배를 드릴 때 마음의 평안을 느끼기도 하는 이런 흔적들이 있습니다. 이 같은 경험들은 바로 옆에 계신 성영님께서 온전한 구원 안으로 들어올 수 있도록 말씀으로 일하여 주신 일입니다. 그렇기에 참으로 구원받기를 원하면 예수님을 믿기 전엔 감각도 없이, 구애됨 없이 행하던, 마귀와 한통속이 되어 하나님을 대적하듯이 하며 짓던 계명의 죄들을 분명히 깨달아 알고 깨끗이 하여야만 구원으로 들어가는 것입니다.

하나님의 양심으로 사는 이 계명에 대하여 걸리지 않아야, 깨끗해야 한다는 것 분명 강조하고 또 강조합니다. 제가 〈세상과 벗하는 자는 하나님과 원수 됨〉이라는 제목으로 전한 말씀에서도 모든 가증하고 더러운 것들에서, 자신을 깨끗이 해야 구원으로 들어갈 수 있다는 것을 말했습니다. 성전의 모든 말씀도 물론입니다. 그것이 성영님으로 거듭나 구원이 이루어지는 일입니다. 이 구원은 영원한 구원, 한번 구원은 영원한 구원이라고 하는 것이 바로 이것을 두고 하는 말입니다. 그래서 구원받은 자는 세상 좋아하지 않습니다. 자기 육체를 위해 살지 않습니다. 세상에 대하여 관심 두지 않습니다. 오직 모든 소망과 뜻을 예수님께 두게 되어 있습니다. 성영님이 예수님의 이름으로 그 안에 오셨기 때문에, 지키라고 해서 지켜왔던 육체에 새겨진 계명의 법이 이제 심비, 마음에 새겨진 법, 곧 자기의 새로운 양심이 되어서, 마음에서부터 기뻐 사는 것입니다. 더 이상 지키라 해서 지키는 것에 머물러 있지 않습니다. 이것은 온전한 구원에 들어온 것 아니에요. 계명에 완전하신 예수님이 성영님으로 안에 오셔 계시니, 지키지 않으면 벌 받을까 봐서가 아니요, 지키라는 간섭의 말이 필요한 것도 아니요, 완전하신 예수님처럼 사는 것입니다. 이것이 구원의 온전한 증거예요.

하나님의 양심이 곧 자기 마음에 법, 자기의 양심이 되니 그 양심으로 삽니다. 그것이 그의 기쁨이고 행복으로 드러납니다. 예수님께 모든 초점이 맞춰져 예수님 계신 그곳, 하나님 보좌 우편에 함께 있는 관계로 천국이 되니, 죄라고 말씀하신 것들에, 세상 것들에 관심도 없고, 만들지도, 보고 싶지도, 듣고 싶지도 않을 뿐만 아니라 아주 싫은 것들이 되는 겁니다. 그래서 구별된 온전한 삶이 되고, 온전한 구원 안에서 사는 것입니다. 이 어마어마한 큰 복을 여러분 아십니까? 안다고 답하지 마십시오. 영으로 보면 아는 자 그리 없습니다. 그러나 제가 전한 말씀들을 잘 듣고 진정으로 자신을 비추어 즉시로 말씀으로 사는 능력을 갖추십시오. 이 구원의 복 안으로 즉시 들어오라는 말입니다.

그러면 이 계명을 왜 주셨는가? 하나님께서는 사람이 하나님의 양심으로 살기를 원하여 지으셨습니다. 사단은 하나님의 보좌에 앉아 자기가 피조물의 창조주인 것처럼 신이 되겠다는 교만한 마음을 품고 보좌를 찬탈하려고, 하나님께 도전하여 대적했습니다. 그래서 하늘로부터 쫓겨나 땅으로 내려와 하나님께 대한 분풀이로 처음 사람에게 다가와 선과 악을 아는 실과를 먹도록 유혹하여 먹는 죄를 짓게 했습니다. 사단의 유혹한 말은 너도 하나님처럼 신이 될 수 있다고, 네가 선악과를 먹고 신이 될까 봐 먹지 못하게 하나님이 거짓말을 했다고 했습니다.

그래서 하나님에게서 떠나간 사람은 다 인본이 되었어요. 자기가 하나님이 되었다는 말입니다. 유혹의 말을 듣고 하와가 선악과를 바라보자 사단은 그 선악과가 먹음직도 하고 보암직도 하고 지혜롭게 할 만큼 탐스럽게 보이도록 하여 유혹을 받게 되었고, 그것으로 우상이 되게 하였습니다. 그러므로 세상 것들을 우상 한다면 구원으로 들어올 수 없는 것임을, 이미 이 선악과 사건으로 알려주셨습니다. 그렇기에 믿는다는 사람이 먹음직 보암직 지혜롭게 할 만큼 탐스러워 보이는 이 세상의 것에 마음을 두고 쫓고, 눈을 두고, 명예를 찾고, 힘쓰는 것이면 절대로 구원과는 관계없는 것임을 분명히 알아야 합니다.

사단은 하나님의 모든 뭇 별 위에 자기를 신으로 높여 스스로 신처럼 행세하려 했습니다. 구원 얻을 후사들을 섬기게 하려고, 창조된 하늘의 모든 천사들 위에 자기의 보좌를 두려고 했다는 말입니다. 그러므로 스스로 자신과 행음한 자요 간음한 자입니다. 사단은 하나님이 거짓말하는 것처럼 속여 하나님을 망령되이 일컬었습니다. 사단은 안식의 날에 하나님에 대한 거짓 증언으로 이간질하여 하나님을 망령되이 일컬었습니다. 사단은 하나님의 안식을 범했습니다. 사단은 자기를 지으신 하나님을 공경하여 경배하지 않고 만홀히 여겼습니다. 사단은 사람의 생명을 자신이 취하려고 살인하도록 사주하였습니다. 사단은 하나님의 것, 창조하신 만물을 도적질했습니다. 사단은 하나님에 대하여 거짓으로 증언했습니다. 사단은 하나님의 보좌와 하나님의 것을 탐낸 탐욕의 노예입니다.

그러므로 처음 사람이 사단의 유혹을 받아들여 하나님의 먹지 말라 하신 말씀을 어겼으므로 함께 그 죄에 들어가게 되었고, 아담 이후 사단에게로 나간 가인의 계통인 모든 인류는 하나님을 대적한 사단과 동질이 돼 버렸습니다. 사단과 한통속이 돼 버렸다는 말입니다. 사단의 사망 권세 아래 있게 되었습니다. 그래서 사람은 마음 안에 양심이 있고, 양심 안에 영이 있는데, 바로 그 양심이 하나님에 대하여 죽은 것입니다. 그래서 하나님에 대하여 죽은 인간 양심은 자기 위주, 자기 본위의 양심이 되어, 옳고 그름을 정하고 또 바꾸기도 하면서 자기 양심이 자기에게 법정이 돼 있습니다. 자기 스스로가 하나님이 되어 살고 있다는 말입니다. 그래서 하나님께서 백성에게, 범한 죄목이 무엇인지 알게 하시면서, 그 죄들에서 나와 살도록 하는 십계명을 주시고, 지키고 범치 말라 하셨습니다. 하나님의 살리는 법인 줄 알고 존중하여 지키는 자는, 하나님께서 친히 오셔서 피 흘려 죗값을 치러 용서하시고, 하나님의 나라에 들이시겠다는 언약으로 계명을 주셨습니다. 지키지 않으면 죽고 지키면 살리라는 언약의 법으로 주셨다는 말입니다. 이해됐습니까?

그래서 백성이 부지중에 계명을 범했을 시는 용서받을 길이 있었지만, 지키라 명하신 것을 듣고도 고의적으로 또는 자기 육신의 사는 것 때문에 안식일을 범하는 자는 모든 계명을 다 범하는 것이 되어서 돌로 쳐 죽임을 당했습니다. 오늘날도 그 원리는 같은 것이기에 구원에 들어갈 수 없어요. 이미 다 말씀드렸던 것이니 여러분 다 아는 것 아닙니까? 사람이 예수님을 믿겠다고 하나님께 나왔다면, 하나님께서는 사단의 죄에 빠진 자신을 구원하신 것인데, 자기가 여전히 그곳에 머물러 있다면 어떻게 구원을 받을 수가 있는 것입니까. 예수님은 사단이 범한 죄에 동조한 사람의 그 죄 때문에 오셔서 죽으셨고, 그 죄를 용서하셨는데 여전히 계명의 죄들을 범하는 것이라면, 예수님을 믿는 것은 거짓임이 드러나는 것입니다.

하나님의 양심이 내 양심이 되어야 그가 바로 구원에 들어가는 것이요, 들어갔다는 증거가 됩니다. 인간 자기 양심으로는 절대로 하나님을 알 수 없습니다. 하나님을 만날 수도 없습니다. 하나님을 섬길 수도 없습니다. "나는 왜 열심히 믿는다고 하는 데도 복이 없어! 나는 믿음이 들지 않는 것 같아! 나는 하나님의 말씀이 너무 어렵고 믿는 것이 힘들어! 나는 하나님이 잘 이해가 안 돼! 나는 말씀을 봐도 무슨 말인지 도무지 깨달아 지지가 않아!" 바로 하나님에 대하여 죽은 자기 양심으로 믿으려 하기 때문입니다. 그러면서 자기 양심에서 발동하는 것들로 말씀을 잘라내고 북 치고 장구 치기 때문입니다.

"그래도 그렇지, 성탄절 지킨다고 불법이라고? 성경 어디에 불법이라고 했냐? 하나님을 위해서인데 그것이 왜 불법이냐! 말 같지 않은 소리다. 그래도 어떻게 수천 년을 행하던 것을 쉽게 버릴 수가 있느냐! 지나친 행사들은 좀 줄이고 예배만 해도 되지 않겠어?" 이런 꼴값들을 떱니다. "아니, 집안에 조각품 좀 둔다고 그것을 섬기고 절하는 것 아닌데, 꼭 그렇게까지 해야 믿는 것인가!" "아니, 주일에 예배드리고 나서 볼일 좀 볼 수도 있지, 이 바쁜 세상에 시간이 어디 있어, 주일날밖에 날이 없는데, 하나님도 내 형편 아시니까 예쁘게 봐 주시겠지 뭐!" "아니, 성찬식 때 쓰는 떡이 이스트 넣은 빵이면 어떻고, 뻥 튀겨놓은 과자면 어때, 그냥 예수님의 살이라는 믿음으로 먹으면 되지, 믿음이 중요한 것 아닌가!……" 하나님에 대하여 죽은 자기 양심에서 나는 이런 생각들로 타협하며 기어코 죽음으로 끌고 가려고 하는 것입니다. 자기 좋을 대로 이랬다저랬다 정하는 믿을 수 없는 양심이 기준이 되어서 하나님의 말씀을 왜곡하는 것입니다. 생각해보니 괜찮을 것 같고, 생각해보니 그렇게 하면 꼭 망할 것 같고, 생각해보니 뭐 나쁜 일은 아니라고 나오는 것입니다.

여러분! 저는 지금 사람 양심에 맞는 말 하는 것 아닙니다. 사람들이 지금 자기 양심은 하나님에 대하여 죽었다는 것을 알지 못한 가운데, 그래서 옛사람은 죽음에 내줘야 함에도, 자기 양심과 하나님의 양심에 대해 가름되지 않은 무지함으로 믿음 생활한다고 하고 있기 때문에, 저의 이 말씀들이 다 걸릴 것으로 생각합니다. 그러나 저는 여러분 마음 다칠까, 상처받을까, 거부하지 않을까 걱정하고 조바심하며 말씀 전하고 싶은 생각 없습니다. 제가 사실은 몇 주 전까지 조금 조바심을 했습니다. 이 말 하면 이 사람이 걸리고, 저 말 하면 저 사람이 걸리고, 이 사람이 걸리고 저 사람이 걸리고 또 저보다 연장자들도 걸릴 것에 다소 마음이 불편하여 조바심하면서 말씀을 말했습니다. 그런데 보다 못하신 성영님께서 사람의 마음을 살피는 저의 그 같은 작은 조바심에 대해서 마음에 책망하시며 그것으로 사단이 나를 속이고 들어오도록 내가 틈을 내준 것이 되었다고 그것을 네가 당하였다고 일러주셔서 제가 정신이 번쩍 들었습니다. 제게 뭔 일이 좀 있었거든요.

그러니 혹이라도 인터넷을 통해 말씀을 듣고 은혜가 된다고 하여, 여기 이 예수님의 교회에 오고자 하는 이들에게 이 기회에 당부 말씀까지 합니다. 저는 자기 양심으로 행하는 일들을 드러내어 자존심을 다치게 할 수도 있는 말씀을 할 수밖에 없으니, 만일에 여기 와서 다치는 것 원치 않으면 절대 오지 말라는 것입니다. 자기 자존심 다친다고 안색을 바꾸고 떠날 일이면, 저와 맞지 않으니 여기 오는 것 삼가라는 말씀을 분명히 드립니다. 인터넷에서 말씀을 듣고 받든 지 받지 않든지 한다면 자기 자존심 상할 일 없지 않습니까? 또한, 이미 사람을, 또 세상을 초월한 저에게 와서 자기와 같지 않다고 가르치려고 하는 것, 다른 교회와 같지 않다고 가르치려는 것, 절대로 받을 일 없으니 쫓아오는 것 신중히 생각하란 말입니다. 또한, 말씀을 들어도 이해가 되지 않는 부분들은 이제 자기가 성영님과 해결해야 하는 일들이지 제가 설명해 드릴 것 더 없다는 것도 말씀드립니다. 자기 양심을 동원해보았자 자기를 망할 길로 이끌어가는 것밖에는 더 없습니다.

성경을 보면, 인간 양심에 일어나는 작용에 대해서 알 수가 있는데, 요8:9에 **양심의 가책을 받는다** 했습니다. 양심에 가책이 일어난다는 겁니다. 그다음 롬2:15에 **그 양심이 증거가 되어 그 생각들이 서로 혹은 송사하며 혹은 변명하여** 했습니다. 예를 들면 양심에서 나는 것으로 생각들이 '내가 잘못되었구나.' 인정했다가도 곧 뒤따라서 '내가 잘못할 수밖에 없도록 나를 그렇게 만들었잖아!' 하는 식의 송사하며 변명한다는 것입니다. 인간 양심은 다 그렇다는 것 아닙니까? 끊임없이 자기 양심이 송사했다가 변명도 했다가 하는 것이잖아요. 성경에 인간 양심의 특징이라는 것이 이렇게 가책을 느끼기도 하고, 송사와 변명을 한다고 말해주고 있습니다.

그렇기에 인간이 자기 양심을 믿는 것이 아닙니다. 여러분 자기가 죄인이라는 것을 자기 양심은 몰랐잖아요. 하나님이 계신 것도 몰랐잖아요. 예수님을 보내신 하나님이 천지를 창조하시고 자기를 지으신 분이라는 것도 자기 양심이 알고 있었던 것 아니잖습니까? 여러분! 양심으로 예수님을 알고 교회 나왔습니까? 양심으로 예수님 알았어요? 양심으로 하나님께서 천지를 창조하셨다는 것 알았습니까? 성경을 통해서 주신 복음을 듣고 우리가 믿을 수 있었던 것이지, 말씀을 믿고 예수님을 믿을 수 있었던 것은 성령님이 옆에 오셔서 믿을 수 있도록 도우시니 믿는 것이지, 자기 양심으로 믿을 수 있는 것이 아니다는 말입니다. 자기 양심으로 하나님 알 수 있는 것 아니에요. 자기 양심으로 하나님 섬길 수 있는 것 아니에요.

그러므로 자기 양심과 상관없이 자기는 죄인으로서 구주가 되시는 예수님이 피 흘려주신 그 은혜를 입지 않으면, 지옥 가는 존재라는 그 믿음이 왔으면, 예수님은 구주시며 하나님의 아들이시며 창조주요, 심판하시는 권세를 가지신 하나님이신 것을 믿음으로 받아들였으면, 이제 어떤 일이 있어도 하나님의 뜻대로 살겠다. 하나님의 말씀을 따라 살겠다는 결단도 분명히 하는 것입니다. 반드시 결단이 있어야 합니다. 실제로 삶이 돼야 합니다.

우리는 이방인으로서 하나님께 나와 예수님을 믿게 되었습니다. 이방인으로서 말입니다. 다니엘서에 보면 이방 나라 바벨론 왕 느브갓네살에게 예루살렘이 함락당하여 다니엘과 다니엘의 세 친구가 이방 나라에 높은 학문을 익힐 자로 선택되어 바벨론 왕궁으로 불려갔습니다. 그들 앞에 왕이 먹는 진미가 하사되었으나 우상 앞에 놓였던 것과 부정한 짐승의 고기로 차려진 음식이라 왕의 것을 거절하는 것은 왕을 거절하는 것이 되어 참수를 받게 되는 것임에도 이들이 그것을 먹지 않을 것으로 자신을 더럽히지 않으려는 뜻을 확고히 정하였다고 했습니다.

그와 같이 이방인으로서 하나님께 나와 예수님을 믿게 된 우리 자신도 하나님의 뜻대로 믿을 것이라는 뜻을 확고히 정해야 합니다. 뜻을 정하지 않고는 믿음을 바로 가질 수 없습니다. 믿음을 바로 행할 수가 없습니다. 결단 없는 신앙은 있을 수 없습니다. 자기 양심으로 믿는 것이 아닙니다. 하나님의 말씀대로 살겠다는 결단에는 사람과의 관계도 끊어야 할 일도 있고, 양심적으로도 어려움이 따르기도 하고, 비난이 따르기도 하고, 때로는 직업적인 것도 손해가 따를 수도 있습니다. 그러나 다니엘과 그 세 친구가 자신을 더럽히지 않겠다는 뜻을 두었을 때, 하나님께서 확실히 보상하셨던 것처럼, 그 모든 보상은 다 하나님께서 하십니다. 참으로 믿는다면 말입니다.

그런데 자기가 죄인인 것도, 하나님이 계신 것도, 자기 양심으로 알고 있었던 것 아니요. 자기 양심으로 믿을 수 있었던 것도 아님에도 불구하고 인간이 하나님 앞에 나와서도 기어코 자기 양심으로 믿겠다고 하는 부정하고 더러운 모습들로 있습니다. 자기 양심의 기준으로 맞는 것은 받아들이고 맞지 않은 것은 받아들이지 않으려고 몸부림하고 있습니다. 하나님의 양심으로 고침 받을까 봐 두려워하고 있다는 말입니다. 저는 예수님께서 **내게 고침을 받을까 두려워함이라** 하신 말씀을 너무나 절감하고 있습니다. 죽은 자기 양심이 하나님의 산 양심으로 고침을 받을까 두려워서 말입니다. 두려워서! 도무지 고침을 받을까 두려워한다는 말입니다.

사람들이 하나님의 양심, 하나님의 요구를 받아들일 것이냐 받아들이지 않을 것이냐를 자기 양심으로 판단하고 송사하고 변명하니, 그래서 절대로 믿음도 되지 않을뿐더러 진정한 회개가 되지 않는 것입니다. 회개가 되지 않아요! 회개가 무엇인지를 아예 모릅니다. 인간은 하나님의 양심을 받아들여 살지 않으면 자기를 볼 눈이 되지 않으니, 하나님이 말씀하시는 회개를 할 수가 없습니다. 회개가 안 되는 것입니다. 자기 양심으로 말씀을 들으면 양심의 가책은 좀 받기는 합니다. 인간 양심의 특징이 가책을 받는다고 했잖아요? 말씀 듣다 보면 자기가 하나님의 양심으로 살고 있지 않으니, 받아들여지지 않기 때문에 양심에 가책이 느껴져 마음이 불편해지는 것입니다. 그런데 아까 성경이 뭐라고 했습니까? 곧 변명한다고 했잖습니까? 말씀 앞에 가책이 따르니까 자기 양심이 편해지려고 양심 안에서 변명으로 돌아가 버리는 겁니다. 그렇지 않으면 은근히 마음에 화가 올라와 가인이 안색을 변하였던 것처럼 안색이 변하는 겁니다.

그래서 예수님 믿는다고 해도 자기 양심으로 기준을 삼고 있으면 하나님의 뜻에 합당한 회개가 안 됩니다. 하나님이 말씀하시는 전적으로 가망 없는 죄인인 자기를 보지 못하니, 하나님의 표적에 맞히는 회개를 하지 못한다는 말입니다. 가책하기는 해도, 뉘우치기는 해도 하나님의 권위 앞에 절대복종이 되지 않고, 참된 회개는 되지 않는 것입니다. 요8장에 서기관들과 바리새인들이 예수님을 어떻게 하면 고발하여 죽일까 하고 그 고발할 조건들을 만들기 위해서 간음하는 여자를 현장에서 붙잡아 예수님 앞에 데리고 왔습니다. 이 사건 다 알지요? '율법은 이러한 여자를 돌로 치라 명했는데 선생은 어떻게 말할 것입니까?' 라고 이들이 예수님께 물었습니다. 이렇게 묻는 것은, 예수님께서 '내가 온 것은 율법을 폐하러 온 것이 아니오. 율법을 완성하러 왔다. 즉 죄를 용서하여 생명을 얻게 하려고 왔다'고 말씀했으니 그러면 '나는 살리러 왔으니 이 여자를 죽이지 말라' 한다면 모세의 율법을 폐하는 것이 되고, 율법을 주신 하나님은 모독하는 것이니, 돌로 맞아 죽어야 할 조건이 되고, 또한 생명을 주려고 왔다고 하면서, '그래! 율법을 범했으니 모세의 율법대로 돌로 쳐 죽여라' 한다면 죄 용서하여 생명을 주러 왔다는 것이 거짓으로 드러나니 고소당할 조건이 되는 것이었어요.

그러나 예수님께서는 아무 대답도 하지 않으시고 몸을 굽혀 땅에 손가락으로 무엇인가를 쓰시자 어느 누구도 예수님께 시비를 걸지 못하고 더 이상 묻는 자가 없었다고 했습니다. 그리고 "너희 중에 죄 없는 자가 먼저 돌로 치라" 하시고 또다시 땅에 글을 쓰시니 저희가 예수님의 말씀을 듣고 양심의 가책을 받아 어른도 젊은이도 모두 하나씩 하나씩 다 나갔다고 했어요. 이들이 예수님의 말씀을 듣고 양심의 가책을 받았다는 말입니다. 사람들이 양심에는 가책을 받았어요. 그러면 예수님이 손가락으로 쓰시면서 무엇을 다루셨겠습니까? 그들의 죄를 다루신 겁니다. 바리새인 서기관들은 자기들의 숨은 죄는 아무도 모를 줄 알았지만 예수님께서 가까이 있는 자로부터 하나씩 하나씩 숨은 죄를 드러내시자 죄가 드러나니 슬그머니 나가기 시작했는데 여자 외에 남은 자가 없었다고 했습니다.

간음하는 여자나 그 여자를 돌로 치려고 현장에서 잡아온 자신들이나 다 돌로 맞아 죽어야 하는 똑같은 죄인이더란 말입니다. 이들이 자기의 죄가 드러나니 양심의 가책은 받은 겁니다. 양심의 가책은 받았어요. 그런데 예수님 앞에 엎드려 자기가 바로 돌로 맞아 죽을 죄인이라는 것, 하나님의 심판을 받아야 할 죄인은 바로 자기 자신들이라는 것을 자복하지 않았습니다. 예수님께 자복하지 않았어요. 그냥 슬그머니 다 나가버렸습니다. 예수님이 죄를 드러내셨으니 자기 양심이 가진 죄들을 스스로 다 알고 있음에도 그곳에서 슬금슬금 나가버린 겁니다. 바로 이것은, 사람이 자기 양심으로 하나님을 섬긴다고, 믿는다고 하면 자기 죄가 드러날 때 양심에 가책은 받기는 해도 절대로 회개가 안 된다는 것을 보여준 것입니다.

하나님의 속뜻을 도무지 깨달을 수도 볼 수도 없는 자기 양심으로 하나님의 말씀을 대하고, 하나님을 섬기겠다고 하는 것에 스스로 완고하기 때문입니다. 자기 양심으로는 하나님과 걸리는 것 없다고, 자기가 생각해보니 자기의 죄는 죄가 아닌 것으로, 스스로 타당하게 여기고 변명으로 돌리는 겁니다. 그렇기에 하나님이 말씀하시는 죄인과는 상관없고 그 죄인이 되지 못하여 간음한 여자보다 더 악한 자기를 보지 못했고 예수님 앞에 죄인으로 엎드리지 못했습니다.

사실 오늘날 믿는다는 이들의 영적 상태는 이 바리새인 서기관보다 더합니다. 예수님 믿는다는 사람들이 다 자기 양심으로 믿는 데에 뿌리를 깊게 내려버렸습니다. 예수님과 관계없이, 관계를 맺지 못한, 믿는다는 것만 있습니다. 그리고 자기 스스로가 잘 믿는 것으로 생각하는 겁니다. 여러분! 예수님 앞에 누구만 남았어요? 간음한 여자, 죄인만 남았습니다. 율법에 정죄당하여 죽음에 내몰린 죄인만 예수님을 만나 용서를 경험하고 생명 얻는 기회가 되었습니다. 그래서 믿으려면 먼저 죄인이 돼야 합니다. 죄인이! 하나님의 제1계명에 네 앞에 다른 신을 두지 말라 하셨으니 자기를 위해 다른 신을 두었다는 것, 하나님께 죄인이지 않습니까? 아! 나는 죄인이구나! 할 수밖에 없지 않습니까? 제2계명이 우상 형상 만들지 말라 하셨으니 만드는 것은 물론이고 심지어 그것들을 좋아하고 집안에 장식하고 좋다고 껴안고 함께 동거하던 자기의 유치하고 더러운 모습들이 있잖아요. 그러니 아! 나는 죄인이구나! 할 수밖에 없지 않습니까? 여호와의 이름을 망령되이 일컫지 말라, 안식일을 기억하여 거룩히 지키라 하신 계명 앞에, 아! 나는 죄인이구나! 이지, 무슨 할 말이 있습니까? 모든 계명을 범한, 영영한 형벌에 떨어질 죄악의 종자입니다. 하나님께 대하여 간음 자입니다. 그렇기에 이 계명의 죄들에서 깨끗이 나오지 않으면 그는 여전히 간음 자인 것입니다. 자기 양심은 죄와 상관없는 줄로 착각하지 말라는 말입니다.

　자기 양심으로 믿는다고 한 이 사람들은 죄를 드러내자 양심의 가책은 들었어도 가책을 느낀 것일 뿐이지 회개를 할 수가 없었다는 것, 여러분이 눈이 있으니 보았지 않습니까? 예수님의 말씀을 아무리 들었어도 예수님을 아무리 많이 보았어도 예수님과 관계가 이루어질 수가 없으니, 예수님의 말씀 앞에서 떠나 자기 양심으로 믿는 하나님에게 가지 않았습니까? 이것이 오늘날의 믿음의 형편입니다. 예수님의 이 말씀을 피해서 자기 사상으로 만들어 놓은 하나님을 믿는다 하는 겁니다. 그러니까 예수님은 뒤로하고 주여만 부르고 주님만 찾잖습니까? 그래서 자기 양심에 맞는 말 들으러 다니는 것입니다. 자기 양심을 높여주는 말 들으러 쫓아다니는 겁니다. 그리고 '참 은혜 받았다. 기쁘다. 그 목사 능력 있고 하나님께 감사하다.' 하고 나오는 것입니다. 자기 양심에 맞지 않는 하늘의 말을 전하는 곳은 저거 이단이라고 하는 겁니다. 무엇을 이단이라고 하는지도 모르면서, 자기 양심과 다르니 이단이고, 육으로 행하는 것에 부딪히니 이단이라고 무시하는 겁니다.

　죄로 드러나고 지적받으면 양심의 가책은 따라오긴 해도, 곧 또 변명이 따릅니다. 자기 양심의 기준에다 올려놓고 판단해보니 '그것이 왜 죄냐! 말이 안 된다! 그렇게 믿을 사람이 어디 있겠느냐' 하는 것입니다. 하나님에 대하여 죽은 자기 양심으로 말씀을 대하면 그렇게 절대로 하나님의 기준에 맞는 회개가 안 되는 것입니다. 요8장에서 분명한 증거로 보았으니 알지 않습니까.

　마27장에 예수님의 제자로 따라다닌 가롯 유다가, 로마의 속국이 된 유대를 예수님께서 해방하고 왕이 되면, 한자리 얻어 명예 부귀를 누리리라는 꿈과 기대를 하고 예수님을 따라다녔는데, 보니 아무래도 자기가 꿈꾸던 그런 분이 아닌 것으로 짐작이 되어 은 30냥의 돈을 받고 예수님을 팔아넘겼습니다. 유다의 생각은 대제사장이 예수님에게 사람들 선동하지 말라고 다짐을 받고 매질이나 해서 내보낼 줄로 알았던 것인데, 유대인 지도자들이 예수님에게 죄인이란 누명을 씌워 사형을 시키려는 그 움직임을 본 겁니다. 그래서 가롯 유다 양심에 가책이 따른 겁니다.

　생각해보니 삼 년 세월 따라다니며 보아온 예수님은 배고픈 자 먹이고 병든 자를 고치고 귀신을 쫓아내고 죄인을 용서해주신 분으로 죄라는 것을 보지 못했는데, 그분이 정죄당하는 것을 보고, 마음이 대단히 괴로웠던 것입니다. 시간이 지날수록 양심의 가책이 따라 괴로우니 돈을 다시 돌려주고 되돌리려고, 그들에게 가서 그는 무죄한 자라고 주장했지만 되돌릴 수가 없게 되자, 결국 목숨으로 갚으려고 목매어 죽은 겁니다. 죽음으로 갚으려고! 자기 양심에 따르는 가책 때문에 죽음으로 처리해 보려고 했다는 말입니다. 이처럼 성경은 믿음이 무엇인가? 어떻게 믿는 것인가를 여러 모습으로 분명히 보여주고 있습니다. 죄인으로서 예수님을 따른 것이 아니라, 세상 것을 위해서 믿는 것이 되고, 그 목적이 되어 자기 양심으로 믿는다고 하는 사람은, 예수님과 상관없고 죄인이 될 수 없고 회개할 수 없다는 것을 분명히 보게 하셨다는 말입니다. 여러분! 얼마나 더 증거를 대야 하겠습니까? 인간이 철저히 죄인이 아니면, 자기 양심으로 믿는 것이 되기 때문에 결국 예수님을 파는 자가 되는 것입니다.

가룟 유다가 삼 년여 동안 예수님을 따라다니며 모든 병을 다 고치신 것을 보았습니다. 모든 귀신을 다 쫓아내신 것을 알고 있습니다. 풍랑을 잔잔케 하시고 무화과나무를 명하여 마르게 하신 것도, 풍랑 위를 걸으신 것도 압니다. 보리떡 다섯 개와 물고기 두 마리로 오천 명을 먹이신 놀라운 이적을 나타낸 분인 것도 압니다. 자신에게 권능을 주셔서 나가 귀신을 쫓아내기도 했습니다. 이미 죽어서 냄새나는 나사로 살린 것도 또 여러 죽은 사람을 살린 것도 목격했고, 하나님만이 하실 수 있는 능력을 행하신 것을 다 보았습니다. 또한 죄인들을 영접해 맞아들이고 평안과 위로와 기쁨을 주고, 새 삶을 얻게 하시고, 그들을 친구로 대해 주신 것을 다 보아 알고 있습니다. 바로 예수님과 동고동락했다는 말입니다.

그런데 무엇 때문에 예수님과 관계없는 자가 되었습니까? 죄인이 되지 않았기 때문입니다. 죄인과 구주로 만남이 되지 않으면, 예수님의 하신 일을 낱낱이 안다고 해도, 박사가 되었어도, 자기가 병에서 치료되었어도, 귀신이 쫓겨나갔어도, 기도 응답을 받은 것이 많다고 해도, 부자가 되었어도, 예수님과 관계없다는 것을 분명히 말씀드립니다. 자신이 하나님께서 말씀하시는 죄인인 것을 절대로 인정해야 합니다. 확실히 깨달아져야 합니다. 지옥의 형벌로 들어갈 처지에 놓인 자신을 알아야 하고, 예수님은 죄인의 구주로 오셨으니 죄인만이 만날 수 있고, 예수님의 말씀이 구주와 죄인으로 만난 자의 것이 되어 생명과 복으로 들어가게 된다는 것을 알아야 합니다.

그래서 죄인으로 예수님을 만났다면 죄에서 용서받은 큰 기쁨이 있습니다. 그것이 구원받은 증거입니다. 또한, 어떻게 하면 하나님 아버지의 기뻐하시는 삶을 사는 것이냐에 마음을 두고 그것을 향해 찾아 나가게 됩니다. 용서받은 기쁨이 있는 자는 순종이 복이요 행복인 것을 아는 것으로 나타납니다. 순종하고자 하는 마음이 간절하여 자기가 지금 무엇을 순종하지 않은 지, 무엇을 순종해야 하는지, 찾게 되고 기도하는 것으로 나타나는 것입니다. 세상 것에서 마음이 떠나고 하늘의 것을 좇아가는 것으로 변화가 일어납니다. 이것이 죄인으로 구원받은 기쁨이 있는 자에게서 점차로 나타나는 특징들입니다. 이것을 벧전3:21에서 **오직 선한 양심이 하나님을 향하여 찾아가는 것이라** 라고 분명히 말하고 있습니다. 죄에서 구원받은 것을 아는 그 기쁨이 있는, 오직 하나님의 것을 받아들인, 그 선한 양심만이 하나님을 찾아간다고 하는 겁니다.

인간에게 선이 있다고 했습니까? 인간에게는 선이 없어요. 죽은 양심이라고 했잖습니까. '양심에 거리끼는 것 없다' '아주 착하다.' 하는 것을 선이라고 하는 것 아닙니다. 하나님이 말씀하시는 선이 아니에요. 성경이 말씀하는 선은 바로 삼위일체 하나님과 하나님에게서 나오는 모든 것입니다. 하나님의 말씀이 선이에요. 인간 양심은 죄로 타락하고 부패하고 더러운 양심이 되어서 거룩하신 하나님을 볼 수도 알 수도 섬길 수도 없다고 했잖아요. 도무지 선에 반대라 그 말입니다.

그래서 히9:14에 **하물며 영원하신 성영으로 말미암아 흠 없는 자기를 하나님께 드린 그리스도의 피가 어찌 너희 양심으로 죽은 행실에서 깨끗하게 하고 살아계신 하나님을 섬기게 못 하겠느뇨** 말씀했습니다.

인간 양심은 하나님에 대하여 죽었으므로 그래서 인간 양심으로 행하는 것은 죽은 행실임을 분명히 말하고 있습니다. 그렇기에 인간이 하나님을 위해서 하는 일들이 하나님에 대하여 죽은 자기 양심에 의한 것이면 다 죽은 일입니다. 히10:22에 **우리가 마음에 뿌림을 받아 양심의 악을 깨닫고** 했습니다. 이같이 하나님에 대하여 죽은 양심을 악이라고 했습니다. 양심의 악을 깨달아야 함을 말했어요. 그러므로 자기는 하나님에 대하여 죽었음을 알라는 말입니다. 여러분의 양심은 다 하나님에 대하여 죽었습니다. 그래서 죄인이요. 양심에 뿌림(피 뿌림)을 받아 깨달아야 합니다. 예수님의 피 흘리심을 깨달아 알고 자신이 하나님께 대하여 죄인임을 인정하여 자복하고 회개하여 예수님의 피로 죄 용서의 은혜를 입는 것이 양심의 악을 깨닫는 것입니다. 이것이 바로 선한 양심의 일입니다.

먼저 자신이 하나님이 말씀하신 죄인임을 아는 것, 인정하는 것, 이것이 선한 양심의 기초라는 말입니다. 그래서 진정한 회개를 통해 예수님의 피로 죄 용서받은 믿음으로, 예수님을 영접하고, 오직 예수님만 믿고 따를 확고한 결단으로 성영님의 인도를 따르는 이것이 선한 양심입니다. 성영님으로 말미암아 자기 안에 이루어지는 이것이 선한 양심이에요. 그래서 죄인으로 진정한 회개가 이루어진 자는 반드시 성영님을 따르게 되어 있습니다. 참으로 사람답게 살고자 하는 간절함이 있게 되어서 하나님이 어떻게 살기를 원하시는가 하는 것을 찾아가게 돼 있는 것입니다. 분명히 선한 양심이 하나님을 향해 찾아간다고 하지 않았습니까?

성영님이 임하시니 자기 양심은 악이라는 것을 알게 되고 인간이 가져야 하는 하나님의 기준을 향하여 찾아간다고 하는 말씀이라는 말입니다. 이처럼 하나님의 말씀으로 자기 양심의 기준이 되기를 원하는 것이 선한 양심입니다. 그래서 성경은 벧전3:16에 **선한 양심을 가지라** 딤전1:19에 **믿음과 착한 양심을 가지라**고 누누이 말씀했습니다. 바로 하나님의 양심을 받아들여 사는 자기 양심이 되는 것입니다. 먼저는 기본이 되고 근본이 되는 것으로 바로 십계명입니다.

시편 77:13에 하나님의 율법은 거룩하다고 했습니다. 롬7:12에 율법은 거룩하고 계명도 거룩하고 의로우며 선하다고 했습니다. 바로 하나님의 양심에서 나온 것으로 인간 양심과는 구별된 거룩한 것이라 말이지요. 이 거룩한 법으로 살 때 그것이 거룩한 삶이요, 바로 의의 삶이요, 선한 양심입니다.

그래서 십계명, 인간이 사단의 유혹에 빠져 하나님께 범한 죄의 목록으로 예수님이 이 죗값을 십자가에서 치러주셨고 또한 예수님은 계명에 완전하신 분이니, 이 계명에 완전하신 예수님께서 자기 안에 와계시면 계명이 어려운 것이 아니라 능력이 되었으니 계명으로 사는 것이 아주 기쁜 것입니다. 육은 세상을 좋아하여 세상 것을 좇는 것이 자연스러운 것처럼 그렇게 구원받은 영은 하나님의 것을 좇는 것이 자연스럽고 기쁜 것입니다. 그래서 성경은 "내게 능력 주시는 자 안에서 내가 모든 것을 할 수 있다."고 했어요. 예수님이 우리의 능력입니다. 안 지키면 벌을 받을까 두려워서가 아닙니다. 벌을 받을까 두려워하는 것은 바로 자기 양심입니다.

물론 예를 들면 예수님의 날 예배하려 나와야 하는 것이, 때로는 귀찮고 힘든 생각이 들 때도 있습니다. 편히 쉬고 싶다는 생각이 들 때가 있어요. 그래서 그 유혹을 이기고 나와 예배를 드리는 때는 있습니다. 이렇게 육체의 안일을 이길 수 있어야 하는 것은 맞습니다. 그런데 예배의 날을 안 지키면, 벌을 받고 무슨 일 일어날까 봐서 할 수 없이 지키는 것은 믿음이 아니라 자기 양심으로 믿는 것입니다. 예배의 날을 자기 양심 편하기 위해 지키는, 양심에 가책을 받지 않으려고 지키는 것이지 믿음 아니다 말입니다. 자기 양심이 껄끄러워서 지키는 것 절대 하나님과 관계없습니다. 잘 알아듣기 바랍니다. 그렇기에 자신이 여기에 속한 것인지 진단이 내려지면 하나님의 양심으로 살 것이라는 결단이 속히 일어나야 합니다.

그런데 계명에는 인간 양심에 맞는 것이 있습니다. '부모 공경하라' '가난한 이웃을 돌아보라' '과부를 돌아보고 구제하라'는 등등 물론 이와 같은 계명도 영적인 것과 연결되지 않고 문자에만 매인다면, 사실상 하나님의 의도에는 빗나간 것이지마는 이 같은 계명들은 인간의 양심에 맞는 것이기에 부모 공경한다고 해서 핍박하는 사람 아무도 없습니다. 부모 공경한다 해서 누가 핍박합니까? 욕할 사람 없습니다. 가난한 이웃을 돌아보고 구제한다고 해서 핍박받고 순교 당하지 않는단 말입니다. 오히려 좋은 일 한다고 상 준다 하지 않습니까? 사람의 양심에 맞는 것이니, 믿지 않는 사람들도 다 좋다고 하는 것입니다. 그러니까 믿지 않아도 교회 가면 나쁜 것은 안 가르친다고, 그래도 교회 가면 좋은 말 듣는다고 하는 것 아닙니까?

그래서 자기 양심이 기준이 되어 믿는다 하는 사람은 다른 사람의 신앙을 볼 때, 얼마만큼 부모를 잘 섬기느냐, 얼마만큼 형제간에 우애 잘하고 희생하느냐, 얼마만큼 이웃들과 정을 나누고 관계를 잘 맺고 있느냐를 척도로 보는 겁니다. 그것이 하나님의 말씀 하시는 사랑인 줄 아는 겁니다. 그래서 목사도 자기 양심으로 척도 삼고 저울질하고 눈여겨보다가 미흡하다 싶으면 사랑이 없다, 인정이 없다고 판단합니다. 그러나 신앙은 인간 양심에 맞는 것이 아니라, 인간 양심에는 전혀 없는 것입니다. 하나님의 양심으로서 하나님께 맞는 것을 말하는 겁니다. 인간 양심으로는 알 길도 없는 것, 즉 다른 신들을 네게 두지 말라, 우상 형상 만들지도 말고 절하고 섬기지도 말라, 하나님의 이름을 욕되게 하지 말라, 하나님의 명예를 손상하지 말라 말입니다. 안식일을 거룩히 지키라 하는 이 네 계명과 그에 따른 영적인 신영한 윤리와 도덕을 말하는 것입니다.

예를 들면 안식일을 거룩히 지키라 할 때 거룩히 지키는 것이 무엇이냐 말입니다. 여러분! 거룩히 지키는 것이 무엇입니까? 그렇기에 성경의 가르침을 받아 하나님의 양심으로 살 때, 인간 양심에 맞지 않으니 당연히 핍박과 비난을 받기도 하고, 외면을 당하기도 하고, 많은 어려움을 만나기도 하지만, 그것에 개의치 않는 것이 신앙이요 하나님이 보시는 척도입니다.

긴 말씀이라서 듣는 여러분에게 죄송하지마는, 그러나 믿음을 바로 해야 하는 중요한 일이기 때문에……, 여러분이 진짜 구원으로 들어가려면 마음을 좀 기경해야 되겠다 말입니다. 다 갈아엎어야 합니다. 자기 양심으로 예수님을 믿는다고, 만난다고, 섬긴다고 할 수 없다는 것을 여러분이 참으로 믿기 원하면 분명히 알아야 하는 것 아닙니까? 지금 다 자기 양심으로 믿는 자리에 있다고 해도 절대 과언이 아닌데 말입니다. 그런데 말씀 좀 길다고 해서 몸 자세가 느슨해지고 풀어진 모습들이 있다니 지금 뭐하자는 것입니까? 여기 왜 왔습니까? 충격으로 들어야 하는데, 그냥 하시려면 하시고 마시려면 마시오. 이런 태도들이니, 여러분이 예수님을 진심으로 믿는 것입니까? 그러면 예배 자세도, 말씀 듣는 태도도 바로 하십시오.

신앙은 인간 양심과는 전혀 맞지 않은, 하나님께 맞아야 함을 말하기 때문에 핍박이 따르는 겁니다. 그러므로 예수님의 날을 지키는 것도 거룩히 지키는 것이냐는 말입니다. 세상 말에도 하나를 보면 열을 안다는 말이 있습니다. 그거 정말 맞는 말입니다. 그 사람이 이 예수님의 날을 어떻게 지키고 있느냐를 보면, 다른 계명들에 대해서도 지켜지고 있는지를 엿볼 수 있습니다. 물론 예배당에 와서 예배 순서까지 다 마쳤으니까 그것으로 거룩하게 지켰다고 하는 것은 절대 아닙니다. 하나님께서 구별하신 이 날을 온전히 섬기느냐는 것입니다. 예수 그리스도의 몸에 들어온 지체로서 가져야 하는 교회의 모임과 함께, 하나님을 예배하고 찬양하며 말씀을 듣고 배워 변화를 받으며, 성도의 교제를 나누며, 하나님께 온 마음을 두고 묵상하며, 경배하고 섬기는 마음이 되어 있느냐, 참으로 신영과 진정이냐?

아니면 오늘 예배드렸다는 자기만족으로, 이후의 시간들을 세상의 일로 열심하고 분주하고 있는 것인지, 세상적인 모임들로 흥청거리며 자기 기분을 위하고 있는지, 눈과 귀와 마음이 티브이나 컴퓨터 등에 붙들려서 그런 영상 매개체 등을 들여다보는 것을 자기의 즐거움으로 삼고 있는지, 무엇으로 돈을 좀 많이 벌 수 있을까 하는 것들을 도모하느라고 동분서주하고 있는지, 어찌 되었든 하나님께서 거룩히 지키라고 세상과 구별해놓으신 하나님의 날 생명과 복이 약속되어있는 예수님의 날을 이런 육체의 일들로 깨트리는 것이 된다면 '예배드렸으니까.' 하는 것은 자기만족일 뿐이고, 하나님과는 관계가 없는 헛된 예배라는 것을 말할 수밖에는 없습니다. 알아듣습니까?

 그것은 자기 양심을 따라 행한 것이 되었고, 하나님께서 거룩히 구별하신 날을 자신에게 더럽히는 것이 되었기 때문에, 오히려 저주가 따를 뿐, 참 하나님과는 상관없습니다. 하나님 아버지께서 거룩하게 구별하신 이 날, 온전히 삼위의 하나님께 마음을 두고 예배로 영광 돌리는 뜻이 되어야 한다는 것, 이날을 거룩한 날로 지켜야 한다는 것 반드시 알기 바랍니다. 자기의 날이 아니라는 것을 알라는 말입니다. 성영님께서 함께 하심으로써, 복된 삶으로 인도하시고 마침내 영광의 하늘에 들어가는 믿음이 되기를 진심으로 소원합니다. 이 예배의 날은 예배하는 날로 딱 정해놓으십시오.
 삼위 하나님께 감사와 영광을 돌리며 말씀을 맺습니다. 아멘

13. 06. 30
처음 사랑이신 예수님의 피가 없으면

²²저는 죄를 범치 아니하시고 그 입에 궤사도 없으시며 ²³욕을 받으시되 대신 욕하지 아니하시고 고난을 받으시되 위협하지 아니하시고 오직 공의로 심판하시는 자에게 부탁하시며 ²⁴친히 나무에 달려 그 몸으로 우리 죄를 담당하셨으니 이는 우리로 죄에 대하여 죽고 의에 대하여 살게 하려 하심이라 저가 채찍에 맞음으로 너희는 나음을 얻었나니 ²⁵너희가 전에는 양과 같이 길을 잃었더니 이제는 너희 영혼의 목자와 감독되신 이에게 돌아왔느니라

(벧전2:22-25)

참고 말씀(계2:1-7)

롬5:12에 보면 **한 사람으로 말미암아 죄가 세상에 들어오고 죄로 말미암아 사망이 왔나니 이와 같이 모든 사람이 죄를 지었으므로 사망이 모든 사람에 이르렀느니라**고 했습니다.

예수님을 믿는 여러분! 여러분의 믿음이 지금 이때는 절대로 어린아이 수준이면 안 됩니다. 여러분이 믿는다면 이미 믿음의 장성한 때가 돼 있어야 합니다. 어린아이로 있으면 망합니다. 지금 이 종말이

가까운 이때 하나님께서는 믿은 지 오래되었느냐 오래되지 않았느냐 물으시는 것이 아니라, 지금은 어린아이로 있는 것이 용납되는 때가 아니라고 말씀하십니다. 무엇이든지 내가 이것을 해야 하느냐, 하지 않아야 하느냐? 하는 것을 물어서 아는 것이 아니라, 스스로 아는 믿음이 돼 있어야 합니다. 스스로 알 수 있어야 함에도 일일이 물어서 아는 것이면, '하라 하지 말라' 하는 것을 여전히 일러줘야 하고 지적받는 것이면, 솔직히 고전 14:38의 말씀, **만일 누구든지 알지 못하면 그는 알지 못한 자니라** 알지 못하는 자는 알지 못하는 자로 그냥 버려두라고 하신 것이 여기에 해당하는 것이기에 염려되는 것이라고 말할 수밖에는 없습니다.

여러분에게 제가 질문을 하겠습니다. '아담 한 사람으로 죄가 세상에 들어왔고 사망이 모든 사람에게 이르렀다.' 하는 이것은 처음 사람 아담에게만 해당한다고 했습니까? 아닌 것 분명합니까? 내가 아담이라고 말씀드렸습니다. 여러분 한 사람 한 사람, 우리가 다 아담입니다. 그러면 아담은 누구와 연결된다고 했습니까? 예수님과 연결된다고 말씀드렸어요. 내가 곧 아담이요 아담은 예수님을 예표합니다. 첫 사람 아담은 예수님을 예표하는 자로 지음을 받았으니 만일에 우리도 아담이 아니면 예수님과 연결될까요? 아담이 아니면 예수님과 연결되지 않습니다. 예수님과 연결이 될 수가 없습니다. 관계될 수 없습니다. 우리 믿음은 우리가 다 아담이라는 것을 인정해야 예수님과 관계가 되는 것입니다.

왜 그렇습니까? 예수님이 오신 첫째 이유가 무엇입니까? 아담이 선악과를 먹은 죄로 인해, 그 죄의 값을 치르시려고 오셨잖아요. 그러면 내가 곧 아담이요 아담이 지은 죄는 내가 지은 죄라는 것이 백 퍼센트 인정이 돼야 예수님이 자기의 죄 때문에 오신 것이요, 피 흘려 죗값을 치르신 것이 곧 자기의 죄를 갚아주셨다는 것이 되는 것입니다. 그러면 아담은 예수님을 예표한 사람이라고 하는 것은, 하나님께서 아담을 지으신 뒤에 결정된 것이라 했습니까? 창조 전에, 사람을 짓기 전에 이미 하나님의 정하신 뜻이었다는 것, 여러분이 다 믿는 것이 되었습니까? 이왕이면 성경 구절까지 알면 좋겠습니다. 엡1:3-5와 딤후1:9-10입니다. 창세 전에 뜻을 두셨다는 것을 말씀한 성경 구절을 알고 계시면 좋겠다 말이죠.

엡1:3-5에 **찬송하리로다 하나님 곧 우리 주 예수 그리스도의 아버지께서 그리스도 안에서 하늘에 속한 모든 신령한 복으로 우리에게 복 주시되 곧 창세 전에 그리스도 안에서 우리를 택하사 우리로 사랑 안에서 그 앞에 거룩하고 흠이 없게 하시려고 그 기쁘신 뜻대로 우리를 예정하사 예수 그리스도로 말미암아 자기의 아들들이 되게 하셨으니**

딤후1:9-10에 **하나님이 우리를 구원하사 거룩하신 부르심으로 부르심은 우리의 행위대로 하심이 아니요 오직 자기 뜻과 영원한 때 전부터 그리스도 예수 안에서 우리에게 주신 은혜대로 하심이라 이제는 우리 구주 그리스도 예수의 나타나심으로 말미암아 나타났으니 저는 사망을 폐하시고 복음으로써 생명과 썩지 아니할 것을 드러내신지라** 이 얼마나 멋지고 귀하신 일입니까? 할렐루야!!!

그러면 아담의 죄로 인해 사망이 들어왔으니 하나님과의 관계가 아주 끊어졌다는 것입니까? 아담 안에 사망이 들어왔다고 하여 하나님께서 아담을 떠나셨거나 아담과 관계가 단절된 것이 아니라는 것, 여러분이 알게 됐고 이것을 또한 분명히 말씀드립니다. 사람이 선악과의 죄를 지은 것은 하나님의 뜻대로, 하나님의 임재에 거하기만 하면 죄의 문제, 사망의 문제는 어련히 아시고 해결하십니다. 사람이 선악과의 죄를 지었든 안 지었든 간에, 하나님 앞에서 하나님을 바라며 하나님이 주시는 말씀을 따라 사는 것이 지음을 받은 이유요, 뜻이요, 목적입니다. 그러니까 '하나님이 왜 아담을 죄짓게 해서 죄인이라고 하느냐?' '아담은 왜 죄를 지었느냐?' 라고 불평하고 따질 이유 없다는 것 명백하잖습니까? 원래 사람이 지음을 받은 목적대로 하나님께 나와 하나님을 섬기고 말씀대로 살면 되지, 예수님을 믿어 영생 얻으면 되지, 여기 다른 이유 갖다 붙여 불평할 일 없다는 것, 명백하지 않으냐 말입니다. 그러면 죄인이 아니잖습니까? 그러면 하나님께서 죄라고 하지 않으시는 것 아닙니까?

하나님께서 아담을 죄인이라 부르지 않았습니다. 왜입니까? 아담이 지은 죄는 이미 어련히 아셔서 깨끗이 처리하실 것으로 하시고, 처리하셨기 때문입니다. 사람에게 영생을 주시기 위한 것, 사단에게는 비밀로 가진 뜻이었기 때문입니다. 그래서 이 같은 하나님의 숨은 뜻을 가지고 '합력하여 선을 이루느니라.' 고 말씀하는 것입니다. 그러므로 처음 사람이 죄를 짓지 않았다 해도 하나님을 떠나 살 수 있는 것도 아니요, 죄를 지었다고 해도 하나님이 버리신 것이 아니니, 하나님께서 사람을 지으신 목적, 예수 그리스도 안에서 찬송을 받게 하려는 것이라 하셨으니, 절대로 하나님께 딱 붙어서 살아야 하는 것, 인간이 여기에 핑계할 수 없고, 불평할 수 없다는 것 확실한 것입니다.

　그러니 왜 죄지었느냐며 따질 이유가 없습니다. 그리고 그 죄는 누가 지은 것입니까? 내가 지은 것입니다. 곧 내가 아담입니다. 만일 자기가 아담이라는 것, 연결하지 않으면 예수님 만날 수 없습니다. 처음 사람 아담이 지은 죄로만 보여 그렇게 말하고, 그 죄를 아담에게만 돌리고 있다면, 그것은 자기와 예수님과 관계없습니다. 하나님은 '네가 아담이다.' 라고 하시는데 자꾸 처음 사람만 아담인 줄 알고 그 아담이 지은 죄라는 것만 말한다면, 결국 그것은 자기가 자기를 정죄하는 것이 되기 때문에, 예수님은 만날 수도 없고 구원받을 수도 없는 것입니다. 왜냐? 예수님이 둘째 아담으로 오셨기 때문입니다.

　예수님께서 정죄하지 말라 하셨습니다. 네가 정죄하면 네가 정죄받는다고, 그것은 자기 자신을 정죄하는 것이라고 가르쳐주셨습니다. 그래서 처음 아담이 지은 죄로만 보는 사람들 다 여기에 걸려있습니다. 그런데 말씀을 전하는 사람들이 다 여기에 걸렸다는 것입니다. 아담의 범죄로 죄가 들어왔고 아담의 죄 때문에 자기도 덩달아 죄인 취급받는 정도로만 취급하고 생각하는 것입니다. 그러니 이 관계를 자신에게 연결하여 볼 수도 없을 뿐만 아니라, 연결할 수가 없으니 어떻게 정죄로부터 자유 할 수 있도록 인도해줄 수가 있겠습니까? 어떻게 예수님께로 인도해줄 수가 있겠습니까. 그러니까 다 '주여! 주님!'으로 연결해주는 것이잖습니까? 이것을 알아듣지 못하면 여러분의 믿음도 문제 있는 것입니다.

그런데 문제는 아담 이후 가인이 살인죄를 짓고 하나님에게서 완전히 나가버렸습니다. 그러니까 아담의 죄는 땅에 저주가 들어오는 것이었지만, 가인의 범죄는 자기 자신(사람)이 저주받은 것이 됐습니다. 저주라고 하는 것은 사단에게 자신을 내주었으므로 사단에게 속하여, 사단의 성품이 되고 사단을 주인으로 섬기게 되었음을 말합니다. 그것이 오늘날 저와 여러분입니다. 사단의 성품으로 자란 죄악의 종자입니다. 이같이 가인의 길에 있는 우리까지라도 구원하시려고 하신 것이 바로 하나님의 사랑입니다. 처음 아담은 영적 죄만 가졌지 악은 갖지 않았습니다. 악은 누구입니까? 악은 사단입니다. 그래서 죄악에 빠진 우리까지도 구하여 내시려고 예수님께 죄의 짐, 죄악의 짐을 다 지우셨습니다. 사단에게 자신을 내준 가인의 후손을 사단의 손에서 건져 사단은 멸하고 사람은 구원하신다는 뜻을 두신 것입니다.

그래서 레17:11에 **육체의 생명은 피에 있음이라 … 생명이 피에 있으므로 피가 죄를 속하느니라**는 말씀대로 이 뜻을 예수 그리스도께서 오셔서 이루시는 날까지 구약 백성에게는 죄를 모르는 흠 없는 소나 양에게 죄를 전가하여 죽여 피 흘려 죄가 속함을 받도록 하셨습니다. 구약의 사람들이 양 잡고 소 잡아 피 흘리던 것은 온전한 속죄가 아니라, 예수님이 오셔서 피 흘려 죽으실 것에 대한 예표요, 죄 없는 소나 양 등이 매일 제물로 죽어야 했던 불완전한 것입니다. 이같이 예수님께서 어떻게 세상의 구주로 오시게 되었는가를 구약을 통해서 열심히 가르쳐주고 알려주셨습니다. 혹자는 말하기를 구약을 짜면 흠 없는 소나 양 등의 피가 나올 것이고, 신약을 짜면 예수님의 피가 끝없이 흘러나올 것이라고 말하기도 했습니다. 성경은 죄로 인하여 피 흘리는 역사요 피의 책입니다. 피 흘리고 그 피가 줄줄 흐르고 있는 책입니다. 그러므로 예수님을 믿는다면 예수님께서 오시기 위한 피 흘림의 역사를 보지 못하고, 피를 왜 흘리시고 죽으셔야 했는지 알지 못하면, 예수님이 피 흘려 죽으신 것은 그와 상관이 없습니다. 자기 죄악과 연결하여 볼 수 없다면 그것은 예수님을 믿는 것은 아닙니다.

참으로 사람들이 예수님을 믿는 이유가 죄와 생명의 문제가 아니라 자기 삶의 문제들을 위해 믿는다 하고 있습니다. 제가 그 많은 간증을 듣고 읽은 것 중에도, 자기 삶의 문제를 위해 믿는 것이 돼 있었습니다. 자기 삶의 문제를 위해 기도하였더니 하나님께서 응답해주셨다, 기적을 베풀어주셨다, 일이 잘 안 풀리고 사업이 부도가 나고, 그 고난 가운데 새벽 기도를 작정하여서 했더니, 금식 기도를 작정했더니, '너는 내게 부르짖으라. 그리하면 내가 네게 응답하겠고 네가 알지 못하는 크고 비밀한 일을 네게 보이리라'는 말씀으로 응답하셨다, 즉 '네가 부르짖어 기도하면 무너진 네 사업 일으켜주고, 네 가산을 세워주겠다'는 것을 말씀하셨다는 것처럼 말하는 그런 간증이 대부분이었습니다.

그런데 '너는 내게 부르짖으라.' 또는 '너는 내 것이라' 하는 그 말씀으로 응답을 참 하나님이 주셨느냐 할 때, 참 하나님은 먹고사는 문제에, 잘 안 풀리는 사업에 그렇게 '부르짖으라. 너는 내 것이라.' 말씀하시는 분이 아닙니다. 절대로, 절대로 아닙니다. 참 하나님이 응답하셨다면, 그에게 지금 먹고사는 것, 사업이 부도 위기 된 그런 육의 것 때문이 아니고, 먼저 하나님이 예수님을 보내시지 않으면 안 되는 더 근원적인 일, 다시 말해 하나님이 왜 그 말씀을 선지자들을 통해 말씀하셨는지부터 철저히 깨닫고 자기 자신부터 보고 적용하라고 주셨을 것이요, 주시는 것입니다.

그렇기에 저는 모두가 다 '하나님이 응답하셨다.' 하는 것도 아니다 하는 것, 솔직히 말할 수밖에는 없습니다. 예수님을 저주받은 자처럼 죽음에 내주시기 위해 그같이 수천 년 동안을 준비하신 하나님께서, 십자가에 달려 피 흘리기까지 죽으셔야 했던 하나님의 일을, 인간이 알도록 기록하시고, 그같이 죄와 사망과 생명의 문제로 핍박과 죽음도 불사하고 선지자들로 외치게 하셨던 것을, 예수님이 왜 십자가에 달려 죽으셔야 했는가 하는 것보다는, 그렇게 먹고사는 것 가지고 응답해줄 것이니 너는 내게 부르짖으라, 너는 내 것이라고 하셨겠는가 하는 것, 좀 지각이 있다면 생각해볼 수 있지 않겠습니까?

여러분, 예수님은 오셔서 죄인을 부르셨고 죄인을 찾으셨지만, 예수님을 통해서 아버지가 되신 하나님은 죄인을 찾으시는 분이 아닙니다. 의롭다 함을 받은 죄 없는 자만 부르십니다. 예수님 안에 계신 아버지 하나님은 죄인은 만날 수가 없습니다. 죄 없는 자(물두멍의 죄를 씻은 자)만 만나십니다. 성영님께서도 죄 사함 받은, 예수님의 피로 죄가 처리된 거룩한 자 안에만 임하십니다. 그런데 믿는다는 사람들이 죄의 문제보다는 자기의 생활과 육의 문제들을 훨씬 더 큰 것으로 보는 눈만 가졌습니다. 그렇기에 죄 때문에 십자가에 달려 죽으셔야 했던 예수님의 피 흘리심은 보이지가 않습니다. 성경을 보는 것도 죄의 문제는 보이지 않고 복 주시고 부르짖으면 응답하리라는 것만 보이니 악한 자 사단의 영들이 그렇게 '부르짖으라, 응답해줄게. 너는 내 것이다.' 하는 음성을 들려주고 자기의 밥으로 삼아 주여 주님만 찾도록 이끌어 버리는 것입니다.

　여러분이 예수님을 믿기 원하면 먹고사는 문제가 아무리 급하고 크다 해도, 하나님께서 당신 하나 먹이고 입히지 못하시는 분 아니니 그것으로 예수님(주님)을 부르고 찾는 것 금하십시오. 하나님이 말씀하시는 죄인, 죄악으로 나간, 사망의 길로 나간, 망할 사단의 종자라는, 그래서 영원한 유황 불못으로 떨어지게 된 자기의 처한 처지부터 보는 것이 되십시오. 그리고 예수님이 그 죄악의 짐과 저주를 지고 십자가에 못 박히셨고, 생명의 피를 내놓아 죽음으로 죄를 청산해주신 그 사랑을 보는 것부터 해야 합니다. 예수님이 오셔서 십자가에 달려 죽으신 것을 먼저 확실히 깨닫고 보는 것부터 해야 합니다. 예수님이 십자가에서 흘리신 피를 몰라도 되는 것이 절대 아닙니다. 만일에 예수님의 피를 모르면 그것은 자기의 죄를 모르는 것입니다. 자기 죄를 모르는 것은 예수님의 피를 모르는 것입니다. 예수님의 피를 볼 수도 깨달을 수도 없는 것입니다. 자기 죄를 보지 못하는데 어떻게 예수님의 피가 보이겠습니까?

　자기의 죄를 보지 못하고 예수님의 피를 모르는 사람이나 예수님을 믿고 구원받았다고 하는 것, 있을 수 없는 일입니다. 예수님의 피가 없는 예배는 하나님이 받지도 않으신다는 것 이미 다 말씀드렸습니다. 예수님의 피가 있어야 하나님께 나갈 수 있습니다. 그 피를 사랑하는 자가 아버지 하나님을 만나는 것이요, 그 피의 증거를 가진 자만이 하나님의 일을 할 수 있는 것이요, 하나님께서 받으시는 것입니다. 여러분은 예수님께서 죄인을 위해 흘려주신 피가 무엇 무엇인지를 아십니까? 예수님을 믿는다는 자신을 위해 무엇 무엇의 피를 흘려주셨는지 아시는가 말입니다. 얼마나 그 피가 자기를 살리신 피로, 영과 혼과 몸에 흔적을 가진 믿음, 증거의 피가 되어 그 능력에 있습니까?

예수님은 순종의 피를 흘리셨습니다. 예수님께서 십자가에 달려 죽으시기 전날 밤, 겟세마네라 하는 동산에 올라가셔서 밤이 새도록 하나님께 기도를 올렸습니다. 아담의 죄는 땅에 저주가 들어왔고, 가인의 죄악은 인간에게 저주가 들어와, 찌르는 가시와 할퀴는 엉겅퀴와 육체의 질병들과 이기심과 미움과 시기와 질투와 살인과 거짓 등등이 같은 온갖 부정한 악의 노예가 되고, 정욕의 노예가 되었습니다.

예수님께서는 죽어야 하는 명을 받고 오셔서 십자가에 달리셔야 할 그 고난의 때가 눈앞에 오자 하나님께 기도하기 위하여 비통한 마음으로 동산에 오르셨습니다. 그러나 십자가에 못 박힐 그 일이 너무나 큰 짐이 되어 짓눌리는 영혼의 고통으로, 두렵고 고민이 되어 마음이 심히 괴로우셨습니다. 스스로 의인이 되어서 자기 주인을 알아보지 못하는 자기 백성에게 자신이 '오리라 언약했던 하나님의 아들'임을 밝히셨으나 오히려 사단의 자식으로 돌아간 그들에게 죄인으로 정죄당하여 침 뱉음을 받고, 뺨을 맞으시고, 발길질과 채찍으로 맞음과 온갖 모욕으로 수치를 당하고, 죄인처럼 십자가에 벌거벗긴 채로 달려 손과 발에 못 박히고 달려야 하는 일 등으로 예수님의 마음은 심히 고민되셨던 것입니다.

그러나 이보다 더 큰 고통은, 인류의 죄와 죄악의 짐을 다 지시고 하나님께 버림받는 일이었습니다. 그 짐은 너무나 크게 몰려와 영혼이 짓눌려 감당할 수 없는 큰 두려움이었습니다. 그러나 하나님께서는 예수님에게 죄악과 저주의 짐을 지워 사단에게 내주셔야 했습니다. 영과 혼과 육체에 죄와 저주를 지고 흉악한 죄인처럼 버림을 받아야 했습니다. 사람의 영에 들어온 수치와 두려움이 예수님께 온전히 전가되어 겪는 수치요 두려움이었습니다. 영혼을 짓누르는 죄의 무게와 수치와 두려움으로 인해 너무나 고민이 되었고, 하나님께 버림받는 그 두려움으로 죽을 것 같았습니다.

제자들에게 **내 마음이 심히 고민하여 죽게 되었다**고 말씀하시며 얼굴을 땅에 대고 엎드려 하나님께 기도를 올렸습니다. '아버지여! 만일 하실 수 있으면, 그리하셔도 된다면 이 잔을 내게서 옮겨주옵소서.' 이때가 자기에게서 그냥 지나갈 수 있다면 지나가게 해주시라고 세 번을 동일하게 기도하시며 간구를 올렸습니다. 히5:7에 예수님은 **자기를 죽음에서 능히 구원하실 이에게 심한 통곡과 눈물로 간구와 소원을 올렸다**고 했습니다. 그러나 예수님은 사단에게 넘겨졌기 때문에 하나님께서 그 기도는 듣지 않으셨습니다. 요12:27에 **지금 내 마음이 민망하니 무슨 말을 하리요 아버지여 나를 구원하여 이 때를 면하게 하여 주옵소서 그러나 내가 이를 위하여 이때에 왔나이다** 라고 걷잡을 수 없는 고뇌의 마음이 들어 심히 괴로우셨으나, 예수께서는 곧 또 자신이 그 일을 위해 오셨으므로 순종해야 함을 아셨기에, '내가 이를 위하여 이때에 왔나이다.' 하시고 아버지께 **그러나 나의 원대로 마옵시고 아버지의 원대로 하옵소서** 라고 자신을 내드렸습니다.

하실 수만 있으면 이때를 그냥 지나가기를 세 번이나 간구하셨던 만큼 이일을 순종하시기가 얼마나 두렵고 힘든 일이었는지 그 두려움과 맞서 싸워야 했습니다. 예수님께서 그 기도를 드리실 때에 **힘쓰**

고 애써 더욱 간절히 기도하시니 땀이 땅에 떨어지는 핏방울 같이 되더라고 했습니다. 순종을 위해 두려움과 맞서 싸우신 기도였습니다. 예수님께서, 사람이 불순종하여 사단에게 지배할 수 있는 권리를 내주었기에, 그 권리를 당당히 가진 사단과 맞서 싸우셔야 했습니다. 즉 두려움과 맞서 싸우신 일로 땀이 땅에 떨어지는 핏방울같이 된 것, 순종하시기 위해 힘쓰고 애써 기도하시며 땀방울처럼 흘리신 핏방울이 바로 사람이 순종할 수 있도록 길을 열어놓으신 순종의 피였던 것입니다.

사람들은 말하기를 예수님이 채찍에 맞고 양손과 양발에 못 박히는 그것이 얼마나 아프고 괴로우셨기 때문에 그렇게 처절하셨다고 말하고 있습니다. 물론 감각이 살아 있는 육체의 고통도 견딜 수 없는 엄청난 고통인 것은 맞습니다. 그러나 죄 없으신 예수님이 흉악한 죄인처럼 하나님께 영과 혼과 육체의, 전인이 버림받아야 하고, 두려움과 사단에게 건네준 권리와 사단의 사망과 권세와 맞서 싸워야 하는 그 영혼의 고통이 예수님께는 말할 수 없는 큰 고통이었습니다. **내 마음이 심히 고민하여 죽게 되었다**고, **고민하고 슬퍼하셨다**고, 하신 예수님의 영과 혼이 겪는 이 영혼의 고통은 보지 못하면서, 그같이 육체의 감각적인 것만 고통이라고 한다면, 그것은 자기 죄의 무게가 얼마나 큰 것인지를 모르는 자기 양심(사단)의 안목일 뿐입니다. 예수님이 십자가에서 운명하시기 전 **나의 하나님 나의 하나님 어찌하여 나를 버리셨나이까** 하고 크게 소리를 지르셨다고 했습니다. 그렇게 절규하시고 영혼이 떠나셨다고 성경은 말하고 있습니다. 이 처절한 절규는 예수님의 영혼이 얼마나 극심한 고통 가운데 떨어졌는지를 나타낸 것입니다. '나의 하나님 나의 하나님, 나를 버리시기까지 사람을 사랑하셨습니까? 나를 버리시기까지 하신 사랑입니까?'라는 절규입니다.

우리는 예수님의 이 고통을 감히 짐작해볼 수 없습니다. 그러나 이 절규의 외침은 알아들을 수 있어야 합니다. 자기 죄악의 무게가 예수님이 십자가의 고난을 겪으시고 죽으셔야 할 만큼 크다는 것을 절실히 깨닫고 아는 자만이, 볼 수 있고 알아들을 수가 있습니다. 자신이 하나님께 버림받고 사망으로 들어가야 하는 그 고통이 얼마나 클지를, 그 영혼이 겪어야 하는 고통을, 영으로 느끼는 자만이 알아듣는 것입니다. 그렇지 않으면 예수님의 십자가 고통을 논할 수는 없습니다. 진짜 죄인만이 영혼의 귀로 들려지는 절규입니다. 죄인의 영혼에 들게 하신 절규입니다. 네가 죄인이냐? 죄인이면 내게 오라고, 나를 버리시기까지 죄인을 구원하기를 원하신 하나님의 사랑을 너희가 좀 보라고, 죄인이면 나에게 와서, 죄에서 자유를 얻고 영생을 얻으라고 부르시는 외침이었습니다.

참으로 믿는다는 사람들이 예수님이 찾으시는 죄인이 되지 못해서, 자기 죄를 볼 눈도 없고, 자기 죄에 대한 감각이 없으니, 예수님의 십자가 지신 고통을 말할 때, 예수님도 사람이라서 못 박힌 것이 너무 아프고, 달려 계신 그 긴 시간 동안 얼마나 고통스럽고 괴로우셨던지, **나의 하나님 나의 하나님 어찌하여 나를 버리셨나이까** 하고 처절하게 외치셨다고. 그렇게 육체의 감각적인 것에만 초점을 두고 말해주고 있는 겁니다. 육체의 감각적인 고통 외에는 보지 못하는 거예요. 듣지도 못하는 겁니다. 알 수가 없는 겁니다. 여러분이 생각해보십시오. 그때 당시에 십자가에 못 박아 죽이는 것이 로마가 중죄인을 처형하는 방법이었습니다. 예수님이 오시기 2백여 년 전부터 행해 오던 법이었다는 겁니다. 그러면 예수님만 십자가에 못 박혀 죽으셨습니까? 사형을 선고 받은 많은 사람들이 달려 죽었고 제자 중에도 달려 죽었습니다. 십자가에 달려 죽는 것보다 더 혹독하게 고통스러운 죽음을 맞은 제자도 있습니다. 그래서 진짜 죄인으로 예수님 만나지 않으면 다 헛소리하게 되어 있습니다. 예수님은 절대적으로 백 퍼센트 죄인의 구주입니다. 죄인 때문에 그곳에 달리셨습니다. 죄인만이 예수님의 음성을 들을 수 있습니다. 죄인만이 예수님의 절규를 알아들을 수가 있는 것입니다.

이렇게 예수님께서 십자가에 달리시기 전 동산에서 기도하실 때 땀이 피와 같이 땅에 떨어진 것은 우리의 불순종한 대가로 흘리셔야 했던 피였습니다. 그래서 우리의 불순종으로 인해 하나님께 순종의 피를 흘려주시고, 순종할 수 없었던 우리 자아가 순종할 수 있는 길을 열어놓으셨고, 순종할 수 있는 능력이 되게 하셨습니다. 그래서 순종하는 것도 자신이 죄인임을 분명히 깨달은 자, 죄인만이 순종할 수 있는 것입니다. 예수님의 의가 아니면 지옥의 불구덩이로 떨어질 수밖에 없는 더럽고 부패하고 오만한 죄인인 것을 알면 알수록 더욱 더 예수님의 의로 살기를 갈망하는 것입니다. 그래서 순종하신 예수님이 자기 안에 성영님으로 와계시면 순종의 길 되신 예수님의 능력을 힘입고 기꺼이 기쁘게 순종하게 되는 것입니다.

그다음 죄를 사하시는 피를 흘려주셨습니다. 하나님께서는 예수님을 죄인처럼 흉악한 죄인이 받는 그 십자가 형틀에 달리도록 사망 권세 앞에 내줘버리셨고, 사단은 예수님에게 하나님을 모독했다는 죄목을 씌워 십자가에 달아 온몸의 물과 피를 다 쏟게 하여 죽이는 데 성공했습니다. 그러니까 사망이 하나님(생명)을 삼킨 것처럼 되었습니다. 그러나 하나님은 하늘의 생명을 얻게 하시기 위해 사망에 예수님을 내어 주셨고, 참으로 죄인으로 예수님께 나오는 자를 살리시는 것이 뜻이었으니 예수님을 죽음에서 다시 살리셨습니다. 생명이 사망을 삼켜버렸습니다. 사단에게는 감추신 하나님의 생명 얻는 법이 곧 죽는 것이었습니다. 그러므로 다시 사신 예수님으로 말미암아 죄는 죽은 것입니다. 죄는 죽었습니다. 예수님의 십자가에서 흘리신 피는 죄를 없이하신 능력의 피가 되었습니다.

 십자가에서 흘리신 피는 우리의 죄악을 사하신 피라는 말입니다. 요일1:7에 **그 아들 예수의 피가 우리를 모든 죄에서 깨끗하게 하실 것이요** 했습니다. 죄는 십자가에 못 박혀버렸고 예수님은 죽음에서 분명히 살아나셨으니 죽음은 끝났습니다. 십자가에 율법의 저주가 달려 죽었고, 마귀의 사망 권세가 달려 버렸습니다. 이제 우리는 십자가에 달리신 예수님을 생각하면서 감정이 북받쳐서 얼마나 아프셨을까 우는 것이 아니라, 예수님께서 왜 십자가에 달리셨는지를 아는 만큼, 영혼에 깨달아 알고 자기에게 주신 그 은혜의 감사를 아는 만큼 이 복이라는 것을 알아야 할 것입니다. '아! 십자가에는 율법의 저주가 달려버렸구나! 십자가에는 내 죄가 달려버렸구나! 예수님이 살아나셨으니 십자가에 사망 권세가 달려버렸구나! 그럼 나는 죄에서 자유구나! 죽음으로부터 자유구나! 아! 나는 자유다! 영혼에서 올라오는 이 외침이 있어야 합니다. 영으로부터 올라오는 외침, 이 자유를 아는 믿음만이 **다 이루었다** 하신 예수님의 복을 소유한 예수님의 사람입니다.

그러므로 겟세마네 동산에서 기도하실 때 흘리신 피는 순종의 피를 흘려주신 것이요, 십자가에서 흘리신 피는 우리의 모든 죄악을 담당하여 흘리신 죄 사하시는 피였습니다. 아멘입니까?

그다음 치료의 피를 흘려주셨습니다. 사53:5-10은 예수님이 오시기 전 약 700여 년 전에 이사야 선지자가 예언한 말씀입니다. 그가 찔림은 우리의 허물을 인함이요 그가 상함은 우리의 죄악을 인함이라 그가 징계를 받음으로 우리가 평화를 누리고 그가 채찍에 맞음으로 우리가 나음을 입었도다 우리는 다 양 같아서 그릇 행하여 각기 제 길로 갔거늘 여호와께서는 우리 무리의 죄악을 그에게 담당시키셨도다 그가 곤욕을 당하여 괴로울 때에도 그 입을 열지 아니하였음이여 마치 도수장으로 끌려가는 어린 양과 털 깎는 자 앞에 잠잠한 양같이 그 입을 열지 아니하였도다 그가 곤욕과 심문을 당하고 끌려갔으니 그 세대 중에 누가 생각하기를 그가 산 자의 땅에서 끊어짐은 마땅히 형벌받을 내 백성의 허물을 인함이라 하였으리요 그는 강포를 행치 아니하였고 그 입에 궤사가 없었으나 그 무덤이 악인과 함께 되었으며 그 묘실이 부자와 함께 되었도다 여호와께서 그로 상함을 받게 하시기를 원하사 질고를 당케 하셨은즉 했습니다. 바로 고난당하실 예수님을 이같이 묘사했는데 이 예언 그대로 응하여 고난을 받으셨습니다.

그가 채찍에 맞음으로 우리가 나음을 입었다! 자기가 나음을 얻었다 말이에요. 각자 자신이 나음을 얻었습니다! 우리가 나음을 얻었다고 하신 대로 예수님은 채찍에 맞아 피 흘리셨습니다. 예수님은 땀이 핏방울같이 될 만큼 사람의 자아와 사단과 맞서 싸우시며 순종의 피를 흘리신 뒤 곧 대제사장의 군졸들에게 끌려 대제사장 가야바 앞에 세워졌습니다. 그곳에서 심한 멸시와 조롱과 침 뱉음과 천대를 받으시고 총독인 빌라도에게 넘겨졌습니다. 빌라도는 예수님을 문초한 후에 죄 없는 것을 알면서도 사형선고를 내렸습니다. 그리고 로마 군병들에게 끌려가 벌거벗김을 당하시고 채찍에 맞으셨습니다. 갈고리가 달린 채찍으로 예수님의 가슴과 등허리, 온몸을 후려칩니다. 후려칠 때마다 채찍 끝의 갈고리가 살을 할퀴고 시뻘건 핏 길을 내면서 사정없이 살점을 갈라놓습니다. 채찍에 맞은 상처마다 자국마다 붉은 피가 솟아 흘러내립니다. 로마 군병이 '채찍에 맞음으로' 한 이사야의 예언을 알고 채찍으로 때린 것 아닙니다. 말씀대로 응한 것입니다. 그래서 성경이 짝이 있다고 하는 것입니다. 이 구절하고 똑같은 구절이 저 어디에 있더라가 아니라, 말씀하셨으면 그것이 반드시 응한 것이 있더라 하는 것을 짝이라고 말합니다. 그 외에는 다 헛소립니다. **여호와께서 그로 상함을 받게 하시기를 원하사 질고를 당케 하셨은즉** 하셨습니다. 죄로 인해 들어온 온갖 병을 고치시고 나음을 얻게 하시려고 예수님께서 대신 채찍에 맞아 상함을 받게 하심으로 질고를 당케 하셨다는 것입니다.

예수님이 채찍으로 맞을 때마다 그 몸의 상함이 되었습니다. 우리의 질병 하나하나를 채찍으로 맞아 대신 상함을 받으셨습니다. 예수님께 옮겨진 것입니다. 그러므로 우리는 나음을 얻는 능력이 되었습니다. 우리의 모든 질병을 다 지시려고 온몸이 상하여 기운이 진하도록 39번의 채찍을 맞으심으로 예수님은 질고를 당하신 것이요 우리는 나음을 입었습니다. 그래서 예수님이 십자가에서 죽으셨다가 다시 살아나심으로 치료가 완전하여 새로운 피조물 되었음이 증명됐습니다. 우리 영과 혼과 육체가 예수님께서 질고를 당하시고 영광의 몸으로 부활하셨음으로 인해 온전히 나음을 얻게 된 것입니다. 이것이 바로 예수님께서 **다 이루었다** 하신 뜻입니다. 마8:17에 **우리 연약한 것을 친히 담당하시고 병을 짊어지셨도다** 하셨습니다. 우리의 연약한 것, 죄와 저주를 담당하시고—연약한 것은 죄와 저주를 말합니다. — 그리고 우리 영과 혼과 육체의 병을 짊어지셨다고 하셨습니다. 그래서 예수님을 믿는 것은 새로운 피조물이 되었다는 것입니다. 예수님이 **다 이루었다** 하신 것으로 다시 재창조되었다는 것을 말합니다.

제가 갈수록 느끼는 것은, 사람들이 예수님 믿는 것의 진짜 본질을 모르고 믿는다는 것입니다. 참으로 예수님을 믿는 믿음에 대해서 본질을 깨닫지 못하여 관계가 되지 않으니 그 영혼에 자유와 기쁨의 능력이 없음을 너무나 여실히 느끼고 있습니다. 믿는다는 말만 있지 실제로 예수님을 믿기 전에 입었던 상처, 과거의 한(恨) 등을 여전히 품고 있는 것입니다. 죄인이었을 때에 받은 상처들을 그대로 가지고 놓칠세라 떠날세라 전전긍긍 껴안고 있는 모습들을 제가 자주 보는 것입니다. 분명히 예수님을 믿으면 새것이어야 하는데, 새로운 피조물이어야 하는데, 재창조된 영의 사람이어야 하는데, 웬일인지 예수님을 믿는 세월이 수년, 수십 년이 되었다는 사람들이 옛 과거의 상처들을 붙들고 껴안고, 자기가 붙들고 있는지 붙들려 있는지는 모르겠지만, 그 옛사람으로 살던 때에 받았던 상처들을 싸안고 있습니다. 자기 자신을 자기가 저주에 묶어 놓고 굴레 씌우고 있는 것입니다. 옛 죄인의 삶을 붙잡고, 지옥을 스스로 붙잡고 놓지 않더란 말입니다. 피해망상에 잡혀서 자기 연민에 빠져 있습니다. 자기 사고방식을 죽어도 내려놓지 않을 기세를 봅니다. 혼이 나음을 얻지 못하니 영이 저주를 그대로 가지고 있습니다. 그것은 아직 죄를 사함 받지 못했고 죄 가운데 있는 것입니다. 진정 마음에서부터 예수님을 알지 못한 것이요, 자신이 죄인임을 받아들이지 않았고 인정하지 않은 것입니다. 입으로만 믿고 입으로만 죄 사함을 말했을 뿐입니다.

예수님을 믿는 것은 옛사람은 예수님과 함께 죽었고 예수님과 다시 산 것입니다. 나음을 얻은 자로 다시 산 것입니다. 새로운 피조물로 재창조된 것입니다. 과거는 예수님과 십자가에 못 박혀 죽었습니다. 그러니 여러분, 과거에 받은 상처를 싸안고 있으면서 피해망상에 사로잡혀 '그 때문에, 누구 때문에, 내 인생이…….' 이와 같은 말들로 자신의 복을 가로막지 말고 예수님께서 생명을 내놓아 피 흘리시고 "다 이루었다" 하신 그 이루신 능력을 좀 자기 영혼으로 깨달아보는 겸손부터 갖기를 바랍니다. 그런 죄에서 난 쓰레기들로 자기를 굴레 씌우지 말란 말입니다. 이 말씀을 듣는 여러분은 오늘부터 새로운 피조물로, 다시는 옛 과거에 사로잡히지 말고 옛 과거에 묶이지 않고 다 이루신 그 어마어마한 하늘의 복을 깨달아 자유의 능력이 되는 복된 여러분이 되기를 바랍니다. 예수님을 믿으면 과거의 사람과는 사별입니다. 예수님으로 말미암아 새로 난 것입니다. 하나님께로 다시 났습니다. 그러므로 이제는 벌떡 일어나서 '나는 새로운 피조물이다! 이제 과거는 나와 상관없다! 이제는 나와 상관없는 것들을 전부 다 끊어낸다!' 하며 자기의 있을 자리와 신분을 분명히 하기 바랍니다.

그다음 머리에 가시관을 쓰시고 피 흘리셨습니다. 가시관 쓰시고 흘리신 피는 자기가 중심이 되어 머리로 지은 죄, 생각으로 짓고 말로 지은 죄들을 청산하신 피요, 예수님을 믿는 자로 하여금 예수님

중심으로 사는 능력을 얻게 하셨습니다. 군병들이 예수님을 희롱하며 가시관을 머리에 씌울 때, 가시는 예수님의 머리와 이마를 사정없이 찔렀습니다. 온몸과 얼굴은 피로 얼룩졌습니다. 가시에 사정없이 찔린 그 고통을 안고 십자가에 못 박히셨습니다. 자기 머리로 판단하여 지은 죄로 들어온 저주를 십자가에 못 박아 버린 것입니다. 손으로 짓는 죄를 못 박아버렸습니다. 발로 짓는 죄를 못 박아버렸습니다. 영과 혼과 육체의 죄를 다 못 박아버렸습니다. 그러므로 우리가 예수님의 생각을 따라 살 때 저주와 상관이 없는 천국을 소유하게 된다는 것을 분명히 알아야 할 것입니다.

예수님이 흘리신 피는 우리 영을 치료하신 것이요, 우리 혼을 치료하신 것이요, 우리 육체를 치료하신 것입니다. 그러므로 예수님을 믿으면 예수님의 치료가 기어코 내게서 나타나야 합니다. 예수님을 믿는 여러분에게서 기어코 나타나야 합니다. 벧전2:24에 **친히 나무에 달려 그 몸으로 우리 죄를 담당하셨으니 이는 우리로 죄에 대하여 죽고 의에 대하여 살게 하려 하심이라** 하였고 롬6:14에 **죄가 너희를 주관치 못하리니 이는 너희가 법 아래 있지 아니하고 은혜 아래 있음이니라** 하였고 롬8:1,2에 **그러므로 이제 그리스도 예수 안에 있는 자에게는 결코 정죄함이 없나니 이는 그리스도 예수 안에 있는 생명의 성령의 법이 죄와 사망의 법에서 너를 해방하였음이라** 했습니다. 그러므로 이제 죄가 죽었습니다. 과거 예수님 믿기 전엔 죄가 살아서 나를 죄 안에 가두고 죄에 끌려다니고 죄의 사고를 가지고 살았지만, 예수님을 믿는 자는 이제 죄가 죽었고 예수님의 사고로 살게 되었습니다!

그래서 믿으려면 죄의 문제를 해결하고 시작하는 것이 바로 믿음입니다. 하나님의 독생자를 사람을 위해 내어 주시고 피 흘려 생명을 주신 그것이 바로 하나님의 사랑입니다. 그래서 구원의 본질을 하나님의 사랑이라고 말하는 것입니다. 우리 죄를 대신하여 독생자 예수 그리스도를 죽음에 내준 그 사랑, 그것을 깨닫고 알고 믿는 것이 믿음입니다. 하나님이 우리를 사랑하신 것, 예수 그리스도로 피 흘리게 하신 것이란 말입니다. 예수님의 피 흘리신 은혜를 잠시라도 잊을 수 없습니다. 겟세마네 동산에서 흘리신 순종의 피, 머리에 가시관 쓰고 저주를 속량하신 피, 십자가에 달려 못 박힌 손과 발, 옆구리에 창을 찔리시며 흘리신 죄 사함의 피, 채찍에 맞아 질고를 당하시며 흘리신 피를 어떻게 잠시라도 잊을 수가 있습니까?

계2장에 에베소 교회에 **너의 처음 사랑을 버렸다**고 했습니다. '너의 처음 사랑을 버렸다 그러므로 어디서 떨어졌는지 생각하고 회개하여 처음 행위를 갖지 않으면, 회개치 않으면, 네 촛대를 옮겨버릴 것이라' 하셨습니다. 너희의 행위가 참으로 올바르고, 수고하고, 옳게 행동하고, 인내하고, 참고, 악한 자를 용납지도 않고, 예수 그리스도의 이름을 위해서 견디는 능력이 있고, 게으르지 않았다 이것은 모자람이 없다고 했습니다.

그런데 가장 중요한 너의 처음 사랑, 즉 하나님께서 너를 만나주시는, 하나님과 만날 수 있는 처음의 조건, 바로 하나님께서 사랑이신 증거로 나타내신 그 피 흘리신 사랑을 네가 잊어버리고 너의 열심가지고 행하였다고 하신 것입니다. 그 처음 행위를 찾지 않으면 촛대를 옮긴다고까지 말씀하시면서 너의 처음 사랑을 찾으라 하셨습니다. 땀이 핏방울이 되도록 기도하시며 흘리신 피, 십자가에서 손과 발을 못 박고, 옆구리의 창을 찔리며 흘리신 피, 채찍에 맞으며 흘리신 피, 머리에 가시관 쓰고 흘리신 하나님의 엄청난 그 피 흘리신 사랑을 모른다면, 자기 믿음이 좋다고 봉사하는 것으로 나타내도, 믿음 있다고 가난한 자를 돕는 것으로 열심을 내도, 믿음 있다고 선교사로 뛰어나간다 해도, 믿음이 있다고 밤새우며 기도한다 해도, 하나님과는 상관없다는 것입니다.

만일 성영님으로 말미암아 예수님께서 십자가에 못 박혀 피 흘리신 그 사랑을 깨달아 하나님과 만나는 처음 사랑의 행위로 보증해주시는 피가 아니면 그 믿음은 허탕입니다. 아무리 수천 명, 수만 명, 수천만 명이 예수님을 믿는다고 고백한다 해도, 예수님이 십자가에서 왜 피를 흘리셨는지 알지 못하고 믿는다고 말한다면, 하나님의 처음 사랑, 피 흘리신 것을 모르는 것이라면, 그것은 불교에서 말하는 하나님과 다른 바 없는 것이요 무당이 말하는 하나님과 다를 바 없는 것입니다.

다른 종교에도 열심히 있고, 노력도 수고도 가난한 사람 돕는 것도 새벽 기도도 밤샘기도도 인내도 부지런함도 긍휼도 사랑도 다 있습니다. 그러나 우리가 세상 신을 믿는 것과 다른 것은 하나님 첫사랑의 비밀이 있기 때문입니다. 바로 창조 때부터 피 흘리셨던 것이란 말입니다. '양을 잡아 가죽옷을 지어 입히시니라.'를 양으로만 보면 안 됩니다. 하나님 입장에서는 예수님이 피 흘리고 죽으신 것입니다. 그 사실을 십자가에서 나타내시고 부활로 나오신 것입니다. 그러므로 예수님이 피 흘려주신 그것, 우리로서는 잠시도 잊을 수 없는 하나님의 사랑입니다. 예수님의 흘려주신 순종의 피, 치료의 피, 죄 사함의 피, 저주를 속량하신 피가 우리 믿음이 만나야 할, 하나님과 만나는 처음 맺은 사랑이 돼야 합니다. 나를 위해 죽으시고 흘리신 피, 나를 위해 당하신 고초, 내가 심히 고민하여 죽게 되었다고, 하나님 어찌하여 나를 버리셨습니까? 절규하시기까지 흘려주신 이 하나님의 엄청난 죽음을 알고 깨닫고 처음 사랑의 행위로 받아들여 영혼에 굳게 맺은 피로 소유해야 하는 것입니다.

예수님을 믿는다 해도 사람들이 얼마나 자기중심적인지, 이 처음 사랑에 대해서도 아주 망할 자기 눈으로 보는 겁니다. 자기가 주인공이 되고 주어가 되어 해석합니다. 아주 교만한 꼴값들입니다. 자기의 체험한 것들이 처음 사랑이라고, 자기의 경험한 것이 처음 행위라고 하는 겁니다. 병 고쳐 주셨다는 것, 기도를 응답해주셨다는 것, 여러 가지 은사 체험을 했다는 것, 신비한 체험을 했다는 것, 음성을 들었다는 것, 기도했더니 사업이 잘되게 해주셨다는 것, 기도했더니 자식을 낳게 해주셨다는 것, 그래서 열심히 신앙생활 하게 되었다고, 자기 개인의 체험들로 그것이 하나님을 만난 처음 사랑이었다고, 예수님이 말씀하시는 처음 사랑을 그것들로 바꾸어 놓는 겁니다. 그러니 그들에게서 촛대가 옮겨질 수밖에는 없습니다.

복음을 전하고 전도한다는 것도, 아기 못 낳는 사람에게 아기 낳게 해주는 예수를 전하고, 아들을 낳으려 했는데 딸만 낳은 사람에게 예수 믿으면 아들 낳게 해준다고, 아들 낳게 해주는 예수를 전하고, 병 낫게 해주는 예수, 기도하면 모든 것 다 들어주시는 하나님을 전함으로써 사람들로 하여금 예수님의 첫인상을 그런 것들로 갖게 하는 것입니다. 종교로 전한다는 말입니다. 그러니 믿는다고 나와서 자식 낳게 해달라, 아들 낳게 해달라, 돈 좀 벌게 해주시라는 등등으로 자기의 요구들을 위해 지성으로 기도하는 것 아닙니까?

　예수님의 십자가에서 피 흘려 죽으신 것을 복음이라 하고, 그 피 흘리심은 하나님께서 죄인을 만나주시는 조건으로 처음 사랑이라고 하는 것인데, 그같이 성경을 보는 것도 예수 그리스도를 통하여 보는 눈이 되지 못하고, 다 자기를 통해서 보는 성경이 되어 뜻을 바꾸어 놓는 것입니다. 첫 단추를 잘못 끼우면 계속 잘못 끼우듯 성경 보는 것도 그와 같습니다. 그래서 예수님의 피는 희미하고, 사단과 그 영들은 이 믿음의 확실한 증거를 갖지 못하도록, 성경을 보되 자기를 통해서 보게 하는 것으로 아주 열심히 가리는 일을 하는 것입니다.

　나를 위해서 피 흘리신 예수님, 겟세마네 동산에서 땀방울이 핏방울이 되도록 기도하시며 하나님의 뜻을 따르실 것을 순종하신 예수님, 돌과 채찍에 맞으시면서 고독하고 외로운 죽음의 길을 묵묵히 걸어가셨던 예수님, 십자가의 고통을 묵묵히 당하신 예수님이 나의 구주요 우리들의 구주가 되십니다. 그분이 나의 죄를 용서하시고 나에게 영원한 생명을 주시고 나로 행복을 알게 하시고 사랑을 알게 하셨습니다. 그분의 공로로 우리는 성도가 되었고 그분의 공로로 우리는 지금도 기뻐하며 그분의 공로로 우리는 죽음의 두려움에서 벗어난 것입니다.

　이 귀한 사실이 바로 우리 믿음의 기초가 되어야 합니다. 그것을 바로 알고 깨달아야 믿음의 길을 바로 갈 수가 있습니다. 하나님이 우리를 사랑하신 증거, 그 사랑을 확증하신 일, 바로 독생자에게 피 흘리게 하신 것, 그래서 구주가 되시고 예수 내 구주가 되신 이것이 우리를 만나주신 처음 행위, 처음 사랑이요, 우리가 일생 잊지 않고 믿음으로 하나님의 그 피 흘리신 사랑을 받아들여 내가 또 사랑할 때 믿음 생활은 승리할 수가 있는 것입니다.

하나님의 그 처음 사랑에 감사하며 봉사하고, 성도됨을 기뻐하는 자마다 생명을 누리며 영원히 살게 될 것입니다. 그래서 기독교는 종교가 아닙니다. 사람은 예수님의 피로만 살게 되어 있기 때문에, 그래서 종교라고 하면, 그는 예수님과 전혀 관계없습니다. 사느냐 죽느냐? 지옥이냐 천국이냐? 하는 것이 결정되는 것이므로, 그래서 기독교를 종교라 하지 않고 생명이라고 말하는 것입니다. 아멘입니까?

이로써 말씀을 맺습니다. 하나님의 처음 사랑을 나타내신 예수님의 피 흘려주신 것, 하나님께서 우리를 사랑하신다는 증거로 흘려주신 예수님의 순종의 피, 나음을 얻게 하신 피, 죄를 사하시는 피, 저주를 대속하신 피를 우리 믿음에 알게 하시고, 사랑하게 하시고 그 증거를 가진 믿음이 되어 승리하게 하신 우리 주 예수님과 아버지 하나님과 성영님께 감사와 찬송을 영원히 올립니다. 아멘

12. 04. 22
떡과 잔, 피에 대한 믿음과 처신

¹⁰무릇 이스라엘 집 사람이나 그들 중에 우거하는 타국인 중에 어떤 피든지 먹는 자가 있으면 내가 그 피 먹는 사람에게 진노하여 그를 백성 중에서 끊으리니 ¹¹육체의 생명은 피에 있음이라 내가 이 피를 너희에게 주어 단에 뿌려 너희의 생명을 위하여 속하게 하였나니 생명이 피에 있으므로 피가 죄를 속하느니라 ¹²그러므로 내가 이스라엘 자손에게 말하기를 너희 중에 아무도 피를 먹지 말며 너희 중에 우거하는 타국인이라도 피를 먹지 말라 하였나니 ¹³무릇 이스라엘 자손이나 그들 중에 우거하는 타국인이 먹을 만한 짐승이나 새를 사냥하여 잡거든 그 피를 흘리고 흙으로 덮을지니라 ¹⁴모든 생물은 그 피가 생명과 일체라 그러므로 내가 이스라엘 자손에게 이르기를 너희는 어느 육체의 피든지 먹지 말라 하였나니 모든 육체의 생명은 그 피인즉 무릇 피를 먹는 자는 끊쳐지리라

(레17:10-14)

하나님께서 성경을 통해 우리 인간이 누구인가? 그 인간이 가야 할 길은 어디인가? 에 관해 정확하게 말씀해주셨습니다. 사람을 창조하시고 생명과 복과 행복을 주시는 하나님이 계신 것과 또 멸망케

하는 속이는 자 사단이 있다는 것도 정확하게 가르쳐주셨습니다. 사단은 저주를 받은 존재요. 세상 종말에는 불과 유황으로 타는 못에 던져지리라는 것도 알게 하셨습니다.

하나님께서 첫 사람 아담에게 **선악을 알게 하는 나무의 열매는 먹지 말라 먹으면 정녕 죽으리라** 하셨습니다. 그러나 사단의 유혹하는 말을 받아들여 선악과를 먹었음으로써 죽으리라 하신 말씀이 응하게 되었고, 하나님께는 죄를 범한 것이 되었습니다. 아담 이후, 가인으로부터 모든 인류는 사단을 자기 육체 안으로 받아들여서 사단이 끄는 대로 사는 인간이 돼 버렸습니다. 그렇기에 사단이 세상 임금이라고 했습니다. 하나님께서 계속 당부하시기를, 사람이 예수님을 믿기로 하였으면 세상 임금인 사단과 그 영들이 유황 불못으로 끌고 가려고 세상의 것을 따라 살도록, 마음을 세상 것에 두도록, 세상의 것을 탐하고 좇아 살도록 끊임없이 유혹할 것이니 속지 말라고 하셨습니다. 이같이 인간은 하나님의 길을 택하면 생명의 길로서 영생하러 갈 것이요, 사단의 길을 택하면 저주와 유황불에 들어간다고 하셨습니다. 그래서 사람이 어느 길을 갈 것이냐에 따라서 그 일생과 영원한 날까지 결정되는 것입니다.

아담의 죄는 모든 인류도 같이 범한 죄가 되었어요. 아담 안에서 모든 인류도 같이 범한 죄가 되었고, 그 죄의 삯으로 모든 인류가 사망 안에 처하게 되었지만, 하나님의 독생자 예수 그리스도께서 십자가에 달려 생명의 피를 흘리시고 죄가 못 박히고, 죽으셨으나 다시 사셨으니, 사람이 하나님의 이 사랑의 뜻을 믿고 받으면 죄에서 용서 받고 사망에서 놓이고 영생하는 생명을 얻는다고 하셨습니다. 예수님께서 이루신 구원의 이 사실을 믿고 회개하여 예수님을 자기의 구주로 맞아들이는 자는 하나님께서 죄를 묻지 않으신다고 하셨어요. 자기의 죄를 지시고 생명의 피를 흘려 죄를 속하신 예수님의 피가 그에게 있다면, 하나님께 그 피가 보이면, 그는 죄에서 구원이 되었다고 하셨어요.

십자가에 죄가 달려버렸고, 저주가 달려버렸고, 사망 권세, 즉 죽음이 달려버렸으니 이제 누구든지 이 사실을 믿고 영접한 자마다 그의 죄가 십자가에 달려버린 것이요, 저주가 달려버린 것이요, 죽음이 달려버린 것이니 죄와 사망과 저주에서 자유케 된 것이요, 부활의 생명을 얻은 것입니다. 그래서 예수님이 피 흘려 죄를 사하셨다, 예수님의 피를 믿고 증거로 가진 믿음이 돼야 한다고 하는 이것을 듣는 것으로만 그쳐서는 절대 안 됩니다. 가벼이 여겨서도 안 되는 것이요, 잊어서도 안 되는 것이요. '피, 피'하니 거부감을 가져서도 안 되는, 우리 믿음에 가장 중요한 것으로, 이 모든 것에 확실한 지식을 얻고, 자기의 믿음의 능력이 되고, 속사람의 피와 살이 돼야 합니다. 예수님의 피를 참으로 사랑해서 피의 믿음으로 단단한 기반이 되고, 피가 우리 영적 사람의 피가 되어, 온 영혼에 흐르게 해야 합니다. 그래서 피에 대한 영적 이해가 있으면 있을수록 신앙 성장이 크게 되는 것입니다.

오늘 말씀이 피에 대한 것인데 제가 '피, 피'하는 것에 혹시 거북해하는 이가 없기를 바랍니다. 만일 거부감이 든다면 그것은 100% 귀신의 일이니 자신을 돌아봐야 할 것입니다. 제가 이 말을 하는 것은, 과거에 어느 목사가 교역자들에게 당부하기를 신자들에게 '피, 피' 하지 말라고. 피 피하면 다 거부감이 들어 듣는 데 거북하니 '피, 피'하지 말라는 말을 제가 들었기 때문에. 여러분은 제가 예수님의 피를 말씀드리는 것에 절대로 거부감이 들어서는 안 된다는 것을 강조하기 위해서입니다. 너무나도 사랑하는 피, 자기의 생명이 되는 피, 참으로 거룩하고 능력 있는 피, 하나님께서 피 흘려 내 모든 죄를 씻어 주시고 내게 주신 그 거룩한 피가 어떻게 거부감이 들고, 듣기 거북한 것이 됩니까? 내가 사랑하지 않으면 안 되는, 생명을 내게 주신 예수님의 그 피를 어떻게 사랑하지 않을 수가 있는 것입니까?

제가 과거 TV를 켤 때마다 느끼는 것이 있었습니다. 채널을 돌리다 보면 어쩌면 그렇게 피 흘리는 장면들이 그렇게 많은지 말입니다. 잔인하게 죽이고, 피 흘리는 끔찍한 장면들이 너무 많은 겁니다. 인간이 죄의 노예가 되어 있다는 것을 적나라하게 보여주는 것임을 알 수는 있지요. 죄악이 극에 달한 시대를 반영하는 것임을 충분히 알 수는 있지마는, 사실 그런 피를 보는 것은 정말 비위 상하고 속이 울렁거리고, 소름 끼쳐서 보는 것 아주 싫지요. 그 피 자체가 진짜 보기 싫어요.

그러나 우리 주 예수님의 피는, '예수님의 피'라고만 해도, 피를 생각만 해도 그렇게 사랑이 샘솟는 겁니다. 사랑스러운 마음이 올라오며 감격의 눈물이 솟구치는 거예요. 감격의 눈물이……. 너무 행복한 마음이 들고 그렇게 좋을 수가 없어요, 예수님의 피가……. 예수님의 피를 증거해주시는 성영님께서 내 안에 함께 계시니, 그 기쁨이, 그 사랑이 있는 것이구나 하는 생각을 하게 되는 거지요.

오늘 본문에서 가르쳐주시는 것은 육체의 생명이 어디 있느냐? 신장도 아니고, 간도 아니고, 뇌도 아니고 어디에 있다고요? 바로 피에 있다.'고 하셨습니다. 피가 생명이랍니다. 생명이 피에 있다는 겁니다. 14에서 **모든 생물은 그 피가 생명과 일체라** 생명이 우리 신체 속에 어디에 있는지 막연한 우리에게 '바로 생명이 피다, 피가 생명이다'라고 가르쳐주신 것입니다. 피가 생명이기 때문에 창 9:5,6에 고기를 생명 되는 피채 먹지 말라 하셨고, 사람이나 형제의 피를 흘리면 피 흘리게 한 그에게서 그의 생명을 찾겠다고 하셨습니다. 피가 생명이기 때문에 다른 사람의 피를 흘리면 그 사람의 피도 흘릴 것이니, **이는 하나님이 자기 형상대로 사람을 지었음이니라** 하시고 그 피 흘리는 죄를 범치 말라 하셨어요.

그러니까 내 생명도 내 것이 아니라 나를 지으신 하나님의 것입니다. 하나님이 주인이시니 자기의 피라 할지라도 피 흘릴 수 없는 겁니다. 자기 피라 할지라도 피 흘릴 수 없어요. 그래서 만일 그리스도인이 자기 피를 자기가 흘려 죽는다면 지옥 간다고 하는 거잖아요. 생명의 주인은 하나님이시니 하나님께 돌려져야 합니다. 그런데 죄로 오염된 저주를 가진 육체의 피로는 하나님께 돌아갈 수가 없습니다. 11에 뭐라고 했습니까? 피가 죄를 속한다고, 피로만 죄를 속할 수가 있다는 겁니다. 히9:22에서도 **피 흘림이 없은즉 사함이 없느니라**고 하셨으니 바로 사람의 피안에 가진 죄를 속하는 것은 피 흘림으로만 된다는 거예요. 그 어떤 것으로도 속할 수가 없고 오직 죄가 없는 '생명의 피'만이 속할 수가 있다는 것입니다. 그렇기에 하나님 품속에 계시던 독생자, 인성이신 하나님이 친히 피 흘리는 육체로 오셔서 죄와 저주와 사망을 십자가에 못 박고, 피 흘려 생명을 내놓으심으로 다

치러버리셨습니다.

이제 우리는 우리를 위해 흘려주신 예수님의 피에 대한 정확한 지식의 풍성함을 따라, 사랑하는 그 피를 믿음으로 가지고 하나님 아버지께 나오면, 만족히 여기시고 나를 받으시는 것입니다. 그러므로 여러분이 오늘 예배에 나올 때도 '나는 나를 위해 흘려주신 예수님의 피로 인하여 아버지께 나옵니다. 나에게 예수님의 피가 있어 감사합니다.' 하는 믿음의 고백으로 기쁘게 나오게 된 줄로 믿습니다. 여러분! 하나님 아버지를 만나는 처음 조건이 뭐라고요? 하나님께서 우리를 사랑하신 증거로 내주신 처음 사랑의 증거가 뭐라고요? 예수님의 피, 지금까지 말씀드린 생명의 피입니다. 생명의 피!

인간은 구원받아야 하는 것을 자기 혼은 모르지만 자기 영은 알고 있습니다. 그래서 사람들이 그 영의 소원을 따라 구원받아 보겠다고 모든 종교를 따라가 빌고, 도덕적인 사람이 되면 구원이 있을까 하여 고행을 하며 행위의 완전함을 추구하기도 합니다. 생명의 목마름을 가진 그 영의 소원을 그렇게 알지 못한 곳으로 따라가 구원과 상관없게 돼 버리는 것입니다. 그러나 오늘 이 자리에 계신 여러분은 복음을 듣고 구원하시는 생명의 피를 만나 이같이 자기의 피로 가지고 하나님께 나올 수가 있게 되었으니, 이 은혜가 얼마나 감사한 일입니까. 그러니 이 은혜에 대한 감사가 여러분의 영혼에 늘 흘러넘쳐 나야 할 것입니다.

우리 행위로도, 우리 피로도, 갈 수 없습니다. 무조건 믿는다는 것으로도, 하나님께 들어갈 수 없습니다. 예수님의 피를 모르면, 예수님의 피의 능력을 모르면, 예수님의 피가 없으면 하나님께 들어갈 수 없습니다. '나는 구원받았다'고 말하는 그에게 구원받은 증거의 피가 없으면, 구원받은 것 아닙니다. 하나님과 관계없습니다. 얼마나 많은 사람이 예수님의 피로 맺은 믿음이 되기를 거절하고, 피에 관해서 관심도 없고, 그저 예수님께서 구주이신 것을 믿기만 하면 구원받는다는 것으로만 가지고 구원받은 줄로 착각하고 있습니다. 물론 예수님은 우리의 구주십니다. 그러나 무엇으로 관계가 됩니까? 생명의 피로서입니다. 예수님이 구주라는 것을 믿는다는 것으로 구원이 이루어지는 것 아닙니다. 관계는 뭐로 맺어져요? 피로 맺어지는 거예요. 피로! 자기 안에 피로 맺은 믿음이 아니면 '나는 구원받았다. 예수님이 구주인 것 믿는다.' 해도 그것은 다른 종교를 믿는 것과 다를 바 없습니다.

　예수님 당시에 동명(同名)의 사람들이 있었습니다. 예수라는 이름 가진 자가 있었다는 말입니다. 그러니까 하나님께서 "너 어떤 예수 믿느냐?" "예, 나의 죄 때문에 십자가에서 죽으시고 부활하신 예수님 믿는 데요." "맞기는 한다만 그러면 너의 죄를 씻어 죄 용서와 구원을 주시는 조건이 무엇이냐, 그 조건이 네게 있느냐?" 물으실 때 유구무언이면 끝나는 겁니다. 예수님을 믿음으로 자기 영혼에 가진 피가 없으면 그 믿음은 다른 종교를 가진 것과 다를 바 없습니다. "어머, 알고 있었는데 잊어버렸어요." 그것은 구원도 잊어버린 것입니다. 아니, 잊을 것이 없어 그것을 잊어버립니까? 잊은 것이 아니라 믿는 것을 가벼이 여기는 것입니다. 믿는 것을 장난처럼 하기 때문입니다. 크신 은혜로 받은 구원을 가장 귀한 보화라 여긴다면, 십자가에 달려 생명의 피를 흘리시고 구원해주신 이 사실을 가장 귀한 보화로 여긴다면, 그런 태도는 있을 수가 없습니다.

예수님께서 육신으로 오신 이유가 무엇이냐? 피 흘리기 위해서입니다. 피가 죄를 속하기 때문에, 피 흘리지 않으면 죄를 속할 수가 없으므로, 피 흘리러 오신 것입니다. 피 흘리기 위해서 예수님께서 육체로 오신 거예요. 하나님께서 심판이 작정된 자들 속에서 자기의 백성을 구별하시려고 양을 죽여 피 흘려 집 좌우 문설주와 인방에 그 피를 바르라고 하셨습니다. 문의 위, 아래, 이쪽, 저쪽, 전부 발라라, 그러니까 틈이 없게 바르라는 말입니다. 좌우 설주, 인방, 다 발라라 하셨습니다. 그리고 예수님께서 너희가 내 언약의 피를 다 마시라고 하셨습니다. 그러면 예수님의 피를 우리 마음에 바르지 않으면, 마시지 않으면 예수님과 관계가 되겠습니까? 관계없습니다. 우리는 이제 자기의 더러운 죄의 피로 사는 것이 아니라 예수님의 피로 사는 것입니다. 그렇기에 우리 영혼에 예수님의 피가 줄줄 흘러야 합니다. 아멘이 되겠습니까?

여러분! 성전에 들어가면 제일 먼저 만나는 것이 무엇입니까? 그러면 그 번제단에서 무엇을 합니까? 번제물을 태우는 곳인데, 태우기 전에 무엇을 받아야 합니까, 만나는 것이 뭐예요? 번제물의 흘린 피라고, 그 피를 만나야 한다고 말씀드렸지요? 번제물을 죽여 피 흘려 번제단 주변에 뿌리고, 또 번제물을 태운다고 했습니다. 그러니까 들어가면서부터 만나는 것이 뭐예요. 제물의 피입니다. 예수님의 용서의 피, 나를 위해 흘리신 피부터 만나야 하는 것을 의미합니다. 번제단에서 흘린 피가 지성소까지 흘렀어요? 안 흘렀어요? 지성소까지 가지고 들어갔습니다. 그러면 자신이 예수님이 계신 성전이면 그 성전 안에 예수님의 피가 흘러야 합니까, 흐르지 않아야 합니까? 우리의 영혼 육이 예수님의 피로 살고, 피가 흘러야 합니다. 그 피가 영혼의 증거가 되어 천국에 들어간 것입니다.

사단이 말입니다. 예수가 구주라는 것은 얼마든지 믿으라고 합니다. 이제 성경이 온 땅에 전파된 이상에는 믿지 못하게 할 수가 없으니, 얼마든지 믿으라고 합니다. 그러나 예수님이 구주라는 것은 믿게 하되 예수님의 피는 영혼에 받지 못하게 말씀을 가려놓으라 하는 겁니다. 그래서 영혼이 생명 얻는 피를 갖지 못하도록, 피가 흐르게 하지 못하도록 혼미케 하는 것에 온통 걸려있습니다. 그러나 여러분은 이렇게 열어서 가르쳐드리고 강조하고 또 강조하여 새기는 말씀으로 전해드리는 것이니, 절대로 못 알아들을 일 없습니다. 여러분 모두가 예수님의 피로 구원받았다는, 그 믿음으로 확실하게 영혼에 새기고 또 구원받는 법이 되고, 예수님의 피가 영혼에 차고 넘쳐서, '주님을 믿고 구원받았다.' 가 아니라 "나는 나를 위해 흘려주신 예수님의 피로 죄 사함 받고 그 예수님을 나의 구주로 믿어 구원받았다." 고 하는 정확한 믿음의 고백이 되기 바랍니다. 정말 예수님의 피를 모르는 이가 없기를 진심으로 바랍니다.

그래서 우리 믿음은 나를 위해 흘려주신 예수님의 피를 가진 것이 믿음이에요. 나의 모든 병을 고치신 피, 내 죄를 씻어주신 피, 저주를 속량해주신 피, 나에게 생명을 내주신 피, 그 귀하신 피로 죄에서 용서받고 구원을 받았다는, 그 귀하신 피가 나의 보화가 되었다는 믿음의 증거가 돼야 한단 말입니다. 예수님의 피만이 복음의 능력입니다. 그래서 우리 찬송하잖아요. 죄에서 자유를 얻게 하는 것도 뭐에요? 예수님의 피, 능력이다 말입니다. 우리가 혹시라도 죄짓지 않아야 함에도 나도 모르게 죄를 지었을 때, 그때도 사죄하는 증거는 뭐에요? 예수님의 피. 육체의 정욕을 이길 힘도, 세상을 이길 힘도, 우리의 마음을 정결케 하는 것도 뭐에요? 예수님의 피. 여러분이 부르는 노래만 되지 말고, 입으로만 부르는 것이 되지 말고, 그 가사 하나 하나를 새기면서 영혼에 능력으로 갖춘 피가 되어 그 피를 찬송하고 찬송하여 마음에 복창하는 찬송이 되기를 바랍니다.

피를 히브리어로 '담'이라고 합니다. 바로 '아담'할 때의 그 담입니다. 아담이라고 하는 것은 '생영' 사는 영이라는 뜻인데 또 '붉은 자'라는 뜻도 가졌습니다. 그래서 '아담' 하는 것은 '붉은 피를 가진 사는 영'이라는 뜻입니다. 아담에 '아'는 '영'을 의미하고 '담'은 '피'를 의미합니다. 그래서 사람은 피와 절대적인 관계를 맺은 영이기에 그 뜻을 가진 아담이라고 한 것입니다. 알아듣습니까? 그래서 성경은 아담과 하와, 즉 피가 있는 영에 가죽옷을 입히셨다고 하신 것에서부터 계시록까지 피 흘리는 것과 그 거룩한 피로 사람의 피가 구원받는다는 것이 큰 줄기가 되어 흐르고 있습니다. 큰 줄기로 흐르고 있다는 말입니다. 구약에 죄의 피를 가진 인간이 죗값으로 하나님께 내놓은 것이 뭐냐, 소나 양이나 염소 중에서 점도 없고 흠도 없는 것을 잡아 피 흘려 하나님께 가지고 나와 죄를 속하게 하셨습니다. 이것은 예수님께서 오셔서 인간의 죄를 완전히 갚아주신다는 예표적인 것으로서, 예수님이 피 흘리실 때 구약 사람들도 다 대속이 된 것입니다. 예수님은 완전한 사람이요 완전한 하나님이시니 피로 우리의 영적 죄를 대속하실 수 있었고, 우리의 행실로 지은 죄도 대속하실 수 있었습니다.

벧전2:24에 **친히 나무에 달려 그 몸으로 우리 죄를 담당하셨으니 이는 우리로 죄에 대하여 죽고 의에 대하여 살게 하심이라 저가 채찍에 맞음으로 너희가 나음을 얻었나니** 했습니다. 죄를 담당하신 피도 흘려주셨고, 모든 질병을 낫게 하신 피도 흘려주셨다는 말입니다. 예수님께서 십자가에 달리실 때 우리 죄가 못 박혀버렸으니 예수님의 피를 믿음으로 가진 자마다 죄가 죽은 것입니다. 이제 죄가 주장치를 못합니다. 죄는 죽었고 예수님의 의, 하나님께 갈 수 있는 의는 살았으니 우리가 그 의로 산자가 된 것입니다. 예수님으로 산자가 되었다는 말입니다. 그래서 롬6:14에 **죄가 너희를 주관치 못하리니** 라고 했습니다. 죄에서 자유하다 죄가 죄라고 주장하고 나올 수 없게 되었다는 말입니다. 우리가 이 사실을 믿는다면 죄에 끌려다니겠습니까? 이것을 알아야 끌려다니지 않을 힘도, 죄에서 놓여날 힘도 있는 것입니다.

예수님의 피 흘리심의 은혜에 대한 귀함을 안다면, 큰돈이 생기는 것이라 하여도 죄짓고 싶지 않은 겁니다. 죄가 아주 싫어지는 거예요. 예수님은 하나님이시며 참 사람이시기에 우리의 영적 죄를 담당하실 수가 있었고, 우리의 지은 모든 죄도 담당하실 수가 있었습니다. 그래서 예수님을 사람이신 그리스도라고 말하고, 하나님의 아들이신 그리스도라고 말하는 것입니다. 예수님을 사람이라고만 주장해도 이단이고, 하나님이라고만 해도 이단입니다. 예수님은 완전한 하나님이시며 완전한 사람입니다. 마26:28에 **죄 사함을 얻게 하려고 많은 사람을 위하여 흘리는바 나의 피 곧 언약의 피니라** 하셔서 예수님이 우리를 위해 피 흘리셨다 하셨고, 히10:22에 예수님의 피가 우리 마음에 뿌림을 받으니 양심의 악을 깨닫는다고 했습니다. 히12:24에 **새 언약의 중보이신 예수와 및 아벨의 피보다 더 낫게 말하는 뿌린 피니라** 바로 예수님의 피가 우리 마음에 뿌려지니 죄가 온전히 사해졌다는 말입니다. 벧전1:2에 **예수 그리스도의 피 뿌림을 얻기 위하여 택**

하심을 입은 자들에게** 했습니다. 피로 말미암아 죄를 대속하고 그 피 뿌림을 얻게 하여 하나님의 나라에 들이실 자를 택하셨다는 것입니다. 자신이 죄인인 것을 아는 자가 택하심을 입는다는 그 말입니다.

요6:53,54에 **인자의 피를 마시지 아니하면 너희 속에 생명이 없느니라 내 살을 먹고 내 피를 마시는 자는 영생을 가졌고** 하셔서 예수님의 피를 마시라, 우리를 위해서 피를 흘리셨고 그 피가 우리 마음에 뿌려졌고 우리에게 마시라 하셨습니다. 십자가 위에서 예수님이 누구를 위해서 피 흘리셨어요? 나를 위해서예요. 각자 한 사람 한 사람을 위해서입니다. 그러니 모두를 위한 것이잖아요? 그래서 내 죄 때문에 나를 위해서 피 흘리셨다는 것을 믿고 '나는 죄인입니다. 예수님의 피가 내 죄를 씻어주시니 감사합니다.' 하고 진심으로 고백하면 그 피가 내게 뿌려져서 죄를 다 씻어주시고 계속 씻어주기 때문에, 그래서 우리 마음에 뿌려졌다고 하는 것입니다.

그리고 마시는 것은 예수님의 피를 마시라는 것인데, 그러면 어떻게 마시는 것일까요? 바로 예수님께서 흘려주신 피로 내 죄를 씻어주셨다는 것을 믿는다면, 여러분! 이 믿음은 믿어졌다 안 믿어졌다, 어느 때는 믿어지고, 어느 때는 안 믿어지고 하는 것을 말하는 것 아닙니다. 이것은 믿음 아니에요. 만약에 믿어졌다 안 믿어졌다 하는 이런 기복이 있다면, 이것을 놓고 기도해야 합니다. 믿음을 주시라고 간절히 소원하고 사모해서 기도하면 여러분 영혼 속에 흔들리지 않는 믿음을 부어주십니다. 누가 뭐라 해도 흔들리지 않는 믿음을 확 갖다 주십니다. 성영님의 믿음으로 박아놓으십니다. 믿음을 부으시니 믿음이 샘솟아 올라와 "맞습니다. 예수님 나를 위해 피 흘려주셨습니다. 인제 보니 정말 맞습니다. 예수님의 피는 이제 내게 생명의 양식이 되고 구원의 피가 됩니다." 하고 믿음을 고백하게 되는 겁니다. 나는 하나님께 죄 범하고 하나님을 떠난 죄인이고, 예수님은 하나님이시고 사람이신 내 구주시요. 내 구주이신 예수님이 흘린 피로 내 죄가 씻어져서 용서받았다는 이것을 절대로 믿는 것, 이것이 믿음이요, 저 하늘이 무너져도 믿는 것, 땅이 꺼져도 믿는 것, 누가 뭐라 해도 그 사실에 대해서 믿는 것, 바로 이것이 믿음입니다.

그래서 예수님의 피로 내 죄가 깨끗하게 되었다는 믿음이 되면, 피가 뿌려져서 죄가 씻어진 것인데, 그러면 어디에 참여할 수 있습니까? 바로 성찬에, 떡과 잔에 참여하는 것입니다. 고전10:16에서 **우리가 축복하는바 축복의 잔은 그리스도의 피에 참예함이 아니며 우리가 떼는 떡은 그리스도의 몸에 참예함이 아니냐** 했습니다. 자신이 예수님 안에 들어가고 예수님이 자기 안에 오신 관계의 믿음이 되었으면 그 믿음으로 축복의 잔에 참여하여 잔을 마시는 것을 말합니다. 예수님께서 **인자의 피를 마시지 아니하면 너희 속에 생명이 없다** 하셨으니 앞에 말씀대로 잔을 마실 때 예수님의 피를 마시는 것이 되어서 예수님의 생명을 풍성히 얻게 되는 것입니다.

만일에 의심하는 사람이, 믿지 않는 사람이, 믿지 못하는 사람이 그 잔을 마시면 그에게 생명이 되겠습니까? 그것은 합당하지 않게 먹고 마시는 것이 되어서, 예수님의 몸과 피를 범하는 죄에 걸리는 것이라고 했습니다. 자기의 죄를 먹고 마시는 것이 된다고 했습니다. 그러므로 장난하듯이 믿음 없이 예수님의 피를 대하면 죄에 참여하는 것입니다. 고전11장에 보면 죄에 빠져 구원받지 못한 자도 있고, 병든 자가 많고, 죽은 자도 많다고 말하고 있습니다. 생활 속에서 그에 대한 징계가 따른다고 말했어요.

그다음 요6:54에서 **내 살을 먹고 내 피를 마시는 자는 영생을 가졌고 마지막 날에 내가 그를 살리리니** 해서 영생하는 근거가 바로 예수님의 살과 피라고 말씀했고 마지막 날에 다시 살리신다는 것입니다. 또한, 55,56에서 **내 살은 참된 양식이요 내 살은 참된 음료로다 내 살을 먹고 내 피를 마시는 자는 내 안에 거하고 나도 그 안에 거하나니** 내가 예수님 안에 거하고 예수님이 내 안에 거하시는 것, 믿음으로 떡과 잔을 먹고 마시는 자라고 하셨으니, 떡과 잔을 참으로 깨달아 자기의 믿음으로 받아 참여하는 것이 돼야 합니다. 그러므로 생명을 풍성하게 하는 것이요, 다시 살리시는 근거요, 내가 예수님 안에 (침례) 예수님이 내 안에(떡과 잔)가 되는 것이니, 이 예수님의 죽으심과 사심을 기념하는 떡과 잔에 대한 믿음이 여러분에게 합당하여서 감사함으로 참여하는 복이 있기를 바라는 것입니다.

예수님께서 우리에게 하라고 명하신 것이 바로 떡과 잔의 기념과 침례, 이 두 가지입니다. 떡과 잔의 기념은 피 흘리기 직전에 명하신 유언이고, 침례는 부활하여 하늘로 올라가시기 직전에 명하셨습니다. 예수님이 십자가에 달리시기 전에 공생애(사역 기간)를 마치시고 유월절 예비일 날 제자들과 함께 유월절 떡을 먹으며 이것을 행하여 예수님의 죽으심을 계속 기념하라 명하셨습니다. 그다음 침례는 예수님이 부활하시고 사십일 동안 땅에 계시다가 감람산에서 하늘로 승천하시기 전 제자들에게 모든 족속을 제자 삼아 아버지와 아들과 성영의 이름으로 침례를 주라 명하신 것입니다.

그러니까 침례는 예수님과 함께 죽음에 들어갔다는 것이고, 떡과 잔은 예수님의 부활에 함께 부활했음에 동참했다는 의미입니다. 그래서 우리 믿음이 행하는 최고의 의식입니다. 우리의 행하는 침례나, 떡과 잔의 기념은 절대로 예표도 아니고 상징도 아닙니다. 이것을 상징이라고 전하는 자들이 있어서 이제는 예표도 상징도 아니라는 것 분명히 못 박아 말씀드립니다. 떡은 예수님의 살로 주신 것이요. 잔은 예수님의 피로 주신 것입니다. 우리는 믿음으로 떡을 먹고 잔을 마시는 것입니다. 혹 또 말의 귀가 없어서 기념하는 떡을 먹고 잔을 마시면 구원받는다는 것으로 들을까 싶은데 그것이 아니라는 것 이해됐지요? 구원받은 자가 떡과 피에 참여하는 것으로서 예수님의 살과 피가 나의 영의 양식이라는 믿음으로 받아먹으며 기념하는 것입니다.

오늘 11에서 **육체의 생명은 피에 있다**고 했습니다. 육체의 생명은 육체가 끝나면 같이 끝납니다. 예수님의 피는 우리를 영원히 살게 하는 피입니다. 그러므로 성영님께서 영원히 살게 하는 예수님의 생명의 피를 먹여주시는 거예요. 우리 몸 피부 속에는 모세 혈관에서 분포된 미세혈관들이 퍼져 있어서 피부 어디를 찔러도 피가 나옵니다. 여기를 찔러도 저기를 찔러도 피가 나와요. 그래서 육체가 피로 사는 겁니다. 피가 생명입니다. 이처럼 우리 영혼은 예수님의 피로 사는 겁니다. 우리 영혼에 예수님의 피가 흘러야 사는 것입니다. 그래서 어디를 찔러도 예수님의 피가 나와야 합니다. 여러분이 어떤 찔림을 받아도, 찔린 것이 뭐에요? 꼭 바늘로 찔러 봐야 알아요? 누가 나를 건드려도 예수님이 나와야 합니다. 자기 피의 성질, 죽은 피의 성품이 나오는 것이 아니라, 예수님의 성품이 나와야 합니다. 좀 어려운 말 같지만 이해를 해보자고요. 피가 생명이라고 했습니다. 생명에 성품이

제14장 떡과 잔, 피에 대한 믿음과 처신 · 345

들어 있습니다. 피에 성품이 들어 있다는 말입니다. 피가 성품입니다. 그래서 예수님의 피로 살게 되었으면 예수님의 성품이 나와야 하는 것입니다. 바로 예수님의 모든 말씀이 예수님의 성품입니다. 예수님의 성품을 말씀으로 드러내신 거예요. 그래서 예수님의 모든 말씀이 우리 영혼에 생명을 얻게 하되 더 풍성히 얻게 한다고 했습니다. 예수님의 말씀은 예수님의 성품이요, 예수님의 생명이요, 살리는 영이요, 하늘과 땅의 복이요, 살아서 역사하시는 능력입니다.

우리의 피는 죄의 피요. 그러므로 죄의 성품입니다. 그래서 미움, 원망, 불평, 시기, 질투, 이기적인 것, 상처 등의 죄의 속성들로 차고 넘쳐, 성품이 죄라는 것을 드러내는 겁니다. 자기 성품은 죄로써 심판에 들어갑니다. 심판! 자기 성품은 사단의 성품으로 물들어 버렸음으로써 사단과 함께 심판에 들어가는 거예요. 그래서 예수님의 피로 죄 사함을 받고, 그 피가 마음에 뿌려져 양심의 악을 깨달아 하나님의 선한 양심을 찾아감으로써 그 죄와 악에서 떠나는 자는, 예수님의 피를 마신 자는 자기의 성품으로 살지 않습니다. 예수님의 피를 믿음으로 마시고 말씀을 받아들여 따르는 것이니, 예수님의 성품으로 사는 것이 나타나는 것입니다.

마5장-7장의 말씀이 예수님의 성품입니다. 그래서 믿는 자는 여기를 찔러도 저기를 찔러도 예수님의 성품이 나와야 합니다. 예수님 생명의 피로 산다면 그 생명이 나와야 합니다. 여기를 찔러도 저기를 찔러도 예수님의 피가 나와야 합니다. 그것을 믿는 자라고 하고, 복 받은 자라고 하고, 하늘나라를 소유한 자라고 하고, 예수님을 사랑하는 자라고 하고, 예수님을 높이는 자라고 하는 것입니다. 참으로 이 복을 가지면 이 복이 얼마나 행복한지 말로는 표현할 수 없습니다. 예수님의 피가 내 죄를 씻으신 피가 되니 감사하고, 예수님의 피가 내 영혼에 흘러 생명이 되었으니 감사하고, 예수님의 피가 날마다 내 죄를 씻으시는 피가 되니 감사하고, 내게 용서의 능력이 있으니 감사하고, 웬일인지 웬 은혜인지, 이 귀한 은혜를 전하다가 핍박받으니 감사하고, 모든 것이 감사더란 말이지요.

 누가 찔렀다고 자기 피의 성품을 드러내 정죄하고 미워하고 비난할 수 없는 것입니다. 그것은 자기 망할 피로 사는 겁니다. 예수님 생명의 피로 산다면, 그 생명이 나오는 것입니다. 그래서 예수님께서 열매를 보면 안다고 하셨어요. 그 입에서 나오는 열매로, 그에게서 보이는 열매로, 그 열매로 확실하게 아는 거예요. 분명히 포도나무 심었으니 포도 열매가 보여야 하는데 보이지 않으면 하나님이 심으신 나무도 아니요. 열매가 없는 겁니다. 이제 예수님의 피에 대해서 우리 믿음에 어떻게 가져야 하는지 아셨습니까? 이미 믿음에 합당한 이도 있겠으나 우리에게 생명이 되신 예수님의 피를 더욱 사랑하자는 뜻에서 말씀을 드렸으니 예수님의 피를 사랑하는 여러분이기를 바랍니다.

 자, 그다음에 **육체의 생명은 피에 있다** 이것은 사람이나 짐승이나 똑같이 피가 육체의 생명입니다. 구약은 인간의 죗값으로 정결한 소나 양, 염소 중에서 흠 없는 것을 제물로 하여 죄가 대속되게 하셨습니다. 그런데 동물에게 영이 있습니까? 동물은 영이 없지요. 짐승의 피는 행위의 죄, 혹시 부지중에 율법을 범한 그 행위의 죄는 대속이 되었지만, 근본적인 죄 영적인 죄는 예수님의 피 흘리심으로만 대속되는 것입니다. 그래서 동물이 제물이 되어 행위의 죄를 용서받은 것처럼 단번에 피 흘려 죄를 대속하실 분이 오실 것을 예표한 것입니다.

그러면 하나님께서 모든 생물의 피를 먹으라 하셨습니까, 먹지 말라 하셨습니까? 분명히 **먹지 말라** 하셨습니다. 왜냐? 14에 모든 생물은 그 생명과 피가 일체기 때문에 13에서 먹을 만한 짐승이나 새를 사냥하여 잡거든 그것의 피는 흘려서 흙으로 덮으라고 하셨습니다. 10에서 이스라엘 사람이나 그들 중에 우거하는 사람 중에 어떤 피든지 먹는 자가 있으면 내가 그 피 먹는 사람에게 진노하여 그를 백성 중에서 끊으신다고 하셨습니다. 하나님께서 그와 끊으신다는 말입니다. 피를 먹으면 하나님과 끝났다는 말입니다.

창9:3,4에 **무릇 산 동물은 너희의 식물이 될지라 채소같이 내가 이것을 다 너희에게 주노라 그러나 고기를 그 생명 되는 피채 먹지 말 것이니라** 하셨어요. 생명의 주인은 하나님이시기에, 동물이든 사람이든 사람이 생명을 취할 수가 없는 것이니, 만일에 취하면 그 생명을 그에게서 찾을 것이라고 하셨습니다. 그렇기에 여러분이 믿는다면 짐승의 피는 먹지 않아야 한다는 것, 여러분 성경이나 제 성경이나 같은 성경이니, 그 믿음이 하나님의 말씀에 근거를 두었으면, 존중하여 먹지 않을 것으로 생각합니다.

사람의 교만이 하늘까지 닿아서 그런지는 몰라도, '하나님께서 부정하고 가증하니 먹지 말라 한 것들은 예수님이 십자가에서 다 폐하셨는데 피를 왜 못 먹느냐? 십자가에서 다 폐하여졌다. 그것이 사람 몸에 얼마나 좋은지 아느냐? 성경도 모르는 무식한 소리 하고 있느냐? 먹어도 된다.' 하고 나오는 자들이 있습니다. 피가 눈을 밝게 해주고 뭐를 좋게 해준다며, 우리 몸에 얼마나 유익 된 음식이라며, 기어코 그 좋은 것 먹어야 하는데, 먹는 데 꺼림칙하게 그런 소리 하는 것이냐 하듯이 하는 태도들을 보이는 겁니다. 아니, 좋은 음식이 어디 피밖에 없는 것입니까? 피 못 먹게 될까 봐서 정색하는 모습들을 보니, 사람이 참 징그럽고 추하다는 생각까지 들게 됩니다.

'부정하고 가증하니 먹지 말라' 하신 것은, 하나님이 지으신 사람이 하나님 앞에 부정하고 가증하게 되어 하늘에 들어갈 수 없게 되었는데, 예수님이 정결례가 되셔서 부정하고 가증한 것을 벗겨주셨으므로 이제 예수 그리스도로 말미암아 하늘 하나님께 들어갈 수 있게 되었다는 것을 의미합니다. 피는 먹지 말라 하신 것은 생명이 피에 있기 때문에 먹지 말라는 것입니다. 십자가에서 폐하여진 것은 이 정결례 같은 율법을 폐한 것이지, 지금 노아와 그 가족에게 말씀하신 것은 율법이 아닙니다. 율법 이전에 명하신 것입니다. 노아와 가족에게 명하신 것이 이스라엘에 율법이 되었어요. 오늘날 우리도 사람이든 짐승이든 남의 생명을 취하는 죄를 범치 말라고 주신 하나님의 거룩한 생명의 법입니다.

짐승이라도 육체의 생명인 피는 주인이 누구라고요? 창조하신 하나님입니다. 예수님이시란 말입니다. 생명을 주신 하나님께서 그 고기는 먹되 피는 생명이니 먹지 말라, 다시 말해 생명까지 너희가 취할 권리는 없으니 생명 되는 피는 땅에 묻으라 하심으로써 하나님께 돌리도록 하셨습니다. 돌린다는 것은 고기는 먹되 피는 흘려서 흙으로 덮으라 하신 대로 존중하여 흙으로 덮는 것을 말합니다.

아니, 여러분! 피는 먹지 말라 하신 것을 예수님이 십자가에서 폐하여 먹으라 하셨다면, 제자들이 뭣 때문에 이방인 중에서 돌아오는 사람들에게 행전15:20, 29, 21:25에 **우상의 제물과 피와 목매어 죽인 것과 음행을 멀리할지니라**고 했겠습니까? 예수님을 믿으러 돌아오는 이방인들에게 무엇 때문에 우상의 제물 먹지 말고, 피 먹지 말고, 목매어 죽인 것 먹지 말고, 음행을 멀리하라고 말했겠는가 말입니다. 이런 것까지 변명하듯 말하지 않아도, 하나님의 생명의 뜻을 여러분이 조금만 관심을 가지고 성경을 보고 생각해본다면 충분히 알 수 있는 부분입니다.

제가 목매어 죽인 것이 뭔지 몰랐습니다. 그런데 6년 전에 목매어 죽인 것이 무엇인가를 놓고 성영님께 질문을 드리게 되었는데 어느 순간 개라고 가르쳐주셨습니다. 목매어 죽인 것이 개라고 아주 확실하게 알게 해주셨어요. 목매어 죽이는 것은 피 흘리지 않으려고 목매다는 것입니다.

저의 이 말에 또 반박할 말 찾았다는 듯이 '요새는 목매달아 죽이지 않고 전기 충전기로 죽인다.' 고 말들 합니다. 이럴 때는 사람의 생각하는 것이 어떻게 이 정도밖에 안 될까! 하는 한심한 생각이 들지 않을 수가 없습니다. 시대가 발달하니 죽이는 방법이 달라졌을 뿐이지, 피 흘리지 않은 것은 마찬가집니다 마찬가지! 성경이 기록될 당시까지는 전기가 없었지 않겠어요? 있다 해도 그만한 기술력이 없었을 것이고 당연히 미개한 방법으로 죽이지 않았겠어요? 그러나 오늘날은 목매지 않아도 쉽게 죽이는 방법이 있는데 뭣 하러 목매달겠습니까. 방법만 다르지 피 흘리지 않는 것은 매한가지니, 그렇게 하나님 앞에서 자꾸 핑곗거리 찾고, 취하려고 하는 그런 노력은 하지 않는 것이 좋을 것입니다.

저는, 목매어 죽인 것이 개라고 하셔서 아주 깜짝 놀랐습니다. 기독교에서 개고기를 얼마나 잘들 먹는지, 먹는 것들을 너무나 많이 봤기 때문에 개라는 생각은 못 했거든요. 그러니 제가 깜짝 놀라지 않았겠습니까. 저는 개고기라는 것을 입에 대본 적이 없습니다. 저의 친정아버지께서 개고기를 안 드셨어요. 먹지 말아야 하는 어떤 집안 사정이 있었는지, 제가 어렴풋이 기억하기에는 윗대서부터 금지돼 있던 것으로 알고 있습니다. 그래서 개고기 같은 것은 집에서 먹지 않았으니, 저의 다른 형제들은 아버지 돌아가신 후에 먹기는 하지만, 저는 마음에 혐오감이 있어 먹지 않았습니다. 그래서 제가 생각하기를 '아! 하나님께서 그런 것들에 접하지 않도록 나를 어려서부터 지켜주셨구나!' 하고 깊이 감동하여 깨닫게 됐었지요. 그런 것들로부터 보호하심을 받았기에 성영님의 음성을 들을 수 있었다는 것, 영적인 해를 입지 않아 말씀하시는 것을 들을 수 있었던 귀가 있었다는 것을 제가 감격하며 깨닫게 되었다는 말입니다.

또한, 육축의 피로 사람의 죄가 대속되는 역할이 되었고, 그 피를 하나님께 가지고 나가는 피가 되었고, 하나님께서 받으신 것이 되어, 피는 하나님께 돌려지게 되었습니다. 하나님께서 받으신 그 피는, 예수님의 피 흘리심을 예표한 것이었으므로, 피의 주인은 하나님이심을 분명히 하셨으니 그러므로 피는 먹을 수 없습니다. 피는 먹을 수 없어요. 피는 하나님이 주신 생명입니다! 피를 먹어도 된다고 하는 자들은 더욱 저주를 받을 것입니다. 그리스도인이라면 절대로 피를 멀리하고 먹지 않아야 한다는 것 명심하기 바랍니다.

그리고 먹지 않아야 할 또 다른 이유는 핏속에 뭐가 들어 있어요? 성품이 들어있습니다. 성품! 피는 성품이라고 했잖아요. 만일 사람이 짐승의 피를 먹으면 짐승의 성품이 들어오는 것입니다. 그러니 세상은 온통 짐승과 같은 자들로 차고 넘치고 있지 않습니까?

우리는 신영한 하나님의 영적인 믿음이 되기 위해서는 이런 것들로 더럽혀지지 않는 깨끗한 그릇이 되어서 오직 예수 그리스도의 피를 사랑하고 그 피를 마시고 마심으로써 영도 혼도 육도 온전히 거룩하여 우리 주 예수 그리스도를 만날 때 점도 흠도 없는 신영한 믿음이 되기를 간절히 바랍니다.

오늘 우리가 "피에 대한 믿음은 어떻게 가져야 하는가?" 하는 그 처신에 대해서 말씀을 들었으니, 믿음으로 받아 능력이 될 줄 믿습니다. 우리에게 생명의 피를 내어주시고 그 피로 살 수 있는 은혜 베푸신 예수님께 큰 감사를 올려드립니다. 아멘

14. 09. 07
예수님께서 마귀에게 시험받으신 뜻

¹그 때에 예수께서 성영에게 이끌리어 마귀에게 시험을 받으러 광야로 가사 ²사십 일을 밤낮으로 금식하신 후에 주리신지라 ³시험하는 자가 예수께 나아와서 가로되 네가 만일 하나님의 아들이어든 명하여 이 돌들이 떡 덩이가 되게 하라 ⁴예수께서 대답하여 가라사대 기록되었으되 사람이 떡으로만 살 것이 아니요 하나님의 입으로 나오는 모든 말씀으로 살 것이라 하였느니라 하시니 ⁵이에 마귀가 예수를 거룩한 성으로 데려다가 성전 꼭대기에 세우고 ⁶가로되 네가 만일 하나님의 아들이어든 뛰어내리라 기록하였으되 저가 너를 위하여 그 사자들을 명하시리니 저희가 손으로 너를 받들어 발이 돌에 부딪히지 않게 하리로다 하였느니라 ⁷예수께서 이르시되 또 기록되었으되 주 너의 하나님을 시험치 말라 하였느니라 하신대 ⁸마귀가 또 그를 데리고 지극히 높은 산으로 가서 천하 만국과 그 영광을 보여 ⁹가로되 만일 내게 엎드려 경배하면 이 모든 것을 네게 주리라 ¹⁰이에 예수께서 말씀하시되 사단아 물러가라 기록되었으되 주 너의 하나님께 경배하고 다만 그를 섬기라 하였느니라 ¹¹이에 마귀는 예수를 떠나고 천사들이 나아와서 수종드니라

(마4:1-11)

예수님께서 누구에게 시험을 받으러 가셨다는 것입니까? **마귀에게 시험을 받으러 광야로 가사** 했습니다. 오늘 마4:1-11의 말씀을 가지고 예수님께서 마귀에게 시험을 받으러 광야로 가셔야 한 것과 세 가지 시험을 받으신 것의 의미를 살펴봄으로 은혜를 받겠습니다. 4:2의 말씀에서 **사십 일을 밤낮으로 금식하신 후에 주리신지라** 했는데, 바로 위 3장13-17에 예수님께서 침례 요한에게 침례를 받으시고 물에서 올라오실 새 하나님의 성영이 내려 예수님 위에 임하시고 또 하늘에서 **이는 내 사랑하는 아들이요 내 기뻐하는 자라** 하시는 하나님 아버지의 증거를 받으시고 오늘 4:1에 '그 때에' 하셨습니다. '그 때에'는 침례 요한에게 침례를 받은 직후라는 말입니다.

침례를 받으신 뒤 성영님께 이끌려 마귀에게 시험을 받으러 광야로 가셨습니다. 그리고 '밤낮으로 금식하여 주리셨다고 했습니다. 그런데 예수님께서 금식하여 주리신 일을 가지고 마귀에게 시험을 받았다고 하는 것 아닙니다. 오늘 본문에서 몇 가지의 시험이 있었습니까? 세 가지의 시험을 받으신 것, 그것이 마귀에게 시험을 받은 것임을 말합니다. 예수님이 사십 일 동안 아무것도 먹지 않고 주리신 후에, 마귀에게 시험을 받으셔야 했던 일이에요. 주리신 후에 마귀와의 대결에서 이 세 가지의 시험을 받고 시험을 물리치고 이기신 확정을 받으신 후에라야 제자들을 부르실 수가 있고 복음을 전파하실 수가 있게 되기 때문입니다.

예수님의 공생애 첫 번째 사역은 바로 이 마귀와의 대결입니다. 이것이 예수 그리스도의 일하심의 순서에요. 처음 시작이 침례를 받으신 후 반드시 마귀의 시험을 거쳐야 하는 일입니다. 그래서 성영님께 이끌려서 마귀에게 시험을 받기 위해 광야로 가서 사십 일 동안 금식하여 주리셨습니다. 그러면 예수님께서 왜 이 시험부터 받지 않으면 안 되는 것일까요?

창세기 1장 이하에 기록된 하나님의 창조 사건들은 하나님께 창조된 사람이 어떻게 살아야 하는가 하는 것을 확실히 알려주는 말씀입니다. 하나님께 창조된 사람은 자기의 육을 위해 살면 사단이 주인이 된다는 것과 하나님의 영을 넣으신 그 영을 위해 살 때 하나님과 상관이 있다는 것을 정확히 알게 하셨습니다. 그렇기에 예수님을 믿으러 나온 모든 사람은 반드시 이 지식을 받고 지식의 풍성함을 따라 믿는 것이 돼야 합니다.

처음 사람이 하나님께서 '먹지 말라' 하신 선악과를 먹은 것은 자유의지의 사람이 되었다는 말입니다. **너희는 먹지도 말고 만지지도 말라** 하신 말씀을 듣고도 사단의 유혹하는 말을 듣고 가서 바라보다가 **먹음직도 하고 보암직도 하고 지혜롭게 할 만큼 탐스럽기도 한** 유혹을 당하여 먹지 말라 하신 말씀을 어기고 선악과를 따 먹었습니다. 그리고 곧바로 자기도 먹고 아담에게도 가져다주니 아담도 받아먹었습니다. 그런데 하나님께서 아담에게 선악과를 먹지 말라 하시고 네가 먹는 날에는 어떻게 된다 하셨습니까? 정녕 죽으리라 하셨습니다. 그러면 아담은 누구를 예표하는 자라 했습니까? 예수님을 예표하는 자, 오실 예수님에 대한 모형입니다. 그러면 아담에게 정녕 죽으리라 하신 것은 누가 죽는다는 말이겠습니까? 예수님이 오셔서 죽는다는 말씀이요, 예수님께 하신 말씀입니다. 아셨습니까? 하나님의 감춘 것과 같은 이 같은 뜻이 여러분 안에 걸림 없이 받아들여져야 여러분의 영이 자유로움을 얻고 예수님을 아는 능력을 갖추게 된다는 것을 알기 바랍니다.

그다음 여자에게 선악과를 먹지도 말고 만지지도 말라 하시고 그다음 뭐라 하셨습니까? **너희가 죽을까 하노라** 하셨어요. 여자는 누구를 예표 한다고 했습니까? 예수 그리스도로 구원 얻을 사람입니다. 그러기에 여자에게, 즉 사람에게 **너희가 죽을까 하노라** 하신 것은, 사람에게는 죽음과 생명의 두 길이 있다는 계시입니다. 사람 앞에는 생명으로 가는 길도 있고, 사망으로 가는 길도 있는데, 너희가 생명을 버리고 사망으로 갈까 염려하신다는 뜻의 말씀입니다. 너희가 죽음에 있지만, 하나님께 생명이 있어 삶을 주시는 것인데, 생명을 버리고 죽을까 하노라 하신 근심 어린 마음을 드러내신 말씀입니다. 그러니까 여자가 실과를 따 먹고 아담에게 주니 아담이 덥석 받아먹은 것은 무엇을 의미한다고 했습니까? 사람이 예수님께 선악과 따 먹은 불순종의 죄를 전가한 것이고, 예수님께서 책임지실 것으로 전가 받으신 것을 의미한다고 했습니다. 예수님께서 정녕 죽으리라를 받으신 것을 의미한다는 말입니다.

처음 사람이 사단의 유혹하는 말을 듣고, 먹는 것, 보이는 것, 지혜롭게 할 것 같은 탐스러운 것으로 인해 자기를 지으신 하나님의 말씀을 어기고 먹었습니다. 하나님이 지으신 사람이 사단에게 유혹을 당하여 육의 것 먹는 것으로 인해, 하나님의 말씀을 불순종했으므로 이제 사단이 육을 지배할 수 있는 권리를 가지게 되었어요. 또한, 창조하신 모든 피조물을 사람(남자와 여자)에게 다스리라고 명하신 이 권한까지도 사단에게 넘겨준 것이 돼 버렸습니다. 하나님의 형상을 따라 모양대로 창조된 사람에게 모든 피조물을 다스려 관리하라고 부여하신 권세를 사단에게 넘겨준 것이 되었다는 말입니다. 그래서 사단이 이 모든 피조물 계를 잡고 있는 것입니다.

그러니까 오늘 본문 8에서 **마귀가 또 그를 데리고 지극히 높은 산으로 가서 천하만국과 그 영광을 보여 가로되 만일 내게 엎드려 경배하면 이 모든 것을 네게 주리라**고 예수님 앞에 당당히 나온 겁니다. 사단이 천하만국을 쥐고 있는 권세를 내세우며 예수님 앞에 당당히 나왔습니다. 예수님께서도 천하만국의 주인인 것처럼 행세하는 사단의 말을 부정하지 않으셨어요. 사단의 말을 그대로 인정하는 태도를 보이셨습니다. 그리고 하나님의 말씀으로 사단의 유혹을 물리치셨습니다. 아담의 후손인 가인으로부터 모든 인류는 하나님의 말씀 안에서 살기를 거부하고 육체의 소욕을 따라 나가 육체를 밥으로 삼은 사단의 지배 속에 들어가, 육체의 정욕 안목의 정욕 이생의 자랑의 노예로 살게 됐습니다. 이것은 사단이 주인이 되고 그 주인에게 경배하는 삶이 돼 버렸음을 의미합니다. 모든 인류가 자기를 지으신 하나님을 버리고 나가, 사단을 섬기며 경배하고 있다는 말입니다.

그래서 예수님은 십자가의 구원을 이루시기 전 먼저 처음 사람이 먹는 것으로 사단의 유혹을 받아 넘어진 것을 회복하셔야 했습니다. 선악과 먹은 사람에게 죄를 전가 받은 예수님이 마귀와 접전하여 대결하시기 위해 성영님께 이끌려 그같이 광야로 가신 겁니다. 예수님을 믿고 영생을 얻기 위해 나오는 모든 죄인에게 먹는 것이 우상이 되고, 보는 것이 우상이 되고, 이생의 자랑이 우상이 되어 사는 것에서 놓여나, 사는 능력이 되게 하려고 이같이 마귀의 시험을 받으시기 위해 광야로 나가 사십 일을 밤낮으로 금식하여 주리셨습니다.

죽으리라를 받아들인 죽음의 의미인 사십의 날 동안 육체를 주리심으로 시험을 받으셔야 한 것입니다. 사십이라는 것은 죽음의 수입니다. 처음 사람이 먹는 것, 보는 것, 지혜롭게 할 것처럼 보이는 것으로 유혹을 당하여 넘어진 그 약함에서 일으키시려고 그 세 가지의 시험을 받기 위해 에덴동산에 처음 사람을 속여 죄짓게 한 그 마귀에게로 나가신 것입니다. 세상 권세를 잡고 있는 마귀, 에덴동산에서 사람을 창조하신 하나님을 실패케 하여 자기가 하나님을 이겼다고 그 승리감에 취하여 있던 마귀에게 시험을 받으러 나가신 것입니다. 마귀가 사십 일을 금식하여 주리신 예수님 앞에 와서 3절에 뭐라 합니까? **네가 만일 하나님의 아들이어든** 명하여 이 돌들이 떡 덩이가 되게 하라고 부추겼습니다.

사십 일을 주리신 예수님의 육체는 죽음의 위기에 놓였어요. 아사 직전이라는 말입니다. 그러니까 이것은 무슨 시험일까요? 먹는 시험입니다. 육체가 주려서 죽음 직전에 놓인 것을 이용하여 굴복하게 하려는 시험입니다. 이것은 경제적 시험이라고도 말합니다. 하나님을 믿지 않는 세상 경제를 누가 쥐고 있을까요? 사단이 쥐고 있습니다. 하나님의 자녀가 아닌, 세상 경제는 사단이 쥐고 있는 겁니다. 여러분이 이것을 분명히 알아야 합니다. 예수님을 믿는다 해도, 예수님이 그와 함께 계시지 않는 자의 경제도 마귀의 권세 아래 있는 겁니다.

지금 마귀가 "네가 만일 하나님의 아들이라면 능력 있지 않으냐? 너 지금 주려서 죽기 직전인데, 하나님의 아들이 주려서 죽었다고 하면 그것이 하나님의 아들이겠느냐, 자기 배고픈 것 하나 해결 못 하고 죽는 그것이 무슨 하나님의 아들이냐, 이럴 때 능력을 나타내야 네가 하나님의 아들이라는 증거가 되는 것이지. 그러니 여기 돌들을 명해서 떡 덩이가 되게 하여 너 주린 것부터 빨리 해결해라."는 식으로 부추긴 겁니다. 부추기다가 또 동정하는 척하며 회유합니다. "네가 돌들을 떡 덩이가 되게 할 능력이 있는데, 빨리 떡이 되게 하여 먹고 배를 불려라." 동정하는 척하다 또 예수님께서 자극을 받도록 신분에 대해 의심하는 척도 합니다. "네가 진짜 하나님의 아들이냐? 그러면 떡 만들어 먹어 봐! 그러면 네가 하나님의 아들인 것 내가 인정하겠다."

그러나 예수님은 4에서 뭐라 하셨습니까? "네가 하나님의 아들이면, 능력으로 돌들을 다 떡으로 만들어 너도 먹고 사람들을 그 떡으로 배부르게 하면, 사람들의 배고픔을 해결해주면, 네가 세상에서 하나님의 아들임이 증명이 되어 너를 추앙하고 따를 것이니, 그것이 너에게 얼마나 큰 영광이냐? 내가 너를 죄인으로 십자가에 몰아 죽일 수도 있는데, 무엇 때문에 십자가에 죄지은 자로 달려 죽으려고 하는 것이냐? 돌로 떡 만들면 세상 부귀영화가 다 네 것이 될 텐데, 왜 그렇게 합리적이지 못하느냐?" 하는 마귀의 이와 같은 회유와 감언이설에 예수님께서는, **기록되었으되 사람이 떡으로만 살 것 아니요** 무엇으로 살아요? **하나님의 입으로 나오는 모든 말씀으로 살 것이라 하였느니라** 레마로 살 것이라 하고 일격에 물리치셨습니다. "육체의 떡은 이 땅에서만 필요한 것이나, 하나님의 말씀은 이 땅에서뿐만 아니라 영원히 살게 하신다. 영생은 육체의 떡에 있지 아니하고 오직 하나님의 말씀에 있느니라." 아사 직전에 있는 예수님의 이 같은 확고하고 단호한 말씀 앞에 마귀는 패배했습니다.

그다음 마귀가 또 제안하는 척하며 유혹을 합니다. 5, 6에, **마귀가 예수를 거룩한 성으로 데려다가 성전 꼭대기에 세우고 가로되 네가 만일 하나님의 아들이어든 뛰어내리라 기록하였으되 저가 너를 위하여 그 사자들을 명하시리니 저희가 손으로 너를 받들어 발이 돌에 부딪히지 않게 하리로다 하였느니라** 했습니다. 앞에서는 육체의 것이었다면 이것은 정신적인 것입니다. 이것을 정치적 시험이라고도 합니다. 세상 명예와 권세를 얻고 자랑이 되게 해주겠다는 말입니다. 마귀가 예수님을 성전 꼭대기에 세우고 "네가 진짜로 하나님의 아들이면 이 성전 꼭대기에서 뛰어내리라. 그러면 기록하였으니까, 하나님이 말씀하셨으니까, 그가 너를 위해 그의 사자들을 명하여 저희가 손으로 너를 받들어 발이 돌에 부딪히지 않게 하지 않겠느냐? 기록되었으니, 네가 뛰어내리면 하나님의 천사들에게 명하여 죽지 않도록 받들게 할 것이니, 그러면 네가 하나님의 아들인 것이 증명되는 것이니, 세상 만인에게 존귀와 영광을 얻을 것이 아니냐? 네가 하나님의 아들이라 해도 사람들이 믿지 않지 않느냐, 내가 그들 마음에 하나님의 아들임을 믿지 못하게 막느니라. 그러나 네가 뛰어내리면 하나님의 아들임이 증명되는 일이니, 내가 너를 세상 왕좌에 앉히고 네게 복종하게 할 것이다. 그것이 너에게 얼마나 영광스럽고 명예스러운 일이냐? 그러니 뛰어내림으로 영광을 얻고 세상 가운데 너의 자랑이 되게 하라." 하고 부추겼습니다. 하와를 유혹하고 부추기던 것과 흡사합니다.

저는 이 사단이 얼마나 미련한지, 참 정말 미련합니다. 창조 때부터 자기가 자기 꾀에 속는 짓을 하면서, 자기가 넘어질 짓을 하면서도 여전히 도무지 모릅니다. 지금도 사단은 얼마나 미련한지 하나님의 보좌를 자기 것으로 할 수 있을 줄 알고 있습니다. 천하만국을 지배하게 되었으니, 더 바랄 것은 하나님 자리라는 것을 포기하지 않고 있는 겁니다. 이제 하나님의 보좌만 취하면 된다고 지금도 자기 자신에게 속고 있어요. 그래서 잠언이 미련한 자와 함께하지 말라고 계속 교훈했습니다. 오늘 본문의 장면도 아담이 선악과 먹으면 **정녕 죽으리라** 하신 말씀, 예수님이 오셔서 정녕 죽으리라 하신 대로 죽으러 오셨는데, 마귀는 어떻게 하면 예수님을 죽일까 하고 따라다니는 겁니다. 오늘 말씀에서 예수님을 시험하는 것에 실패하자 이 마귀가 유대인들을 선동하여 예수님을 십자가로 몰아 죽이는 일을 한 겁니다. 마귀의 소원대로 하나님의 아들 예수님을 죽이는 데 성공했어요. 그런데 마귀가 자기의 사망 권세로 예수님을 죽여서 성공한 줄 알았는데 예수님은 하나님이시니, 죄가 없으시니, 죽으실 수가 없으시니, 다시 살아나 버리셨으니, 사람이 구원받아 생명을 얻게 돼 버렸고, 마귀의 사망 권세는 100% 깨져버린 겁니다. 할렐루야!

창조 때 사람이 선악과를 먹고 아담이 받아먹은 것은 이미 사람의 구원이 완성된 사건입니다. 예수님의 승리가 이미 그때 결정된 사건입니다. 그런데 사단의 계산은, 하나님이 아담에게 '정녕 죽는다.'고 했으니 선악과 먹은 아담은 이미 죽은 것이고, 그래서 하나님이 실패한 것이고, 그런데 또 하나님의 아들이라 하는 자까지 죽였으니 비로소 하나님의 보좌를 탈취하게 되었구나! 하고 신이 난 것입니다. 그러나 하나님은 하나님이시므로 죽을 수 없는 것을 마귀의 눈앞에 확실히 보이셨습니다. 거기다 하나님께 나온 자, 예수님을 믿는 자는 구원을 받는 것이니 마귀가 제 꾀에 제가 넘어간 것입니다. 사단이 자기 꾀로 하나님을 이겨보려고 하다가 스스로 대패했습니다. 그러니까 여러분도 꾀로 살려하지 마세요. 마귀의 속성입니다.

그래서 오늘 이 말씀, 예수님께서 성영님께 이끌려 마귀와의 접전지로 가신 이것은 선악과 사건에서 이루어진 일을 사실화하려고 마귀와 공적 관계로 마주하신 것입니다. '먹으면 정녕 죽으리라'로 사단과의 싸움은 이미 선악과에서 결정된 거예요. 예수님이 죽으면 사람이 구원 얻고 생명을 얻으리라 하는 것, 그래서 예수님은 죽을 권리도 있고 살 권리도 있으니, 죽을 권리로 죽으셨고 살 권리로 사신 겁니다. 그것이 사실임을 입증하려고 성영님께서 사단과의 접전지로 예수님을 이끄신 것입니다. 알아듣습니까?

그래서 성경에서 이 선악과 사건 빼놓고 사람의 구원을 절대로 논할 수가 없는 것입니다. 기초 없는 집이 세워질 수 없듯이, 뿌리 없는 나무가 살 수 없듯이, 소경 된 자가 사물을 볼 수 없듯이 선악과의 뜻을 보지 못하고, 생명을 보지 못하고, 은혜를 보지 못하면 절대로 예수 그리스도를 말할 수가 없습니다. 구원을 말할 수 없는 거예요. 말할 수 없는데 어떻게 온전한 구원이 될 수가 있습니까? 오늘 본문 사건도 선악과에 넣으신 계시의 뜻을 모르고는 절대로 말할 수 없는 거예요. 아시겠어요? 그래서 이 두 번째 시험도 **주 너의 하나님을 시험치 말라**는 기록된 말씀으로 물리치셨습니다. 하나님은 마귀에게나 사람에게 시험을 받으시는 분이 절대로 아닙니다. 하나님 말씀을 순종하여 살 때에 하나님의 복을 경험하는 것이지, 거짓인가 참인가? 이루어질까 안 이루어질까? 하고 시험해보는 것이 절대로 아닌 것입니다.

그다음 또 마귀가 세 번째 8, 9에 **그를 데리고 지극히 높은 산으로 가서 천하만국과 그 영광을 보여 가로되 만일 내게 엎드려 경배하면 이 모든 것을 네게 주리라** 하고 또 제안했습니다. 이것은 영적인 것입니다. 이것을 종교적 시험이라고 합니다. 마귀가 예수님을 데리고 지극히 높은 산으로 가서 **천하만국과 그 영광을 보여**, 눅4장에도 같은 내용이 있는데, 그곳에서는 순식간에 천하만국을 보이며 하는 말이, 여러분! '순식간에 천하만국을 보여'라고 했습니다. 어떻게 순식간에 천하만국을 보입니까? 바로 그 같은 초월적인 영적 능력을 갖춘 존재라는 것, 그래서 사단은 오늘날 많은 사람에게 눈앞에 이것저것 보여주며, 천국을 보여주고 뭐 지옥을 보여주고 예수님인 것처럼 보여주는 것들로 사람을 미혹하고 있다는 것을 알라는 말입니다. 얼마든지 천하만국을 순식간에 보여, 라고 말하고 있어요.

천하만국을 보이며 하는 말이, "이 모든 권세와 영광을 내가 네게 주리라. 이것은 내게 넘겨준 것이므로 나의 원하는 자에게 줄 것이라." 했습니다. "네가 만일 내게 절하면 다 네 것이 되리라." 한 겁니다. 아담이 내게 넘겨준 것이므로 내가 주고 싶은 자에게 줄 수 있다. 그러니까 예수님이 그 대상이라는 말입니다. 내가 너에게 주고 싶은 대상이라는 말이에요. 마귀가 자신이 천하만국의 이 영광을 아담에게서 넘겨받았다는 합법성을 주장하고 나오는 것에 예수님께서도 부정하지 않으셨습니다. 마귀가 세상 권세를 가진 임금이기에 **천하만국과 그 영광을 보여** 했습니다. 그러면 이 시험하는 자가 오늘 말씀을 통해서 볼 때에 무엇 무엇을 지배하고 있다는 것입니까? 세상 경제입니다. 세상 정치입니다. 세상 종교입니다. 마귀가 이 세 가지를 확실히 지배하고 있는 거예요. 여러분이 믿음을 똑바로 갖기를 원하면 이것을 잘 알라는 얘기예요.

히2:14에서 **사망으로 말미암아 사망의 세력을 잡은 자 곧 마귀를 없이 하시며** 해서 마귀가 사망의 세력을 잡고 있다고 했어요. 이 사망의 세력을 가진 자가 경제, 종교, 정치를 다 한데 묶어서 지배하고 사망으로 끌고 가는 것입니다. 그래서 예수님께 '내가 세상 만국의 경제, 정치, 종교 다 지배하고 있으니 네가 내게 엎드려 경배하면 이 권세를 네게 줄 것이다.' 하고 나온 겁니다. 이 세상 모든 종교는 근원지가 마귀로부터인 것을 분명히 아는 것입니다. 기독교는 죄인을 구원하여 생명을 주시는 하나님의 생명의 뜻을 믿는 것입니다. 그렇다면 말씀 말하는 사람들이 '종교'라고 한다면, 그가 지금 누구에게 사로잡혔다는 것을 말합니까? 마귀에게 사로잡혔다는 것을 스스로 나타내는 일입니다.

마귀는 어찌하든지 하나님의 아들을 자기 앞에 굴복시켜야 했어요. 그래서 자기가 하나님 위에 있는 최고의 신의 자리에 올라가야 했습니다. 그러니까 마지막 카드, 마지막 수단인 자기가 가진 세상 권세와 영광을 가지고 '내게 경배하면 네게 주겠다.'고 한 겁니다. "네가 하나님의 아들이면 도대체 네가 가진 권세는 어디 있고 영광은 어디 있느냐? 나는 만국의 권세를 쥐고 경배를 받는데 하나님의 아들인 네가 가진 것은 뭐냐? 네가 참으로 하나님의 아들 맞느냐? 하나님의 아들이면 행색이 너무 초라하지 않으냐? 그런 너를 보고 누가 하나님의 아들이라고 인정하고 믿겠느냐? 내가 너를 위해서 하나님의 아들답게 천하만국의 영광을 넘겨줄 것이니 내게 엎드려 경배하라." 쉬운 말로 예수님을 어르고 달래고 하면서 꼬이는 겁니다. 내게 엎드려 경배하면, 또한 세상이 너를 경배할 것이니, 하나님 아들의 체면이

제대로 서지 않겠느냐? 그러니 이성적으로 생각해보라 하는 겁니다.

예수님은 **사단아 물러가라 기록되었으되 주 너의 하나님께만 경배하고 다만 그를 섬기라 하셨느니라** 너희가 섬겨야 할 분은 오직 하나님 한 분이라고, 하나님만 섬겨야 한다고 하는 선포로 마귀의 제안을 일거에 물리치셨습니다. 11에 **이에 마귀는 예수를 떠나고 천사들이 나와서 수종드니라** 했어요. 육체의 한계를 넘어선 예수님을 천사들이 나와 수종을 들었습니다. 비로소 천사들이 나와서 힘을 도왔어요.

이처럼 미련한 마귀는, 예수님께 물질로 살라고, 세상 경제를 지배하라 시험하고, 인류를 지배하라 시험하고, 정치를 지배하고, 권세와 영광을 가짐으로써 세상 신을, 즉 마귀를 경배하고 세상 종교 위에 앉아서 경배받으라고 시험했습니다. 이같이 예수님을 시험하여 실패한 마귀는, 예수님을 믿는다는 사람들에게 물질적인 것, 정신적인 것, 종교적인 것을 가지고 시험하러 들어오는 것입니다. 육체의 정욕을 좇게 하고, 물질을 쫓아가도록 만들고, 세상 명예, 세상 영광을 구하도록 하여 이 모든 육의 것들로 그의 우상이 되게 하고 있습니다. 그래서 여기에 걸려있다면 누구에게 걸려있겠습니까? 마귀에게 걸려있는 거예요.

에덴동산의 처음 사람이 먹음직하고 보암직하고 지혜롭게 할 것처럼 탐스러워 보이는 것을 바라보므로 유혹당하여 넘어진 것은 예수님께서 이 시험에 온전히 이기심으로 회복이 되었습니다. 이제 예수님을 믿는 사람들에게 이기신 예수님이 성영님으로 와계신 것이면 육체의 정욕에서 안목의 정욕에서 이생의 자랑에서 얼마든지 놓여나는 것입니다. 성영님이 친히 능력이 되어 주시고, 힘이 되어 주시니, 얼마든지 마귀의 시험에서 이기고 자유를 얻는 것입니다. 예수님은 십자가 위에서 사단의 권세를 깨시고 사람의 구원도 이루셨으므로 이제 사단은 예수님을 믿는 자를 죽음으로 끌고 갈 수가 없게 되었습니다.

이제 사단은 유황 불못에 던져질 자로 확정 났으니, 두렵거나 무서운 존재가 아닙니다. **음부의 권세가 너를 이기지 못하리니** 하심으로써, 두려워할 존재가 아니라는 것을 말씀하셨습니다. 그러나 마귀는 끝까지 속이는 자니 속지 말라고 당부하고 당부하셨습니다. 예수님께서 마귀에게 시험을 받으실 때 기록된 말씀으로 물리치셨던 것처럼, 이제 예수님을 믿는 자가 말씀대로 살기만 한다면, 그것은 마귀의 유혹을 물리치는 능력임을 보이셨습니다. **사람이 떡으로만 살 것이 아니요 하나님의 입으로 나오는 모든 말씀으로 살 것이라** 즉 레마로 살 것이라 하시니 마귀가 두말없이 물러가지 않았습니까? 이 세상의 진실 된 참 것은 영이요 생명이신 예수님의 말씀, 그 진리의 말씀에 있는 것이지 물질적인 것에 있지 않습니다. 그것은 그림자일 뿐입니다. 그렇기에 말씀으로 살 때만이 생명 얻는 능력입니다.

오늘 10에 예수님께서 누구에게 경배하고 누구만 섬기라고 한 것입니까? **주 너의 하나님께 경배하고 다만 그를 섬기라** 하셨습니다. '경배하다'를 원어로는 '아바드'라고 하는데 아바드는 '섬긴다'는 히브리어와 같습니다. 경배하는 것은 곧 섬긴다는 것이요, 섬긴다는 것은 곧 경배한다는 말입니다. 하나님께서 우리에게 이 성경을 주신 목적 중의 하나는 하나님을 알고 섬기게 하려는 데 있습니다. 성경이 우리에게 가르쳐주는 것은 사람은 하나님을 섬길 자로 지음 받았고, 하나님을 진심으로 섬길 때만이 하나님이 어떤 분인지를 경험하여 알게 된다고 하는 것입니다. 그래서 성경 전체 속에는 하나님이 사람에게 섬김을 받고자, 사람이 하나님을 섬길 수 있도록 길을 열어 주시는 방법이 가득 차 있음을 알 수가 있습니다. 하나님이 누구시냐 할 때 곧 하나님은 섬김을 받는 분이시다. 하나님이 사람 앞에 하나님 자신을 드러내시는 이유는 바로 섬김을 받으시고자 함이라는 것이 성경 전체가 알려주고 있단 말입니다.

그런데 본문 9에서 만일에 나에게 엎드려 경배하면, 즉 나를 섬기면 이 모든 천하만국과 영광을 주리라 했어요. 그러니까 마귀도 경배받기 원하는 자다, 섬김받기를 원하는 자다, 그래서 마귀는 세상 사람들의 경배를 받고 있지만, 그런데 예수님을 시험하는 데 실패한 마귀가 이제 그 분풀이로 예수님을 믿는다고 하는 자들을, 마귀를 섬기는 것에서 떠나지 못하게 하려고, 흥정하며 들어오는 자임을 알게 하셨습니다. '네가 나를 섬기면 이같이 해주리라.' 라는 흥정을 붙여 온다는 말입니다.

그러나 하나님은 하나님을 섬기게 하려고 흥정하시는 분 절대 아닙니다. 인간은 하나님을 섬기지 않으면 망하는 것입니다. 하나님은 누구시냐? 오직 섬김을 받으시는 분이라는 말입니다. 그런데 사람들이 참으로 하나님을 섬기기 위해서 예수님을 믿으러 나온 것이 아니라, 마귀의 속성을 그대로 가지고 나와서 하나님께 흥정을 거는 것입니다. 마귀가 넣어준 흥정이 습관이 되어서 감히 하나님께 흥정하는 거예요. '병을 고쳐준다면 잘 섬기겠습니다.' '잘 살게 해주면 열심히 믿음 생활 하겠습니다.' '이번에 우리 아들 대학 붙게 해주시면 열심히 전도하겠습니다.' '돈 좀 잘 벌게 해주시면 하나님께 헌금 많이 하겠습니다.' '예배당도 지어드리겠습니다.' '저 혼자 잘 먹고 잘살려고 구하는 것 아닙니다.' '이웃 사람 제가 돕겠습니다.' 하고 흥정을 겁니다. '내가 자식 주의 종으로 바치겠습니다.' 참 정말, 이런 말 하려면 끝이 없을 것 같습니다. 자기가 자기 마음대로 자식을 주의 종으로 바친다니 말입니다. 하나님께서 받으시는지 안 받으시는지……. 나에게 뭐 해주시면 내 딸, 내 아들 바칠게요. 이같이 하나님을 마귀와 똑같이 대하고, 하나님을 마귀 섬기듯 귀신 섬기듯 하는 것입니다.

그런 습관이 붙어 있는 사람들은 '내가 철야기도 했으니까……' 철야하며 무슨 기도 합니까? '내가 이십 일, 사십 일 금식했으니까…….' 하나님께서 금식하라 하신 적 없는데 조건부를 붙여 놓고 사십 일 금식했으니 누가 나타낸 그 능력 내게도 주십시오. 병든 자 손 얹으면 팍팍 낫게 해주십시오. 귀신을 쫓아내는 능력을 주세요. 하는 겁니다. 여러분, 내게 예수님이 와계시면, 내 안에 예수님의 이름이 와있으면, 이름이 와있다는 것은 구원받았다는 거잖아요. 그러면 병이 있을 일 없고, 귀신이 나에게 속이고 들어올 일이 없는 거예요. 예수님의 이름이 있다는 것은 바로 삼위일체 하나님이 와계신다는 것입니다.

밤새우며 기도하는 이유가 무엇입니까? 매일같이 새벽기도 하는 이유가 무엇입니까? 정말 하나님을 바로 섬기기 위해서요? 정말 예수님을 바로 알고 믿기 원해서요? 참으로 말씀대로 하나님의 방법대로 살기 위해서인가요? 육신의 것들을 흥정하러 나오는 것 아닙니까? 그리고는 잘난 척하며 세상 경제, 나라 경제가 잘되게 해주시고……,

지금 세상 경제를 누가 잡고 있다고요? 사단이 잡고 있는데 내가 기도했더니……, 우리나라 경제 어렵지 않게 해달라고 기도했더니 경제가 좋아졌다! 하고 자랑하고 다니는 겁니다. 예수님을 믿고자 하나님 보시기에 합당한 믿음으로 살면 그 삶은 책임지시는 것입니다. 그가 들어가도 복을 받고, 나와도 복을 받고, 떡 반죽 그릇이 복을 받고, 그가 있는 곳이 복되다고 하셨으니 말씀을 따라 사는 진정이 있다면, 하나님께서 얼마든지 어렵지 않은 삶을 살도록 채워주시게 되어 있습니다.

그런데 내가 새벽마다 우리나라 경제 어렵지 않게 해주시라 기도했더니 하나님이 경제 어렵지 않게 해주셨다고 하는 것, 무슨 하나님이 경제 잘되게 해주십니까? 경제가 잘돼 타락 잘하라고 해주십니까? 경제 잘되고 돈 여유 있으니 뭐합니까? 믿는다는 사람들이 사치는 물론이고 틈만 나면 사단이 뿌려놓은 외국 관광지나 쫓아다니고 말이지요. 더 말하면 어디 가서 어떤 목사가 그러더라고 비방하는 말이나 물어다 낼까 봐 그만하렵니다. 새벽기도 밤샘기도 열심히 하는 것, 정말 그 속들을 들여다보면 육신의 정욕 안목의 정욕 이생의 자랑의 것들을 구하기 위해 흥정하는 것 아닙니까? 육체의 정욕 안목의 정욕 이생의 자랑하는 것들을 오히려 내려놓게 될까 봐서, 그것 고침 받을까 봐서, 꼭 붙잡고 있으면서 날마다 그것들을 구하러 나와 흥정하는 것 아닌가 말입니다.

사실 회개도 말입니다. 내가 짜증 내고, 신경질 내고, 혈기 냈습니다. 사랑하지 못했습니다. 이런 것들은 회개 잘합니다. 날마다 내가 또 성질 부렸네, 또 거짓말했네 하고 눈물 콧물 흘리며 '하나님 제가 성질 부렸어요. 제가 거짓말했어요. 용서해주세요.' 물론 그 회개도 해야 하지만, 정작 회개해야 할 것들은 못합니다. 하나님과 사단을 동등한 자리에 놓고 하나님과 흥정 걸었던 그 마귀의 것들을 회개할 줄 모릅니다. 하나님을 마귀나 귀신 대하듯 하는 것을 알지 못하니 회개를 할 수가 없지요. 그런 가르침을 받지도 못하고, 성영님의 기름 부음을 자기가 받지 못하니, 그런 타락된 모습을 깨닫지 못하는 것은 당연하겠습니다.

사람이 하나님을 섬겨야 하는 데는 다른 조건이 있지 않습니다. 사람의 존재 이유가 하나님을 경배하고 섬기기 위해섭니다. 그래서 성경은 사람이 어떻게 하면 하나님이 원하시는 대로 하나님을 섬기느냐 하는 것이 기록돼 있습니다. 구약의 성전을 통해서 하나님을 섬기는 것을 보여 알게 하셨고, 그 성전은 바로 예수 그리스도 자신을 말씀하는 것임을 가르쳐주시고 예수 그리스도 안에서 하나님을 섬겨야 하는 것을 알게 하셨습니다.

하나님께서 복을 말씀하셨는데 '복'을 히브리어로 '바락'이라고 합니다. 하나님께서 복이라고 하신 것은 다 '바락'이라고 했어요. 그런데 '무릎을 꿇는다.' 도 '바락'이라고 했습니다. 그러므로 하나님이 말씀하는 복은, 무병장수하고 돈 좀 잘 벌어서 잘살게 해주는, 이런 것을 말하는 것이 아니고, 하나님께 무릎 꿇는 것을 복이라고 말씀하셨단 말입니다. 하나님을 섬기자, 경배하자는 단어도 '무릎을 꿇자'하는 말에서 나온 것입니다. 그래서 무릎을 꿇는 것이 섬기는 것이요, 섬기는 것이 복이요, 무릎을 꿇는 것이 복이라고 말씀하는 것입니다. 하나님께서는 네가 나를 섬기는 것이 복이다, 나에게만 무릎을 꿇는 것이 복이라고 말씀하셨다는 말입니다. 그래서 이것을 정확히 알고 하나님을 섬기는 자가 범사(영혼, 육)에 복을 받아 사는 것입니다.

하나님의 복은 조건부가 아니에요. 사람에게 주시기 원하는 복이 하나님을 섬기는 것이라고 하는 거예요. 아주 필요를 다 채우신다는 겁니다. 믿는 사람이 자기 안에 이 복이 없으면 그것은 자신이 아직 그 복의 관계로 하나님을 섬기는 것이 되지 않았기 때문입니다. 여러분이 하나님의 복이 있기 원하면 섬기는 법을 가르쳐주시는 대로 섬겨야 한다는 것 분명히 알기 바랍니다. 그래서 구약의 성전과 성전 안에서 이루어지는 과정을 통해, 하나님께서 어떻게 섬김받기를 원하시는지를 알게 하셨고, 그 성전이신 하나님의 아들 독생자 예수 그리스도가 오셔서, 즉 창조에 속하지 않은 참성전(히9:24)이 사람으로 오셨다는 말입니다.

그같이 하나님의 계시대로 오신 예수님이 죽으셨으나 부활 승천하여 하늘로 가시더니 성영님으로 다시 믿는 자 안에 들어오셔서 이제 그를 성전이라 하셨습니다. 성전은 하나님을 섬기는 삶입니다. 성영님이 직접 가르치시니 직접 하나님을 섬기는 것입니다. 성영님께서 인도하시는 것을 순종하여 섬기는 것입니다. 성영님을 모셔 들인 성전은 환경이 어렵거나 말거나 기뻐하며 오직 하나님만 섬기고 경배하게 되는 것입니다. 그러면 어느새 환경도 열리고, 병은 오려다가도 떠나버리는 것입니다. 이것이 우리에게 주신 믿음의 길입니다.

그런데 천하 영광 줄 것이니 내게 절하여 경배하라고 흥정을 걸던 마귀처럼 '이렇게 해주시면……' '주시면 잘 섬길 수 있으니……' 하니,

마귀가 '너의 원하는 것을 줄 것이니 물질을 따라가고 물질을 섬겨라. 세상 명예와 권세를 얻기를 힘쓰고 구하여 예수 믿고 복 받았다고 간증하라. 내가 네 소원을 들어줄 것이니 열심히 내게 경배하라.' 하고 나오는 것 아니겠습니까? 그러므로 내가 봉사 열심히 하니까, 내가 전도를 열심히 했으니까, 하는 흥정이 자기 속에 있다면 하나님과 관계없다는 것을 아십시오.

저는 신앙생활이 오랜 믿는 것을 자랑처럼 여기는 이에게서 자식을 놓고 흥정하는 것을 보았습니다. 자식을 상품 취급하더라는 말입니다. '내게 잘하는 자식하고 살 것이다. 너보다는 저놈이 나한테 잘할 것 같으니까. 있는 돈 다 저놈 주고 저놈하고 살 것이다. 너는 나한테 잘할 것 같지 않으니 줄 것도 없다. 너 하고는 안 산다.' 여러분! 이것은 믿는다는 이름만 가졌지 그에게 예수님은 없습니다. 자기 안의 마귀를 경배하고 섬기는 것입니다. 자식의 마음을 돈으로 사고 환심을 사서 섬기게 하고, 맘에 드는 자식, 맘에 안 드는 자식을 갈라놓는 겁니다. 참으로 믿음이면 자식의 영혼에 관심을 두는 것이지, 돈으로 마음을 사서 자기 노후를 맡겨보려는 계산 따위는 하지 않습니다.

여러분! 자식 놓고 이런 흥정한다고 그 자식이 후에 효도할 줄 아십니까? 오히려 배신당합니다. 돈 다 쓰고 나면 귀찮고, 보기 싫고, 수발하기 싫고, 심지어 '언제 죽나?' 하게 될 것입니다. 빌4:8에 **종말로 형제들아 무엇에든지 참되며** 했습니다. 무엇이든지 하나님의 뜻에 따라 생각하고 행하라 했어요. 엡4:15에 **오직 사랑 안에서 참된 것을 하여** 즉 하나님의 뜻을 따라서, 말씀을 따라서 행하라는 말입니다.

그러므로 **범사에 그에게까지 자랄지라 그는 머리니 곧 그리스도라** 했습니다. 예수님과 수준이 같아질 때까지 자라가야 함을 말씀한다는 것을 분명히 알기 바랍니다.

오늘 예수님께서 왜 사십일을 주리셔야 했으며, 마귀에게 왜 시험을 받으셔야 했는지 여러분이 잘 깨닫게 됐으리라 생각하고 또한 자기에게 받아들여 믿음의 능력을 갖추는 기회로 삼았으리라 생각합니다. 마귀의 시험을 물리치시고 승리하신 예수님께서 우리 안에 성영님으로 오셔 계시니, 육체의 정욕 안목의 정욕 이생의 자랑에서 온전히 놓이고 하나님의 말씀, 레마로 사는 복이 있게 되었음을 믿습니다. 말씀을 맺습니다.

우리의 믿음을 도우시는 성영님께 감사드리고 삼위의 하나님께 모든 영광을 돌립니다. 아멘

14. 06. 15
믿지 않는 자들을 위한 표적, 방언

²방언을 말하는 자는 사람에게 하지 아니하고 하나님께 하나니 이는 알아듣는 자가 없고 그 영으로 비밀을 말함이니라 ³그러나 예언하는 자는 사람에게 말하여 덕을 세우며 권면하며 안위하는 것이요 ⁴방언을 말하는 자는 자기의 덕을 세우고 예언하는 자는 교회의 덕을 세우나니 …… 중략 ……

¹²그러면 너희도 신영한 것을 사모하는 자인즉 교회의 덕 세우기를 위하여 풍성하기를 구하라 ¹³그러므로 방언을 말하는 자는 통역하기를 기도할지니 ¹⁴내가 만일 방언으로 기도하면 나의 영이 기도하거니와 나의 마음은 열매를 맺히지 못하리라 …… 중략 ……

²¹율법에 기록된바 주께서 가라사대 내가 다른 방언하는 자와 다른 입술로 이 백성에게 말할지라도 저희가 오히려 듣지 아니하리라 하였으니 ²²그러므로 방언은 믿는 자들을 위하지 않고 믿지 아니하는 자들을 위하는 표적이나 예언은 믿지 아니하는 자들을 위하지 않고 믿는 자들을 위함이니

(고전14:2–22)

제가 사도 신경을 다루려고 준비하다가, 본의 아니게 방언에 대한

말씀으로 돌아가 오늘 방언을 말씀드리게 되었는데, 알아야 할 기본적인 내용만 말씀을 드릴 것입니다. 먼저 여러분에게 당부하고 싶은 말이 있습니다. 저는 이 성서의 말씀을, 원어, 즉 히브리어나 헬라어 등의 원어를 공부했고 연구했고, 그래서 연구하여 해독했기 때문에 그 해독된 것으로 말씀을 말하는 것이 아닙니다. 물론 필요하다면 원어를 살피고 뜻을 받기도 했지만, 성영님께서 가르침을 주시고 깨닫게 하심을 따라서 저의 경험된 말씀이 되었고, 그러므로 전하는 말씀이 되었습니다. 그래서 여러분이 듣고 동의가 되면 받으시라는 말씀을 드립니다. 저는 성영님이 계신 사람이요, 그러므로 저와 영이 같으면 받는 것이고 함께 경험되는 말씀이 되어 믿음의 능력을 갖추게 될 것입니다. 그러나 저와 영이 같지 않으면 말씀이 부딪힐 것밖에는 없고, 듣는 것이 불편할 것밖에 없으니 빈정대거나 비웃는 것으로 말씀을 부정하지 않겠습니까? 그런 이들에게는 듣는 것 반드시 금하라는 당부를 하겠습니다.

사실 사도신경에 대해서나 방언에 대해서나 솔직히 말해서 다루고 싶지는 않습니다. 제가 인터넷 성도들에게 방언해야 하느냐? 하지 않아야 하느냐? 하는 질문을 한참 받게 되었는데, 그때, 다음에 다루겠다고 답을 했었기 때문에, 그래서 사실 그동안에 제가 방언에 대한 말씀을 준비하려는 데 힘썼습니다. 그런데 성영님께서 계속 제게 어떤 불편함을 주시면서 강하게 거부를 해오셨습니다. 처음엔 성영님의 거부이신지를 알아차리지를 못했으나 어렴풋하던 내게 이후에 확실히 알게 하여주셨습니다. 그래서 부득이 포기했었는데 왜 그렇게 거부하셨는가에 대해 그 설명을 하면서 방언에 대해서 좀 말씀드릴 것입니다.

사람들이 방언해야 하느냐? 하지 않아야 하느냐? 하는 그 이면에는 자신이 하는 방언에 대한 확신이 없기 때문이지 않겠습니까? 자신이 방언하면서도 그것이 성영님이 주신 것인지, 또 항간에서는 마귀가 방언을 준 것이지 성영님이 준 것 아니라고 나오니, 정말 자신의 방언이 마귀가 준 것인지 스스로가 알지 못해 다른 사람에게 의견을 묻는 것이지 않겠습니까? 그런데 성영님께서는 그런 영적인 일에 있어서는 다른 사람에게 의견을 물어서 아는 것이 아니라 자기 스스로가 알지 못하면 그는 알지 못한 자라고 하셨습니다. 성영님으로 알지 못하면 그는 알지 못한 자라고 하셨다는 말입니다. 성영님에게서 온 것이 아니면 알지 못하는 것이라고 했어요.

예수님께서, 눈에 보이지 않는 바람을 아는 것은, 피부에 와 닿는 감각 때문에 알듯이 성영으로 난 자도 다 이와 같다고 말씀하셨습니다. 바람이 지나가는 것을 피부가 느끼고 알듯 우리 눈에 보이지 않는 성영님이 오신 것도 자기에게 오셨으면 그렇게 영과 혼의 감각으로 안다고 하는 것입니다. 그러므로 자기의 방언이 성영님이 주신 것이면 어디로서인지 안다는 거예요. 방언은 자기 의지로 하는 것이 아니라 성영님이 주시는 것이기 때문에, 그래서 자신이 하는 방언을 자기가 모른다면 그것은 성영님이 주신 것이 아니라는 것을 말하는 것입니다.

대부분의 사람들이 방언을 오해하고 있습니다. 방언 받는 것은 성영을 받은 것이고 방언을 못 하면 성영을 받지 못했다는 것으로 말하고, 또한 방언을 받는 것은 구원받은 증거라고 말해주고 있습니다. 과거에 저도 순복음 계통에서 그렇게 말해주는 것을 자주 들어왔기 때문에 이 말을 합니다. 방언하는 것을 구원받은 것으로 간주한다는 말입니다. 그러나 이것은 크게 잘못된 착각입니다. 방언하는 것은 구원받은 증표가 아닙니다. 구원과는 관계없어요.

여러분! 방언이라는 것은 성영님이 주시는 것만 있는 것이 아니라, 마귀가 가져다주는 것도 분명히 있습니다. 그래서 방언을 구원받은 것으로 착각하면 큰 오산입니다. 마귀가 가져다주는 것은 자기가 알지 못합니다. 이 부분은 뒤에서 다시 설명하겠습니다. 그리고 성영님이 주시는 방언은, 구원을 받고도 하는 것이지만, 구원을 받지 않고도 방언을 하게 하시는 겁니다. 오늘 고전14:14에 **내가 만일 방언으로 기도하면 나의 영이 기도하거니와 나의 마음은 열매를 맺히지 못하리라** 했습니다. 지금 방언으로 기도한 것에 대한 사도 바울의 설명입니다. 자기가 만일에 방언으로 기도하면 자기의 누가 기도한다고요? **나의 영이 기도하거니와** 했어요. 나의 영이 기도한다는 것은 구원받은 자가 하는 방언 기도를 말합니다.

우리 영은요, 기도할 줄 모릅니다. 여러분이 저의 이 말에 대해서 이해가 있어야 합니다. 우리 영은 기도할 줄 몰라요. 기도는 우리 영이 할 수 있는 것이 아닙니다. 우리 영이 구원을 받기 전에는 기도하는 것은 있을 수가 없습니다. 영에 있어야 할 생명이 없어 목마름의 고통을 겪는 것은 맞지만 영이 기도하는 것은 아닙니다. 성영님이 우리 영에 들어오시니 영이 구원을 받고, 구원받은 영이 성영님에 의해서 기도하는 것이기에, 그래서 나의 영이 기도한다는 것이 성립되는 것입니다. 이해됐습니까?

그런데 구원받지 않았음에도 성영님께서 혀를 붙잡아 방언하게 하십니다. 왜입니까? 구원 안으로 들어오게 하시려는 뜻에서입니다. 성영님이 그에게 와계신다는 것을 표적으로 주시는 은사입니다. 성영님이 구원 안으로 들어오게 하시려고 주시는 선물이라는 말입니다. 이것은 '자기 영이 기도하거니와'가 아니고, 구원과 상관없이 성영님이 혀를 잡아서 하게 하시는 말이요 기도입니다. 그러니까 성영님이 오시면 맨 먼저 뭐부터 잡으신다고요? 혀부터 잡으신다고 말씀드렸죠? 성영님이 오시면 우리 혀부터 잡으신다고 말씀드렸어요. 그래서 바울이 22에 **그러므로 방언은 믿는 자들을 위하지 않고 믿지 아니하는 자들을 위하는 표적이나 예언은 믿지 아니하는 자들을 위하지 않고 믿는 자들을 위함이니** 라고 말한 것입니다. 방언은 믿는 자들을 위하지 않고, 누구를 위해요? **믿지 아니하는 자들을 위해 주는 표적**이라고 했어요. 그러니까 방언은 믿는 자들에게 주는 것이 아니고, 누구에게 주는 거라고요? 바로 믿지 아니하는 자들을 위해서 주는 표적이라고 분명히 말했습니다. 그러면 믿지 아니하는 자가 구원받은 것일까요? 구원받지 않은 자임을 말하는 것이지 않습니까? 그렇죠? 그러면 방언은 믿지 않는 자, 즉 구원받지 않은 자에게 성영님이 주시는 표적이라, 성영님이 주시는 선물이라, 왜 주시느냐? 믿는 자가 되게 하려고, 구원 안으로 들어오게 하는 표적이란 말이에요. 표적이라는 것은 성영님(하나님의 나라)이 그의 옆에 와계신다는 것을 알게 하시려는 것을 의미합니다.

그래서 방언으로 하는 말이나 기도, 즉 본문에서 '방언을 말한다.' 또는 '방언으로 기도한다.' 라고 했는데, 그 당시의 고린도 교인들이 방언을 받게 되니, 우리처럼 엎드려 눈 감고 기도했던 것이 아니라 강단에 나와 회중을 바라보고 방언을 했던 모양입니다. 그래서 사도 바울이 말, 말이라고 표현했고, 또 기도라고도 표현을 했습니다. 그러나 2에서 "방언을 말하는 자는 사람에게 하지 아니하고 하나님께 하나니"해서 방언은 곧 하나님께 기도하도록 성영님이 주신 하나님만 알아듣는 성영님의 언어임을 말합니다. 성영님이 혀를 잡아 하나님께 하는 기도라는 말입니다. 그러니까 4에 방언을 말하는 것은 누구의 덕을 세우는 것이라고 합니까? 자기의 덕을 세운다고 했습니다. 남을 위해서가 아니라 자기를 위해서라고 했습니다. 자신의 믿음을 위해서 기도하라고 주신 것입니다.

　성영님의 언어는 사람에게 하는 말이 아니고 영으로 하나님께 하는 것으로서, 사람은 알아들을 수가 없는 것입니다. 그래서 '비밀'이라고 했고, 그렇기에 14에서 바울이 "나의 마음은 열매를 맺히지 못하리라"고 했습니다. '내 중심이 원하는 것, 내가 원하는 것을 기도하는 것이 아니다 말입니다. 방언으로 기도하는 그것을 내 마음도 알지 못한다. 내 마음도 아는 바가 되지 못한다.' '내가 아는 것, 내가 알고 있는 것을 기도하는 것이 아니라 내가 알지 못한 것, 사람이 알아들을 수 없는 영으로 말하는 것이니, 사람의 마음도 알 수 없다.'라는 말입니다. 여러분 우리 인간 머리로, 인간 양심으로 영이신 하나님을 알 수 있다고 했습니까? 영이신 하나님은 또한 영으로만 아는 것입니다. 영으로만 안다는 것은, 성영님이 우리 영에 오셔야 안다는 말입니다. 방언, 즉 영으로 기도하는 것도 그와 같다는 것을 이해하면 됩니다. 이해됐습니까?

그러면 여러분, 구원받지 않은 우리 영이 하나님의 비밀을 말한다는 말입니까? 아직 구원받지 않은 영이 하나님의 사정 하나님의 비밀을 알 수 있는 것입니까? 말할 수도 없고 알 수도 없다고 조금 전에 제가 답을 드렸지요? 그러면 하나님의 깊은 것까지라도 다 통달하시고 그 모든 비밀을 다 아시는 분이 누구예요? 성영님이시죠? 그래서 **그 영으로 비밀을 말함이라** 하는 것은 구원받은 내 영을 말하는 것이 아니고, 이것은 구원받기 전에 성영님이 혀를 잡아 말하게 하는 것을 말합니다. 성영님이 혀를 잡아서 하나님께 기도하게 하신다, 말하게 하신다는 것입니다. 우리 지성과 이성으로는 알아들을 수 없는 성영님의 언어로 혀를 잡아 말하게 하신다, 기도하게 하신다 하는 겁니다. '내 영으로, 나의 영으로' 했을 때는 구원받은 것을 말하고, '그 영으로' 했을 때는 그에게 성영님이 오셔서 혀를 잡았을 뿐, 구원받기 전을 말하는 것입니다.

그러면 성영님이 무엇을 기도하게 하십니까? 바로 영적인 것, 하나님의 뜻대로 믿음을 가질 수 있도록, 죄를 깨달을 수 있도록 하시기 위해서, 예수님을 알고 예수님에 대해서 증거하는 말씀을 믿고 받을 수 있도록 하시기 위해서. 그러니까 말씀으로 말미암아 의에 대하여 죄에 대하여 심판에 대하여 깨달을 수 있는 지혜와 믿음을 구하도록 성영님이 혀를 잡아서 기도하게 하시는 영의 기도입니다. 그래서 사람이 이 방언을 진짜 성영님으로부터 받은 것이면 성영님께서 이 사람의 영혼을 바른 믿음 안으로 이끄시는 너무나 귀한 표적이 되는 것입니다. 그렇지만 또 표적을 가졌다고 해서 다 그렇게 이끌림을 받는다는 것 아닙니다. 이것은 내적 표적이 아니라 외적 표적이기 때문에 이 은사를 경험하고도 잘못된 경우는 얼마든지 있어요. 방언을 주시는 것, 바로 믿음 안으로 들어올 수 있도록 개인의 믿음을 위해서 주시는 하나의 표적이요, 하나님이 계신 것과 성영님이 오신 것을 체험으로 알게 하시는 표적, 성영님이 임하셨다, 곁에 와계신다는 표적, 그래서 믿음을 가질 수 있도록 하시고 성영님께서 말씀을 깨닫게 하심을 따라 성영님을 안으로 모셔 들여 거듭나게 하시는 표적이라는 말입니다. 알아듣습니까?

그리고 방언의 기도는, 여러분이 잘 아십시오. 성영님이 각 사람에게 자기의 뜻대로 주시는 것이지, 무조건 무차별로 주시는 것이 아닙니다. 방언 달라고 몸부림치며 기도한다고 해서, 방언 받겠다고 며칠씩 밥을 굶고 기도한다고 해서, 또 부흥회라든가 어떤 집회에서 고조된 분위기 속에서 홍분하고 도취하고 열광하고 감정에 몰입하고 하는 그런 것들을 통해서 방언을 주신다거나 받게 하는 것이 절대로 아닙니다. 이것은 다 사단의 흉계로 믿음의 일인 것처럼 흉내 내는 것에 걸려들어서 하는 짓들입니다. 그리고 방언을 해보겠다고 무슨 연습을 한다든가, 저도 들었어요, 연습한다는 것에 대해서……. 또 방언을 받겠다고 연습을 한다든가 혀가 돌아가게 한다든가, 하는 것은 다 가증한 것이요, 장난하는 귀신의 영들에 자신을 온전히 내주는 무지한 일들입니다. 만일에 이 같은 경로들을 통해서 방언을 받게 되었다고 하면 그것은 성영님으로부터 받은 것 절대로 아니니 정신 차리기 바랍니다.

성영님은 인격이십니다. 하나님이세요. 사람들이 자기 욕심에 이끌려 방언이나 어떤 능력들을 받겠다고 하는 그런 비정상적인 환경이나 방법들에 역사하시는 분 아니란 말입니다. 방언을 구하지 않는다

해도 그의 정신이 똑바르면 성영님이 분명히 주시게 되어 있어요. 물론 구할 수도 있습니다. 그러나 성영님이 자기 뜻대로 방언하게 하실 자를 알고 주시는 것입니다. 교회 공동체 안에서 기도할 때에 주시는 것이지만, 그러나 하나님의 뜻에 맞는 신앙이 되고자, 말씀을 깨달아 삶을 살고자 하여 대부분 혼자 기도할 때에 많이 역사하십니다. 하나님의 뜻대로 살고자 하는 간절함이 있고 인격적인 겸손한 자에게, 죄인 됨을 고백하고 회개하는 자에게, 하나님의 뜻을 구하는 자에게, 성영님께서 와계신다는 증표로 그의 혀를 잡아 방언하게 하신다는 말입니다. 장소도 시간도 구애받지 않는 것이요, 또한 장소도 시간도 구애됨 없이 성영님이 그의 마음에 주신 소원을 따라 기도하라고 혀를 잡아 방언의 기도를 하게 하시는 것입니다.

저는 제가 교회에 나오기 몇 달 정도 되었을 때, 그때 제가 출석하는(집에서 100m 거리) 교회도 방언이나 입신이나 예언한다고 하는 일들이 교회의 이미지고 분위기였습니다. 그 속에서 제가, 방언이 오면 혀가 밑에서 위로 말린다는 이야기를 종종 들었습니다. 그런데 저는 교회 생활이 이런 것인가 하는 생각과 신비하다는 생각을 하면서도 별로 좋은 느낌이 들지 못했고, 그런 것은 특별한 사람들의 것으로 생각하여 부럽다거나 관심을 그리 두지 않았습니다. 또한, 그때 저는 내 마음이 이미 지옥을 처절히 겪고 있는 것이었기에 그런 것에까지 마음을 쓸 여유가 없었습니다. 마음이 그곳으로 열리지를 않았어요. 이후 성영님에 의해 깨닫고 보니 그 같은 신비 체험들은 대부분 다 귀신에게 속는 일들이었다는 것을 알게 됐습니다.

그렇게 교회 나온 지 몇 달 정도 때, 집을 이사해야 할 문제도 있고, 금식을 작정하여 기도를 하고 싶다는 생각이 들어서(금식기도도 교회가 열심히들 하고 있어서) 낮 12시 밤 12를 기도 시간으로 정하고, 교회에 나가 사흘을 밥을 안 먹고 기도했습니다. 뭘 기도했는지 다 생각은 안 나지만 이사문제를 중점으로 기도했다는 생각이 있고, 내가 아는 정도의 회개도 하며 눈물을 많이 흘렸다는 것도 생각이 듭니다. 그땐 예수님도 모르고, 천국 지옥도 모르는 상태에서 그저 하나님이 계시다는 것만 알았기에, 하나님! 하나님! 부르면서 기도할 줄을 몰라 몇 마디하고 멈추어 있다 생각나면 또 하곤 했습니다. 자정에 교회 나가 기도할 땐 넓은 예배당을 다 불 밝힐 수는 없고, 스위치가 어디인지도 모르고 하여 컴컴한 곳에서 혼자 기도했는데, 그땐 머리가 쭈뼛쭈뼛하도록 귀신들이 기도 못 하게 방해하듯 장난하는 것들을 진짜로 경험하곤 했습니다. 그래서 귀신의 존재를 더욱 확신하게 되었습니다.

이틀째 낮에 기도하는데 등줄기가 뜨거워지면서 입에서 내 말이 아닌 다른 말, 영어 같기도 하고, 불어 같기도 하고, 중국어 같기도 하고, 일본어 같기도 하고, 암튼 각 나라말과 같은 다른 말이 계속 나오는 것이었습니다. 방언을 달라고 기도한 적도 없고, 방언에 관심을 둔 적도 없었는데, 그리고 방언을 이해도 못 한 상태인데, 그렇게 다른 말로 계속 돌아갔습니다. 그런데 방언을 받으면 혀가 위로 또르르 말리듯 한다고 들었으니 그러면, 방언이면 혀가 말려야 할 텐데, 저는 전혀 말리지도 않고 그런 느낌도 없었습니다. 그래서 혀가 말려야만 되는 줄로 알고, 그 말을 안 하려고 의도적으로 그치고, 내 말로 하려고 하면 금방 다른 말로 돌아가고, 하기를 몇 번을 하는 중에 내 마음에 '아 이것은 하나님께서 주신 방언이라.'는 확신이 확 밀려 들어 온 것입니다. 의심할 이유도 의문도 없었습니다. 그래서 기도할 줄 모르는 내게 성영님께서 방언을 주셔서 그 뒤로 방언으로 기도를 올려드릴 수가 있었습니다.

그 뒤 몇 해가 지난 어느 날 집에서 기도를 자유롭게 할 수가 없어서 그대로 아뢰었는데 성영님께서 "내가 네게 방언하게 한 것은 아무 데서나 기도하라는 것이니, 이불 속에서도 할 수 있지 않으냐?" 하셨습니다. 순간 내가 알아듣기는 꼭 기도 장소가 있어야 하는 것이 아니라 설거지를 하면서도 잠자리에 누워서도 화장실에서도 길을 가면서도 자유롭게 기도하는 것이라는 것으로 들었습니다. 이것이 방언에 대한 저의 경험입니다.

성영님이 주시는 방언의 기도는 영적인 능력으로 들어갈 수 있는, 큰 유익이 되는 영적 자산입니다. 성영님이 마땅한 자에게 자기 뜻대로 주시는 신비한 하늘의 언어요 체험입니다. 고전12:7에서 **각 사람에게 성영의 나타남을 주심은 유익하게 하려 하심이라** 했습니다. 그리고 고전12:11에서 **성영이 각 사람에게 뜻대로 나누어 주신**다고 해서 성영님의 나타남을 주시는 은사 등의 표적은 성영님의 뜻대로 주신다고 했습니다. 그리고 더 나아가 하나님의 깊은 것까지 통달하신 성영님께서, 통달하신 그 비밀을 받을 자가 누구인지를 아시고, 그에게 비밀을 열어주신다는 뜻이기도 합니다.

그래서 예수님께서 내가 가는 것이 너희에게 유익이다. 왜냐? 하나님의 깊은 것까지 통달하신 성영님이 오시는 것이니, 너희에게 '유익이라' 하신 것입니다. 사도 바울은 예수님의 말씀을 재해석하여 전해 준 것입니다. 믿음은 오직 성영님으로만 되는 것이요, 하나님의 뜻대로 구하게 하시는 기도 또한 오직 성영님에 의해서요, 그러므로 성영님이 우리의 믿음을 도와주시고 하늘의 것을 소유하게 하시기에 우리에게 유익이신 것입니다.

성영님께서 저에게 세상 교회들을 향해 경고하라 하실 때 믿는다고 하는 사람들의 영적 상태를 보게 하셨다고 했잖습니까? 사람들이 자기가 믿는다는 예수님을 아는 지식도 없고, 참으로 알아야 할 것은 관심이 없는 것을 보았습니다. 그리고 알려고 하는 신앙 인격이 없는 사람들이 자기 분수에 맞지 않는 은사들에 마음을 쓰고 집착하는 모습들이었습니다. 자기 기분, 자기만족을 위해, 자기를 세우려고 분별없이 은사들을 좇아서 어떤 목사가 능력 받게 해준다더라, 어떤 목사에게 안수받고 기도 받으면 성영의 불이 임하여 불 받게 된다더라, 방언을 받게 해준다더라, 답답한 문제들을 예언해준다더라 하는 것들에 구세주 만난 듯이 쫓아다니고 찾아다니고, 방언이나 예언 등 귀신 쫓고 병 고치는 능력, 심지어는 기도만 하면 성영 충만이 이루어지는 줄 알고 성영 충만하게 해달라고, 자기의 좋은 대로 기도하는 모습들을 영으로 보게 하셨습니다.

방언 받는 것은 성영 받는 것이라고 하니 그 성영을 받겠다고, 방언 받겠다고 속임이 난무한 그 같은 곳으로 쫓아다니다 거짓 영들에다 붙잡혀서, 그 영들에게 혀를 잡혔다는 말입니다. 정신이 지배받고 혀를 잡혀서 방언이라고 흉내 내는 것에 다 걸려버렸습니다. 모방에 걸려들었다는 말입니다. 사단이 쳐 놓은 그물들에 걸려들어 방언이라고 열심히 흉내 내고 있는 것입니다.

그리고 '랄랄라, 따따따' 이런 발음으로 방언한다고 하는 경우들이 있는데, 그것은 성영님으로부터 온 것 아닙니다. 성영님께서 주시는 방언은 듣기에 거부감이 들지 않고 신비감이 들게 합니다. 거짓 방언은 듣기에 거북스럽고 혐오감이 든다거나 심하게 거부감이 듭니다. 사람의 마음에 화가 일어나게 하고 또 안정을 잃게 합니다. 그리고 무아지경에 빠진 듯이 하는 것, 깊은 기도 들어간다고 하는 것, 도취하는 것, 다 성영님에게서 온 것 아닙니다. 우리가 아버지께 기도하는 것은 믿음으로 하는 겁니다. 믿음으로! 아니, 무슨 깊은 기도 들어간다고들 하는데 도대체 어디 깊은 곳으로 들어간다는 것입니까? 어디로?! 간혹 이런 말을 들을 때마다 사실 소름이 끼칩니다.

성영님이 내게 오셨으니 성영님께서 내 생각을 지배하시고 내 혀를 잡아주시고 아버지의 뜻대로 구할 수 있도록 저의 기도를 도와주십시오. 하고 성영님을 의지하고 맡겨드리고 믿음으로 기도하는 겁니다. 사람들이 기도하는 것도 말씀의 지식을 따라 기도하는 것이 아니라, 자기 생각을 따라, 자기 신념을 가지고 기도하고 있어서 마귀에게 자기를 지배하라고 하는 것밖에 되고 있지 않습니다.

그러므로 여러분 분명히 아십시오. 여러분이 만일에 방언을 받은 경로가 위의 경우들에 해당하면, 방언을 받았다고 하는 것이 그런 경로들을 통해서이면 다 거짓이라는 것을 알라는 말입니다. 거짓 방언이라는 것이 무엇으로 나타납니까? 자기의 방언이 어디로서 왔는지 자기가 모르는 것입니다. 자기 방언이 어디로서 왔는지 모르는 거예요. 성영님이 자기 안에 주신 확신이 없으면 거짓 방언하는 것임을 말합니다. 그래서 방언해야 하느냐? 하지 않아야 하느냐? 하고 갈등하는 것, 이런 범주에 속한 것은 거짓 방언입니다. '방언은 마귀가 준 것이다.' 하면 '그런가?' 했다가, 왜입니까? 자신이 모르니까 자기가 성영님으로 받은 것이 아니니 '방언은 마귀가 준 것이다.' 하면 그런가? 했다가 '방언은 성영님이 주는 은사다.' 하면 또 그런가? 하고, 방언을 해야 하느냐? 하지 않아야 하느냐? 전전긍긍하며 좌충우돌하는 것, 다 거짓 방언임을 증명하는 것입니다.

아니, 도대체 말입니다. 자기도 모르는 방언을 왜 합니까? 성영님께서 주신 은사인지도 알지 못하는 방언을 왜 하는가 말입니다. 어떻게 자기가 알지 못하는 방언을 하는가 말입니다. 성영님이 주신 방언의 기도는요, 자기가 아는 것입니다. 성영님께서 영감에 확신을 주시기 때문에 누가 뭐래도 자기가 아는 것입니다. 마음에 성영님께서 주신 것이라는 영의 직감으로 확신을 주십니다. 성영님이 말씀하신단 말이에요. 성영님과 자기와의 관계에서 온 경험이요 성영님이 자기 안에 분명한 확신을 하도록 하시기 때문에 분명히 아는 것입니다. 성영님과의 관계에서 이루어지는 모든 것은 성영님께서 성영님이 하신다는 확신을 주시는 것까지 하십니다. 이 증거, 이 보증이 없으면 거짓이에요. 분명히 성영님이 주시는 방언이 있고, 그 방언을 흉내 내게 하는 거짓의 영들이 주는 거짓 방언도 있습니다.

그러면 '방언은 성영님이 주시는 것이 아니라 마귀가 주는 것이라고들 하는데 방언을 해야 하느냐? 하지 않아야 하느냐?'라고 질문했던 여러분에게 말입니다. 제가 방언 안 해야 한다고 말하면 안 하시겠습니까? 또 해야 한다고 말하면 하시겠습니까? 이것은 고전14:38

에 말씀하신 **만일 누구든지 알지 못하면 그는 알지 못한 자니라** 입니다. '알지 못하면 그는 알지 못한 자니……' 이것은 버리운 자라는 말입니다. 그러니 이것이 얼마나 잘못되어 있는 것입니까? 아니, 하란다고 하고 하지 말란다고 안 한다면 ……. 여러분이 한번 생각해보십시오. 자기 자신이 모르는 것을 하란다고 하는 것이면, 그것이 흉내 내는 것이지 무슨 믿음이냐는 말입니다. 제가 말씀드릴 수 있는 것은 자기가 모르는 것이면 하지 말라는 것입니다. '성영님이 주신 것이면 제 마음에 확신까지 주십시오.' 하고 기도해보시되 그러나 자기가 모르면 하지 말라는 말을 할 것밖엔 없습니다. 자기가 모르는 것을 도대체 왜 합니까? 방언의 출처도 모르면서 왜 하는 건데요? 그래서 성영님께서 방언해야 하느냐, 하지 않아야 하느냐는 질문들에 대해서 제가 답해야 할 필요가 없기 때문에 그렇게 저의 마음을 아주 불편케 하시면서 말하는 것을 강하게 거부를 하셨던 것입니다.

우리가 하는 신앙고백에 대한 말씀도 마찬가집니다. 신앙고백에 대한 질문도 마찬가지란 말입니다. 제가 방언에 대해 말하다 보니 긴 이야기가 돼 버려서 사도신경까지는 나갈 수가 없게 되어 오늘 말씀은 이것으로 마치고 사도신경은 다음으로 하겠습니다.

그리고 참고로, 성영님께서 주시는 방언의 언어는요 그 종류가 다양합니다. 만일에 하나님께 '감사합니다.' 를 A라는 사람이 하는 것하고 B라는 사람이 하는 것하고 똑같지 않고 언어가 다를 수가 있습니다. 열 명이라도 백 명이라도 다를 수 있습니다. 그래서 사도 바울이 고전12:10에 **각종 방언 말함을** 이라고 했습니다. 예를 들어 우리는 '하나님 감사합니다.' 하는데 같은 뜻의 말이라도 각 나라의 언어가

다 다르지 않습니까? 그러나 하나님은 다 알아들으시잖아요. 성영님의 언어가 이와 같다는 말입니다. 우리가 색을 말할 때는 한 가지 색만 있는 것이 아니라 온갖 종류의 색깔이 있듯이, 모든 색깔을 묶어 말할 때는 색이라고 말하듯이, 성영님이 주시는 방언 언어도 각각이지만, 하나님은 하나로 들으신다는 말입니다.

예를 들면 성영님이 방언으로 '하나님 감사합니다.' 하게 하실 때, A는 혀에서 나는 소리가 '가나스칸다쎄' 했는데 B는 '오마이칸데쎄' 했어요. 또 C는 '올레켄데마딧쎄' 한 겁니다. 이런 식으로 서로 말이 달라도 성영님이 주시는 방언 통역은 똑같이 '하나님 감사합니다.' 로 통역되는 겁니다. 그래서 하나님께서도 똑같이 '감사합니다.' 로 들으시는 겁니다. 이것이 하나님의 언어의 무한한 신비함이요 능력이에요. 제가 말이 짧아서 설명을 어떻게 해야 할지 몰라서 안타깝기만 해요. 단지 성영님께서 여러분에게 알아들을 지혜를 주시기를 바랄 뿐입니다.

그리고 이것은 또 여러분이 때를 보는 눈이 있기를 바라서 말씀을 드립니다. 몇 년 전부터 여자들이 말씀을 전하겠다고 주의 종이라고 해서 많이 나오는 추세였어요. 그런데 어느 날 저에게 성영님께서 보이신 것은 여자들이 대거 등장하여 나올 것이라는 겁니다. 그런데 어쩌면 그리도 전부 미혹의 영에 잡혀서 사람들의 영혼을 낚으려고 나오는 것들이었어요. 그러면서 제가 무엇을 보게 되었느냐? 큰 동굴이 있는데 동굴이 얼마나 깊은지 그 안이 보이지가 않아요. 깊이가 보이지 않는 동굴 안은 아주 깜깜한 어두움 그 자체였는데 분간을 할 수가 없지요. 그러나 동굴 입구는 밝은 광채로 환했어요. 그런데 그 동굴 속에서 사람들이 쏟아져 나오는데 보니 대부분 여자였습니다. 주의 종 되겠다고 나오는 여자들이더란 말입니다. 제가 그중의 어떤 사람의 눈을 들여다봤는데, 그 영의 상태를 눈을 보면 알아요. 그 눈은 검은 동자로 덮었고 눈 속이 얼마나 깊은 블랙홀인지, 도무지 그 끝을 모르겠는 겁니다. 목사라고 나온 여자의 눈 속에서 제가 그것을 봤단 말입니다.

그래서 오늘날 예수님을 믿는다고 하는 사람들이, 정말 알아야 할 것에 관심 없고, 정말 예수님과의 관계에 분명한 믿음을 가지기를 원해서 오직 예수님을 아는 일에 자기 믿음을 두고 있는 것이 아니라, 전부 은사들에 마음을 두고 호기심으로 좇아가는 것……. 그래서 완전히 그 호기심을 이용해서, 사람들이 얼마나 호기심이 많습니까? 이 은사들이나 하늘의 놀라운 영적인 것들에 대해서 얼마나 호기심들이 있느냐 말이에요. 그 호기심으로 인해 다 붙잡혀버리는 거예요. 그 여자의 눈 속에 정말 깊이를 알 수 없는 블랙홀을 제가 봤단 말입니다.

그래서 앞으로 이 미혹의 때는 남자들보다 여자들이 대거 등장하여 섬세한 말솜씨로, 여러분 잘 아십시오. 사람들의 영혼을 미혹하고 낚시질하여 지옥으로 끌고 가는 일이 있다는 것을 여러분이 아시란 말입니다. 저는 여자들 목회하는 것 사실 긍정적으로 보지 않습니다. 저도 여자지만 여자들이 목회하러 나오는 것 정말 보기 싫다 말씀드리잖아요. 물론 참으로 하나님의 부르심이면 말할 것은 없지요. 그럼 당신도 여자이면서 왜 목회를 하느냐? 한다면 저는 목회가 아니요. 목회자가 아닙니다. 성영님께서 말씀을 말하라고 명하신 것을 순종하려 하니 사람들에게 목사라는 직함이 가장 친숙한 것이라서 편의상 필요로 가진 직함일 뿐입니다.

성영님께서 저에게, 물론 목사의 직함을 가진 뒤에 말씀하신 것이지만 말씀에 관해서 선지자 역할로 세상에 보내졌다고 말씀하셨습니다. 그래서 성영님께서 말씀하신 것은 여러분에게 제가 설명해 드릴 수는 있어도 여러분이 저에게 '선지자님' 한다는 것은 어색한 것이지 않습니까? 목사로 불리는 것이 일반적으로 거부감 없는 직함이고, 말씀 전함에 있어서 권위적인 것도 필요하니, 편리를 위해 목사의 직함을 갖게 된 것입니다. 여러분이 이런 부분에 있어서 분별할 수 있는 영적 지각이 있기를 원해서 이 말씀을 하게 되었으니 유념하기 바랍니다.

오늘 방언에 대한 것을 이 정도만 말씀드려도 방언에 대해서 깨닫지 못할 일 없습니다. 아셨습니까? 말씀을 맺습니다. 말씀 전함의 여부를 일일이 간섭해주시고 기름 부음의 세세한 가르침으로 전하게 하시는 삼위의 하나님께 감사와 영광을 올립니다. 아멘

10. 03. 14
근신하여 경계해야 하는 것들

⁶그러므로 우리는 다른 이들과 같이 자지 말고 오직 깨어 근신할지라 ⁷자는 자들은 밤에 자고 취하는 자들은 밤에 취하되 ⁸우리는 낮에 속하였으니 근신하여 믿음과 사랑의 흉배를 붙이고 구원의 소망의 투구를 쓰자

(살전5:6-8)

　지난 한 주간도 여러분이 성영님을 의지하여 자기의 믿음성장을 위하여 힘썼으리라 믿고요. 오늘도 깨닫는 말씀으로 받아 더욱 믿음이 견고케 되는 기회가 되기를 바랍니다.

　살전 5:6-8의 말씀을 우리가 읽었는데요. 이 말씀을 본문으로 한 것은, 성경은, 믿는 자에게 근신을 대단히 강조하고 있고, 지금 읽은 말씀도 근신을 말하는 것이기에 그리스도인이 근신하여 경계해야 하는 것들은 무엇인가 하는 그 근신에 관해서 말씀하려는 뜻에서입니다. 그리스도인이 근신하여 경계해야 하는 것은 무엇인가를 한 부분만 말씀드리겠습니다.

여러분! 때가 정말 악합니다. 저는 예수님의 재림이 심히 가까웠다는 것을 절감하고 있습니다. 그러므로 믿는 우리는 시대를 분별하고 근신하여 깨어있는 믿음이 되어야 한다는 것, 강조하고 강조합니다. 오늘 본문 6에 **우리는 다른 이들과 같이 자지 말고 오직 깨어 근신할지라 8에 우리는 낮에 속하였으니 근신하여 믿음과 사랑의 흉배를 붙이고 구원의 소망의 투구를 쓰자** 라고 했습니다. 그러면 근신이 무엇입니까? 신앙 없는 사람들처럼 먹고 마시고 취하고 놀고 즐기자 하는, 시대에 뒤떨어지지 않는 삶이 되고자 세상 것들을 바라 쫓아가는, 이런 것들에서 자신을 깨끗이 하고 몸과 마음과 생활을 단정히 하여, 오직 예수님께 소망을 두고 믿음에 거해야 함을 말합니다.

딤후1:7에 하나님이 우리에게 주신 것은 두려워하는 마음이 아니요 오직 능력과 사랑과 근신하는 마음이니 했습니다. 4:5에 너는 모든 일에 근신하여 고난을 받으며… 했어요. 그리스도인으로서 믿음을 위해서 근신하며 고난도 받으라는 것입니다. 딛1:8에 … **선을 좋아하며 근신하며 의로우며 거룩하며 절제하며** 했어요. 딛2:12,13에 복스러운 소망 즉 영생의 생명을 가지고 아버지의 나라를 소망하며 예수님의 재림을 기다리는 자는, **경건치 않은 것과 이 세상 정욕을 다 버리고 근신함과 의로움과 경건함으로 세상에 살고** 했습니다.

벧전1:13에 너희 마음의 허리를 동이고 근신(勤愼)하여 예수 그리스도의 나타나실 때에 너희에게 가져올 은혜를 온전히 바라라고 했습니다. 벧전4:7에 만물의 마지막이 가까왔으니 그러므로 너희는 정신을 차리고 근신하여 기도하라고 했습니다. 근신하여 기도하라는 것입니다. 벧전5:8에 **근신하라 깨어라 너희 대적 마귀가 우는 사자같이**

두루 다니며 삼킬 자를 찾나니 했습니다. 근신하여 깨어있지 않으면 마귀의 밥이 된다는 말입니다. 성경은 이같이 믿는 이들에게 계속 근신하라는 경고를 끊임없이 하고 있습니다. 그러므로 예수님의 재림이 가까운 이 악한 때에 시대에 대한 영적 감각을 가지고 더욱 근신해야 되는 때로 알아서 믿음 있는 자가 되기 위한 노력에 힘써야 합니다.

그러면 우리가 경계해야 하는 것들이 무엇인가? 인간은 하나님께 죄를 범하고 하나님을 떠나 살면서 하나님을 아주 완벽히 잊은 채로, 죄로 죽은 영혼의 두려움을 안고 유리 방황하며 사는 존재가 되었습니다. 영에 두려움과 죄의식을 가진 인간은 마음이 쫓기듯 하는 그 두려움과 불안에서 헤어나 보려고 종교를 만들어 섬기고, 신을 만들어서 섬기고, 삶의 질을 높이면 거기에 안식과 만족이 있을까 하여 끝없이 돈을 좇아가고 물질문명을 발전시키는데 몸부림하며 살아왔고 또 살고 있습니다. 그런데 하나님을 버리고 떠난 인간이 쌓아 올린 문화와 문명과학은 사실 인간이 신이 되어서 하나님과 비기어 보겠다고 하는, 하나님과 겨루어 보겠다고 하는 사단적인 교만과 협력 가운데서 나온 바벨탑입니다. 창11:4에서 우리가 성과 탑을 쌓고 탑 꼭대기를 하늘에 닿게 하여 우리 이름을 내자고 했던 것과 같은 그 바벨탑을 지금 계속해서 쌓아 올리는 일을 하는 겁니다. 이것이 자기가 왜 이렇게 사는지에 대한 자기 실체를 모르는 인간의 삶의 모습입니다.

그래서 이 시대가 물질문명 과학의 산물인 온갖 문화로 말미암아 인간의 마음이 젖어버렸는데 그것은 인간의 마음을 세상으로 온전히 사로잡아 고정되도록 붙잡는 데 큰 공헌을 한 것이 되었습니다. 그러므로 인간이 성취하고 이루려고, 이루고 또 소유하기 위해서 앞 다투어 뛰면서 바쁘게 좇아가는 것이 되어서 영이 가진 두려움도 죄의식도 영의 소원도 마비 되게 된 때가 되었습니다. 물론 문명의 혜택은 우리 삶에 편리함을 주고 있어서 좋은 점이 많은 것은 사실입니다. 그러나 오늘날 문명 과학 발전으로 인한 최첨단 기기들과 영상물들은 필요와 편리함의 그 이상을 넘어서서 인간들의 정신을 지배해버리는 큰 역할이 되었고 인간 자체를 지배하여 군림하는 신과 같은 위치가 되어 버렸습니다. 인간의 머리와 손으로 만들어진 것들이 오히려 사람을 지배하는 문명의 신이 돼 버렸다는 말입니다. 거기에서 큰 역할은 컴퓨터가 아닌가 생각합니다. 거기에서 가장 큰 역할, 가장 큰 비중을 차지하는 큰 역할, 바로 그것이 컴퓨터라는 말입니다.

제가 지금부터 약 십여 년 전 1999년도 어느 예배의 날에 예배드리기 전 기도할 때, 성영님의 말씀이 있었는데, 컴퓨터가 사단의 도구로 쓰이는 기계라고 하셨습니다. 그리고 곧 영상처럼 눈앞에 나타난 것은 인간의 마음과 정신을 장악하고 지배해 버림으로써 컴퓨터에 조종당하는 로버트와 같은 존재가 되는 것이었습니다. 그래서 예수님을 믿는다는 사람들이 이 컴퓨터나 전자 기기들의 매력에 빠지고, 마음과 정신이 거기에 붙잡혀 버렸다고 하면, 없으면 못 살 것 같은 증세들이 있다고 하면, 곧 그것은 그의 우상이 되었고 신과 같은 존재가 되었으므로 절대 믿음을 가질 수가 없는 겁니다. 예수님을 믿는다는 말은 할 수 있을지언정 영적인 믿음, 예수님과 관계를 맺는 속사람의 믿음은 될 수가 없다는 말입니다. 그래서 물질문명 과학의 산물들은 인간의 눈과 마음을 사로잡아 신과 같은 위치가 되었음으로써 믿음이 되지 못하게 막는 진이요 신이요 진, 신, 복음의 능력을 갖추지 못하도록 막고 있는 진으로 단단한 역할을 하는 것이 되었습니다.

마13:14, 15에서 그것을 말씀해주고 있잖습니까? 듣기는 들어도 깨닫지 못하고 보기는 보아도 알지 못하고 마음이 완악하여져서 고침을 받을까 두려워한다고 하신 이 말씀이 오늘날도 시대에 붙잡힌 사람들에게 그대로 해당하는 말씀입니다. 그래서 참으로 믿기 원하면 그런 세상 겉껍데기들에 속지 않아야 하고 영적 지식을 가져야 하기에 성영님의 이르신 대로 컴퓨터의 정체를 성도들에 설명했습니다. 그러자 악한 영이 사람을 통해 반격해 들어오기를 '왜 꼭 컴퓨터를 부정적으로만 보느냐 시대에 뒤떨어진 무식한 소리나 한다.'고 노골적으로 무시하며 비웃고 들어왔습니다. 그러나 솔직히 얘기해보겠습니다. 믿음을 가질 수 있느냐 없느냐 하는 것은 말할 것도 없지만, 그것은 놔두고라도 그런 것들에 정신 팔리고 붙들려 있는 사람치고 자기 생활을 정상적으로 하는 사람 있다고 생각합니까? 자신뿐만 아니라 가정이나 사회적인 큰 문제로 대두되고 있지 않습니까? 악을 조성하는 데 눈에 보이지 않는 큰 힘으로 암적인 역할을 하는 것을 여러분은 느끼지 않습니까. 영적 감각이 있다면 여러분이 보지 못하고 느끼지 못할 이유가 없습니다.

제가 신학교 때 학교 측에서 리포터나 그 외 모든 숙제를 손으로 필기하지 말고 컴퓨터로 작성해오라고 했어요. 그래서 나는 컴퓨터도 할 줄 모르고 타자 칠 줄도 모른다 했더니 깜짝 놀라며 하는 말이 '목회하려면 컴퓨터부터 배워야지 컴퓨터도 할 줄 모르면서 어떻게 목회를 한다고 하느냐? 컴퓨터 모르면 시대에 뒤떨어져서 목회 못 한다고 모두 하나같이 걱정스러운 듯 큰 화젯거리나 만난 것 같은 태도들이었습니다. 거기에 한술 더 떠서 하는 말이 영화 같은 것도 많이 봐야 설교에 자료를 얻게 되어서 설교 폭이 넓어지고 영화 속에서 영감을 얻는다고 했습니다.

그래서 제가 "아니, 기록된 성경 말씀으로 목회하지 무슨 컴퓨터로 목회하는 것이냐?" 했더니 "컴퓨터 속에 설교 자료가 다 있다. 단어 뜻이라든지 목회에 필요한 모든 자료정보가 다 들어있어서 목회하기에 편리하다. 성경 백과가 거기 있다"고 했습니다. 물론 리포터는 규칙대로 작성할 수도 있겠지만, 컴퓨터 할 줄 모른다고 목회 못 하고 시대에 뒤떨어진다고 하는 것은 성경을 학문처럼 배우는 것이라면 또 모르겠습니다만, 물론 성경을 학문하려는 것이면 그들 말처럼 컴퓨터만큼 좋은 것은 없겠지요.

그러나 성경은 영이신 하나님의 일로써 영적인 것을 다루셨고 우리에게 그것을 성영님으로 깨닫도록 하신 것이기에, 듣는 저로서는 어불성설이었어요. 그렇기에 저는 성영님에 의해 성경에 대한 주관이 분명하게 서 있기 때문에 모든 사람이 한목소리로 컴퓨터 못 하면 목회 못 한다고 말했다 해서 마음이 끌려다니지는 않습니다. 제가 그런 말에 마음이 끌려다니지 않아요. 무엇이든지 다 마찬가지요. 시대 위에 계시고 세상 위에 계시고 컴퓨터가 세상 50억의 머리에서 나온 최고의 높은 이성과 지식이 모인 두뇌 총 집합체라 할지라도 그보다도 더 위에 계신, 성경을 기록하신 성영님의 가르치심이 있기 때문에 저는 사람 머리에서 나온 것 의존하지 않고 끌려다니지 않는다는 말입니다. 그것은 세상이요. 인본일 뿐입니다.

누가 저보고 목사님은 구식 사람이라 최신 것 싫어한다고 말하던데, 제가 구식 사람이 되어서 그런 것을 멀리하는 것이 아니라, 구식이나 신식이나 이런 따위의 문제가 아니라, 인간이 아무리 좋다고 최고로 친다 해도 그것이 세상을 잡은 매개체 역할을 하는 것이면 또는 매개체가 될 소지가 있어 믿음을 거슬리는 것이면, 무엇이 되었든지 간에 필요치 않을뿐더러 소유하지 않습니다. 나는 세상에 속하고 싶지 않은 것이니, 저를 그런 식으로 말하는 것은 옳지 않습니다. 하나님과 대치되는 것들, 인간 머리를 높이고 하나님을 대적하고자 하는 것들, 그러므로 한편으론 인간의 정신 체계를 말살하여 장악하려는 사단으로부터 좇아 나온 그런, 사단과 인간이 의기투합하여 조직적으로 쌓아 올린 바벨탑 같은 그 세상의 것들에는 관심 없는 거예요. 예수님을 믿는다는 것은, 하나님의 자녀가 되었다는 것은 시대에 따라 시대를 맞추고 유행을 따라 사는 것이 아니라, 세상 풍습이나 전통을 맞추고 사는 것이 아니라 성경 말씀을 따라 사는 자, 하나님의 방식대로 사는 자가 되었다는 것을 말합니다.

그래서 저는 참으로 나를 통해서 우리 주 예수님이 높임을 받으시고 예수님 안에 있는 진리의 법을 소유하기를 너무나 원하고, 그 법이 내게서 세워지기를 소원하는 것이지, 그까짓 세상 문명이 발전하여 따라오는 세상 유행이나, 세상 문화나, 세상의 신이 되어있는 그런 첨단의 것들에는 관심 없습니다. 저는 관심 없어요. 그래서 시대에 뒤떨어졌다고 해도 좋고 그러거나 말거나 그것은 그렇게 말하는 사람들의 것이고, 나는 진리의 법을 가진 성영님께서 나와 함께 계시며 가르치시고 천국을 소유하게 하시니 너무나 큰 자유가 있고 당당한 행복이 있으니, 오직 예수님 외에는 알지 아니하기로 한 것입니다.

천국과 그런 것들과 비교가 되는가 말입니다.

주변 사람들도 컴퓨터가 그리스도인들에게 끼치는 영적 영향이 어떤 것인지를 들려주면 나오는 반응이, 컴퓨터 할 줄 모르면 컴맹이라고 무시당하는 시대라는 것도 모르느냐? 무식한 사람으로 취급당한다 하고 나옵니다. '지금 시대가 어떤 시대인데 시대에 맞지 않는 그런 답답한 소리나 하고 있느냐, 예수님 믿는 것하고 컴퓨터 하고 무슨 상관있다고 그런 씨도 안 먹힐 말을 하고 있느냐, 예수님 믿는 것을 너무 별나게 믿는 것 아니냐' 라고 말하는 것이지요. 맞습니다. 나는 이미 무식하기로 작정해버린 사람입니다. 사람들의 이런 말에 나는 아버지 하나님께 세상에 대하여는 더 무식하기를 원한다고 말씀을 드립니다. 내가 믿는 예수님, 그 예수님과 예수님으로 주어지는 아버지 나라와 의에 대한 것 외에는 인간 머리에서 나오는 그런 기계들에 두뇌는 알지 않기로 더 무식해지기로 아주 기쁘게 작정하는 겁니다. 참으로 귀가 열려서 긍정으로 듣는 사람들이 없었습니다. 이것은 무엇을 말해줍니까? 예수님을 믿는다고 해도 영적인 것에는 관심이 없음을 말하는 겁니다. 성영님께서는 누구에게나 말씀하시고 감동으로 역사하여 믿음을 도와주시는데 성영님의 음성을 들을 수 있는 영의 귀를 가진 참믿음의 사람들이 없다는 것을 말해주는 겁니다.

물론 필요라면 그거야 말할 이유는 없습니다. 용도가 필요이면 말할 이유는 없겠습니다. 컴퓨터를 다룰 줄 아느냐 다룰 줄 모르느냐를 말하는 것도 아닙니다. 다룰 줄 알던 다룰 줄 모르던 그것을 말하지 않습니다. 컴퓨터에 빠져 마음이 붙잡혀버리는 것을 말합니다. 필요를 벗어나 하나님의 뜻과 믿음에 배치되는 것들에 매료되어 정신과 마음이 붙잡히니 구원받을 수가 없기 때문입니다. 홍수처럼 쏟아지는 세상 지식과 온갖 세상 정보에 집착하고 사행성이니 음란물이니 오락물이니 고상한 말 쓸 것도 없이 그냥 흉물스럽고 폭력적이고 악의 상징인 마귀와 같은 캐릭터들을 등장시켜 상대를 죽이는 것으로 승부에 만족을 얻고, 죽여야 이기는 온갖 게임들로 홍수를 이루는 그런 악한 것들에 붙들려 있다면 그것이 거룩함으로 구별된 그리스도인의 자세가 아닙니다.

마귀가 컴퓨터 속에다 잔칫상처럼 차려놓은 먹음직하고 보암직하고 탐스럽게 보이는 무한한 내용에 대해서는 제가 들은 것으로는 알지요. 그러나 여러분은 컴맹이라고 무시당할까 봐서 배웠으니까 잘 아는 것 아닙니까. 그 같은 것들을 눈으로 보고도 사단의 도구로 쓰이는 것임을 보지 못하고 느끼지 못한다면 믿는 자의 눈이라고 할 수는 없습니다. 세상에 말입니다! 예수님을 믿는다 하면서 예수님이 누구신지 진짜로 믿는다면 말입니다! 예수님의 말씀을 자기가 사는 말씀으로 받아 적용하기 위해 힘쓰고, 말씀으로 살고, 말씀으로 복을 받고, 말씀으로 위로와 소망과 영과 혼과 육체의 힘을 얻어 사는 말씀이 돼야 하지, 어떻게 예수님을 믿는다는 사람이 컴맹이라고 무시당할까 봐 배워야 하고, 마음이 불안하다고 해서, 낙심된다고 해서, 일이 잘 안 풀린다고 해서, 피난처로 PC를 택하고, 시간 보내려 PC를 택하고, 마음의 복잡한 것들을 잊어버리고 싶다고 컴퓨터에 자신을 맡기고 피난처로 삼는다면, 그것이 무슨 예수님을 믿는 것이겠습니까? 컴퓨터가 자기의 믿는 것이 돼 있을 뿐입니다.

하나님께서 우리에게 주신 것은 성경입니다. 성경! 성경 안에는 약속하신 복이 어마어마한 데, 그래서 하나님의 말씀에서 위로와 소망을 얻고 성영님의 인도를 받아야 하지, 성경은 외면하고 살면서 믿음을 가로막는 그런 것들에 마음과 정신을 팔고 자신을 맡길 수는 없는 것이라는 말입니다. 여러분, TV만 보아도 얼마나 타락한 세상인지를 여실히 들여다볼 수 있지 않습니까? 더럽고 추하고 유치하고 저질스럽고 온갖 음란 적인 것들이 판을 치고, 짐승과 사람이 서로 동질 관계가 되어 사람과 동격으로 취급하여 사람처럼 섬기도록 조장하는 그런 아이러니가 판을 치는, 귀신들의 놀이터가 된 곳에, 빠져들고 재미있어해야 하는 것이 아니라 영적 감각을 가지고 때를 볼 수 있어야 하지 않습니까?

혹이라도 여러분이 나는 휴대폰 없으면 못 살아, 나는 텔레비전 없으면 못 살아, 컴퓨터 없으면 못 살아, 이것 없으면 저것 없으면 못 살아 하지는 않습니까? 하기야 죽을 때 가져가고 싶은 것이 무엇이냐를 묻는 설문조사를 했다는데 첫 번째가 휴대폰, 식구들하고 전화 통화 좀 했으면 해서 휴대폰이고 두 번째가 텔레비전, 볼 수 있어서 심심하지 않았으면 해서 텔레비전이고 세 번째가 자기가 가지고 있는 귀금속 가져갔으면 좋겠다는 것에 관한 얘기를 제가 들었습니다. 그런데 죽을 때 가지고 갈 수가 있어야 말이지요. 이것은 무엇을 말해 줍니까? 필요 그 이상을 넘어서 없으면 못 살 것 같은 정도의 애착을 가졌다는 것, 우상이 돼 있다는 것을 의미합니다. 만일에 여러분에게 '없으면 못 살아'가 돼 있다면 그것은 이미 자기의 우상이 되었어요. 자기에게 신이 돼 있습니다. 무엇이 되었든지 없으면 못 살 것 같은 증세들을 가지고 있다면 이미 그것은 자기의 우상입니다. 휴대폰이 자기 몸에 소지 돼 있지 않으면 불안하다거나 휴대폰이나 텔레비전이나 컴퓨터 등이 자기 인생에 없으면 살 수 없을 것처럼 한다면 그것은 지금 그런 것들이 자기에게 신이 되어있습니다.

마12:36, 37에 예수님께서 말씀하시길 **사람이 무슨 무익한 말을 하든지 심판 날에 이에 대하여 심문을 받으리니 네 말로 의롭다 함을 받고 네 말로 정죄함을 받으리라** 하셨습니다. 무익한 세상 것들이 우상이 되어 그거 없으면 못 살 것같이 하는 것, 돈 없으면 못 살아 한다든지, 없으면 못 살 것 같은, 눈에 보이지 않으면 불안해하는 것 다 무익한 것인데, '내가 하나님께 아무것도 한 것이 없는데 어떻게 구원받아!' 하는 것 다 무익한 말인데, 그것은 예수님을 믿은 것이 아니요. 세상 것들을 믿고 의지하는 것들이 되었고, 자기 행위를 믿는 것이 되었으므로, 그 말로 심판 날에는 정죄 받는다고 분명히 말씀하신 것입니다. 죄로 정한다는 말입니다. 여러분 제가 왜 이렇게 복잡한 말을 해야 하는지 아십니까? 저도 사실 복잡합니다. 하기 쉬워서 하는 말이 아닙니다. 듣는 여러분에게도 절대로 기분 좋게 하는 말 아닙니다. 그러나 기분으로 듣는 것 아니고 깨닫는 것으로 들어야 합니다.

저는 제가 강단에서 말씀을 말하게 될 줄 상상도 못 했다고 말씀드렸잖아요? 참으로 저는 저의 신앙을 바로 갖고자 하여, 나는 하나님의 자녀요 하나님은 내 아버지이시니 마땅히 자녀로 살 능력을 갖추려고 그래서 노력했습니다. 내 믿음을 위해서 구하고 찾고 두드리는 그 몸부림을 해왔을 뿐인데, 아버지께서는 십여 년 전에 제게 말씀하시기를 컴퓨터, 즉 인간의 두뇌 역할을 하는 모든 기기들로 인하여 사람들의 정신이 지배당하고 인간에게 신과 같은 존재로서의 위치가 되어, 사단과 악의 영들의 도구로 쓰이고 있다는 것을 말씀하시고, 그것을 눈으로 보듯이 보게 하셨습니다. 과학 문명이 신의 위치가 되었다는 말입니다. 그리고 이 단위에 세우시고 그것을 경고하라는 것을 제 마음에 계속 불일 듯이 하셨습니다. …… **너는 내 입의 말을 듣고 나를 대신하여 그들에게 경고할지어다** 하시는 에스겔 33:7-9의 말씀을 예로 주시면서 그리스도인들이 경계해야 하는 것들에 대하여 분명하게 경고하라고 하셨습니다.

　네가 참으로 예수님을 믿는 자냐! 참으로 예수님 믿기를 원하느냐? 그러면 그런 것들에 마음을 빼앗겨서도 마음을 붙잡혀서도 안 된다는 것입니다. 변명하지 말라는 겁니다. 집착하지 말라는 겁니다. 그것을 통하여 세상에다 사단이 마음을 딱 묶어놓는다는 겁니다. 문명의 기계들에 마음과 눈이 미혹돼 있으면 그 속에 복음은 절대로 있을 수 없다고 하신 겁니다. 그와 같은 것들을 이용가치로만 알고 이용하는 것이면 그것은 능력입니다. 그러나 마음과 정신이 붙잡히면 그 속에는 정죄밖에 없다고 하셨습니다. 듣고 받아들이는 자는 살 것이요 받아들이지 않는 자는 떨어질 것이라고 했어요.

　사람들이 저에게 질문합니다. 그러면 당신이 전하는 말씀이 하나님께서 말하라 하신 것이면 많은 사람에게 전해야 하는 것 아니냐? 그리고 교회가 큰 부흥이 일어나야 하나님께서 함께하신다는 증거가 되는 것이지, 왜 부흥이 안 되는 것이냐? 저도 물론 아버지 하나님께 질문했던 말입니다. 그런데 항상 여러분에게 말해왔던 대로. 제가 성경 알기를 원했던 것은 성경을 잘 배워서 누구 가르치려는 것이 아니었습니다. 목사가 되려고 그렇게 믿음의 몸부림을 해온 것이 아니에요. 성영님께서도 성경을 가르쳐야 할 특별한 사명이 있으니 성경을 배우라 하신 것도 아니에요. 나 자신이 참믿음이 되기 위해서, 믿는 것을 이왕이면 하나님의 뜻으로 된 믿음이 되려고, 내가 살기 위해서 그렇게 몸부림한 것입니다.

　성경은 나에게만 주신 것이 아니라 누구에게나 주셨으니까, 자기 신앙을 위해서 노력하지 않는다면, 어떻게 믿음을 바로 가질 수는 없지 않겠습니까? 남이 사 어떻게 믿든 말든 똑같은 성경을 가졌으니 그 성경 가지고 잘 믿든지 못 믿든지 그건 그 사람 사정이고, 나는 나 자신의 신앙이 되기를 너무나 원해서 노력한 것입니다. 그러니까 성영님께서 참으로 하나님의 뜻대로 믿고 싶은 그 소망, 내 소원과 사모함을 따라서 약속대로 기름 부음으로 성경을 가르치셨고, 참되고 거짓이 없는 성영님의 가르치신 말씀에 비춰 세상에 전해지는 말씀들을 보니 하나님의 뜻에서 빗나간 잘못된 말이 많더라는 것입니다. 하나님께 맞힌 것이 아닌 사람에게 맞춰진 설교들이었다는 것을 확실히 알게 된 것입니다.

　그렇기에 그 같은 것을 성영님으로 알게 된 이상 하나님의 과녁에 맞히지 못한 그 말들을 듣겠다고 할 그 미련은 제게는 추호도 없습니다. 내 영에 오신 성영님께서 거부하시는 그런 생명 없는 인간의 소리를 듣고 앉아서, 아무 데서나 예배드린다고 할 수는 없는 것이라는 말입니다. 나는 예배자입니다. 나는 나를 위해 죽으시고 나를 위해 부활하신 예수님으로 사는 예배자니, 그래서 내가 예배하기 위해서, 그리고 세상 것은 자랑할 것이 못 되니 너는 오직 나 예수만 자랑하라 하셨으니 예수님만 자랑하는 예배하기 위해 이 자리에 있는 것입니다. 내가 삼위 하나님을 예배한다는 말입니다. 이 예배에 사람이 많으냐, 적으냐? 하는 것 저는 관계없습니다. 내가 예수님을 자랑하고 내가 예배하는 것이기 때문입니다. 그래서 성영님께서 말하라 하신 것을 듣고 살기를 원하고, 믿음을 바로 배운 참믿음이 되어 신영과 진정의 예배자가 되기 원하면, 그러면 함께 예배하는 겁니다. 함께 같이 예배하는 거예요. 제가 아는 것은 이것이요. 그다음을 아시는 이는 성영님이시니 성영님이 이끄시는 대로 따라가는 것뿐입니다. 이것이 아버지 하나님께서 내게 주신 분 수, 분량입니다. 어떻게 하실지는 아버지가 아시는 것이니 아버지가 한발 내디디라고 하시면 내딛는 것입니다.

누구든지 내게서 얻을 것이 없다 싶으면, 자기 맞는 곳에 가면 되는 겁니다. 저는 누가 되었든지 자기 선택을 존중해주는 것이지 붙잡지 않습니다. 자기가 원치 않으면 그것을 존중해주는 것이지 붙잡고 늘어지지 않는다는 말입니다. 구원은 그 자신이 받는 것, 그 영혼은 내 것이 아니고 선택할 권리는 그 자신 것이기 때문입니다. 사람들이 하나님께서 만나주시는 것은 일대일의 관계임에도 불구하고 큰 무리 단체의 만남인 줄 너무나 큰 착각을 하고 있습니다. 자기가 성전이 되어 자기 안에서 하나님과 대화가 되고 교제가 돼야 하는데, 될 능력은 갖출 수가 없으니 무리 속에 하나님이 계시다는 착각을 하고 무리에 들어 있으려고 하는 것입니다.

예수님을 만나지 않으면 안 되는 자신을 알고 예수님과 연합을 이루기 위해 그 능력을 갖추게 하는 말씀을 사모해야 하는 것이지, 그런 자를 성영님께서 인도하시고 만나주시는 것이지, 사람 많은 곳에 있다고 감격해서 만나주시는 것 아니에요. 하나님께서 말씀하시는 부흥은 사람이 많이 모이는 것을 말하는 것 아닙니다. 그렇기에 저는 성영님으로 자기를 알고 예수님을 알고 믿는 예수님의 사람이 되는 영적 부흥을 너무나 소원하는 것입니다. 참으로 예수님을 사랑하여 예수님의 신부로서 자격을 갖추고 다시 오실 예수님을 기다리는 깨끗하고 순결한 신부들이 되기를 너무나 소원하는 것입니다.

　저도 처음에 성영님께 교회 부흥에 대해서 질문을 많이 했습니다. 그런 저에게 지금까지 말씀드린 것처럼 저를 이해시켜주시고, 또 말씀하시길 되지도 않을 쭉정이 같은 자들을 위해서 애쓰고 힘써 기도한다고 하는 것 원치 않는다고 하셨습니다. "내가 은혜 줄 자에게 은혜를 주고 긍휼히 여길 자를 긍휼히 여기리라"하시며 "내 은혜가 너에게 족하다" 하셨습니다. 그러니까 구원과 영적 부흥은 사람이 노력해서 데려다 놓았다고 되는 것이 아니요. 사람의 힘으로 되는 것도 아니요. 하나님이 은혜 줄 자에게 은혜 주고 긍휼함을 입을 자가 긍휼을 입을 것이니, 네가 오직 예수님으로 살기 원하였으니 내게 족하다고 하셨다는 말입니다.

　복음 전하지 말라는 것 아닙니다. 전해야만 그가 하나님의 은혜를 입을 자면 입는 것이니, 기회 되는 대로 전해야 합니다. 성영님께서 사람들의 믿음의 태도가 어떠한지를 나로 보게 해주셨고 경험하게 하셨습니다. 믿음 있다는 사람들을 보면, 이제 처음 예수님을 믿게 된 사람들이야 믿음을 배워야 하겠지마는, 자기가 믿음 있다고 하는 사람들을 보면, 대부분 성영님으로 믿음이 된 것이 아니라 자기가 옳다고 생각하는 것을 쌓아 올려놓은 것을 보는 겁니다. 자기 틀을 가지고 있습니다. 자기 틀을! 그래서 하나님의 옳은 것을 받아들이지를 않습니다. 어떤 면은 말씀이 맞는다고 듣는 것처럼 하는데 돌아서면 깨끗이 버리는 것을 자주 보았습니다. 마찬가지로 컴퓨터와 그 같은 유의 것들로 인해 믿음의 해를 입게 되는 그 역할에 대한 하나님의 경고하심을 전해 들은 이들 중에서도 사실은 받아들여 깨끗이 자기 믿음에 적용하는 사람이 없다는 것을 보게 하셨습니다.

　그 말을 비웃어버리든지 무시해버리든지, 무심히 흘려버렸습니다. 믿는다는 말은 열심히 해도 사실은 하나님의 경고하심을 심각하게 듣지 않더라는 말입니다. 그러니 저의 모든 말씀이 사람 비위에 맞겠습니까? 사람 비위에 맞는 말씀이 되겠는가 말입니다. 믿음이 되지 않을 자들이 듣기에는 얼마나 부담되고 거부감을 느끼는 것들인데, 여러분이 생각해보세요. 사람에게 맞춰주는 것이 아니니 사람의 숫자 부흥이 일어나겠는가 생각해보란 말입니다. 예수님의 사람만 모이는 것입니다. 예수님의 사람들만 있게 되는 겁니다. 예수님께서 분명히 적다고 하셨습니다. 그래서 하나님께서 보시는 것은 사람이 많으냐 적으냐가 아니라는 것을 알기 바랍니다.

　그런데 지금은 경고에 대해 불이 일듯이 일던 마음이 없습니다. 지금은 제 속에 없어요. 이제는 제가 알게 됐으니 제게 맡기셨다고 생각합니다. 그래서 듣는 자, 심영에 들려 동의가 일어나 받은 자는 산다고 하셨으니 제가 다시 말씀을 드리는 기회가 된 것입니다. 제가 일주일 동안 목숨 다해 말씀을 준비하여 전하는 것이라 하니까 여러분은 그런 것인가! 하는 정도로 듣고 말지만 저는 악한 영들과 피 흘리며 전투해야 하는 말로 할 수 없는 아픔을 겪어야 하는 일입니다. 말로 할 수 없는 아픔을 겪어야 해요. 악한 영들과 전투해야 해요. 사단과 그 사단의 정체와 악한 영들의 하는 일이 무엇인지, 속고 있는 것들을 드러내는 이것이 쉽게 하는 것이 아니다는 말입니다. 우리의 싸움은 혈과 육의 대하여가 아니라 악한 영들에 대하여서인데 실제로 싸움의 대상이 누구인지, 속이는 것이 무엇인지도 모르고 거기에다 속는 것이면, 믿는다는 것은 자기 생활의 일부분에 불과한 것이지 절대로 믿는 것이 아닙니다. 하나의 종교인입니다.

컴퓨터가 사단의 무기라는 것 등과 사단과 그 악의 영들의 정체에 대하여 말씀을 통해서 드러내자, 사단은 내게 비웃듯이 어떤 대항을 하고 들어왔는가 하면, 어릴 때부터 부모로부터 마음에 상처를 입고 부모에 대한 분노를 마음에 두고 있는 두 아들을 내세워, 보란 듯이, 복수하듯이, 컴퓨터에 붙들어 앉혀놓았습니다. 부모에 대한 울분과 불만이 있어 반항적인 두 아들의 마음은 악한 영들이 이용하기 좋은 준비 되어 있는 먹이와 같아서 그들 속에서 등등한 기세를 가지고 나의 믿음을 처참하게 짓밟고 무너지게 하려고 아들들을 내세워 대항해 들어왔습니다.

인간 눈에 보이지 않는 그 영적인 세계, 인간 배후에서 역사하는 그 사단은 어떤 존재인가? 사단과 악의 영들이 속이는 것, 믿음을 바로 가질 수 없게 하여 하나님과 관계를 맺지 못하도록 하는 것들이 무엇인가에 대하여 성영님께서 말씀으로 드러내 보이신 것들을 지금까지 말하여왔습니다. 영적인 세계를 알지 못하여 어두워 있는 여러분에게 그 정체를 드러내 주었다는 말입니다. 사람들이 믿음에 대해서 쉽게 속고 있는 것이 무엇이냐, 열심히 하면 복 받는다 입니다. 예수님을 믿으면 구원받고 복을 받는다. 그 복은 하나님께서 머리가 되고 꼬리가 되지 않게 하신다는 말이다. 세상에서 사는 동안 잘되게 하시는 것, 잘 먹고 잘살게 해주는 것, 성공하게 하여 영광 받으신다는 것으로 속이고 속고 있는 것을 드러내었다는 말입니다.

예수님을 믿는 목적을 세상 것에다 두게 함으로써 하나님과 어긋나는 방향으로 끌어들이는 것에 모두가 한 가지로 잘 속으면서 따라가는 겁니다. 하나님께서 말씀하는 복을 세상의 것들이 잘되고 이름내게 하는 것처럼 속여, 그런 것으로 머리가 되게 하신다는 것인 줄로 믿게 하여 그같이 예수님을 믿는 목적이 세상에서 잘되는 것인 것처럼, 그것을 믿는 것이 믿음인 것처럼 속이는 곳으로 따라가는 것입니다. 그래서 믿는다는 사람들의 마음을 세상으로 고정되게 했습니다. 이같이 믿음에 속고 있는 것, 사단의 정체와 속이는 것들에 대해서 낱낱이 드러내고 있으니 제가 누구와 전투를 하겠습니까? 제가 누구와 전투를 하는 것이겠어요? 영적인 싸움, 마귀와 맹렬한 전투를 해야 하는 일이었어요. 믿음에서 떠나게 하려고 가져다주는 여러 가지 시험을 거쳐야 했습니다. 저 자신에게는 여러분이 생각하는 정도의 쉬운 것이 아니라 이루 말로 할 수 없는 대단한 아픔을 믿음으로 이기면서 겪어내야 하는 것이었습니다.

나는 거기에 또 어떻게 대처하면서 여러분에게 이것을 전하고 믿음으로 서왔는가에 대해서 말씀까지 했으면 하는데 오늘 계속하려면 시간이 오래 걸리니 이 이야기는 다음에 하는 것으로 하겠습니다. 저의 아들들과 상관있는 이야기가 되기 때문에, 마음이 좀 부담스럽지만, 우리의 영적 싸움을 어떻게 해야 하는가? 여러분에게 전하여 드림으로서 이런 영적 전투가 있을 때 이기는 능력이 되었으면 하는 겁니다. 여러분! 믿는 사람들은 전투예요. 전투, 자신과도 전투요, 악한 영들과 전투하는 것입니다. 전투하며 예수님을 끝까지 따르면 반드시 승리가 있습니다. 아멘 오늘 말씀에 저에 대한 말이 참 많았습니다. 그런데 저의 것을 말한다고 해서 세상을 주는 것 절대 아닙니다. 세상 것을 드리는 것 아니에요. 하나님 아버지의 뜻을 말씀하신 것을 예를 들어 줌으로써 믿음으로 전진하여 생명을 얻고 능력 얻기를 간절히 바라는 마음에서 하는 것입니다. 여러분, 예수님 믿는다고 하는 사람들의 간증들이 얼마나 많습니까? 너무나 듣기 좋은, 달콤한 간증들이 말입니다. 그런데 그 간증들은 다 세상을 주고 있더란 말입니다. '내가 믿음 생활 잘했더니, 내가 기도 생활 잘했더니 사업에 복을 받았다.' '부도난 회사가 위기를 벗어나고 번성했다.' '내가 예수님 잘 믿고 정말 하나님 뜻대로 사는 것을 몸부림쳤더니 하나님께서 자식들을 훌륭하게 성공시켜서 세상에 이름나는 그런 자식들이 되게 해주셨다.' 이런 세상으로 끝을 맺더라는 말입니다.

하나님께서는 자기의 자녀들에게 이미 복을 주셨습니다. 그러므로 아버지의 자녀면 그는 하늘 권세의 복을 받은 자고, 땅의 것, 모든 필요는 따라오게 돼 있습니다. 그러므로 그 복을 받은 자로 능력이 돼야 하는 것이 우리 믿음이 할 달란트의 일이기 때문에, 그것을 배우고 듣고 그 능력으로 나아가는 것입니다. 아멘

13. 05. 05
종말의 믿음, 창조-종말, 시대구분

⁵하나님이 우리의 말한 바 장차 오는 세상을 천사들에게는 복종케 하심이 아니라 ⁶오직 누가 어디 증거하여 가로되 사람이 무엇이관대 주께서 저를 생각하시며 인자가 무엇이관대 주께서 저를 권고하시나이까 ⁷저를 잠간 동안 천사보다 못하게 하시며 영광과 존귀로 관 씌우시며 ⁸만물을 그 발 아래 복종케 하셨느니라 하였으니 만물로 저에게 복종케 하셨은즉 복종치 않은 것이 하나도 없으나 지금 우리가 만물이 아직 저에게 복종한 것을 보지 못하고

(히2:5-8)

〈신앙은 종말을 아는 것〉이 오늘 말씀 제목입니다. 우리는 이미 말씀을 배우고 알므로 종말에 대한 믿음을 가졌습니다. 아멘입니까? 오늘 말씀으로 종말을 아는, 좀 더 확고한 믿음이 되는 기회가 되겠습니다.

오늘 본문 5에 "장차 오는 세상을"이라고 했는데 그러면 장차 오는 세상은 어느 때를 말하는 것일까요? '천 년 시대'입니다. 계시록 20장에 천 년 동안의 있을 일을 다소 구체적으로 기록해놓았습니다. 장차

오는 세상은 천 년의 시대를 말한다는 것 기억하기 바랍니다. 장차 오는 세상은 천사들을 위해서 준비된 것이 아니고, 주 예수님을 위해서 준비된 것으로서 그것은 곧 또 예수님과 하나 된 자들을 위해서 준비된 것이라는 것을 말합니다. 예수님과 함께 영광과 존귀로 관 쓰고(계20장 참조), 예수님께 만물이 복종하는 것처럼 그와 하나 된 자들에게도 복종한다는 것을 말씀하는 뜻입니다.

오늘날 믿는 자가 말세와 종말에 관해 구별을 못 하면, 대부분 종말론의 이단 사설에 미혹당할 수 있기 때문에, 종말을 아는 믿음이 돼야 합니다. 종말에 대한 신앙이 되지 못하니 사람들이 종말론에 빠지고, 또 종말주의 자들이 연도와 날짜, 몇 년 몇 월 며칠이라고 하는 이런 사설에 속고 말입니다. 많은 사람이 현혹되어서 일도 관두고 가정도 버리고 따라다니다가 패가망신의 일이 참 많지 않습니까? 그래서 우리 그리스도인들이 종말론적 신앙을 가져야 하는 것, 그것이 기독교 신앙입니다. 이 종말론적 신앙을 가지고 있지 않으면 그것은 신앙이 아닙니다. 그런 이단 사설에 빠지는 것은 스스로 신앙이 잘못됐음을 보이는 것입니다. 종말을 알고 믿음 생활하는 것 대단히 귀중합니다. 사람이 자기 미래를 안다면, 누가 뭐래도 속지 않을 것이고, 유혹을 당할 일도 없지 않겠습니까?

성경은 우리 인간의 기원과 미래를 분명히 알려주고 있습니다. 천지는 하나님에 의해 창조되었고 또 하나님에 의해서 다시없어질 것이라는 종말을 예언하고 있습니다. 바로 우리가 사는 이 지구가 종말이 있다는 것입니다. 창세기에서는 하나님이 천지와 인간을 창조하셨다고 말씀하고 있고, 계시록 21:1에 벧후 3:7에 **이제 하늘과 땅은 그 동**

일한 말씀으로 불사르기 위하여 간수(看守)하신바 되어 경건치 아니한 사람들의 심판과 멸망의 날까지 보존하여 두신 것이니라** 해서 이 천지는 하나님에 의해서 다시 불살라진다고 분명히 말하고 있습니다. 지구와 하늘의 천체를 불사르기 위하여 했습니다. 그래서 계시록 21:1에 **또 내가 새 하늘과 새 땅을 보니 처음 하늘과 처음 땅이 없어졌고 바다도 다시 있지 않더라**고 말하고 있습니다. 처음 하늘과 처음 땅, 하나님이 창조하신 우주와 만물이 없어졌더라고 분명히 말하고 있습니다. 그렇기에 하나님의 창조는 이제 종말을 향해 걸어가고 있습니다. 그것이 하나님의 역사요 뜻이요 목적입니다.

우리 인간이 하나님께 죄를 지음으로 죄인이 됐습니다. 죄인은 하나님께로 갈 수가 없기 때문에 하나님께서 그 죄를 처리하여 구원하시려고 예수 그리스도를 보내셨습니다. 예수 그리스도를 믿고 만나는 자마다 죄를 용서받고 다시 사는 생명을 얻게 되었습니다. 죄에서 생명으로 옮겨져 하나님 나라, 하늘에 들어가게 될 것입니다. 그래서 다시 오시는 예수님께서 우리를 하나님의 나라로 데려가실 때까지 우리의 할 일은 말씀을 통하여 성영님의 도우심을 힘입고, 예수님으로 사는 능력을 갖춰나가는 것입니다. 예수님을 믿지 않으면, 예수님을 만나지 못하면 영원한 저주로 떨어진다고 계시록 20장에서 말씀하고 있습니다. 그래서 우리는 예수님이 계신 아버지의 나라를 크게 소망하면서 예수님을 사랑하고 또 사랑하는 믿음으로 계속 전진해가야 합니다.

성경을 보면, 예수님께서 오실 길을 예비하시는 데 있어 점진적으로 시대를 구분해놓으셨습니다. 시작과 끝까지의 관계, 창조하심과 종말의 때까지의 시대 구분을 해놓으신 것을 볼 수가 있습니다. 우리가 시대를 구분해 놓으신 것을 이해해야 예수 그리스도의 구원이 구약의 모든 사람과 신약의 종말 때까지의 사람들까지 똑같이 적용되었음을 깨달을 수 있고, 하나님의 역사와 인류 역사를 보는 눈이 열리는 것입니다.

성경의 시대를 구분한 것을 보면, 아담서부터 노아까지 나누어져 있고, 노아에서 모세까지 나누어졌고, 모세부터 예수 그리스도까지 나누어졌고, 예수 그리스도부터 예수님 재림 때까지 나누어졌고, 예수님 재림부터 천 년 시대로 나누어졌고, 천 년이 끝나면 마지막 흰 보좌 심판이 이루어져서 영원한 세계로 들어가는 것으로 나누어졌습니다. 사람을 창조하신 하나님께서 사람을 죄에서 구원하여 하늘 영광에 들어올 수 있는 길을 그같이 시대 시대를 걸어오면서 점진적으로 계시하여 오셨습니다.

처음 시대, 아담 이후 노아 때까지의 사람들은 하나님과의 관계를 하나님의 이름을 부르는 것으로 맺었습니다. 창4:26에 **셋도 아들을 낳고 그 이름을 에노스라 하였으며 그때에 사람들이 비로소 여호와의 이름을 불렀더라**고 했습니다. 셋은 아담의 죽은 아들 아벨 대신 여자의 후손의 언약의 씨로 주신 아들입니다. 셋이 아들을 낳고 이름을 에노스라고 했다는 것입니다. '에노스'는, 병든 사람, 죽음, 전적 부패, 전적 무능, 이런 뜻을 가졌습니다. 셋이 아들의 이름을 그같이 저주의 뜻을 가진 에노스라 한 것은, 하나님 앞에서 살던 그때의 사람들에게서 하나님을 거스르고 죄를 짓고 타락함이 드러나고 있었기 때문에, 아들의 이름으로 그 시대상을 말한 것이요. 또한 여호와의 이름을 불렀다는 것은, 하나님의 구원과 심판이 곧 있을 것이라는 셋의 사람들을 통해 주신 계시였습니다. 이것은 또한 종말 때까지의 계시입니다.

　셋부터 노아 때까지의 사람들은 피 흘려 제사하지 않았습니다. 제물을 드려 제사하지 않았어요. 이것을 여러분이 잘 기억하세요. 하나님께 제물의 피 흘려 제사 드리는 것으로 하나님과 관계를 이룬 것이 아니라 그냥 여호와 이름을 불렀다는 것입니다. 여호와 이름을 불렀다는 것은 여호와라는 하나님의 이름을 알았기 때문에 여호와여 하고 불렀다는 것이 아니라 구원의 하나님을 비로소 불렀다는 뜻입니다. 그것이 여호와예요. 하나님이 타락한 이 세대에서 구원하시기를 탄식하며, 비로소 구원의 하나님을 찾았다는 것을 말하는 것입니다.

　하나님 앞에서 살던 사람들에게서 하나님의 심판을 스스로 불러들이는 악행과 전적으로 타락한 육체로 나가는 죄악상을 보는, 셋의 고통과 여자의 후손 언약 안에 있던 사람들의 영혼이 겪는 고통이 그렇게 자식의 이름을 에노스라 부른 것과 여호와의 이름을 부른 것으로 나타난 것입니다. 사람이 하나님을 배반하고 악을 행하니, 타락한 그들을 하나님께서는 심판하실 수밖에 없고, 그 속에서 탄식하는 자들을 구원하시는 하나님을 영감으로 내다보았다는 것을 말하기도 합니다. 심판하시고 구원하시는 하나님을 여호와라고 합니다. 여호와 이름의 뜻이 구원과 심판이에요. 그래서 이들이 비로소 여호와의 이름을 불렀더라고 한 것입니다. 신학적으로는 이것을 신지 시대라고 말하고 있어요. 여호와이신, 구원과 심판하시는 하나님을 부른 시대라는 말이지요. 이해됐습니까?

그다음 이제 노아 때에 와서(아담과 노아까지를 약 1,000여 년 기간으로 봄), 셋의 때의 사람들이 구원과 심판하시는 하나님을 불렀던 그 일이, 바로 노아 때의 사람들을 홍수로 다 멸하고 노아 가족만 방주에서 구원받는 것으로 나타났습니다. 노아가 멸하시는 중에 구원해주신 그 감사를, 여호와를 위하여, 정결한 짐승 중에서와 새 중에서 취하여 번제로 단에 드렸는데, 여호와께서 그 향기를 흠향하셨다고 했습니다. 받으셨다는 말입니다. 그래서 노아 이후에 사람들은 번제로 제사를 드렸는데, 아브라함도 제물을 피 흘려 번제로 단에 드렸습니다.

그런데 여기서는, 즉 노아와 그 시대 사람들에게 정결한 짐승을 번제로 단에 드리도록 명하신 것이 아니라 하나님 신에 의한 감동으로 제사를 한 것입니다. 그래서 노아 때부터 모세 때까지를(출3:18) 구분하여 제사 시대라고 합니다. 그러니까 제사 없이 여호와를 부른 시대와 그다음 제사 시대로 구분한다는 말입니다. (노아에서 모세까지의 기간을 대략 약 1,500여 년으로 봄, 대략으로 아담에서 아브라함까지는 2,000년 정도이고, 아브라함에서 예수님까지도 2,000년 정도임)

이제 모세 때부터는 하나님께서 모세를 시내산으로 오르게 하여, 하나님과 관계를 맺는 제사에 관해서 일일이 하나하나 지시하여 이르셨습니다. 그래서 정결한 흠 없는 소나 양으로 피 흘려 번제로 단에 드리는 것이 이스라엘의 율법이 되었습니다. 그래서 모세 때부터 예수님 초림 때까지를 '율법 시대'라고 합니다. (모세에서 예수님까지는 약 1,500여 년의 기간임) 이 율법 시대는 예수님이 오시자 끝나게 되었고, 예수님이 오신 때는 구원이 이루어져 율법이 완성되었기 때문에 이제 '은혜 시대'라고 하는 것입니다. 오늘날 우리의 사는 이 시대가 바로 은혜 시대입니다.

그런데 이 은혜 시대도 언젠가 끝나는 날이 있는데, 그것은 예수님께서 공중으로 재림하실 때입니다. 성도들과 공중에서 만나 혼인 잔치를 하고 그 이후에 완전한 심판이 아니라, 천 년 동안 이 땅이 새롭게 되어 유지된다고 성경은 말하고 있어요. 그것을 '천 년 시대'라고 합니다. 그래서 천 년이 끝날 때 이때에는 완전한 심판이 있게 되는데, 우리 계20장에 가봅니다. 11-15까지 **또 내가 크고 흰 보좌와 그 위에 앉으신 자를 보니 땅과 하늘이 그 앞에서 피하여 간데없더라 또 내가 보니 죽은 자들이 무론 대소하고 그 보좌 앞에 섰는데 책들이 펴 있고 또 다른 책이 펴졌으니 곧 생명책이라 죽은 자들이 자기 행위를 따라 책들에 기록된 대로 심판을 받으니 바다가 그 가운데서 죽은 자들을 내어주고 또 사망과 음부도 그 가운데서 죽은 자들을 내어주매 각 사람이 자기의 행위대로 심판을 받고 사망과 음부도 불못에 던지우니 이것은 둘째 사망 곧 불못이라 누구든지 생명책에 기록되지 못 한 자는 불못에 던지우더라**

읽으면서 이해하셨지요? 크고 흰 보좌는, 하나님의 완전하신 심판, 창조 때부터 세상 종말의 날까지의 전 피조물을 심판하는 일, 공정과 공의가 보좌가 되어 심판하시는 것을 말합니다. 바다가 그 가운데서 죽은 자들을 다 내어주고, '바다'는 세상 온갖 인종과 온갖 종교를 통틀어 말한 비유입니다. '사망과 음부'는, 사단 편에서 하나님을 대적하고 성영님을 훼방한 거짓 선지자, 거짓 그리스도를 말하고,

믿는다 해도 종교로 믿은 종교인들, 이미 불못에 던지울 자로 확정된 자들을 말합니다. 이제 마지막 큰 심판으로, 하나님의 완전한 심판이 있다는 말씀입니다. 예수 그리스도를 믿어 구원받은 자들은 하나님과 더불어 새 하늘과 새 땅에서 영원히 산다고 했습니다. 이것이 성경이 말하는 인간의 창조와 종말에 대한 역사입니다.

그러면 누구든지 예수님의 피로 죄 용서받지 않으면 구원 얻지 못한다고, 그것이 하나님께서 사람을 죄에서 구원하시는 뜻이니, 그렇다면 예수님이 오시기 전 사람들의 구원은 어떻게 이루어지는가? 짐승으로 피 흘려 제사 드린 것으로 구원을 받은 것인가? 하는 질문이 있습니다. 우리가 이미 알다시피 예수님은 창조 때부터 성경의 연대로 본다면, 인류역사가 4,000년 정도가 되었을 때, 지금으로부터 2,000여 년 전에 오셔서 십자가의 형벌을 받으시고 피 흘려주셨습니다.

그런데 예수님이 오셔서 죄를 대속하시는 것은, 예수님 오시기 이전 사람들, 즉 예수님이 오셨을 때까지 죽은 사람들의 죄는 예수님이 대신 지실 수가 없었어요. 왜냐면 이미 죽었기 때문이고, 또 예수님은 죄가 없는 분으로 죽으실 수가 없기 때문입니다. 그런데 죽으실 수가 있었던 것은, 예수님이 오셨을 때, 살고 있던 사람들과 그 이후 사람들의 죄를 지실 수가 있었기 때문입니다. 예수님 이후 사람들의 죄 때문에 십자가에 못 박힐 수가 있었다는 말입니다. 예수님께서 그같이 십자가의 죄를 못 박고 피 흘려주셨을 때, 신약 사람들의 죄가 용서받게 되었고, 이제 구약의 메시아 언약의 믿음을 가지고 기다리며 자기들의 죄를 흠 없는 양이나 소나 그 밖의 제물에 전가하여 피 흘려 번제로 단에 제사 드리던, 예수님이 오시기 전에 죽었던 사람들의 죄가 다 씻어지게 되었고 구원을 얻게 된 것입니다.

번제는 제물을 불에 태워 사르는 것을 말합니다. 그러면 지금까지 제가 시대 구분에 관한 말씀을 드렸는데, 여러분이 한번 구분해보겠습니까? 여호와 이름을 부른 시대, 심판하시고 구원하시는 하나님을 불렀다는 말입니다. 그다음 제사 시대지요, 그다음 제물을 번제로 단에 드릴 것을 법으로 주신 율법 시대입니다. 그래서 노아 때부터 모세 때까지의 사람들, 피 흘려 제사 지냈기 때문에 다 구원받게 되었습니다. 율법 시대의 사람들도 피로 용서받게 되었고 구원이 이루어지게 되었습니다.

그러면 제사가 없었던 시대가 있었어요, 없었어요? 처음 시대, 여호와의 이름을 부른 사람들, 셋에서부터 노아까지의 사람들은 피 흘리지 않았으니 그러면 그 시대 사람들의 구원은 어떻게 되느냐는 말입니다. 생명의 피를 내놓지 않으면 하나님께서는 그를 모른다고 할 수밖에 없는데, 피 흘림이 없으면 죄 사함도, 구원도 없는데 말입니다. 우리 벧전3:18-20을 보겠습니다. **그리스도께서도 한 번 죄를 위하여 죽으사 의인으로서 불의한 자를 대신하셨으니 이는 우리를 하나님 앞으로 인도하려 하심이라 육체로는 죽임을 당하시고 영으로는 살리심을 받으셨으니** 여기까지는 설명 안 해도 이해되지요? 육체는 죽임을 당하시지만 예수님의 영은 죄가 없으니 죽어요, 안 죽어요? 영은 죄가 없어 죽으실 수가 없으니 살리심을 받았다는 말입니다. 그다음 19에 **저가 또한 영으로 옥(獄)에 있는 영들에게 전파하시니라 20에 그들은 전에 노아의 날 방주 예비할 동안 하나님이 오래 참고**

기다리실 때에 순종치 아니하던 자들이라 방주에서 물로 말미암아 구원을 얻은 자가 몇 명뿐이니 겨우 여덟 명이라

　지금 읽은 19와 20은 사람들이 도무지 풀리지 않는 난해한 구절이라고들 말합니다. 그래서 지금까지 빗나간 해석들로 분분합니다. 기독교에서 풀리지 않는 난해한 구절이라는 딱지가 아주 붙어있습니다. 각자 나름의 해석은 한다고 하지만, 학문으로, 머리로 푸는 것들이 하나님과 맞겠습니까? 다 과녁에 맞히지 못한 헛소리들뿐이지요. 성경은 풀지 못할 것이 없습니다. 성경 보는 눈이 조금만 있어도, 하나님의 구속의 뜻에 대한 이 같은 점진적으로 역사하신 구속사를 성영님의 기름 부음으로 이해할 수 있고, 베드로의 이 설명을 그냥 알아듣는 것입니다.

　'저가 또한 영으로 옥에 있는 영들에게 전파했다'는 것은 예수님이 영으로 옥에 있는 영들에게 전파했다는 말로써. '그들은 노아의 날 방주 예비할 동안 하나님이 오래 참고 기다리실 때에 순종치 아니하던 자들이라'고 말했어요. 이일은 설명 안 해도 다 알지요? 노아가 방주를 지으면서 하나님께서 비를 내려 물로 심판하신다고 방주로 들어오는 자는 산다고 전파했지만, 순종하는 자가 없었잖습니까? 그런데 그때 순종치 않은 자들이 옥에 있는 영들이라 말하고, 예수님이 십자가에서 죽으신 뒤 부활하시기 전에 영으로 그 영들에게 전파했다는 말입니다.

　그러면 그들이 왜 옥에 있는 영들입니까? 이것은 셋에서 노아까지의 시대를 포함한 것입니다. 그 시대는 제물로 피 흘려 번제로 제사를 드리지 않은 때요. 앞에서 설명한 대로 구원과 심판하시는 하나님을 알고, 그 여호와 이름을 부르는 것으로만 하다가 죽었고, 노아 때 와서는 노아 가족 외에는 다 물로 심판받아 죽었습니다. 피 흘림이 없이는 사함이 없다고 하신 대로, 피 흘리지 않았기 때문에 죄 사함의 보증 없이 다 죽었다는 말입니다. 그래서 옥에 있는 영들이라고 말한 것입니다. 그러므로 그 시대 사람들은 예수님께서 십자가에서 흘리신 피가 적용되지 못했습니다.

예수님의 피 흘리심이 적용된 것은 노아부터 예수님이 오신 때까지의 사람들입니다. 노아가 방주를 만들어 홍수에서 구원받았다고 한 것은 구원하시는 하나님과 심판하시는 하나님을 실제로 보이신 것이고, 또한 구원의 주가 바로 예수님이요. 심판의 주가 바로 예수님이시라는 예표이지, 노아와 가족도 홍수 후에 제물로 피 흘려 번제를 단에 드렸기 때문에, 예수님께서 피 흘리실 때 죄 사함이 적용되었던 것입니다. 그러면 여러분이 옥에 있는 영들에 관해서 이해됐습니까?

그러면 예수님이 옥에 있는 영들에게 전파하신 것은 무엇입니까? 여호와의 이름을 부르던 그때의 사람들에게 예수님이 피 흘려주심으로 구원이 이루어졌고, 심판이 이루어지게 되었다는 것을 영으로 가셔서 전파하신 것입니다. 하나님 자신이 육체로 오셔서 피 흘리셨으므로 하나님 편에 있던 자들에게 구원이 이루어졌고, 악을 행한 그들에겐 심판이 이르렀다고 전하신 것입니다. 그래서 예수님이 제물이 되셔서 피 흘리고 직접 가셔서 전하셨기에 그들도 죄 사함이 이루어졌습니다. 그러면 노아 때 물로 심판받은 그들도 죄 사함이 이뤄졌느냐 하면 절대로 아닙니다. 노아 가족 몇 명뿐이지 물로 심판받은 그들은 벧전3:20에서 말한 그대로 영영한 심판입니다. 흰 보좌 심판 때 불못으로 던지움을 받습니다. 구원을 받으냐, 구원받지 못하느냐 하는 것은, 세상에서 육체에 있을 때 결정됩니다. 죽은 뒤에는 기회 없습니다. 그래서 예수님 십자가의 죽으심은 전 우주적인 구원이 이루어진 것입니다.

그렇다면 예수님이 오신 이후의 사람들은 이제 죄 때문에 죽을까요? 믿지 않아서 죽을까요? 믿지 않아서 죽는 것입니다. 예수님이 죄를 다 몰수해 가셨기 때문에 성영님이 오실 수 있게 되었고, 예수님 안에 들어오면 구원받게 되었는데, 믿지 않기 때문에 죽는 겁니다. 그래서 구약 사람들보다 믿지 않는 신약의 사람들이 더 큰 심판이 따른다는 것을 히브리서가 비쳐주고 있습니다. 우리가 말입니다. 에이! 구약시대에 구원받았거나 말았거나 그런 것 골치 아프게 알려고 할 것 뭐 있어! 나와 무슨 상관이야! 나 구원받았으면 되지! 한다면, 자기가 구원받았다는 것도 사실은 감격도 없고 감동도 없는 것입니다.

참으로 하나님께서 전 인류를 구원하시고자 하신 역사와 그 놀라운 지혜와 일하심에 대해서 우리가 깨달으면 깨달을수록 그 사랑을 감사할 수밖에 없고, 얼마나 우리가 복된 자 인지도 알 수가 있는 것입니다. 참신앙의 능력이 되는 거예요. 그러므로 예수님이 재림하시면 그대로 홀연히 변화되어 예수님께로 올라가는 것이니 이것이 얼마나 큰 복입니까? 한번 생각해보세요. 얼마나 멋있을지 상상을 해보자 말입니다. 예수님의 공중 재림 때는 예수님을 믿는 자 성영님으로 다시 나 예수님으로 사는 자들만 공중에서 예수님을 만나 잔치하는 것이니 얼마나 멋지겠는가 말입니다.

그때 땅에 남은 자들은 하나님의 심판과 같은 환난을 겪는데, 그때는 사단의 세상이 되어서 세상에 남은 사람들을 심판하시는 때거든요. 그때 이 자연 재앙으로 인한 그 환난이 얼마나 무섭고 극심한지 전갈이 쏘는 것 같고, 죽었으면 좋겠는데 죽어지지도 않는다고 기록하고 있습니다. 하늘의 별들이 땅에 떨어지고 하늘은 종이 축이 말리는 것같이 떠나가고 산과 섬들이 제자리에서 옮겨진다고 말하고 있으니 여러분이 그때의 형편이 어떨지 상상됩니까? 세상에 남은 사람들은 이런 엄청난 자연 재앙으로 심판과 같은 때를 만나지만, 그래서 죽기를 구하여도 죽을 수도 없더라고 했습니다. 그것은 또한 하나님께서 천 년 시대를 위하여 우주를 새롭게 단장하시는 것이라 생각을 해봅니다. 그러니 우리가 예수님을 믿는 것이 얼마나 귀중한지 알아야 합니다. 공중에서는 잔치가 끝나고 예수님께서 천 년 동안 통치하시려고 계19:16에 만왕의 왕이요 만주의 주로 오신다고 했습니다.

여러분! 이날이 안 올 것 같습니까? 올 것을 다 믿는 거지요? 태초에 하나님께서 천지를 창조하시고 지금까지 성경대로 다 이루어져 왔는데, 이것이 안 온다고 생각하면 하나님을 믿지 않는다는 뜻입니다. 계20:4-6에 땅에서는 적그리스도의 표를 받지 않은 사람만 남아서 천 년 시대로 넘어가고, 들림 받은 성도들은 왕이신 예수님과 함께 와서 천 년 동안 왕 노릇 한다고 말했어요. 여러분! 예수님의 재림을 맞는 성도는, 천 년 동안 왕 노릇 한다는 것입니다. 예수님과 함께 지상에 와서 왕 노릇 하며 고을을 맡아, 사람들이 예수님을 믿고 살도록 말씀을 가르치며 다스린다는 말입니다(눅19:12-19).

오늘 본문이 또한 이것을 말해주는 거예요. 그때는 우리가 돈 벌려고 할 필요도 없고, 사는 것 걱정할 필요가 없어요. 여기에서처럼 근심 걱정하며 사는 그런 고통스러운 일들이 거기서는 전혀 없습니다. 이것이 우리가 가져야 하는 종말 신앙입니다. 이 같은 종말 신앙을 가져야 합니다. 다시는 심판이 없고 곡하는 것이나 아픈 것이나 애통할 것도 없는 영원한 아버지 나라입니다. 그러므로 우리는 하나님의 방법대로 살 것이냐, 내 방법대로 살 것이냐? 신랑이신 예수님을 참으로 사랑해서 따를 것이냐를 분명히 해야 합니다. 신랑을 아는 분량만큼 신랑을 사모하는 분량만큼 그 예수님을 만나는 기쁨은 분명히 차이가 있을 것이요, 그 영광 또한 반드시 차이가 있을 것입니다. 행한 대로 갚으신다는 것이 성경이 말씀하는 약속입니다.

신부인 우리를 지상에 데리고 내려오니 그때는 본문 8에 '만물을 그 발아래 복종케 하셨느니라' 했어요. 그때는 예수님께 복종은 곧 우리에게도 복종입니다. 만물이 복종하니 살 일에 관해 전혀 염려할 일이 없습니다. 왕 노릇 하니 사람도 복종하고 만물도 복종합니다. 우리가 참으로 이 소망이 없으면, 세상 사는 것 아무것도 아닙니다. 천 년 시대에 들어갈 소망 없으면 이 세상 사는 것 아무것도 아니더란 말입니다. 먹고 자고 싸고 분쟁하고 싸우고 성질 내고 날마다 근심 걱정 염려하고 사는 이것이 무슨 소망입니까? 그래서 저는 천 년 시대에 들어갈 이 소망 때문에 복잡한 내 환경을 이겨나가고 있습니다.

성경에서 말세라 하는 것은 예수님 오신 이후를 말합니다. 지금 우리가 사는 이때는 말세지말(末世之末)이라고 합니다. 종말은 예수님 재림하실 때를 말합니다. 사람들은, 세상은 끝없이 돌고 돈다고 말하기도 하고, 한편으론 자원 고갈 때문에 물질적인 자원이 한계가 있어 대체가 생기지 않으면 종말이 될 것이라 말하기도 하고, 또 한편은 생태학적 종말이 있을 것이라고 말하기도 합니다. 굉장한 공해가 되는 유독가스들이 전부 대기권 위로 올라가서 사라지는 것이 아니라, 어딘가 층을 만들어놓고 있는데, 그 층들이 오존층을 파괴하여 태양열이 인간이나 동물에게 직접 쏘이면 피부암이 걸려서 앞으로 암의 문제는 심각할 것이고, 또 앞으로 이 유독가스층이 무거우면 언젠가 이 지구 위에 떨어질 날이 있을 것인데, 그때에 지구의 종말이 온다고, 이 생태학적 종말을 말하기도 합니다.

그러나 성경은 그런 것으로 인해 종말이 온다고 말하고 있지 않습니다. 마24:6,7에 **난리와 난리 소문을 듣겠으나 너희는 삼가 두려워 말라 이런 일이 있어야 하되 끝은 아직 아니니라 민족이 민족을, 나라가 나라를 대적하여 일어나겠고 처처에 기근과 지진이 있으리니** 14에 **이 천국 복음이 모든 민족에게 증거되기 위하여 온 세상에 전파되리니 그제야 끝이 오리라**

인간이 말하는 그런 일들로 종말이 있는 것이 아니라, 예수님께서 말씀하시는 것은, 천국 복음이 온 세상에 전파되면 그때가 종말이라고 했습니다. 예수님이 재림하실 때는 마24:36 이하에 "그날과 그때는 아무도 모르고 아들도 모르고 오직 아버지만 아신다. 홍수 전에 노아가 방주에 들어가던 날까지 사람들이 먹고 마시고 장가들고 시집가고 하면서 홍수로 멸하기까지도 깨닫지 못했다. 예수님께서 임하실 때도 그와 같다"는 것을 말씀하셨습니다. "장가가고 시집가고 하는 일들, 먹고 마시고 하는 일들에 취해서 예수님이 오시는 것을 알지 못한다고. 그러므로 예수님이 어느 날에 임하실는지 알지 못하니 깨어 있으라."고 말씀하셨습니다. 저도 깨어있어야 하는 것 강조하고 강조했어도 또 강조합니다.

그러니까 **그때에 두 사람이 밭에 있으매 하나는 데려감을 당하고 하나는 버려둠을 당할 것이요** 하신 이 말은 두 사람 중의 하나는 데려가고 한 사람은 남는다는 것이 아니에요. 특정인 두 사람을 말하는 것이 아니라 일부는 데려감을 당하고 일부는 남는다는 뜻입니다. 하나는 깨어있어 데려감을 당했고 하나는 먹고 마시는 일에 마음이 어두워 버려둠을 당했어요. 41에 **두 여자가 매를 갈고 있으매 하나는 데려감을 당하고 하나는 버려둠을 당할 것이니라** 했습니다. 눅17:34에 그 밤에 두 남자가 한자리에 누워 있으매 하나는 데려감을 당하고 하나는 버려둠을 당할 것이요 했습니다. "밭에 있으매" 했을 때는 낮이라는 말입니다. 그다음 "매를 갈고 있으매" 했을 때는 이스라엘이 식사 준비하느라고 맷돌질은 한 것인데, 이때는 아침이나 저녁때를 말합니다. 그다음 그 밤에 한자리에 누워 있으매 했을 때는 밤을 말합니다.

제자들이 어느 때에 이런 일이 있고, 또 언제 예수님 재림이 이루어지고 세상 끝에는 무슨 징조가 있습니까? 하고 물었을 때 이것을 말씀해주셨습니다. 한낮에 또는 아침이나 저녁에, 또는 밤에 예수님이 재림하신다는 겁니다. 그러면 어떤 사람은 한낮에 데려가시고 어떤 이는 밤에 데려가시고, 어떤 사람은 맷돌 갈 때 데려갑니까? 그것이 아니고 우리나라와 다른 나라와의 시차가 있습니다. 우리는 밤이면 거기는 아침일 수가 있습니다. 어디는 저녁일 수도 있고 어디는 한낮일 수도 있습니다. 동시에 일어나는 전 세계적인 일이라는 말씀입니다. 이것은 시간을 초월해서 오신다는 말씀이에요.

그다음 예수님의 재림을 어디는 밤에 자다가 만날 것이고, 어디는 아침이나 저녁때 만날 것이고, 어디는 한낮에 열심히 일하다 만날 것인데, 이것은 전 세계적으로 상황을 초월해서 오실 것을 말씀하는 것입니다. 시간도 상황도 초월하여 동시적인 일이라는 말입니다. 그래서 자기 안에 성영님이 계시기만 하면, 다시 말해 성전의 믿음이면 잠자고 있어도 좋고, 밭에 나가 밭을 매고 있어도 좋고, 집안에서 일하고 있어도 상황을 초월하여 데려가시는 것입니다. 자기 안에 성영님이 와계시기만 하면 그냥 들림 받는 것입니다.

사람들이 그럽니다. 믿다가 죽는 사람이 죽기 전 임종 때, 찬송을 열심히 불러주면 마귀가 그 영혼을 빼앗아 가지 못한다. 그러니까 임종 때 기도하고 찬송을 잘 해줘야 천사들이 힘이 나서 그 영혼을 천국으로 데려갈 수가 있다. 천사가 마귀와 싸워서 이길 수 있다. 라고들 합니다. 이것은 정말 복음을 너무 몰라서 복음의 능력이 무엇인지 무지해서 하는 소리입니다. 저도 과거 초심자 때 그렇게 들어서 정말 그런 줄 알았습니다. 임종하려고 할 때 찬송가 불러주고 예배드리지 않으면 안 되는 줄 알았어요. 그래서 천사들이 힘내서 그 영혼 데려가라고, 그가 개떡 같은 신앙이었을 지라도, 구원에 들어가기를 원해서 임종 때 예배드리고 찬송을 불렀습니다.

그런데 이후 깨닫고 보니 그것이 얼마나 무지하고 미련한 짓인지 도무지 믿음이 아니었던 거지요. 성영님이 그 안에 오셔서 거듭나 구원받은 자는 육체에서 떠나면 그대로 천국입니다. 그가 육체에서 떠날 때 찬송가 부르든지 안 부르든지 전혀 관계없습니다. 그러니까 종말론에 빠지지 말라는 말이에요. 뭐 보았다! 들었다! 하는 것들에 빠지지 말라는 말입니다. 예수님을 믿고 예수님의 말씀을 배워 자기에게 적용하는 믿음이 된다면, 성영님이 자기 안에 와계시면 자고 있어도 좋고 밭을 매도 좋고 밥을 먹어도 좋고, 어디에 가서 일하고 있어도 좋고, 자기 안에 성영님과 교제 가운데 있다고 하면, 육체에서 떠날 때 그대로 천국에 들어가든지, 예수님이 다시 오시면 데려감을 당하는 것입니다. 이 같은 믿음이 되면 되는 것이지 다른 아무것도 들을 것도 볼 것도 없습니다. 그러나 성영님이 자기 안에 안 계시면, 성전의 믿음이 아니면 데려감을 당하지 못하는 것입니다.

그다음 '두 사람'이라고 하는 것은 중성을 의미합니다. 모든 인류를 말합니다. '두 남자'가 한 것은 남성을 말하고 '두 여자'가 한 것은 여성을 말해요. 성을 초월해서 모든 인류에게 임하는 것임을 말합니다. 이해하십니까? 그러나 앞에서 말씀한 대로, 예수님 재림의 연도나 날짜는 아무도 모르나니 하늘의 천사들도 모르고 아들도 모르고, 아들이 누구예요? 예수님 자신도 모르고…, 예수님도 사람으로 오셨을 때는 한계가 있는 것이어서 아버지만 아시느니라 하시고 하늘로 올라가셨습니다. 그런데 아들도 모른다고 하셨는데, 오늘날 재림의 날짜를 아는 사람들이 왜 그렇게 많습니까? 그러니까 그걸 받아들인다는 것은 예수님 말씀 안에 있는 것이 아니고, 예수님 말씀밖에 있기 때문이지 않습니까? 그래서 다 속이는 자밖에 되지 않습니다. 재림의 연도나 날짜를 안다고 나오면 완전히 미혹이라는 것 알기 바랍니다. 복음을 훼방하는 사단의 간계에 쓰임 받는 무리입니다. 절대로 현혹되거나 믿지 않아야 합니다. 대부분 신비적인 것을 추구하는 모임들에서 나오는 경우가 많습니다.

  그리고 계시록이나 다니엘서를 붙들고 있는 자들도 쫓아가서는 안 됩니다. 장래에 될 일에 대해서는 기록된 것으로만 받아야 하지, 기록된 것만 믿고, 받고, 아는 것으로도 충분하지, 그 이상은 아직 사람이 파고들면 100% 거짓을 만들어내는 것이기 때문에, 그것을 파고드는 사람들 말 듣고 따라가서는 안 됩니다. 그런 사람들치고 예수님 바로 전해주는 자들 없습니다. 예수님 말씀 밖의 것들을 좇아 돌아다니는 것입니다. 그래서 우리가 성경 전체를 알아야 하는 이유가 여기에 있습니다. '어느 목사가 계시록을 해석을 참 잘해준대! 풀이 잘한대!' 하는 곳에 마음과 정신이 쫓아다니면 예수님 놓쳐버릴 수 있다는 것 알기 바랍니다. 성경 전체를 알아야 예수님에 대한 믿음을 바로 가질 수가 있고, 계시록의 환난에 들어가지 않는 믿음이 됩니다. 성경의 예언은 다 이루어졌습니다. 이제 예수님의 재림만 남았습니다. 그래서 우리는 각자 종말의 신앙을 가지고, 자기 자신이 예수님으로 충만한 믿음이 되기에 힘쓰고, 예수님을 전하는 것도 최선을 다하는 모습이 돼야 할 것입니다. 말씀을 맺습니다.
  오늘도 말씀으로 우리 믿음을 세워주신 아버지와 아들 예수님과 성영님께 감사로 영광 돌립니다. 아멘